Zdeněk Mlynář

Nachtfrost

Erfahrungen auf dem Weg vom realen zum menschlichen Sozialismus

Europäische Verlagsanstalt

CIP-Kurztitelaufnahme der Deutschen Bibliothek

Mlynář, Zdeněk
Nachtfrost: Erfahrungen auf d. Weg vom realen zum menschl. Sozialismus. – Köln, Frankfurt am Main: Europäische Verlagsanstalt, 1978.
ISBN 3-434-00374-6

Aus dem Tschechischen übersetzt von Bedřich Uttitz

Redaktion: Kurt Neff
Herstellung: Heinz Biermann
Schutzumschlag: Design Herbst & Granzer, Köln
Druck: Freiburger Graphische Betriebe, Freiburg i. Br.
ISBN 3-434-00374-6
Printed in Germany 1978

Zdeněk Mlynář
Nachtfrost

Inhalt

Prolog *7*

1 Von Chruschtschow zu Dubček *33*

2 Der „Prager Frühling“ aus der Sicht der Regierenden *97*

3 Das Urteil des Kremls *185*

Epilog *309*

Anhang *325*
- A. Die von Zdeněk Mlynář verfaßten Teile des „Aktionsprogramms der KPČ“ *325*
- B. Der Wortlaut des „Moskauer Protokolls“ *342*
- C. Der Beitrag Zdeněk Mlynářs auf der Tagung des ZK der KPČ vom 14.–16. Nov. 1968 *347*

Biographische Anmerkungen *353*

Personenregister *363*

Prolog

Als ich im Frühjahr 1946 in die KP eintrat, war ich knapp sechzehn Jahre alt. Ich gehöre also zu der Generation tschechoslowakischer Kommunisten, die um die zwanzig war, als im Februar 1948 die kommunistische totalitäre Diktatur im Land errichtet wurde, und meine politischen Erfahrungen sind spezifische Erfahrungen dieser Generation. Wer damals die zwanzig schon deutlich überschritten hatte, war in vieler Beziehung anders geprägt und sah dementsprechend vieles mit anderen Augen an als wir. Zwar reicht eine Zeitspanne von fünf Jahren unter normalen Umständen nicht aus, um in den Grunderfahrungen und der allgemeinen Lebenseinstellung einen tiefgreifenden Bruch zwischen den Generationen hervorzubringen; wenn aber in diese Spanne just ein Weltkrieg fällt, so macht es allerdings einen bedeutenden Unterschied, ob man bei seinem Ausbruch bereits das Pubertätsalter hinter sich hat oder bei seinem Ende gerade erst in es hineinwächst.

Meine Generation war in den Stürmen der damaligen Zeit frühzeitig politisiert worden, zugleich jedoch war sie eine Generation ohne richtiggehende politische Erfahrung geblieben. Unsere einzige Erfahrung – die man eigentlich noch zu den Kindheitserlebnissen rechnen muß – war die des Krieges und der nationalsozialistischen Okkupation. Daraus resultierte bei uns in erster Linie ein Weltbild, das auf einem ebenso starren Freund-Feind-Schema wie rigorosen Konfliktdenken aufbaute: Die „Anderen" waren für uns prinzipiell Gegner und Feinde, und die einzig mögliche Beziehung zu ihnen bestand im Kampf um Sieg oder Niederlage. Es war ein Weltbild, das die Vorstellung mit einschloß, daß die Durchsetzung der „richtigen" Konzeption nur in der Liquidierung, der totalen Auslöschung, abweichender Konzeptionen bestehen könne.

Wir kehrten uns mit einer Leidenschaft gegen „unsere Gegner", wie sie nur Menschen dieses Alters aufbringen. Konsequenz und Radikalismus galten aus unserer Weltsicht des Entweder-Oder heraus als die höchsten politischen Tugenden. Kaum einer anderen Sache waren wir so überdrüssig wie der übersteigerten Vorsicht unserer Eltern, mit der sich diese beispielsweise während des Protektorats geduldig sogar noch in die Kollaboration mit den Okkupanten geschickt hatten. Und als solche übersteigerte Vorsicht, ja als Feigheit empfanden wir es, wenn man uns unseren primitiven Radikalismus der ersten Nachkriegsjahre auszureden versuchte. Was Demokratie bedeutet – nämlich unter anderem eine Ordnung, in der die Durchsetzung einer Konzeption nicht notwendig mit der Liquidierung, der Vernichtung anderer Konzeptionen verbunden ist –, war uns aus eigener Erfahrung gänzlich unbekannt. Wir waren Kinder des Krieges, wenngleich vorerst noch mit der Einschränkung, daß wir niemals aktiv an irgendwelchem Kampfgeschehen teilgenommen hatten. Aber unsere Kriegsmentalität bewahrten wir uns bis in die ersten Nachkriegsjahre hinein, während derer wir dann erstmals Gelegenheit erhielten, in den Kampf für eine Sache einzutreten.

Auf die Frage, gegen wen und wofür der Kampf zu gehen habe, hielt die damalige Zeit eine einfache Antwort bereit: Man hatte sich auf diejenige Seite zu schlagen, wo konsequent und radikal gegen die Vergangenheit gefochten wurde; wo man dabei nicht mit übersteigerter Vorsicht zu Werke ging, keine Kompromisse schloß, sondern die Vergangenheit revolutionär liquidierte. Die Sowjetunion schien eine derartige Kraft zu sein und Stalin eine solche politische Persönlichkeit. Die Glorifizierung Stalins und der Sowjetunion in der Tschechoslowakei des Jahres 1945 brachte einen durchaus nicht in Gegensatz zur Begeisterung des gesamten Volkes für Freiheit und Gerechtigkeit im erneuerten Staatswesen. Ganz im Gegenteil, sie war ein Bestandteil dieser Begeisterung, indem sie diese um die konkrete Dimension, nämlich den Kampf für soziale Gerechtigkeit und die Gleichheit aller Menschen, erweiterte. Die Sowjetunion war die große Hoffnung aller, die in dieser Beziehung von der Zeit nach dem Krieg den radikalen Bruch mit der Vergangenheit erwarteten – und über die tatsächlichen Verhältnisse in der Sowjetunion selbst nicht im geringsten Bescheid wußten. Nicht aus Kalkül oder Hintergedanken, sondern aus echter innerer Überzeugung erwuchsen unsere ersten politischen Überlegungen, die uns geradewegs zur Kommunistischen Partei und ihrer Ideologie hinführten.

Man kann kaum sagen, daß wir in den ersten Jahren unserer politischen Tätigkeit den Marxismus gekannt hätten. Wir lernten den parteiideologischen Marxismusabklatsch damaliger Prägung kennen und verschlangen ihn eifrigst. Stalins Schrift „Über den dialektischen und historischen Materialismus" sowie sein „Kurzer Lehrgang", das „Kommunistische Manifest", Engels' „Anti-Dühring", Lenins „Staat und Revolution" und, wieder von Stalin, die „Fragen des Leninismus" – das war bereits der Gipfel marxistischer Bildung. Diese Fragmente verbanden wir mit Hilfe verschiedener parteiideologischer Broschüren zu einem System von Anschauungen und Standpunkten in allen politischen wie menschlichen Fragen.

Wie und warum konnte diese Literatur damals für mich so etwas wie die Bibel einer politischen und dabei persönlich tief empfundenen Weltanschauung werden? Aus dem Abstand der Jahre scheint mir nur eine Antwort richtig: Die in dieser Literatur enthaltene Ideologie gibt einem Menschen, der nur wenig oder gar nichts weiß, das Selbstbewußtsein, daß man die Gesetzmäßigkeiten der Entwicklung der Menschheit und der Welt erkannt hat und beherrscht. Und gerade ein Mensch, der nichts weiß, aber sich nach Wissen sehnt, nimmt leicht einen solchen Glauben an: denn dieser Glaube gleicht ja in seinen Auswirkungen der Erkenntnis. Die innere Welt des Gläubigen ändert sich, er kann sich leicht orientieren: Er hat zwar noch keine Sachkenntnis, kann aber bereits Werturteile abgeben, er weiß, was fortschrittlich ist und was reaktionär, was gut ist oder schlecht, und zwar immer aus der Perspektive der Menschheit als ganzer. Den anderen, Unaufgeklärten, die weiterhin im Dunkel ihrer beschränkten Perspektive umhertappen, fühlt er sich mit einem Schlag überlegen. Er weiß zwar nichts, aber das auf wissenschaftliche Weise.

Die Illusion, daß ein Glaube seine Anhänger den Ungläubigen überordnet, ist an sich nichts Beispielloses und sicherlich keine Spezialität der Gläubigen kommunistischer Konfession allein. Auch der christliche Glaube erhob zuzeiten seine Bekenner ihrem subjektiven Empfinden nach hoch über die Heiden und Gottlosen. Entscheidend ist jedoch, wozu sich ein Gläubiger im Namen seines Glaubens den Ungläubigen gegenüber berechtigt fühlt, zu welchen Handlungen an ihnen sein Überlegenheitsbewußtsein ihn ermächtigt. Der Glaube an die kommunistische Ideologie, den ich und Zehntausende meiner Generationsgenossen 1945 angenommen hatten, schloß von allem Anfang an die Ermächtigung zum Kreuzzug gegen die Ungläubigen mit ein. Zum weitaus überwiegenden Teil fanden wir uns in diesen Glauben gerade deshalb so leicht und spontan hinein, weil er die scheinbar natürliche Verlängerung unseres antagonistischen Weltbildes, dieses Erbes der Kriegszeit, war. Er zeigte uns abermals einen Feind und machte uns jetzt zu dessen Gegenspielern mit dem eindeutigen Ziel, diesen Feind (in Gestalt einer „Klasse") radikal und kompromißlos zu

liquidieren und damit das Tor zu einer neuen, gerechten Gesellschaftsordnung aufzustoßen (zu einer „kommunistischen" Gesellschaftsordnung, d. h. einer solchen, in der alle Menschen gleich wären, aus der die Ursachen von sozialen Spannungen und Kriegsabenteuern verschwunden wären und in der die ganze Menschheit ihrem Glück entgegenstreben würde). Es ging nur noch darum, das „letzte Gefecht", von dem die „Internationale" sang, konsequent und energisch auszukämpfen. Auf unsere ungestillte Kriegsmentalität übte diese Ideologie große Anziehung aus.
Unsere Vorstellungen von Sozialismus waren bis zum Februar 1948 und etliche Jahre darüber hinaus noch primitiver und einseitiger als selbst diejenigen älterer Generationen von Stalinisten, die ihren Dogmatismus doch immerhin schon hie und da durch politische Erfahrungen korrigiert hatten. Dafür aber war unser Selbstbewußtsein um so größer – aus heutiger Sicht wohl nur zu vergleichen mit dem westeuropäischer Maoisten oder gewisser anderer Strömungen innerhalb der „Neuen Linken" Ende der sechziger Jahre.
Wir bildeten eine regelrechte Sekte, mit allem, was zum Sektierertum untrennbar dazugehört: Nur unter unseresgleichen fühlten wir uns wohl, ließen nur das eigene, selbstzufriedene Urteil über uns selber gelten und taten uns viel zugute auf unsere strenge Moral, deren strikte Einhaltung uns stets von neuem den Beweis lieferte, wie berechtigt doch unser Überlegenheitsbewußtsein gegenüber allen Ungläubigen und Unwissenden war. Wann immer der Glaube Selbstlosigkeit und Opfer verlangte, konnte er auf uns zählen. Wir beteiligten uns an freiwilligen, unbezahlten Arbeitseinsätzen in Kohlengruben, am Bau, auf den Feldern, wir arbeiteten nachts, wir arbeiteten sonntags, wir arbeiteten während der Ferien und in der Urlaubszeit. Die Parteisekretariate waren nicht lediglich die Orte, wo wir unsere Versammlungen abhielten – sie waren die Schauplätze, auf denen sich unser Leben abspielte. Der kleine politische Apparat des Kommunistischen Verbandes der Tschechischen Jugend arbeitete in jenen Jahren für ein Entgelt, das weit unter dem Durchschnittslohnsatz lag.
Aber nicht nur diesen Aufgaben widmeten wir uns mit Begeisterung; wir waren auch nicht nur die unerläßliche Staffage, das Schmuckwerk bei allen offiziellen Anlässen der KP. Sondern wir waren gleichzeitig die selbstbewußten Knappen dieser Partei und wurden von der stalinistischen Führung geschickt überall dort eingesetzt, wo deren Interesse erforderte, daß wir nicht nur radikal schrien, sondern im Rahmen unserer Möglichkeiten auch handelten. Wir konnten zwar noch niemanden verurteilen und unter den Galgen schicken (wenngleich wir billig-

ten, daß die Partei dies tat), doch wandten wir unsere eigene Art von Repressalien an: Überprüfungen und Säuberungen, die zum Abbruch des Studiums führten, Lebenschancen ruinierten und die Existenzen vieler Kritiker und Widersacher unseres Glaubens sowohl aus den Reihen der eigenen als auch der älteren Generation zerstörten. Und wir betrachteten es als durchaus naturgemäß, moralisch und gerecht, daß die politische Macht der entstehenden totalitären Diktatur uns bevorzugte und förderte, denn das stand im Einklang mit unserer Moral und unserem Glauben; es ist daher verständlich, daß den Ungläubigen unser Glaube gar nicht so uneigennützig vorkam. Kritik betrachteten wir damals jedoch ausschließlich als Ausdruck der „Klassenfeindschaft" gegenüber unserem heilbringenden Programm, und ihre Träger suchten wir, ganz nach dem Vorbild der älteren Generationen, zu unterdrücken und zu vernichten.

In privaten, aber auch in öffentlichen Diskussionen unter Kommunisten über die Verantwortlichkeit für die Verbrechen des politischen Regimes der fünfziger Jahre habe ich verschiedentlich die Rechtfertigung gehört: Aber wir haben damals wirklich an das geglaubt, was die stalinistische Ideologie verkündete. Solange sie nur als Beschreibung eines Sachverhalts gelten soll, ist gegen diese Feststellung nichts einzuwenden. Sie ist aber kein Argument in der Debatte um Verantwortung und Mitschuld an dem, was unter der Herrschaft einer Partei geschah (beziehungsweise heute noch geschieht), an die man glaubt, deren Mitglied man ist oder die man aktiv unterstützt. Ich bin nämlich auch verantwortlich für den konkreten Inhalt dessen, woran ich glaube. Und gerade der Umstand, daß ich aufrichtig geglaubt habe, ist kein Argument gegen meine Mitschuld, sonderen deren Eingeständnis. Darin unterscheide ich mich dann zwar von denjenigen, die die Taten und Untaten des Regimes unterstützten oder ausführten, ohne auch nur zu glauben, daß sie „aus historischen und klassenkämpferischen Beweggründen" handelten und einer guten und notwendigen Sache dienten. Das bedeutet jedoch nur, daß ich kein Schuft bin, kein Mensch, der das Böse um des Geldes und seiner Karriere willen unterstützte. Obzwar dies als ein Positivum zu bewerten ist, bedeutet es noch lange nicht, daß ich aller Verantwortung und Mitschuld ledig wäre.

Wenn ich heute zurückblicke auf das, was ich seither erlebt habe, auf die Rolle meines ideologischen stalinistischen Glaubens, muß ich mir selbst eingestehen, daß dieser Glaube ein Faktor ist, der meine Verantwortung vergrößert: unter anderem auch deshalb, weil gerade er mich davon abhielt, bereits viel früher die normalen logischen Schlußfolgerungen aus den Erkenntnissen zu ziehen, die die alltäglichen praktischen Erfahrungen anboten. Wir, die überzeugten jungen Kommunisten, lebten doch in derselben Realität wie alle anderen. Aber zu uns sprach diese Realität in einer anderen Sprache als zu den übrigen, lange Zeit betrachteten wir sie sogar als Beweis für die Richtigkeit unseres Standpunkts, während andere längst erkannt hatten, daß die Realitäten gegen uns zeugten.

Mein ideologischer kommunistischer Glaube jener Jahre war nämlich ein logisch strukturiertes, in sich abgeschlossenes Wertsystem, das im Grundlegenden durch keinerlei Ideen, Argumente oder Erfahrungen von außen beeinträchtigt werden konnte. Ich will hier nicht auf die Frage eingehen, ob dies ein charakteristisches Merkmal der marxistischen Lehre überhaupt – also auch in ihrer nicht vulgarisierten Form – ist, denn diese Frage ist im gegebenen Zusammenhang ohne Gewicht. Wichtig zu wissen ist, daß ein solches logisch gebautes, abgeschottetes Wertsystem zum unveräußerlichen Bestand kommunistischer Ideologie in der Form gehörte, wie sie damals von uns „ideologisch bewußten" Parteimitgliedern gläubig übernommen und in die Alltagspraxis übersetzt wurde (und innerhalb der Kommunistischen Parteien gewisser Länder heute noch stets von neuem übernommen und praktiziert wird).

Für so einen gläubigen Kommunisten gab es im Hinblick auf die Wirklichkeit keine anderen Bewertungskriterien und Handlungsnormen als die Werte, die sich aus den in seinem ideologischen System gesetzten Zielen ableiten ließen. Mit anderen Werten und Normen wußte er nicht viel anzufangen, und jede Kritik an seiner Realitätseinschätzung oder seinen konkreten Handlungen, die von anderen Voraussetzungen als den kommunistisch-ideologischen ausging, war seiner Meinung nach grundsätzlich verfehlt, weil sie das Wesentliche, nämlich die ideologisch gesetzten Ziele, gar nicht berührte.

Den Grundwert in unserem kommunistischen Glaubenssystem der damaligen Zeit stellte der abstrakte Begriff der „Interessen der Arbeiterklasse" dar: diesen Interessen war alles andere unter- und nachgeordnet, sowohl im ökonomischen wie im moralischen Bereich. Moralisch ist alles, was der Arbeiterklasse dient, sagte ausdrücklich schon Lenin.

Das Argument etwa, irgendeine politische Maßnahme sei ökonomisch nicht zu vertreten, hatte für uns keine Bedeutung, denn es griff ja auf Werte aus dem bourgeoisen Kanon zurück und zählte daher für uns genausowenig, wie wenn man uns entgegengehalten hätte, die Sache stünde im Widerspruch zu den Zehn Geboten.

Welche Kriterien gaben aber nun den Ausschlag dafür, ob etwas „im Interesse der Arbeiterklasse“ lag oder nicht? Etwa die auf demokratischem Wege erfaßte Meinung der Arbeiterschaft? Weit gefehlt! Für überzeugte Stalinisten spielte derlei überhaupt keine Rolle, denn in ihrem ideologischen System ging es ja nicht um konkrete Arbeiter, Arbeiter aus Fleisch und Blut, sondern um die Arbeiterklasse als das Subjekt des historischen Fortschritts. Konkrete Arbeiter aus Fleisch und Blut können in ihrer Unaufgeklärtheit Irrtümern zum Opfer fallen, und in der Praxis ist das sogar recht häufig der Fall, sie begreifen ihre eigenen historischen Interessen nicht und beschränken sich nur allzu oft auf ihre kurzfristigen Alltagssorgen, wie sie das unter dem Einfluß des kapitalistischen Systems gelernt haben. Aber wo findet denn nun der Stalinist die wahren Interessen der Arbeiterklasse, und wo überprüft er sie in der Praxis? Letzten Endes doch wieder nur in seiner Ideologie, im Rahmen der Partei, die als Urheberin dieser Ideologie ausschließlich und allein berufen ist, die grundlegenden historischen Interessen der Arbeiterklasse gültig zu formulieren.

Solange so ein gläubiger Kommunist in der Logik seines Wertsystems verharrt, haben seine Gedankengänge für die übrige Welt ebensowenig Bedeutung, wie etwa der Lauf eines Goldhamsters in seiner Drehtrommel einen Einfluß auf den Weltlauf außerhalb der Trommel ausübt. Und ebenso umgekehrt: Die Umwelt hat keinen Einfluß auf die Bewegungen des Hamsters, denn den festen Boden unter seinen Füßen bildet eben einzig die rotierende Trommel.

Ideologisch bewußte Stalinisten nahmen selbstverständlich auch solche Aspekte der Wirklichkeit wahr, die ihren Glauben in Frage stellten. Das änderte jedoch nichts an dem Problem, daß Widersprüche zwischen einzelnen Aspekten der Realität und einzelnen unserer Glaubenssätze, selbst wenn sie sich summierten, prinzipiell niemals soviel argumentative Stärke gewinnen konnten, um unseren Glauben insgesamt aus den Angeln zu heben. Nur die Einsicht, daß die gesamte Wirklichkeit in offenem und unüberbrückbarem Widerspruch zu den „Interessen der Arbeiterklasse“ stand, und zwar gerade bei Zugrundelegung seiner eigenen ideologischen Maßstäbe, hätte dem Stalinisten das Ausbrechen aus dem Teufelskreis seiner Ideologie ermöglichen können.

Menschen, die aus ideologischer Überzeugung zu den Stützen der totalitären Diktatur Stalinschen Typs gehörten, waren daher in gewissem Sinne ein größeres Hindernis für Veränderungen in der kommunistischen Politik, als diejenigen, die sich den Kommunisten aus konjunkturellen Erwägungen, ohne innere Überzeugung und ideologi-

schen Glauben angeschlossen hatten. Die Umstellung der Konjunkturritter auf neue, geänderte ideologische Standpunkte hatte immer nur Opportunitätsgründe, innere Schwierigkeiten waren dabei nie im Spiel. Überzeugten, ideologisch bewußten Kommunisten mußte die Notwendigkeit einer Änderung von Fall zu Fall aus neuen sachlichen Gründen heraus einsichtig geworden sein. Entsprechend sah die Rollenverteilung zwischen diesen beiden Typen des Kommunisten auch in anderer Hinsicht aus: Von den Konjunkturrittern konnte man nicht erwarten, daß sie neue Standpunkte initiierten, denn das hätte ja bedeutet, eine Sache zu einem Zeitpunkt zu vertreten, da dies noch gar nicht opportun, sondern im Gegenteil mit Risiken und Gefahren nicht zuletzt für ihre Karriere verbunden war. Die aktiven Initiatoren von Veränderungen waren unweigerlich ideologisch bewußte Kommunisten – freilich ausschließlich solche, die einen langen Denkprozeß voll innerer Widersprüche durchlaufen hatten.
Ich war 25 Jahre Mitglied der KP, von 1946 bis zu meinem Ausschluß im Jahr 1970. Während zwanzig Jahren dieser Zeit habe ich diesen verborgenen, an Konflikten so reichen Denkprozeß mitgemacht. Und selbst nach dem Ausschluß aus der Partei hat es noch etliche Jahre gedauert, bis ich seine letzte Phase erreicht hatte.

Im September 1950, zu der Zeit, als in der Tschechoslowakei die Maschinerie zur Vorbereitung politischer Schauprozesse – jetzt schon nicht mehr gegen Nichtkommunisten, sondern gegen führende Funktionäre der Partei – zu vollen Touren auflief, kam ich als Student der Rechtswissenschaft nach Moskau. Alle, die wir dort studierten, gehörten zur Elite der jungen kommunistischen Generation, wir hatten über mehrere Jahre hin Funktionen in der KPČ ausgeübt und waren ideologisch bewußte Stalinisten. Die Welle des Mißtrauens, die Bemühungen, getarnte „Klassenfeinde und Agenten des Imperialismus" zu entlarven und die eigene „ideologische Wachsamkeit" zu erhöhen – all das, was in der Heimat zu wuchern begann – verbreitete sich natürlich auch unter uns in Moskau. Das Zentralkomitee der Partei in Prag hatte alle Kommunisten aufgefordert, durch ihre Erkenntnisse dazu beizutragen, „verbrecherische Banden von Schädlingen" innerhalb der Partei aufzudecken – und so trugen auch wir dazu bei.
Ein Brief, den ich damals an die Parteikommission schickte, die die Tätigkeit der bereits verhafteten Parteifunktionäre Otto Šling und Marie Švermová untersuchte, hatte ein außerordentliches Schicksal. Nicht damals, als er zusammen mit Tausenden anderer Zuschriften in die Partei- und Polizeiarchive eingereiht wurde, sondern viel später:

nach 26 Jahren. Am 1. März 1977 veröffentlichte „Rudé právo" Zitate aus diesem Brief, um dem Volk anschaulich zu beweisen, daß ich ein charakterloser Denunziant sei, der kein Recht habe, über die Praktizierung der Menschenrechte unter dem Husákregime zu befinden, und dessen Unterzeichnung der „Charta 77" lediglich als Neuauflage seines altbekannten Strebens nach Einfluß und Karriere anzusehen sei.

Aber meine Bemühungen, zur Entlarvung von „Schädlingen in der Partei" beizutragen, förderten meine Karriere auch damals, im Jahr 1951, nicht. In der Glashausatmosphäre der jungen Parteielite in Moskau kam es notwendigerweise dazu, daß sich die Wachsamkeit auf das Stöbern nach „Schädlingen" innerhalb des Glashauses richtete: und da standen nur wir selbst einander zur Verfügung. Der in Prag angewandten Logik zufolge mußte sich der echte Schädling unter den führenden Funktionären tarnen – und ich war damals Parteiführer unserer Studenten in Moskau.

Bald trafen in der Parteizentrale in Prag Briefe anderer klassenbewußter Stalinisten ein, die darauf aufmerksam machten, daß unter den Moskauer Studenten höchstwahrscheinlich ich der „Schädling" sein müsse. In meinen Arbeitsmethoden entdeckten die Kameraden plötzlich Eigenheiten, die geradezu identisch waren mit den Methoden des „Hauptagenten des Imperialismus", des Generalsekretärs der KPČ, Rudolf Slánský, der soeben in Prag verhaftet worden war. Meine Aussprüche und Ansichten über die Realität in der Sowjetunion ließen angeblich darauf schließen, daß meine Einstellung zur UdSSR nicht einwandfrei war. Ich wurde von meiner Funktion entbunden und wartete auf den Schuldspruch aus Prag – selbstverständlich nicht allein: Etlichen weiteren, ebenso aufrichtigen Stalinisten in unseren Reihen wurden von den übrigen ähnliche Sünden vorgeworfen, und zwar vor allem ein gestörtes Verhältnis zur Sowjetunion.

Ich kann mich heute noch sehr gut an meine eigene innere Reaktion auf diese Situation erinnern. Mir war ganz klar, daß die Genossen, die mich beschuldigt hatten, aus den gleichen Beweggründen gehandelt hatten wie ich selbst, als ich andere angeklagt hatte. Nur bei einigen wenigen schienen mir persönliche Motive im Hintergrund zu stehen, für die meisten jedoch hatte ich Verständnis und betrachtete sie als aufrichtige Kommunisten. Ich suchte die Gründe für die Anschuldigungen in mir selbst – und entdeckte eine ganze Reihe davon: Es stimmte zum Beispiel, daß ich in der Parteiarbeit die zur Zeit üblichen Methoden anwandte – aber das war bis vor kurzem eine Tugend gewesen. Ich überprüfte alle meine Gedanken und Äußerungen über die

Sowjetunion – und siehe da, ich fand Widersprüche zum geforderten ideologischen Bewußtsein, die sich darauf zurückführen ließen, daß der sowjetische Alltag alle unsere Vorstellungen über den „Sowjetmenschen“, die wir aus Prag mitgebracht hatten, rücksichtslos über den Haufen warf. Ich übte also offene Selbstkritik, wobei ich diese Fehler zugab, mich jedoch weigerte, sie mit irgendwelchen parteifeindlichen Absichten oder Zielen in Verbindung zu bringen. Und in völliger Gelassenheit sah ich der Entscheidung aus der Parteizentrale entgegen, denn ich war überzeugt, mir könne einfach nichts geschehen, da es sich ja um ein Mißverständnis, einen Irrtum handelte. Dieses Glaubens blieb ich ernsthaft und aufrichtig auch noch während jener Tage, als in Prag der Prozeß gegen Slánský und seine Mitangeklagten über die Bühne ging, der mit elf Todesurteilen endete. Und ich hatte natürlich keine Ahnung, daß auch die elf Todeskandidaten bewußte Stalinisten waren, die nach ihrer Verhaftung ähnlich wie ich damit gerechnet hatten, es würde sich schon alles aufklären und als ein „Mißverständnis“ herausstellen.
Jedoch anders als in ihrem Fall trat in dem meinen genau das ein, was ich so vertrauensvoll erwartet hatte. Im Dezember 1952 kamen die zwei höchsten Repräsentanten der KPČ, Antonín Zápotocký und Viliam Široký, nach Moskau, um auf einer Versammlung der tschechoslowakischen Studenten der Sache mit der „Entlarvung von Feinden in der Partei“ ein Ende zu machen. Zápotocký las aus den Briefen an die Parteizentrale vor und kanzelte die Schreiber ab wie ein Lehrer seine ungezogenen Schüler. In einer anschließenden kurzen Rede meinte er, es gehöre nicht viel dazu, solche Dinge zu Papier zu bringen, jeder x-Beliebige könne das, und dazu habe uns die Partei nicht nach Moskau geschickt. Wir sollten Vertrauen zueinander haben und uns vor allen Dingen unseren Studien widmen. In seiner bekannten Art griff er zu einem anekdotischen Beispiel: Er selbst habe einmal an seinem Haus einen Anbau machen wollen, sei aber nicht in der Lage gewesen, die statischen Berechnungen exakt genug auszuführen, um sichergehen zu können, daß ihm nicht die Decke überm Kopf einstürze. Die Partei brauche aber Menschen, die so etwas könnten, denn mit politischen Reden ließen sich unsere Bauten des Sozialismus nicht tragfähig abstützen. Und das sei nun unsere Aufgabe: zu studieren, um hinterher etwas zu können. Zum Vorwurf der parteifremden und antisowjetischen Einstellung bemerkte Zápotocký: „Ihr lebt hier und seht, daß die Sowjetbürger unter Bedingungen leben, unter denen die Menschen bei uns zu Hause nicht leben wollten und könnten; macht daraus keine Affäre, sondern versucht die Verhältnisse nach Möglichkeit zu

verstehen und eine vernünftige Erklärung für sie zu finden.“ Im übrigen müsse die Geschichte jetzt ein Ende haben, niemand solle sich in dieser Sache weiterhin nach Prag wenden, und es gebe keinen Grund, aus den bisher geäußerten Verdächtigungen Konsequenzen zu ziehen. Dies sei auch die Ansicht des Genossen Gottwald.
Ich wurde also durch unmittelbare persönliche Erfahrung in meinem Glauben an die Partei bestätigt – alles war nach gerechten Maßstäben beurteilt und als Mißverständnis befunden worden.
Später habe ich lange nicht glauben wollen, daß derselbe Zápotocký, der so positiv in mein persönliches Schicksal eingegriffen hatte, in der Parteiführung der Hinrichtung seiner langjährigen Mitarbeiter und Freunde hatte zustimmen können, ohne durch unwiderlegliche Beweise von ihrer Schuld überzeugt zu sein. Erst nach Jahren erfuhr ich, daß Zápotocký kaum einen Monat vor seiner Rede an die Moskauer Studenten durch Handzeichen seine Zustimmung für elf Todesurteile gegeben hatte, obwohl er sehr gut wußte, daß der ganze Prozeß um das „Verschwörerzentrum um Rudolf Slánský“ gefälscht war, jedoch auf Stalins Wunsch hin geführt wurde, dem man sich nicht widersetzen konnte. Und ein Jahr vor seinem volkstümlichen Auftritt in unserer Versammlung hatte Zápotocký Rudolf Slánský zu einem geselligen Abend eingeladen und dabei gewußt, daß man Slánský auf dem Heimweg verhaften würde. Während Slánský seinen Mantel anzog, rief Zápotocký persönlich den Polizeioffizier an, der mit der Festnahme beauftragt war, und teilte ihm abmachungsgemäß mit: „Er ist schon unterwegs.“ Ich bin auch heute noch überzeugt, das sich Zápotocký in der Rolle des väterlichen Ermahners fanatisierter Studenten wohler fühlte als in der des Helfershelfers der Polizei oder des selbstherrlichen Richters. Er war aber durchaus fähig, beide Rollen auszufüllen.
Erst nach Jahren begriff ich die Hintergründe meiner damaligen Situation. Ich gehörte zum hoffnungsvollen Nachwuchs der Partei, und die Führungsspitze hielt es für richtig, mich und die gesamte jugendliche Elite aus ihrer damaligen Politik und deren Konsequenzen herauszuhalten. Der Nachwuchs sollte erst später in neue Kläger und Angeklagte aufgespalten werden, und der Zukunft war die Aufklärung darüber vorbehalten, wem welche Rolle zugedacht war. Gegenwärtig wäre jeder Schritt in diese Richtung verfrüht gewesen, hätte der Partei keinen Nutzen gebracht; vorerst sollten wir studieren und nicht in Rollen auftreten, für die wir noch nicht reif waren. Meine persönlichen Erfahrungen während des stalinistischen Terrors waren demnach von der unverdächtigsten, „salonfähigsten“ Art. Als hoffnungsvoller Nach-

wuchs von allen „Mißhelligkeiten“ verschont, erlebte ich diese Zeit ganz anders als die unmittelbaren Opfer des Terrors; anders auch als die überwiegende Mehrheit der Bevölkerung, die nichts tun konnte, als sich verängstigt zu ducken in der Hoffnung, irgendwie zu überleben; es dauerte mehrere Jahre, bis ich richtig erfaßte, was diese Zeit für den Normalbürger in der Tschechoslowakei bedeutet haben mußte.

Nachhaltiger als der kulminierende Terror in der Tschechoslowakei trugen zum Entstehen gewisser Zweifel an meinem stalinistischen ideologischen Glauben die Erfahrungen aus meinem fünfjährigen Aufenthalt in Moskau bei. Dabei denke ich allerdings weniger an jene Beobachtungen, die uns damals genauso schockierten, wie sie noch heute jeden westlichen Besucher schockieren: der jämmerliche Lebensstandard der sowjetischen Bevölkerung, ihr Elend und der kulturelle Rückstand in den Dingen des täglichen Lebens. Die Fragen und Probleme ergaben sich für mich nicht vorwiegend daraus, daß Moskau ein riesiges Dorf aus Holzhäusern war; daß die Menschen hier nicht einmal satt zu essen hatten; daß die typische Kleidung fünf Jahre nach Kriegsende immer noch eine schäbige alte Uniform war; daß die meisten Familien zusammengepfercht in einem einzigen Raum leben mußten; daß anstelle von Wasserklosetts das „Plumpsklo“ die übliche hygienische Einrichtung war; daß man sich in den Studentenheimen ebenso wie auf der Straße in die Finger schneuzte; daß einem im Gewühl alles, was man nicht ängstlich festhielt, gestohlen wurde; daß zahllose Betrunkene auf den Gehsteigen lagen, über die die Passanten hinwegstiegen, ohne daß es sie im geringsten zu kümmern schien, ob sie überhaupt noch am Leben waren.

All diese Umstände und noch viele ähnlicher Art versuchten wir mit der Vergangenheit zu rechtfertigen. Wir waren nicht mit der Erwartung eines Konsumparadieses in die Sowjetunion gekommen; eine solche Erwartung war übrigens damals, fünf Jahre nach dem Krieg, auch für das übrige Europa noch kein allgemeiner Maßstab. Armut und Elend, wie wir sie in Rußland antrafen, waren in unseren Augen vor allem eine Folge des Krieges, und die Art und Weise, wie die Bevölkerung diese materiellen Sorgen geduldig hinnahm, schien uns ein Beweis der humanen Qualität des „neuen Sowjetmenschen“. Den Zivilisationsrückstand faßten wir als eines der schwer zu bewältigenden Überbleibsel des Zarismus auf. Unseren stalinistischen Glauben konnte die Existenz solcher Negativa allein kaum bedrohen. Weit mehr untergrub ihn das Fehlen des erwarteten positiven Gegengewichts, der Umstand daß es den Menschen an all den Wertvorstellun-

gen gebrach, die unser Glaube als Grundvoraussetzungen der kommunistischen Perspektive zu betrachten lehrte.
Eine grundlegende Eigenschaft des „neuen Menschen“, der den Kommunismus aufbauen sollte, erblickten wir zum Beispiel im vorbehaltlosen Eintreten für das Gemeinwohl, und es war für uns selbstverständlich, daß wir unser gesamtes Privatleben mit den großen sozialen Zielen verknüpften, daß wir es den „Bedürfnissen der Geschichte“, den „Interessen der Arbeiterklasse“ unterordneten. Demgegenüber versuchten die sowjetischen Menschen, mit denen wir in Berührung kamen, die Politik so weit wie möglich von ihrem Privatleben zu trennen. Dem Gemeinwohl leisteten sie Genüge, indem sie formell, in irgendeinem vorgeschriebenen Ritual, ihre „politische Stellungnahme“ kundtaten – um sich dann ohne jeden Bezug auf ihre „politische Stellungnahme“ ihren privaten Interessen zu widmen.
Was für uns damals noch selbstverständliche Regel war – daß nämlich Haltungen und Meinungen, die wir in der Öffentlichkeit vertraten, auch unserer privaten Überzeugung entsprachen –, war für die Menschen in der Sowjetunion alles andere als eine Selbstverständlichkeit.
Zu Anfang meiner Moskauer Universitätsjahre bestand der größte Teil der sowjetischen Hochschüler aus ehemaligen Frontsoldaten. Das Studentenmilieu unterschied sich daher vom sonst Üblichen sowohl der Altersstruktur und sozialen Zusammensetzung nach wie auch hinsichtlich der aus voruniversitärer Zeit mitgebrachten Lebensgewohnheiten der Studenten. Zu letzteren gehörte unter anderem der regelmäßige Konsum von Wodka. In den Studentenheimen trank man bei jeder sich bietenden Gelegenheit, an Staatsfeiertagen, privaten Jubiläen, oder einfach, weil gerade eine Flasche zur Hand war.
Ein volles Wasserglas „zur Neige“ ausgetrunken war jeweils nur ein symbolischer Auftakt, dann ging es erst richtig los. Wir unerfahrenen Neulinge nichtrussischer Herkunft befanden uns anfänglich immer schon nach kurzer Zeit im Zustand des Vollrauschs. Erst nachdem wir uns so weit eingewöhnt hatten, daß wir mit den erfahrenen Frontsoldaten halbwegs Schritt halten konnten, begriffen wir langsam die Bedeutung des Wodkakonsums im Leben des Sowjetmenschen: Der Wodka ließ ihn eine Zeitlang die Realität vergessen und schuf ihm die Illusion der Freiheit. Erst unter dem Einfluß des Wodkas entstand eine normale, menschliche Kommunikation.
Was den politischen Aspekt der Sache betraf, so offenbarte sich der bei uns im Zimmer, das wir mit sechs ehemaligen Frontsoldaten teilten, in einem Ritual von unzweideutiger Symbolik. An der Wand hing ein gerahmtes Plakat: Stalin, wie er auf einer Landkarte der Sowjet-

union Windbrecher in die Wolgasteppe einzeichnet und damit gewissermaßen die konkreten Umrisse des Kommunismus markiert.

Sobald eine Flasche Wodka auf den Tisch kam, wurde das Plakat umgedreht und auf der Rückseite erschien das selbstgemalte Bild einer Kurtisane aus dem zaristischen Petersburg, das nun den Raum beherrschte. Man verriegelte die Zimmertür, und es öffneten sich die Portale zu einem Leben ohne Verstellung, in dem die Menschen, während ihre Zunge vom Alkohol immer schwerer wurde, immer einsichtsvollere Dinge äußerten.

Bei einer solchen Gelegenheit hörte ich zum erstenmal Geschichten aus dem Krieg, die in krassem Widerspruch zu den Vorstellungen von der Sowjetarmee standen, die ich mir noch in Prag anhand von Filmen und Literatur aus der Sowjetunion gebildet hatte. Ich begriff plötzlich, daß ich vor diesen Menschen, wenn ich jetzt meine begeisterten Ansichten laut ausspräche, nicht als Revolutionär dastehen würde, sondern als perfekter Trottel. Ein Ukrainer, Mitglied der KP, erzählte wie sie in seinem heimatlichen Kolchos darauf gewartet hatten, daß mit dem Eintreffen der Armeen Hitlers der Kolchos aufgelöst, das Land den Bauern als Privateigentum zurückgegeben und ein Paradies auf Erden beginnen würde. Die Deutschen kamen, zündeten das Dorf an und erschossen jeden, der nicht fliehen konnte. Diejenigen, die in die Wälder geflohen waren, fanden dort bereits einen Parteisekretär vor, der eine Partisaneneinheit gründete – und so wurden sie Partisanen. Und kämpften dann tatsächlich unter Einsatz ihres Lebens, denn sie hatten erkannt, daß es ums nackte Dasein ging und daß sie kein Paradies zu erwarten hatten, weder jetzt noch später.

Am häufigsten wirkte der Wodka als Auslöser moralischer Selbstprüfungen. Ein zwischen Selbstverachtung und Selbstmitleid pendelndes Bewußtsein eigener moralischer Schwäche, eine teils als Qual erlittene, teils lustvoll ausgekostete Trauer über die Unfähigkeit, an diesem – ob eingebildeten oder wirklichen – Mangel in der Praxis irgend etwas zu ändern, Geisteszustände also, die wir aus der klassischen Literatur des vorrevolutionären Rußland kannten und für Merkmale einer abgelebten Epoche gehalten hatten, traten uns nun plötzlich als elementare Lebensprobleme dieser jungen sowjetischen Studenten entgegen. Die klassische Frage des russischen Trinkers: „Bin ich ein Mensch oder bin ich keiner?“, hier bekamen wir sie in unzähligen Variationen zu hören, aber nie schwang ein Echo jenes Ausspruchs Maxim Gorkis in ihr mit: „Mensch – das klingt stolz!“

„Ich bin ein Schwein. Sag' mir, daß ich ein Schwein bin!“ fordert an meiner Brust unter Tränen ein Funktionär der bolschewistischen Par-

tei, der gerade auf einer Versammlung für den Ausschluß seines Freundes von der Universität gestimmt hat, weil dieser seine Wette, nur mit einer Turnhose bekleidet den Gang des Studentenheimes entlangzulaufen, auch ausgeführt hat. Vom Standpunkt des in Moskau herrschenden offiziellen Puritanismus erscheint dies als eine ebensolche Ungeheuerlichkeit, wie es anderswo auf der Welt die vollkommene Nacktheit in der Öffentlichkeit ist. Und der zerknirschte Bolschewik an meiner Brust beruhigt sich nicht eher, bis ich ihm zustimme, ja, er sei ein Schwein.
Trotz meines alkoholumnebelten Verstandes interessiere ich mich dafür, warum es ihn beruhigt, wenn gerade ich ihm bestätige, daß er ein Schwein sei. „Weil du kein Schwein bist, du glaubst an das alles," lautet die Antwort. Ich bemühe mich, ihm klarzumachen, daß ich absolut nicht glaube, es sei richtig, jemanden von der Universität zu weisen, bloß weil er sich in Turnhosen auf dem Gang gezeigt hat. Und zwar es schon allein deshalb nicht glauben kann, weil dergleichen bei uns als ganz normales Vorkommnis gilt. „Ach Unsinn," unterbricht er mich, „darum geht es doch gar nicht! Aber du liest Lenin, auch wenn du allein bist, verstehst du? Du glaubst an diese Sachen!"
Das Problem lag also viel tiefer, als ich zunächst angenommen hatte. Aber der reumütige Sünder hatte seinen Rausch bald ausgeschlafen, und danach ging es ihm wieder besser. Soweit ich mich entsinne, betrug er sich dann bis zum Abschluß des Studiums wie eh und je und brachte es hinterher bis zum Ankläger bei einem Militärgericht. Wahrscheinlich kommt es auch heute noch manchmal vor, daß er sich nach einem Prozeß betrinkt und ihm dann einer versichern muß, er sei ein Schwein. Gewiß ahnt er nicht, daß sein anschauliches Beispiel mitgeholfen hat, meinen ideologischen Glauben auszuhöhlen, diesen Glauben, für den er seinerseits soviel Hochachtung hatte.
Für uns waren die Schriften von Marx, Engels, Lenin und Stalin Bücher, aus denen wir die Antworten auf unsere Lebensfragen holten; für die sowjetischen Studenten waren sie bloß langweilige Pflichtlektüre. Ihre Vorbereitungen für die Prüfung im Fach Marxismus-Leninismus beschränkten sie darauf, lange Passagen aus den „Klassikern" auswendig zu lernen; so konnten ihnen die Prüfer keine Formulierungsfehler nachweisen – und mehr wollten die Prüflinge im Grunde nicht erreichen. Die sowjetischen Studenten verfügten genau wie wir über „die richtige marxistische Methode der Beurteilung" von Dingen, von denen sie im übrigen nicht das geringste verstanden. Aber während unsere Urteile mit dem Glauben an ihre Richtigkeit und Unfehlbarkeit einhergingen, war die „marxistische Methode" für die

Mehrzahl der sowjetischen Studenten bloß ein eingepauktes allgemeingültiges Ausdrucksklischee ohne jegliche Überzeugungskraft für seine Benutzer. In den meisten Fällen hatten diese überhaupt keine eigene Meinung, da ihnen die betreffenden Probleme politischer und ideologischer Natur herzlich gleichgültig waren. Sie selbst hatten Probleme ganz anderer Art, Probleme, die in anderen Denk- und Wertsystemen wurzelten.

Im Laufe meines fünfjährigen Moskauaufenthaltes erkannte ich, daß die Werke eines Tolstoi, Dostojewski, Tschechow oder Gogol mehr und wesentlichere Aufschlüsse über das Seelenleben der sowjetischen Menschen gewähren als die gesamte literarische Produktion des Sozialistischen Realismus. Auch und gerade die unverkennbar positiven Eigenschaften dieser Menschen wurzeln viel tiefer und ursprünglicher im gleichen Humus Altrußlands, aus dem auch jene unvergänglichen Gestaltungen allgemeinmenschlicher Werte hervorwuchsen, als in der industriellen Zivilisation, die man in ihrer sowjetischen Spielart erlebt. Psychische Eigenschaften, die sich tatsächlich auf die sowjetische Gesellschaftsordnung zurückführen lassen, sind dagegen meiner Feststellung nach meistenteils negative Eigenschaften, deren gemeinsame Ursache letzlich die schizophrene Struktur des Lebens ist: die Spaltung in eine offizielle, vom Ritual geprägte öffentliche Sphäre, in der die Ideen und Werte des „Marxismus-Leninismus" gelten, und in eine Privatsphäre, in der ganz andere Gedanken- und Wertsysteme gelten (die ihren Ursprung in der alten russischen Geschichte haben).

Trotzdem gab es Anfang der fünfziger Jahre *einen* markanten Punkt, in dem die tatsächlichen Anschauungen der Sowjetbürger mit der Ideologie des offiziellen „Sowjetpatriotismus" auf kuriose Weise übereinstimmten. Bei zahllosen Gelegenheiten konnten wir nämlich feststellen, daß die Bewohner der UdSSR in ihrer großen Mehrheit felsenfest davon überzeugt waren, in den kapitalistischen Ländern lebe die arbeitende Bevölkerung in weitaus schlechteren Verhältnissen – auch Konsumverhältnissen – als sie, die Sowjetrussen, selber. Ihr Wissen von den wirklichen Verhältnissen in den anderen Teilen der Welt war praktisch gleich Null.

Einmal wurde ich mitten in der Nacht von Kommilitonen aus einem benachbarten Zimmer geweckt, um einen Streit zu schlichten. Gegenstand der Auseinandersetzung war die Frage, ob in den Dörfern der Tschechoslowakei die Häuser tatsächlich aus Ziegelsteinen (nicht bloß aus Lehm und Holz) gebaut und mit richtigen Dachziegeln (statt Stroh) gedeckt seien. Ein früherer Soldat, der sich gegen Ende des Krieges in der Tschechoslowakei aufgehalten hatte, wollte das gese-

hen haben. Ein Student, der von der Welt nichts weiter kannte als seinen heimatlichen Kolchos und von dort geradewegs nach Moskau gekommen war, konnte es einfach nicht glauben. Die anderen Zimmerbewohner – etwa zehn Menschen zwischen zwanzig und dreißig – waren sich nicht schlüssig, wessen Partei sie ergreifen sollten. Ich gab dem Soldaten recht, der das Wunder mit eigenen Augen gesehen hatte. Damit fand die Debatte ihr Ende, aber dem Gesichtsausdruck des Hauptopponenten entnahm ich, daß er immer noch nicht ganz überzeugt war; offensichtlich hatte er mich im Verdacht, aus nationaler Überheblichkeit zu lügen.
Menschen mit derart eingeschränktem Horizont werden natürlich leicht die Opfer offizieller Ideologie und Propaganda, die ihnen tagtäglich versichern, daß ihr Land in jeder Hinsicht ein Muster für die übrige Welt sei. Aber auch gebildetere Sowjetbürger, deren Vorstellungen von der übrigen Welt differenzierter und wirklichkeitsnäher waren, bekannten sich zur messianischen Sendung ihres Landes: Der traditionelle großrussische Messianismus verband sich hier mit dem sowjetoffiziellen marxistisch-leninistischen Messianismus zu einer absonderlichen Ideenmischung. Diese Denkweise gründete sich vornehmlich auf die Überzeugung, daß die Sowjetunion während des Krieges um den Preis ungeheurer Opfer zur Errettung der Menschheit beigetragen und daher ein natürliches Anrecht auf die Anerkennung der übrigen Völker habe: Kritik von dieser Seite betrachteten die so eingestellten Sowjetbürger als Undankbarkeit und als Verunglimpfung ihrer Opfer – ganz in Übereinstimmung mit ihrer Regierung, der sie in anderen Fragen selber durchaus kritisch gegenüberstanden.
Und noch in einer anderen wichtigen Beziehung kam es zu dieser kuriosen Übereinstimmung zwischen offizieller Ideologie und der tatsächlichen Denkweise vieler Sowjetbürger. Eine wesentliche Komponente der Weltanschauung vieler sowjetischer Menschen ist ein in Rußland ohnehin traditioneller Fatalismus. Während die marxistische Ideologie mit ihrer These von der Determiniertheit der gesellschaftlichen Entwicklung für uns ein Ansporn zu aktivem Radikalismus war, der die gegebenen Umstände im Sinne dieses Determinismus ändern wollte, kombinierten die sowjetischen Menschen vulgarisierte marxistisch-leninistische „Lehrsätze“ mit fatalistischer Passivität: Gegen das Schicksal kann man ohnehin nichts ausrichten. In der alltäglichen Praxis betrachteten sie dann den Spielraum, den die sowjetische Bürokratie dem menschlichen Leben überließ, als den vom Schicksal abgesteckten Rahmen. Was die offizielle Ideologie als Ergebnis eines bewußten sozialistischen Kollektivismus, als bewußte Unterordnung

des einzelnen unter die Gesamtheit, als Beweis der gesellschaftlichen Disziplin des „neuen Sowjetmenschen“ hinstellte – das erlebten wir im sowjetischen Alltag meist als einfache Konsequenz einer fatalistischen Weltanschauung etwa des Tenors: Der Mensch kann die ihm auferlegten Beschränkungen sowieso nicht durchbrechen, und die gesellschaftlichen Ordnungsmächte sind immer klüger als der einzelne.
Das Studium in Moskau brachte uns aber nicht nur mit den realen Sowjetmenschen in Berührung, sondern auch mit den realen sowjetischen Institutionen, mit der Alltagswirklichkeit des gigantischen, alles beherrschenden Apparats der sowjetischen Verwaltungsbürokratie. Durch meine Studienrichtung hatte ich in dieser Beziehung sogar noch eine gewisse Sonderstellung inne: Das Funktionieren dieses Apparats zählte ja mit zu den Gegenständen meiner Studien, und so verbrachte ich mehrere Monate mit der Beobachtung der sowjetischen Staatsmaschinerie unmittelbar vor Ort.

Trotzdem hatte ich noch am Ende meiner fünfjährigen Studienzeit in Moskau keine Vorstellung von den Formen und dem Ausmaß des politischen Terrors als Konsequenz stalinistischer Herrschaft. Politischer Massenterror erschien mir – und, soweit ich das beurteilen kann, auch meinen Studienkameraden – als etwas der Vergangenheit, der Geschichte Angehörendes. Der entscheidende Grund dafür mag in dem Umstand gelegen haben, daß die junge Generation jener Jahre sich als ganze vom Terror nicht unmittelbar betroffen sah – und am allerwenigsten ihre Hochschulelite. Über einschlägige Erfahrungen verfügten allenfalls Bekannte, von Fall zu Fall auch Verwandte, die man persönlich kannte – jedenfalls aber Angehörige der Elterngeneration oder sogar noch Ältere.

Allerdings wußten die jungen Leute oft selbst nicht, in welch tragischem Ausmaß sie dennoch in die Welt des Terrors verstrickt waren. Ein extremes Beispiel hierfür ist der Fall eines meiner Kommilitonen. Er gehörte zu den jüngsten, zu jenen, die nach dem abschließenden zehnten Schuljahr der Einheitsschule als Klassenbeste direkt die Hochschule beziehen durften. Als aktiver Komsomolze war er einer der wenigen ideologisch Gläubigen unter den sowjetischen Studenten. Mit kämpferischer Überzeugung betete er alles nach, was man ihm in den Marxismus-Leninismus-Seminaren über trotzkistische und sonstige Abweichler, diese Agenten des Imperialismus, beibrachte. Nach 1956 erhielt er im Zuge der Chruschtschowschen Rehabilitierungen plötzlich eine offizielle Benachrichtigung über die Rehabilitierung seiner Eltern, die beide als Trotzkisten in Stalins Konzentrationslagern umgekommen waren. Erst dadurch erfuhr er, daß er als Säugling von einem parteitreuen Ehepaar adoptiert worden war, das er die ganzen Jahre hindurch fälschlich für seine Eltern gehalten hatten. Die Rehabilitierung brachte ihm nichts weiter ein als einen Platz in einer psychiatrischen Heilanstalt.

Als Praktikant bei der Staatsanwaltschaft war ich mehrfach Zeuge von Verhören in Moskauer Gefängnissen, so auch in Lefortowo. Es wäre mir damals auch nicht im Traum eingefallen, daß sich in einem anderen Flügel dieser Anstalt jene Dinge abspielten, die bei Solschenizyn beschrieben sind. Das Gefängnis Lefortowo wirkt deprimierend wie alle Gefängnisbauten aus dem vorigen Jahrhundert, aber was ich dort sah, verlief normal: Verhöre krimineller Täter gemäß der Prozeßordnung. Und diese Täter machten nicht den Eindruck von zu unrecht inhaftierten oder erniedrigten Menschen. Die sowjetische Kriminalität ist häufig brutal und barbarisch und ähnelt in vielem eher der amerikanischen als der mitteleuropäischen Kriminalität. Polizisten, die mit den Kriminellen in Berührung kommen, haben nicht selten Narben von Schüssen oder Messerstichen, was zum Beispiel in Prag eine seltene Ausnahme ist. Man konnte mit diesem Teil des sowjetischen Polizei- und Justizapparats in engen Kontakt kommen, ohne den geringsten Hinweis auf Realtität und Ausmaß des benachbarten Archipels Gulag zu erhalten.

In der Rechtslehre an der Hochschule wurde das Thema der staatsfeindlichen (d.h. politischen) Straftaten nur sehr kurz und allgemein abgehandelt. Es schien ja auch nicht sonderlich kompliziert zu sein, wenn man erst einmal die Ausgangsthese akzeptiert hatte: daß nämlich jede der Regierung mißliebige politische Betätigung ein kriminelles Vergehen darstellt, welches mit anderen Kriminaldelikten – gleich welcher Art – prinzipell auf eine Stufe zu stellen sei: Und dies war in jenen Jahren ein sowohl von den Vortragenden als auch von den Studenten der Moskauer Rechtsfakultät bedingungslos akzeptiertes Axiom.

Ich erinnere mich, wie ich einmal während einer Seminarstunde den Dozenten in Verlegenheit brachte. Ich erklärte nämlich, daß für derartige Straftaten die Präsumtion der Unschuld nicht gelte, und bewies dies mit dem Beispiel der politischen Prozesse in Prag: Vorrang habe die politische Qualifikation gewisser Taten, Verhaltensweisen und Ideen als klassenfeindlich, erst danach und dadurch bereits gebunden käme die Justiz zu Wort.

Damit traf ich natürlich den tatsächlichen Sachverhalt, und es war schwer, das in Abrede zu stellen. Ich als aufrichtig überzeugter Stalinist betrachtete diesen Sachverhalt als richtig. Recht ist unter der Diktatur des Proletariats „der Wille der Arbeiterklasse, zum Gesetz erhoben“. So stand es auch in den sowjetischen Lehrbüchern. Interpret des Willens der Arbeiterklasse ist die Kommunistische Partei, und wenn die Parteiorgane gewisse Tätigkeiten als feindselige Akte gegenüber der Arbeiterklasse und dem Staat interpretieren, so ist es nur konsequent, daß auch die Klassenjustiz an diese Interpretation gebunden ist. Der Dozent, der das Seminar leitete, wußte natürlich, wie es um die Präsumtion der Unschuld bei politischen Prozessen bestellt war. Er konnte mir aber nicht recht geben, weil er riskiert hätte, kritisiert zu werden: Es war wahr, was ich sagte, aber er durfte es nicht zugeben. Er wußte warum – ich begriff es damals noch nicht. Warum die Dinge nicht beim Namen nennen ? Der Dozent lenkte vom Thema ab, verwies uns auf das Seminar in Marxismus-Leninismus: Dort wurde das Thema allerdings nie aufgegriffen.

Erst später und auf dem Weg der Befreiung aus dem Teufelskreis des stalinistischen kommunistischen Glaubens habe ich begriffen, daß mein gesamtes Studium an der Rechtsfakultät in Moskau nur sehr wenig mit der allgemeinen Auffassung vom Recht und seiner Bedeutung für die menschliche Gesellschaft zu tun hatte. Die Stalinsche (aber auch die gegenwärtige offizielle sowjetische) Rechtslehre hat nämlich für die Beurteilung der Frage, was Recht sei und was nicht, kein anderes Kriterium als die tautologische Formel des Rechtspositivismus: Recht ist, was der Staat (als formal kompetentes Organ) als Recht verkündet. Gemäß dieser „marxistisch-leninistischen Lehre“ waren auch die Nürnberger Rassengesetze legitimes, wenn auch bürgerliches, imperialistisch-faschistisches Recht. Diese Lehre kritisiert die Rassengesetze nicht als Negation des Rechts, sondern als Ausdruck einer der bürgerlichen Klasse zugehörigen rassistischen Konzeption. Die Schlußfolgerung ist daher bloß, daß diese Norm vom klassenpolitischen Standpunkt her nicht akzeptabel ist: Wenn aber der klassenpolitische Inhalt anders beschaffen ist (wenn er die „Interessen der Arbeiterklasse“ ausdrückt), besteht kein Grund zu prinzipieller Kritik. Für diese Denkweise ist auch das „jus primae noctis“ des Feudalherrn Recht, wenn auch verurteilungswürdiges, da es den Interessen des Ausbeuters dient. Der Gedanke, daß ein derartiges „Recht“ unter gar keinen Umständen als solches gelten kann, sondern der Idee des Rechts selber widerspricht (selbst wenn es z.B. dem gesamten Betriebsrat die Möglichkeit verschaffte, mit der Tochter des Fabrikanten zu schlafen), weil es in den zwischenmenschlichen Beziehungen, die es begründet, aus einer Partei bloß und ausschließlich ein Objekt macht, das der anderen zu Willen sein muß, ohne die Möglichkeit, sich auch als Subjekt dieser Beziehung geltend zu machen – dieser Gedanke ist in der offiziellen sowjetischen Rechtstheorie überhaupt nicht enthalten. Recht ist dergestalt eigentlich nur eine Form der Machtausübung. Von der Frage des „klassenpolitischen Inhalts" der Rechtsnormen abgesehen, könnten stalinistische und faschistische Juristen prinzipiell übereinstimmen.

Die Rechtsfakultäten der Sowjetunion ziehen deshalb auch keine Menschen heran, die in Kategorien und Wertvorstellungen des Rechts denken, sondern sie produzieren „Rechtsspezialisten": Menschen, die wissen, was die Macht in welchem Fall vorschreibt, wie zu handeln sie befiehlt oder verbietet; Menschen, die unzählige Rechtsvorschriften kennen und wissen, wo sie weitere finden können, die sie nicht kennen. Sie produzieren, mit anderen Worten, qualifizierte Bürokraten.

In den fünf Jahren, in denen ich zum „Rechtsspezialisten" wurde, d.h. zum qualifizierten Bürokraten gemäß sowjetischer Norm, brachte ich in Erfahrung, was in den verschiedenen Lebensbereichen in der UdSSR erlaubt ist und was nicht, was die Vorschriften zulassen oder gar befürworten und was sie einschränken oder ganz verbieten. In diesem Zerrspiegel enthüllten sich mir nach und nach die Alltagsbeziehungen in den Kolchosen und Fabriken, die Familien- und Eigentumsverhältnisse der sowjetischen Bürger, das Verhalten von Regierungsämtern und Antragstellern. Das Gesamtergebnis war eine ziemlich konkrete Vorstellung davon, wie die sowjetische Bürokratie die Gesellschaft verwaltet.

Einerseits wirkte das alles sehr eindrucksvoll auf mich; alles war relativ gut durchdacht und vor allem bis ins Detail geregelt. Auf eine Reihe von Fragen, die ich mir in Prag vor meiner Abreise nach Moskau gestellt hatte, boten sich hier die Antworten an: Wie soll oder wird im Sozialismus dieses oder jenes Problem des Alltags geregelt sein ? Wie sollen Arbeits- und andere Prozesse in der neuen Gesellschaft reguliert werden ? (Fragen, auf die Lenins und Stalins Schriften keine konkreten Antworten gaben.) Viele dieser Antworten hielt ich für richtig, und ich sah mich als jemanden, der nach seiner Rückkehr nach Prag einen großen Teil seiner Erfahrungen aus der Sowjetunion „im Interesse der Arbeiterklasse" in die Praxis umsetzen würde. Aber in ebensovielen Fällen wehrte ich mich gegen den Gedanken, die realen Verhältnisse in der Sowjetunion als Ideallösung betrachten und in die Tschechoslowakei einführen zu müssen.

Unser kommunistisch-ideologischer Glaube, so stalinistisch er auch war, geriet in scharfen Widerspruch zur grundlegenden Tendenz der sowjetischen staatlichen Praxis – der Tendenz zur bürokratischen Reglementierung jedweder Bewegung innerhalb der Gesellschaft. Im Geiste waren wir Radikale, keine bürokratischen Konservativen. Mit ideologischer Sophistik gelang uns hier zwar einige Beschönigung; wir redeten uns ein, daß so manches an der bürokratischen Praxis eigentlich doch recht revolutionär sei, insofern es „im Interesse der Arbeiterklasse" geschehe. Aber auch diese Art von Apologetik hatte ihre Grenzen.

Ebenso wie unsere sowjetischen Kommilitonen eher den Menschen in Tschechows Erzählungen glichen als den Helden von Fadjejews „Junger Garde", machten viele der Bürokraten, mit denen wir fast täglich in Berührung kamen, eher den Eindruck von Gestalten aus Gogols „Revisor" als den personifizierter Vorstellungen aus Lenins „Staat und Revolution". Das lag nicht nur daran, daß es nirgends auch nur eine Spur von Selbstverwaltung der Basis gegeben hätte, wie sie unseren idealistischen Vorstellungen zufolge hätte die Regel sein sollen. Dieser Eindruck ging noch viel mehr darauf zurück, daß die Arroganz der sowjetischen Bürokraten, ihre offen zur Schau getragene Überheblichkeit gegenüber den langen Schlangen von Bittstellern, ihre Kulturlosigkeit und Unfähigkeit sowie, Hand in Hand damit einhergehend, ihr Anspruch auf Unfehlbarkeit alles übertrafen, was wir aus der Tschechoslowakei kannten.

Einen Teil meines letzten Studienjahres, den Winter 1954, verbrachte ich als Praktikant bei der Moskauer Staatsanwaltschaft. Ein Tag in der Woche war für „Beschwerden der Werktätigen" vorgesehen: Hunderte von Menschen drängten herbei, um dem Staatsanwalt ihre persönlichen Probleme mit der Justiz vorzutragen. Der diensthabende Staatsanwalt hörte sich die Beschwerden an und erteilte an Ort und Stelle Bescheid; dem einzelnen Fall widmete er fünf bis zehn Minuten. Die „neuen sowjetischen Menschen", die „Schöpfer der Geschichte", standen ehrerbietig mit der Mütze in der Hand vor dem Staatsanwalt, der üblicherweise, während sie stotternd ihre Beschwerden über erlittenes Unrecht vorbrachten, Akten studierte und bearbeitete, mit einem Ohr hinhörte und in 99 von 100 Fällen die Beschwerde als nicht stichhaltig zurückwies. Alte Arbeiter und verhärmte Mütterchen, wie ich sie aus den Filmen über die Oktoberrevolution kannte, erhoben hier nicht etwa Fäuste oder gar Gewehre; sie warteten ängstlich auf den Urteilsspruch, hingen am Mund eines Herrn, der an die Gestalten Gogols erinnerte.

Im Herbst 1954 waren wir in den Universitätsneubau auf den Leninbergen umgezogen. Bis zu dieser Zeit hatten wir im alten Studentenheim, genannt Stromynka, gewohnt: Ursprünglich eine Kaserne, von der sowjetischen Regierung durch einen zweistöckigen Aufbau ergänzt, beherbergte es an die zehntausend Studenten. In den Räumen wohnten jeweils sieben bis fünfzehn Menschen beisammen, jede Etage hatte eine Gemeinschaftslatrine und einen Waschraum sowie eine gemeinsame Küche, auf dem Hof schließlich gab es für alle ein russisches Bad. Das neue Studentenheim dagegen war komfortabel: Jeder Student hatte ein kleines, modern eingerichtetes Zimmer für sich, je zwei gemeinsam eine Dusche mit Toilette. Auch für uns bedeutete das kultiviertes und modernes Wohnen – für die sowjetischen Studenten jedoch stellte es den Gipfel des Luxus dar und ist es für viele wohl bis heute geblieben. Von hier aus besuchte ich täglich als Praktikant die Staatsanwaltschaft.

Einmal stellte sich zum Beschwerdetag eine Abordnung aus einem Kolchos ein, der ungefähr zwanzig Kilometer vom Universitätsneubau entfernt lag: Um die feierliche Eröffnung der neuen Gebäude zu ermöglichen, hatte man ihr Dorf zusammen mit einigen anderen aus dem elektrischen Versorgungsnetz ausgeschaltet, weil die Kapazität der Leitung sonst nicht ausgereicht hätte. Obwohl man ihnen seinerzeit versichert hatte, daß es sich hierbei nur um ein kurzfristiges Provisorium handle, waren sie seit nunmehr einem Jahr ohne elektrischen Strom.

Es gebe keinen Rechtsanspruch auf elektrischen Strom, erklärte der Staatsanwalt. Es gebe kein Gesetz, das besage, sie müßten Elektrizität haben. Somit sei kein Gesetz verletzt, und die Staatsanwaltschaft habe keinen Grund, in die Angelegenheit einzugreifen.

Die Abordnung versuchte eine Zeitlang zu beschreiben, wie sie sämtliche Instanzen vom Elektrizitätswerk bis zum Stadtsowjet angeschrieben und aufgesucht hatte, nirgendwo empfangen worden war, von niemandem eine Antwort erhalten hatte. Der Staatsanwalt blieb davon unbeeindruckt und beharrte auf seinem Standpunkt. Da kam einem Kolchosbauer eine Erleuchtung: Der Staatsanwalt müsse sich der Sache annehmen, denn es bestehe Brandgefahr; man leuchte jetzt mit Petroleumlampen und Fackeln, und das offene Feuer könne unter Umständen zu einer Feuersbrunst führen.

Der Staatsanwalt fühlte sich durch diese Schlauheit aber verärgert. „Seit wann habt ihr elektrischen Strom?“ fragte er einen der Petitoren. „Seit 1938“, lautete die Antwort. „Aha“, erwiderte der Staatsanwalt, „und womit habt ihr vorher geleuchtet? Mit Fackeln. Also versteht ihr es, mit Fackeln umzugehen. Wenn es also bei euch zu einem Brand kommen sollte, werden wir ein Strafverfahren wegen Fahrlässigkeit oder Brandstiftung einleiten. Und der Schuldige kommt in den

Knast." Die Abordnung der Kolchosbauern, der zweiten regierenden Klasse im Staat, erwiderte nichts mehr und verließ ehrfurchtsvoll das Büro.

Nach Beendigung der Audienzen kam ich im Gespräch mit dem Staatsanwalt auf die Angelegenheit zurück und meinte, vielleicht hätte er doch etwas unternehmen können. Wenn er sich da einmische, antwortete er, würde das einen Anraunzer von seinem Vorgesetzten zur Folge haben, denn der wiederum bekäme Ungelegenheiten mit dem Stadtkomitee der Partei, da er eigentlich wissen müsse, was für Schwierigkeiten es in dieser Frage gäbe. Und innerlich überzeugt, rechtfertigte er dann noch sein Vorgehen: Die Muschiks wüßten sehr wohl mit Fackeln umzugehen und hätten ihn nur reizen wollen.

In meinem Zimmer auf den Leninbergen konnte ich dann lange kein Licht anknipsen, ohne an diese Szene zu denken. Aber ähnliche Eindrücke von der Praxis der sowjetischen Bürokratie gab es mehr. Selbst mein ausgeprägtes ideologisches Bewußtsein vermochte mich in diesen Situationen nicht zu überzeugen, daß ich hier Beispiele davon erlebte, wie man mit Menschen im Sozialismus umzugehen habe und daß wir in der Tschechoslowakei ebenso verfahren sollten.

Die Mehrzahl der jungen Kommunisten aus der Tschechoslowakei, die während der ersten Hälfte der fünfziger Jahre an sowjetischen Hochschulen studierten, kehrten mit einem angeschlagenen ideologischen Glauben zurück. Wir fuhren nach Moskau mit der Hoffnung, dort auch unsere eigene Zukunft kennenzulernen. Wir begriffen aber nicht, daß wir sie in der Tat kennengelernt hatten: Unser kommunistisch-ideologischer Glaube wollte sich zwar der eigenen Erfahrung noch nicht unterordnen, doch war dieser Glaube bei der großen Mehrzahl von uns in einem seiner grundlegenden Bestandstücke erschüttert, denn wir glaubten nicht mehr, daß die UdSSR die Verwirklichung unserer Ideale darstellte, daß sie das verbindliche Muster wäre, dem man keine Vorbehalte entgegenbringen dürfe. Das Vorhaben, das die Partei mit der Verschickung ihres Nachwuchses zum Studium in die Sowjetunion verfolgt hatte, war großenteils gescheitert. Anstelle noch besser überzeugter und zugleich fachlich besser qualifizierter Stalinisten erhielt sie Menschen zurück, die zwar immer noch Stalinisten waren, die aber bereits den Nährboden künftiger Häresie in sich trugen, weil für sie eine der wirksamsten Beschwörungsformeln der Parteipolitik – die bedingungslose Verbindlichkeit des „sowjetischen Beispiels" – ihre Gültigkeit verloren hatte. Unser Stalinismus beruhte fortan auf einem Paradox: Um unseren stalinistischen ideologischen Glauben zu bewahren, mußten wir die stalinistische Realität ideolo-

gisch degradieren. Es war sozusagen im kleinen ein Vorbild dessen, worum sich später die Partei selbst – die sowjetische unter Chruschtschow, die tschechoslowakische unter Novotný – bemühte.
Der Glaube an die kommunistische Ideologie stalinistischer Prägung überstieg aber auch deshalb den Horizont unserer Erfahrungen, weil er sich auf Grundsätze stützte, die wir innerhalb unseres eigenen Erfahrungshorizonts gar nicht überprüfen konnten: nämlich auf ein ganz bestimmtes ideologisches Bild vom Kapitalismus und der Welt überhaupt.
Obgleich die Sowjetunion nicht mehr das allumfassende Muster für die eigene sozialistische Zukunft darstellte, blieb sie in unseren Augen immer noch die einzige Macht der Welt, die sozialistische Perspektiven propagierte und auch imstande war, diese gegen die Angriffe des Klassenfeinds im internationalen Maßstab, des Weltimperialismus, zu verteidigen.
Unsere Vorstellungen von der Welt waren zwar nicht so primitiv wie die der jungen Sowjetbürger, aber es waren Vorstellungen, die von der gleichen Ideologie geformt waren. Und in jenen Jahren war es auch für uns nicht mehr möglich, sie durch direkte Erkenntnis der Realität zu überprüfen: Eine Reise ins westliche Ausland war für die große Mehrzahl der damaligen jungen Kommunisten etwas Unerreichbares. Um der Wahrheit die Ehre zu geben: Viele von uns waren an einer derartigen Reise gar nicht interessiert, denn was sollte man in der Welt der Klassenfeinde suchen, wo man doch zu Hause so viele revolutionäre Aufgaben zu erfüllen hatte? Und so lebten wir in einer Welt, die uns die damalige kommunistische Presse präsentierte, als wäre es die einzige reale Welt. Das ist natürlich keine Entschuldigung, aber es ist eine Tatsache.
Was auch immer in der Sowjetunion gewesen sein mag, es gab dort keine kapitalistische Ausbeutung, es gab keinen Reichtum aufgrund von Fabrikbesitz oder erblicher Zugehörigkeit zur Besitzerklasse, es gab keine Arbeitslosigkeit, und es gab – wie wir damals dachten – keine politische Macht, vor allem nicht in der Regierung, die auf Aggression aus war, keine Kraft, die einen neuen Krieg schürte. Die damalige Atmosphäre des Kalten Krieges und die ihr angepaßte Propaganda schufen ein Weltbild, das wir als real akzeptierten. Internationale Konflikte wie der Koreakrieg bekräftigten unseren Glauben, daß die Rüstungsbemühungen und der damals offenkundige Militarismus der UdSSR, aber auch der Tschechoslowakei nur berechtigte Anstrengungen wären, die Verteidigungsfähigkeit gegenüber dem Imperialismus zu festigen. In Westdeutschland glaubten wir wirklich die

Anzeichen eines neu aufkommenden Nazismus entdecken zu können, die Politik der USA war für uns die durch nichts zu rechtfertigende Politik imperialistischer Aggression.
Die inneren Verhältnisse der europäischen kapitalistischen Länder stellten wir uns ungefähr so vor wie die Verhältnisse, die wir aus dem Protektorat und der letzten Periode der Vorkriegstschechoslowakei unmittelbar vor dem Münchner Diktat in Erinnerung hatten. Es war damals für die offizielle Propaganda ein leichtes, die Vorstellung zu verbreiten, daß eine neue Wirtschaftskrise und das damit verbundene Elend der Arbeitslosigkeit nur eine Frage der Zeit seien. Auch ältere Menschen schenkten diesen Prognosen Glauben, denn sie entsprachen ihren Erfahrungen aus den Vorkriegsjahren.
Wir waren davon überzeugt, daß auch im weltweiten Maßstab eine Wiederholung der dreißiger Jahre und ein neuer Krieg nur dann verhindert werden könnten, wenn sich auch in den übrigen Staaten allmählich unsere Spielart des Sozialismus durchsetzen würde. Das dämpfte in hohem Ausmaß die Zweifel, die sich aufgrund unserer innenpolitischen Erfahrungen als Fragezeichen in unseren stalinistischen kommunistischen Glauben eingeschlichen hatten. Die internationale Problematik dagegen war ein ganz großes Ausrufungszeichen, das uns gebot, unseren Glauben zu festigen.

1
Von Chruschtschow zu Dubček

In diesem Entwicklungsstadium war mein kommunistisch-ideologischer Glaube im Jahr 1956, das mit dem Geheimreferat Nikita Chruschtschows über den „Personenkult J. W. Stalins" und einige seiner Verbrechen auf dem XX. Parteitag der KPdSU in Moskau begann. Die Enthüllungen Chruschtschows, die damals in der gesamten kommunistischen Welt wie eine Bombe einschlugen, überwältigten auch mich. Aber – und das war das paradoxe Ergebnis meines Studiums in der UdSSR – ich war innerlich doch in höherem Maße darauf vorbereitet als der Großteil meiner Genossen in der Tschechoslowakei. Meine letzten beiden Studienjahre in Moskau nach Stalins Tod hatten mich eine Kritik an Stalin „von oben", von seiten der Erben seiner Macht, zu erwarten gelehrt.

Die Märztage des Jahres 1953, als mit Stalins Tod schon gerechnet wurde, als er schließlich starb und begraben wurde, erlebte ich in Moskau. Und gerade in diesen Tagen kam mir, nach allen bisherigen Erfahrungen, auch klar zum Bewußtsein, daß Stalin für die Sowjetmenschen im Grunde genommen ein gefürchteter und gleichzeitig geliebter Zar war: nicht weniger, aber auch nicht mehr.

Als der Rundfunk bekanntgab, daß der Leichnam im Moskauer Gewerkschaftshaus aufgebahrt war, schloß ich mich zusammen mit vielen meiner tschechoslowakischen und sowjetischen Kommilitonen den Hunderttausenden an, die den Toten noch einmal sehen wollten. Nirgends hatte es Hinweise gegeben, auf welchem Weg, durch welche Straßen der Zutritt zum Gewerkschaftshaus am leichtesten zu erreichen sei, und so drängten schließlich Hunderttausende aufs Geratewohl zur Stadtmitte. In den Außenbezirken waren die Straßen noch frei, aber je näher man dem Zentrum kam, desto mehr Straßen und Gassen waren von Lastwagen der Polizei verbarrikadiert, von Soldaten und Milizionären bewacht und für den Durchgang gesperrt. Die Menschenmenge suchte nun unsystematisch, sich blind dem Zufall anvertrauend, nach dem Weg zum Sarg des verstorbenen Führers. Und

so erreichte sie früher oder später den inneren Stadtring, die einzige offene Zugangsstraße, auf der bald ein viele Kilometer langer Zug entstand, der nur langsam zum Sarg hin vorwärts rückte.
Diese Umwandlung der Massen in eine Formation, die nach und nach in Viererreihen organisiert wurde, erinnerte an den Angriff zaristischer Kosaken auf Arbeiterdemonstrationen in Petersburg. Ketten von Soldaten und Milizionären drängten die Menge auf eine Straßenseite; dort standen bereits ebenfalls mit Militär besetzte Lastkraftwagen, die die Durchgangsbreite zwischen LKWs und Häusermauern begrenzten und immer enger gestalteten, so daß schließlich ein geordneter Trauerzug entstand. Da die Massen weiter hinten jedoch nicht wußten, was vorne vor sich ging, drängten sie weiter, der Druck steigerte sich unaufhaltsam, stellenweise wurde der Militärkordon durchbrochen, mancherorts sogar die Mauer der LKWs.
In solchen Fällen griff die berittene Miliz ein, um die Ordnung wieder herzustellen. Die Milizionäre schossen nicht, sie schwenkten auch keine Säbel, wie es die zaristischen Kosaken zu tun pflegten, aber das war auch gar nicht nötig. In geschlossener Phalanx, Roß an Roß, ritten sie auf die Massen zu, und da Pferde stärker sind als Menschen, drängten sie die Menge zurück. Wo der Widerstand zu hartnäckig war, erhoben sich die Pferde auf die Hinterbeine; der Anblick von Pferdehufen über dem Kopf weckte den atavistischen Selbsterhaltungstrieb, und man drängte genauso zurück, als würden Säbel geschwungen. Wenn aber auch das nichts nützte, halfen die Knüppel der Reiter nach. Der Druck Zehntausender von der einen Seite, Pferdekordons, Militär, LKWs und Häuserwände auf der anderen verursachten ein unerträgliches Gedränge. Es war kalt, der zertrampelte Schnee glitschig. Wer ausrutschte und hinfiel, hatte nur wenig Aussicht, daß er je wieder aufstehen würde. Niemand konnte ihm helfen. Die Zahl der zu Tode Getrampelten, Erdrückten und Verletzten wurde nie bekanntgegeben, und es ist schwierig, sie zu schätzen. Ich selbst habe jedenfalls Dutzende von Verletzten, Ohnmächtigen oder Toten gesehen: Die Menge sonderte sie ab, wie ein Strom die Balken eines mitgerissenen Hauses am Ufer auswirft. Die Verwundeten und Toten wurden auf die LKWs geladen, die die erwähnte Barriere bildeten, und später von Milizionären und Soldaten weggebracht. Zu einem Gedränge von unvorstellbarer Dichte und Heftigkeit kam es immer dort, wo der Zug verengt werden sollte, sowie an den Stellen, wo die berittene Miliz „die Ordnung wieder herstellte". Diese Stellen waren schon von weitem an dem weißen Dampf zu erkennen, der aus ihnen emporstieg. Die Menge nannte derartige Zusammenballungen „Stöpsel" und stürmte

übermütig gegen sie vor, indem sie erst spontan, später rhythmisch unter „Hau-ruck“-Rufen ihren Druck erhöhte. Ich passierte unversehrt den ersten „Stöpsel“ und noch weitere im Verlauf der nächsten Stunden, bis ich an einem, der bei weitem nicht der letzte gewesen wäre, scheiterte: Ich geriet an den Außenrand der Menge und wurde direkt gegen einen LKW gedrückt. Das war gefährlich, denn ich wurde jetzt nicht mehr gegen weiche Körper, sondern gegen die Metallkarosserie des LKWs gepreßt. Mein Ledermantel hatte in den Nähten bereits nachgegeben und riß nun an verschiedenen herausragenden Metallteilen des Wagens weiter auf; ich schritt nicht mehr, sondern wurde wie ein Gegenstand am Wagen entlanggeschleift. Meine einzige Hoffnung war die, daß ich bis zum Motor geschleift würde und dann über die Haube auf die andere Seite entkommen könnte. Damit würde ich zwar die Chance aufgeben, Stalin im Sarg zu sehen, aber die Sicherheit gewinnen, nicht selbst in einem Sarg zu enden. Ich wählte die Sicherheit, und es gelang mir zu entkommen.
Die Menge, in der ich damals Stunden verbrachte und die sich über Leichen auf den Sarg Stalins zubewegte, dachte überhaupt nicht an Stalin. Es war auch keine Menge, die von Trauer beherrscht war, die den Menschen doch eine gewisse Disziplin auferlegt und die üblichen Massenreaktionen unterdrückt. Sondern in dieser Menge unterhielt man sich und scherzte miteinander – soweit es das Gedränge eben zuließ – genau wie in einer Menge, die von einem Fußballspiel kommt. Es wurde gestohlen, man griff unter Röcke, Wodka wurde aus Flaschen getrunken, die aus Seitentaschen hervorgezaubert wurden. Es war eine Menge, die sich geeint fand in dem Willen, eine Schau nicht zu versäumen, sei es ein Begräbnis oder eine Hinrichtung. Ich ging durch die Straßen und stellte mir die Szenen aus sowjetischen Filmen vor, die zeigen, wie eine disziplinierte, von Trauer bedrückte Menge zum Sarg des verstorbenen Lenin zieht. Vielleicht existierten diese Szenen nur im Film, und in Wirklichkeit hatte es ebenso ausgesehen wie hier – aber ich glaubte doch, daß ein Unterschied bestand. Aber was ich hier gesehen hatte, war ganz gewiß die gleiche Menschenmasse, wie sie im alten Rußland zu Hinrichtungen zog, zur Krönung des Zaren und ähnlichen Gelegenheiten. Es war die Menge beim Begräbnis eines Zaren.
Als ich gegen zwei Uhr morgens ins Studentenheim zurückkam, schliefen vier meiner sowjetischen Frontsoldaten-Kommilitonen ruhig im Bett, auf dem Tisch fand ich zwei leere Wodkaflaschen. Einer von ihnen erwachte, sah meinen zerfetzten Mantel und sagte: „Du bist ein Trottel. Geh jetzt schlafen, morgen früh nimm deinen Reisepaß, fahr mit der Metro ins Stadtzentrum, dort steigst du aus, sprichst kein

Wort Russisch, sagst nur ‚Natschalnik' (Befehlshaber), Polizisten bringen dich zum Natschalnik, und der bringt dich zu Stalin." Und genauso geschah es.

In den Tagen nach Stalins Tod überwog unter den sowjetischen Studenten und in der weiteren Moskauer Öffentlichkeit durchaus nicht die Trauer, sondern das vorherrschende Gefühl war ein Schock, begleitet von Zweifeln an der Zukunft, ja Angst vor ihr. Aus Gesprächen mit sowjetischen Kommilitonen gewann ich allmählich den Eindruck, daß sie sich überhaupt nicht vorstellen konnten, was nun kommen sollte. Offen wurde es nie ausgesprochen, aber irgendwie ließen sie durchblicken, daß es vielleicht zu bedeutenden Veränderungen kommen würde. In den folgenden Monaten verstärkten sich diese Signale, und gegen Endes des Jahres, nach der Hinrichtung Berijas, häuften sich die Anzeichen einer Veränderung der gesamten Atmosphäre. Die ursprüngliche Angst vor der Zukunft verschwand allmählich, und die Konturen dessen, was sie verursacht hatte, traten immer klarer hervor. Es zeigte sich immer deutlicher, daß auch die sowjetischen Menschen, die ich persönlich gut kannte, in Wirklichkeit viel besser wußten oder zumindest ahnten, welche Bedeutung in ihrem Land die Atmosphäre des Stalinschen politischen Terrors hatte, als dies bei unseren Kontakten zu Stalins Lebzeiten Ausdruck gefunden hatte. In den Jahren 1954 und 1955 sprach man über diese Dinge immer offener. Selbst in der Presse änderte sich der Ton: Man begann über die Notwendigkeit einer „kollektiven Führung" zu schreiben, geißelte die Methoden, die für die sowjetische Bürokratie charakteristisch waren, und plädierte für die Notwendigkeit der Kritik; umgekehrt verstummte die Kampagne gegen den „Kosmopolitismus", die Atmosphäre der Verdächtigungen entspannte sich. Um all dem die Krone aufzusetzen, flog Chruschtschow nach Belgrad und nannte gleich auf dem Flugplatz den gestrigen „Agenten des Imperialismus" und „blutigen Hund" Tito „Teurer Genosse"! Aus den Kreisen des Parteiapparats sickerten erst nur an Kommunisten, später auch an die Öffentlichkeit immer häufiger Informationen durch, die andeuteten, daß sich auch „oben" die Verhältnisse änderten.

Chruschtschows Rede über Stalin beeindruckte mich vor allem durch ihre konkreten Angaben über die Verbrechen des sowjetischen Sicherheitsapparats, über Foltern und erzwungene Geständnisse in den politischen Prozessen. Das war etwas, das ich mir bis dahin nie hätte vorstellen können und das überdies auch die Tschechoslowakei unmittelbar betraf: Denn die kürzlich abgeschlossenen politischen Prozesse wurden jetzt für jeden denkenden Menschen in ein Licht gestellt, in dem wir bewußten Stalinisten sie bisher nicht gesehen hatten. Sonst aber entsprach die gesamte politische Linie des XX. Parteitags der KPdSU organisch dem Entwicklungstrend, auf den ich nach meinem Aufenthalt in Moskau innerlich zumindest teilweise vorbereitet war, und somit bedeutete das Ergebnis für mich keinen Blitz aus heiterem Himmel.

Für ideologisch gläubige Kommunisten, die die ganze Zeit nur in der Tschechoslowakei gelebt hatten, war die Situation anders. Als eine Woche nach Stalin Gottwald starb – als ob er sich noch durch seinen Tod getreu dem Beispiel Moskaus unterordnen wollte –, traten Zápotocký und Novotný an die Spitze der Partei, und die Zusammenstellung des Politbüros blieb unverändert: Es bestand aus Personen, die ein Vierteljahr vor Stalins Tod elf aus ihrer Mitte an den Strang geliefert hatten. Noch zwei Jahre später wurde in Prag ein pompöses Stalindenkmal enthüllt; selbst nach Stalins Tod und der Hinrichtung Berijas lief in der Tschechoslowakei die Welle politischer Schauprozesse weiter. 1954 wurde Gustáv Husák zusammen mit einer Gruppe „slowakischer bourgeoiser Nationalisten" verurteilt, und im selben Jahr wurde die letzte Hinrichtung in einer Serie politischer Justizmorde vollzogen. Im Sommer 1955 eröffnete Antonín Novotný eine neue harte Kampagne zur Vollendung der Kollektivierung der Landwirtschaft, und Landwirte, die den Beitritt in die Genossenschaft ablehnten, wurden mit rücksichtslosen Polizei- und Justizrepressalien verfolgt. Das Stalinsche Ideologem von der „Verschärfung des Klassenkampfs" als Folge der Fortschritte des Sozialismus war zu dieser Zeit offizielle Lehre in der Tschechoslowakei. Der Tod Josef Stalins war für die KPČ sozusagen die Aufforderung, seinen Weg konsequent fortzusetzen, das Werk des toten „Heerführers des Weltproletariats" zu Ende zu führen.

Ich kehrte im Sommer 1955 nach Prag zurück und fand mich plötzlich in einer ganz anderen Welt wieder, als diejenige es war, aus der ich vor fünf Jahren weggefahren war, anders auch als die, aus der ich gerade kam. Die Atmosphäre der glücklichen Sekte der ideologisch bewußten jungen Kommunisten war unwiederbringlich dahin. Die Parteisekretariate, in denen wir einst gelebt, diskutiert und agitiert hatten, waren zu viel größeren, von gutbezahlten Mitarbeitern besetzten Ämtern geworden, in denen eine strenge Hierarchie herrschte und zahlreiche Direktiven und Rundschreiben hergestellt wurden. Den Großteil der neuen Leute in diesen Kanzleien kannte ich nicht, und sie kannten mich nicht. Viele von denen, die ich kannte, gehörten nicht mehr zur politischen Spitzengarnitur, und einige waren von den Säuberungen der vergangenen Jahre auf diese oder jene Weise betroffen worden. Auch unter den jungen Kommunisten herrschte eine Atmosphäre der Angst: Sie sprachen nicht mehr von dem, was sie tatsächlich dachten, und wenn, dann nur im engsten Kreis persönlicher Vertrauter. Kommunisten unterwarfen jetzt ihre eigenen Gedanken und Gespräche einer Selbstzensur. Es herrschte ein formalistisches Ritual der politischen Loyalität der Bürger, unter dem, tief verborgen, Widersprüche und Konflikte, über die nach 1948 unter Kommunisten noch offen diskutiert worden war, nur geahnt werden konnten.

Ich erlebte ein Paradox – die Rückkehr in die Heimat wirkte auf mich in mancher Hinsicht ähnlich, wie fünf Jahre zuvor die Ankunft in Moskau: Was mich dort seinerzeit befremdet hatte, war inzwischen erfolgreich in die Tschechoslowakei importiert worden. Umgekehrt hatten während der unmittelbar zurückliegenden Jahre in Moskau einige dieser in die Tschechoslowakei importierten Züge des politischen Lebens begonnen, durch eine langsame, aber unübersehbare Korrosion an Bedeutung zu verlieren. Bewußte Kommunisten in der Tschechoslowakei redeten sich mit ideologischer Sophistik mühsam ein, daß alles, was sich in ihrem Leben geändert hatte, doch eigentlich revolutionärer Fortschritt war, weil es sie dem sowjetischen Ideal näher gebracht hatte. Aber zur gleichen Zeit begann man in Moskau bereits halblaut davon zu sprechen, daß gerade diese Wesenszüge „Deformationen des Personenkults" seien. Anfangs fiel selbst mit Freunden die Verständigung darüber schwer, was eigentlich ich in der UdSSR und sie zur gleichen Zeit zu Hause erlebt hatten.

In dieser Atmosphäre schlug die Rede Chruschtschows über Stalin unter den tschechoslowakischen Kommunisten buchstäblich ein wie eine Bombe. Sie rief in der ganzen Partei einen Schock hervor, dem eine Welle von Diskussionen folgte. Es war dies eigentlich die erste Diskussion in der Partei seit dem Jahr 1948, und sie zeigte, wie sich das Antlitz der Partei seit dieser Zeit geändert hatte: Das war schon nicht mehr eine Partei, die – laut Statut – Menschen mit der Überzeugung von der Richtigkeit ihres Programms auf freiwilliger Basis in sich vereinte. Es war eine Organisation, deren vornehmster Zusammenhalt in dem – von Fall zu Fall wechselnden – Verhältnis ihrer Mitglieder zur Macht bestand. Unter diesen gab es die ideologischen Anhänger der Macht, zugleich aber auch deren Nutznießer, für die die Frage der persönlichen Überzeugung von viel geringerer Bedeutung war als die tatsächliche Verfügungsgewalt über die Macht.

Im Verlauf der Diskussionen, die der XX. Parteitag der KPdSU in der KPČ auslöste, kam es innerhalb der Partei im wesentlichen zu drei umfangreichen Gruppierungen. Da war zunächst und in erster Linie jene Gruppe, die sich sowohl aus gläubigen Stalinisten wie aus Karrieristen zusammensetzte, welche mit den kritisierten Maßnahmen so eng verbunden und so unmittelbar für sie verantwortlich waren, daß sie in ihren Positionen nur dann verharren konnten, wenn es gelang, die kritische Welle wenigstens auf eine gewisse Zeit zum Schweigen zu bringen. In der Ablehnung der Kritik des Stalinismus schlossen sich ihnen auch viele überzeugte Stalinisten an, die zwar für den politischen Terror meist nicht unmittelbar verantwortlich waren, aber so fest an Stalins Politik glaubten, daß für sie ein Bruch mit dieser Politik unvorstellbar war und sie die Kritik an Stalin als eine „Abweichung" betrachteten, einen Versuch des „Klassenfeinds", die Partei zu schwächen.

Dieser Gruppe standen diejenigen gegenüber, die eigentlich ideologisch gläubige Stalinisten waren, aber die Kritik Chruschtschows zum Anlaß nahmen, allen bereits früher aufgetauchten Zweifeln an der Richtigkeit sowohl der Politik der Partei als auch der eigenen Stellungnahmen aus der jüngsten Vergangenheit einmal zusammenhängend Ausdruck zu geben. Im allgemeinen waren sie für die Maßnahmen, die Chruschtschow kritisierte, nicht unmittelbar verantwortlich, teilweise waren sie sogar selbst davon betroffen.

Die dritte Gruppe schließlich waren jene Parteimitglieder, die sich an den Diskussionen nicht unmittelbar beteiligten, sondern den Ausgang des Streits abwarteten. Sie waren meist aus konjunkturellen Beweggründen in die Partei eingetreten, gehörten aber nicht zu den ausgesprochenen Karrieristen, die durch ihren übermäßigen Eifer auch persönliche Verantwortung für die kritisierten Zustände zu tragen hatten. Auch in der Vergangenheit hatten sie sich zurückgehalten und sich darauf beschränkt, der Macht gegenüber die verlangten Loyalitätsbeweise zu erbringen, um ihre bescheidenen Karrieren zu sichern. Diese Gruppe sympathisierte zwar innerlich mit der Kritik Chruschtschows, war aber nicht bereit, sich ihretwegen die Finger zu verbrennen. Bei Abstimmungen stimmten sie „für die Linie des XX. Parteitags der KPdSU".

In den Organisationen der KPČ fand sich daher eine Mehrheit für die Unterstützung der Politik Chruschtschows. Auf den verschiedenen Ebenen der Partei ergaben sich jedoch in diesem Punkt unterschiedliche Kräfteverhältnisse. In den höheren Parteiorganen und im Apparat war die erste, die prostalinistische Gruppe stärker, die auch unter Kommunisten, die im Staatsapparat führende Positionen einnahmen, die Mehrheit hatte. Unter den Intellektuellen und im großen und ganzen auch unter den jüngeren Parteikadern überwog die Gruppe der Kritiker. Während dieser Diskussion innerhalb der Partei im Frühjahr 1956 wurden im allgemeinen die prinzipiellen Züge des Systems der totalitären Diktatur der Partei nicht in Frage gestellt. Man ging axiomatisch davon aus, daß die Alleinherrschaft der Partei im Staat die Voraussetzung des „Aufbaus des Sozialismus und Kommunismus" sei. Ebensowenig stellte man die These in Frage, daß der Klassenkampf eine politische Diktatur fordere: Man zweifelte lediglich an einigen praktischen Aspekten der eigenen Methoden, insbesondere soweit diese Methoden auch gegen Kommunisten angewandt worden waren.

Diese Grenze wurde in der Diskussion selten überschritten, und wenn, so meist im Intellektuellenmilieu, wo man das verfälschte Bild der Realität, wie die stalinistische Ideologie es notwendig hervorbringt, zum Gegenstand prinzipieller Erörterungen machte. Dadurch war bereits der Weg zu einer Debatte über prinzipielle Probleme des Systems der totalitären Diktatur selbst beschritten – vorwiegend allerdings auf abstrakter, theoretischer Ebene. Auch diese radikalsten kommunistischen Kreise verlangten damals noch nicht die Abschaffung der Diktatur selbst, sondern nur Freiheit für eine radikale marxistische Kritik ihrer Theorie und Praxis.

Die wichtigste der radikalen politischen Forderungen in der damaligen Diskussion war die nach der Einberufung eines außerordentlichen Parteitags. Darin sah die regierende Parteigarnitur eine unmittelbare Gefahr für ihre Positionen, und deshalb widersetzte sie sich dieser Forderung. Anstelle des Parteitags wurde schließlich eine Parteikonferenz einberufen, die zum Unterschied vom Parteitag nicht das Recht hatte, ein neues Zentralkomitee zu wählen. Die Konferenz bejahte natürlich die neue politische Linie Moskaus, erklärte einige ideologische und politische Thesen des Stalinismus auch für die Tschechoslowakei für ungültig, brachte aber keine qualitativen Änderungen in der Parteiführung oder in den entscheidenden politischen Gremien hervor. Der Führung der KPČ gelang es, eine Reihe politischer Konsequenzen der neuen – Chruschtschowschen – Linie zu unterdrücken. Keine Maßnahme konnte jedoch verhindern, daß der schwerwiegendste Schlag Chruschtschows gegen den stalinistischen Glauben der Kommunisten auch in der KPČ ins Schwarze traf. Ich bin der Ansicht, daß dieser Schlag darin bestand, daß Chruschtschow versuchte, alle Schuld und Verantwortung auf Stalin persönlich abzuwälzen, und damit zum erstenmal das Problem der persönlichen Verantwortung von Kommunisten für ihre Gedanken und Taten ansprach.

Marxisten aus den Reihen der Reformkommunisten bringen bis heute gegen Chruschtschow vor allem einen hauptsächlichen Einwand vor: Seine Kritik des Stalinismus sei eine Kritik der Person Stalins, während es erforderlich sei, das stalinistische System als solches der Kritik zu unterziehen. Darin wird jedoch nur die negative Seite der Kritik Chruschtschows angesprochen, deren Unvollkommenheit beseitigt werden soll, indem die Kritik in eine Systemkritik verwandelt wird. Das Problem ist in Wahrheit aber widersprüchlicher: Systemkritik ist zwar eine radikalere und substantiellere Kritik in der Sphäre des rationalen Denkens, aber Probleme der Moral, der Verantwortung der Menschen, die das System gestalten, verdrängt sie ebenso wie die stalinistische Ideologie. Die vom Gesichtspunkt der Rationalität primitivere Kritik Chruschtschows dagegen stellt die Frage von Schuld und Verantwortung des einzelnen in den Vordergrund. Eine andere Sache ist es natürlich, wie er die Frage beantwortete – aber bedeutsam ist vor allem erst einmal, daß er sie überhaupt stellte.

Uns als überzeugten Stalinisten bereitete das Problem der persönlichen Verantwortung vorerst keine großen Sorgen. Die letzte Instanz, die über die Richtigkeit einer gewissen Auffassung oder Tat entschied, war im Wertsystem meines Glaubens nicht mein persönliches Urteil, sondern die objektive Bedeutung der fraglichen Auffassung oder Tat, deren Beziehung zu den „Interessen der Arbeiterklasse", also zur Revolution, zum Sozialismus, Kommunismus usw. In der Praxis beurteilte die objektive Bedeutung von Wort und Tat die Partei; und das wiederum hieß: die Organe und der Führer der Partei. Auf der Spitze der Pyramide stand Stalin: Mit seinem Standpunkt war er daher meist auch die höchste in meiner persönlichen, privat akzeptierten Hierarchie von Instanzen, die über die Richtigkeit meiner eigenen Gedanken und Taten entschieden.

Dabei waren für mich Stalin, Gottwald, das Politbüro oder die Partei selbst überhaupt nie das, was für den gläubigen Christen Gott ist. Sie waren für mich das, was einem der Kirche ergebenen Katholiken der Papst, die Kardinäle, das Konzil oder die Kirche ganz allgemein bedeuten. Der Gott des gläubigen Kommunisten ist erst „Das Objektive Gesetz der Geschichte", das zur Verwirklichung der „Interessen der Arbeiterklasse" hinstrebt, zum Fortschritt der Menschheit im Sinne des kommunistischen Glaubens. Der gläubige Kommunist setzt allerdings ebenso wie der kirchentreue Katholik voraus, daß sein Papst und die Kardinäle stets Gott vor Augen haben, daß er sich darauf verlassen kann, daß ihre Gedanken und Taten Ergebnis einer Konfrontation ihrer Seele mit Gott sind. Sogar als gläubiger Stalinist war ich zu dem

Zugeständnis bereit, daß mein Papst-Stalin nicht unfehlbar ist, ja selbst, daß er sündigen könne und um so eher natürlich die Kardinäle und Konzile. Daß sie jedoch Gott-Das Objektive Gesetz der Geschichte nicht stets vor Augen haben könnten, daß es nicht das „Interesse der Arbeiterklasse" wäre, womit sie immer wieder nach bestem Wissen und Gewissen ihre Gedanken und Taten konfrontieren – das hätte ich in meinem ursprünglichen Glauben niemals zugestanden.
Chruschtschows Kritik an Stalin sagte aber eindeutig: Der Papst hat nur im eigenen Namen gehandelt und hat sich oft als gottlos erwiesen. Er hat nicht getötet, weil Das Objektive Gesetz der Geschichte es so verlangte, sondern um sich an der Macht zu halten. Er hat deshalb auch treue Söhne der Kirche gemordet. Wir, die Kardinäle, wußten dies oder ahnten es zumindest, aber wir konnten nichts tun, denn er hätte auch uns ins Gefängnis oder an den Galgen gebracht. Den schlimmsten Kardinal, der dem Papst persönlich zur Seite stand und ihn noch mehr verdarb, haben wir bereits hinrichten lassen. Wir haben über alles im Kollektiv beraten und sind zu dem Schluß gelangt, daß wir keinen Papst brauchen. Jetzt werden wir immer im Kollektiv prüfen, was Das Objektive Gesetz der Geschichte wirklich fordert, und wir werden uns darüber auch mit Euch, Getreue der Kirche, beraten. Glaubt also weiter an uns und an Das Objektive Gesetz – und so werden wir uns gemeinsam der Verwirklichung der „Interessen der Arbeiterklasse" nähern, diesmal wirklich schon ohne „Deformationen". Das Objektive Gesetz der Geschichte existiert, und „im Prinzip" hat die Kirche es immer richtig beurteilt und befolgt.
Wenn wir in der historischen Analogie fortfahren wollten (und unsere Analogie hinkt wie jede Analogie), kämen wir zu der Vorstellung, daß Chruschtschows Kritik des „Personenkults" eine ähnliche Lösung war, wie wenn nach dem Tod Alexanders VI. die Kardinäle zusammengetreten wären, sich zum „Kollektivpapst" erklärt und gehofft hätten, so das Schisma der Kirche und die gesamte protestantische Reformation zu verhindern. Auch ihnen wäre dies nicht gelungen, und das nicht nur deshalb, weil sie es vielleicht an „Systemkritik" fehlen ließen, sondern weil die gläubigen Christen nach der Feststellung, daß der Papst und die Kardinäle gottlos seien, nicht anders als den Ausweg in ihrem Glauben an Gott hätten suchen können, ohne Vermittlung durch Papst und Kardinäle, im direkten Gespräch mit Gott (und das war ja dann im Grunde das Wesen der Reformation). Mit anderen Worten: Für die gläubigen Christen hätte es einfach kein Ausweichen mehr gegeben vor der Frage nach ihrer persönlichen Verantwortung vor Gott für ihren Glauben und ihre Taten, denn sie hätten festgestellt,

daß auf den Papst, die Kardinäle und die katholische Kirche als Garantie für die Verbundenheit mit Gott kein Verlaß war.
Genau die gleiche Frage warf bei ideologisch gläubigen Kommunisten notwendigerweise die Kritik Chruschtschows an Stalin auf; eine Systemkritik war dazu nicht nötig. Und auf diese neue Frage fanden viele Kommunisten auch neue Antworten. Die Situation der gläubigen Kommunisten unterschied sich allerdings grundlegend von derjenigen, in die ein gläubiger Christ unter vergleichbaren Umständen geraten kann: Die Grundwerte des christlichen Glaubens kann der Mensch in seinem Inneren erfüllen, er kann sich durch sein individuelles Leben mit Gott vereinigen; aber die Grundwerte des kommunistischen Glaubens kann man nicht ohne „transindividuelle" Veränderungen, Veränderungen der gesellschaftlichen Verhältnisse, der äußeren Bedingungen des individuellen Lebens selbst vollziehen. Dem gläubigen Christen genügt seine Seele, sein Gewissen; er kann auch ohne Kirche auskommen. Der gläubige Kommunist braucht ein Instrument, um Veränderungen vornehmen zu können, die über seine Person hinausgehen, er kann auf die Partei nicht verzichten.
Die Frage der persönlichen Verantwortung für die eigenen Gedanken und Taten vor den „Interessen der Arbeiterklasse" oder der Geschichte war deshalb von Anfang an ein integraler Bestandteil des Problems, wie die „deformierte" Partei zu reformieren wäre. Ein Kommunist kann der Partei entsagen, wenn er entweder seinem Glauben entsagt, oder wenn er diesen Glauben rein theoretisch verkündet (als unabhängiger marxistischer kommunistischer Intellektueller, der sich damit begnügt, seine Gedanken in literarische Form zu fassen). Wenn der gläubige Kommunist keine dieser beiden Lösungen wählt, bleibt ihm nur das eine: das Problem der persönlichen Verantwortung für eigene Gedanken und Taten zwar auf neue Art zu lösen, gleichzeitig aber diesen Prozeß mit der Bemühung zu koppeln, die ganze Partei so zu reformieren, daß er in ihr mit seiner neuen Auffassung von persönlicher Verantwortung die Grundziele und -werte seines Glaubens anstreben kann.
Damals im Jahr 1956 jedoch begann ich den ganzen Komplex grundsätzlicher Probleme erst zu ahnen, richtig zu begreifen vermochte ich ihn noch lange nicht. Meine bisherige Sorglosigkeit, die aus der Überzeugung hervorging, daß ich, wenn ich tat, was die Partei verlangte, im „Interesse der Arbeiterklasse" handelte und die Verantwortung für eventuelle Fehler nicht selber trüge, weil die ja vor der Geschichte die Partei übernähme – diese Sorglosigkeit war erschüttert. Denn diese Partei hatte ja gerade Stalin zur direkten persönlichen Verantwortung

gezogen: Er selbst müsse die Verantwortung tragen. Wie stand es dann aber mit mir? Konnte es bei mir anders sein?
Auch meine Arbeitseinteilung bewirkte, daß ich im Jahr 1956 das Problem der persönlichen Verantwortung an erster Stelle sah. Seit Herbst 1955 war ich Abteilungsleiter in der Generalstaatsanwaltschaft in Prag, an die ich als hoffnungsvoller Parteikader mit sowjetischer Schulung berufen worden war. Ich hatte in meiner Funktion nicht nur mit politischen Prozessen, sondern auch mit Strafsachen im allgemeinen nichts zu tun; die Abteilung, der ich vorstand, wachte über die Einhaltung der Gesetze in den Organen der staatlichen Administrative. Aber auch die staatliche Administrative war ein wirksames Instrument politischer Repression: je nach politischer Einstellung wurden Bürger bevorzugt oder diskriminiert, Organe der staatlichen Administrative beschlagnahmten persönliches Eigentum und Wohnungen, auf dem Land führten die Nationalausschüsse gewaltsame Kollektivierungen durch usw. Es gab also auch in meinem Tätigkeitsbereich genügend Anlässe, über die Verantwortung für Entscheidungen nachzudenken. Außerdem war die Staatsanwaltschaft als Institution in der Vergangenheit ein Teil der Maschinerie des politischen Terrors gewesen, und die Problematik der rechtswidrigen Repressionen, politischen Prozesse und Justizmorde lag sozusagen in der Luft. Wer war für all das bei uns konkret verantwortlich? Dieser Frage konnte ein Kommunist in dieser Institution nicht ausweichen, sobald er von Chruschtschows Kritik des „Stalinschen Personenkults" erfuhr. Generalstaatsanwalt war damals V. Aleš, einer der Ankläger im Prozeß gegen Rudolf Slánský; der Hauptankläger in diesem Prozeß, J. Urválek, war Vorsitzender des Obersten Gerichtshofs. Stellvertretender Generalstaatsanwalt für Strafsachen war E. Švach, Ankläger im Prozeß gegen Marie Švermová; in der Slowakei vertrat den Generalstaatsanwalt L. Gešo, Ankläger im Prozeß gegen Gustáv Husák. In dieser Situation die Frage nach der persönlichen Verantwortung für „Deformationen" und gesetzwidrige Repressionen zu stellen, war kein Anstoß zu einer akademischen Diskussion, sondern ließ den unmittelbaren Konflikt mit diesen hochgestellten Persönlichkeiten suchen und mit den noch höher gestellten, die sie in ihre Funktion eingesetzt hatten.
In Debatten über diese Verantwortung, auf Parteiversammlungen und auch außerhalb, gewann ich allmählich ein konkretes Bild des grauenvollen Geschehens: Jawohl, diese und andere Menschen wußten oder konnten aus dem, was sie wußten, unzweifelhaft schließen, daß sie Menschen ins Gefängnis und in den Tod schickten, deren Schuld nicht

oder nicht ausreichend nachgewiesen oder deren Unschuld unverkennbar war. Ihre Einstellung war jedoch eindeutig: Sind wir denn dafür verantwortlich? Sie erfüllten ja nur die Anweisungen von oben, Parteibeschlüsse, ausdrückliche Weisungen höchster Parteifunktionäre. Entweder ist also „die Partei" schuld – oder aber niemand, „es kam" einfach zu Gesetzwidrigkeiten und „Deformationen". Es war die gleiche Logik, auf der auch die Angeklagten in Prozessen gegen nationalsozialistische Verbrecher ihre Verteidigung aufbauten: Sie hatten nur Befehle des Führers ausgeführt.

Ich erinnere mich an ein persönliches Gespräch mit V. Aleš, das stattfand, nachdem ich erfahren hatte, daß im Prozeß gegen Slánský Ankläger und Angeklagte ihre Rolle von Tonbändern auswendig lernten, um sie vor Gericht wie im Theater aufzusagen! Er bestritt dies gar nicht, ganz im Gegenteil, er rechtfertigte sich so: Die Verantwortung hat doch der, der das Drehbuch geschrieben und Regie geführt hat. Ich räumte ein, daß er persönlich die ganze Angelegenheit nicht hatte vereiteln können, fragte aber, warum er sich zu einer aktiven Rolle in dieser Tragikomödie hergegeben habe; er hätte doch die Mitwirkung verweigern können, als er erfuhr, daß nur Theater gespielt wurde und gar nicht feststand, ob die Aussagen der Angeklagten der Wahrheit entsprachen oder ob überhaupt irgendein Anklagepunkt nachgewiesen war. „Na ja", antwortete er, „laut Verfassung wäre das theoretisch möglich gewesen, praktisch hätte es jedoch bedeutet, sich auf die Anklagebank zu ihnen zu setzen." Die Angst um die eigene Haut ist auch ein Argument, selbst wenn es moralisch nicht standhält; ich erkannte das an und fragte, warum er, wenn er die Sache so betrachtet hatte, keinen anderen Ausweg gesucht hatte, einen, der ihn persönlich nicht in Gefahr gebracht hätte; zum Beispiel hätte er sich eine Verletzung zuziehen können, die ihm die Teilnahme am Prozeß unmöglich gemacht hätte. Die Antwort: „Darauf bin ich nicht gekommen."

Ich lernte Aleš während meiner mehrmonatigen Tätigkeit in der Staatsanwaltschaft in verschiedenen Situationen näher kennen. Ich glaube nicht, daß er ein charakterloser Mensch war wie Urválek, der Polizeispitzel aus der Justiz in Südböhmen, von wo ihn die politische Polizei für seine Hauptrolle herausholte. Er war auch kein böser Mensch wie Švach, der rücksichtslose und machtbesessene Karrierist. Und ebensowenig war er ein primitiver Mensch wie Gešo, die blasse Persönlichkeit ohne Rückgrat, bereit, den Machthabern in jeder Weise zu dienen. Aleš war vor dem Krieg Bezirksrichter gewesen, hatte die Mentalität eines kleinen Beamten, war auf seine Weise von den Idealen des Kommunismus überzeugt (der den Arbeitern und kleinen Beamten gerechterweise den „Weg nach oben“ öffnete), ein asketischer Typ, der die Macht nicht um eigener Vorteile willen anstrebte, sondern sie liebte als ein Mittel, das ihn aus dem grauen Alltag der Akten des Bezirksgerichts in die Rolle des Mitschöpfers der Geschichte erhob. Ich zweifle nicht daran, daß er einst am Bezirksgericht gerecht und nach dem Gesetz richtete und damals den bloßen Gedanken, daß Richter und Ankläger ihre Rollen aus einem Drehbuch, das jemand anderer lieferte, auswendig lernen könnten, als absurd von sich gewiesen hätte.

Als dann in seinem Leben eine derartige Situation eintrat, fiel ihm vielleicht wirklich nicht ein, wie er sich heraushalten könnte – aber es fiel ihm deshalb nicht ein, weil er gar nicht ernstlich darüber nachgedacht hatte. Es ist anzunehmen, daß er dabei tatsächlich Angst hatte. Aber er hatte Angst vor physischen Folgen, keine Angst vor seinem Gewissen, das er als Jurist vor langer Zeit gewiß gehabt hatte, aber seit er „Geschichte machte“ anstatt Gerichtsakten ordnungsgemäß zu bearbeiten, hatte er dieses Gewissen verloren. Denn die Verantwortung für ein Urteil wegen Diebstahls einer Henne hatte er einst als seine Verantwortung angesehen, aber die Verantwortung für elf Todesurteile gegen „Volksverräter, Agenten des Imperialismus und Schädlinge des Sozialismus“ übertrug er leichten Herzens auf die „Partei“. Hierbei fühlte er sich sicher, davor hatte er keine Angst, es fiel ihm nicht ein, wie er sich dieser Pflicht entziehen könnte, weil ihm überhaupt nicht einfiel, daß er dafür einmal persönlich zur Verantwortung gezogen werden könnte, wo er doch stets im Namen „höherer Ziele“ handelte.

Worin aber unterschied er sich von einem Ankläger oder Richter, der im Namen „höherer Ziele“ des Nationalsozialismus, an die er auch subjektiv glaubte, bei Nazigerichten Strafanträge stellte oder Urteile sprach? Dadurch, daß er statt an die „Vorherrschaft der germanischen Rasse“ an die „Interessen der Arbeiterklasse“ glaubte? Dieser erschreckende Vergleich kam mir bei den Debatten über das Problem der Schuld in der Staatsanwaltschaft im Jahr 1956 in den Sinn, und so sehr ich mich auch bemühte, ihn mit verschiedenen ideologischen Argumenten zu verdrängen, wollte es doch nicht vollständig gelingen. Das war ein gänzlich neues Element in meinem Denken. Noch einen Monat zuvor hatte ich ja auch von den politischen Prozessen gewußt, aber sie vom Standpunkt der „höheren Interessen“ des Klassenkampfes beurteilt – ich selbst hatte so gegen die eigenen Zweifel argumentiert. Es stimmte, neu war der Umstand, daß ich jetzt mehr über die Hintergründe wußte und auch, daß es gar keine normalen Prozesse gewesen waren. Aber vor drei Jahren, im Seminar in Moskau, hatte ich dies ja selbst als das Wesentliche hervorgehoben, daß es sich nicht um normale Prozesse handle, daß die Präsumtion der Unschuld hier nicht gelte, daß die Partei das in eigener Verantwortung löse. Der neue Umstand, der den Umschwung in meinem Denken hevorgerufen hatte, war letzten Endes doch die Kritik Chruschtschows an Stalin. Diese primitive, bei weitem nicht „systemorientierte" Kritik, die eine normale menschliche Moral nur durch die Hintertür des pragmatischen politischen Kalküls in die Politik einließ, tat trotzdem ihre Wirkung. Denn sie ließ einen einfachen Schluß zu: Nicht einmal für Stalin übernahm die Partei die Verantwortung, er war selbst verantwortlich – und wer übernahm dann die Verantwortung für mich?

Es blieb nichts anderes übrig, als so zu handeln, daß man die Verantwortung selbst tragen konnte. Das war damals – und auch später – bei der Generalstaatsanwaltschaft in Prag nicht einfach. Neben dem offiziellen, in der Sammlung von Gesetzen und Anordnungen veröffentlichten Recht galt bei der Anwaltschaft und dem Gericht noch ein anderes Recht, im Berufsjargon das „vervielfältigte Recht" genannt: vertrauliche und geheime Richtlinien, wie in gewissen Kategorien von Fällen vorzugehen sei. Sie wurden für die Staatsanwaltschaft vom Generalstaatsanwalt, für die Gerichte vom Justizministerium oder dem Präsidenten des Obersten Gerichtshofs ausgegeben und ordneten unverhüllt an, wie in dem oder jenem Fall gehandelt werde sollte. So war zum Beispiel für meinen Bereich verbindlich vorgeschrieben, daß gewisse Beschwerden von Bürgern betreffend bestimmte Fälle von Zwangsvollstreckung, Eigentumskonfiskation, Maßnahmen gegen „Kulaken" beim Einzug ihrer Felder und Besitztümer u.a.m. überhaupt nicht sachlich geprüft, sondern als unbegründet zurückgewiesen werden sollten. Hunderte von Akten wurden so mit einem einzigen Satz erledigt: Die Staatsanwaltschaft teilte dem Bürger mit, daß sie keine Gründe gefunden habe, die ursprüngliche Entscheidung rückgängig zu machen... Unterschrift und Datum. Aber da stand auch: Abteilungsleiter – i.A. XY. Das hieß dann auch: im Namen meiner eigenen Funktion. Und in einigen Fällen, wenn der Referent selbst zögerte, schickte er die Akte sogar direkt an mich mit der Bemerkung, daß er mit Rücksicht auf die „Bedeutung" oder „Kompliziertheit" des Falles meine persönliche Entscheidung erbitte. Wäre es nur um Alibismus gegangen, hätte ich ebenso verfahren und die Sache weiter nach oben geben können. Aber das wäre nur in Ausnahmefällen möglich gewesen, und außerdem sah ich im Alibismus keine Lösung.

In der Atmosphäre, die nach dem XX. Parteitag der KPdSU aufkam,

begann eine Vielzahl von Menschen, die in den vergangenen Jahren durch verschiedene gesetzwidrige Aktionen geschädigt worden waren, in Beschwerden Wiedergutmachung des Unrechts zu fordern. Sich an das „vervielfältigte Recht" zu halten, bedeutete jetzt nicht nur, daß man persönlich die Verantwortung für die Mißachtung der Rechte des Individuums übernahm, sondern auch dafür, daß die alte, von der Partei allgemein kritisierte Politik überlebte. Der Generalstaatsanwalt weigerte sich, seine geheimen Anordnungen und Weisungen zu widerrufen, ehe nicht ein entsprechender Parteibeschluß vorliege, da diese Weisungen und Anordnungen ja auch aufgrund von Parteibeschlüssen geschaffen worden seien. Es ging vorwiegend um verschiedene Aktionen im „sich verschärfenden Klassenkampf", und alle wußten, daß in diesen Kampagnen Sachen geschehen waren, die nach gültigem Recht eigentlich untragbar waren. Und so blieb mir ein einziger Weg: zu beweisen, daß es sich in konkreten Fällen um politische Probleme handelte, die nach dem XX. Parteitag der KPdSU neu gelöst werden müßten, dadurch allmählich den Widerruf der Weisungen zu erzielen, die das bisher verhinderten, und dann die einzelnen Fälle sachlich zu prüfen und festzustellen, was sich wieder gutmachen ließ.
Am vorteilhaftesten erschienen mir für den Anfang die Fälle der sogenannten „Aktion B", bei der Anfang der fünfziger Jahre in Prag (und später auch in Brünn, Pilsen und anderen Bezirksstädten) Hunderte von Bürgern aus ihren Wohnungen ausgewiesen wurden; diese Wohnungen wurden „im öffentlichen Interesse" konfisziert, ihre Bewohner in halbzerfallene Häuser in Grenzdörfern abgeschoben, die nach der Zwangsaussiedlung der Deutschen leergestanden waren. Im Rahmen derselben Aktion wurden in der Umgebung Prags Wochenendhäuser und Villen konfisziert. Die Eigenümer wurden einfach als „klassenfeindliche Elemente" bezeichnet, die gesamte Aktion mit „öffentlichem Interesse" und „Bedürfnissen der Arbeiterklasse" gerechtfertigt. Die Gesetzwidrigkeit war offensichtlich, sowohl im allgemeinen, als auch was die Art und Weise der Durchführung in einigen konkreten Fällen betraf. Es gab nur eine relativ geringe Anzahl von Betroffenen (im Vergleich z.B. mit der Zwangskollektivierung auf dem Lande), das Problem war also nicht allzu groß; einige Fälle hatten sich zudem gewissermaßen von selbst gelöst, indem alte Leute gestorben waren, junge geheiratet hatten und nun anderswo lebten usw.
Diejenigen, die sich beschwerten, verlangten oft gar nicht die Rückerstattung ihre Eigentums, sondern nur eine vernünftige Regelung, die sie vom Kainszeichen des „Klassenfeindes" und dem Zwangsaufent-

halt in den Randgebieten befreien würde. Eine derartige Lösung war nicht unmöglich. Ich sammelte genügend Material über die ganze Angelegenheit, aus dem eindeutig hervorging, daß von den „im Interesse der Arbeiterklasse“ konfiszierten Wohnungen keine einzige einem Arbeiter zugeteilt worden war. Alle waren Armeeoffizieren, Sicherheitsbeamten, Mitarbeitern des Parteiapparats oder anderer politischer Gremien zugeteilt worden. Die Wochenendhäuser und Villen hatten sich das Zentralkomitee und das Innenministerium untereinander aufgeteilt. Auch die „Klassenzugehörigkeit zur Bourgeoisie“ traf nicht zu: unter den Betroffenen waren viele Angehörige der Mittelschicht, Ärzte, Rechtsanwälte, Angestellte. Die Opfer waren in Wirklichkeit nicht unter dem Gesichtspunkt der „Klassenzugehörigkeit“, sondern nach der Qualität der Wohnungen ausgesucht worden. Mit den Unterlagen und einem Vorschlag, wie die ganze Angelegenheit bereinigt werden könnte, besuchte ich den Vorsitzenden der Kontrollkommission der Partei, J. Harus. Er war nicht dagegen, aber er war auch nicht dafür. Er belehrte mich eingehend über den Klassenkampf und versprach, die Angelegenheit an geeigneter Stelle zur Sprache zu bringen. Ergebnis: bis zum Herbst 1956 gar keines; und nach der sowjetischen Intervention in Ungarn wurde ich beschuldigt, „den Klassenfeind zu begünstigen“. Damals nicht öffentlich. Öffentlich wurde mir das erst bei meinem Ausschluß aus der Partei im Jahr 1970 vorgeworfen und dann erneut, nachdem ich die Charta 77 unterzeichnet hatte.

Unterdessen gab es zahlreiche Fälle von vergleichbarer Beschaffenheit, die unmittelbar gelöst werden mußten. In Instruktionen und Rundschreiben, die ich an Bezirks- und Kreisanwaltschaften verschickte, bemühte ich mich, die mein Fachgebiet betreffenden Leitlinien so zu formulieren, daß sie zwar nicht zu radikalen Änderungen aufforderten, aber dennoch zur strengen Einhaltung der gültigen Rechtsnormen verpflichteten. Selbst das war für die Provinzchefs bereits eine Revolution. Im Rahmen meiner Rechtsbefugnis protestierte ich offiziell gegen die Entscheidungen einiger Ministerien, was damals zwar theoretisch durchaus möglich, seitens der Staatsanwaltschaft aber nicht üblich war. Allmählich stellte ich fest, daß diese Vorstöße auf dem Umweg über den Parteiapparat hintertrieben wurden. Aber die allgemeine Atmosphäre der Unsicherheit im Parteiapparat nach dem XX. Parteitag der KPdSU sowie der Umstand, daß ich „aus Moskau kam“, bewirkten, daß es zu keinen ernsteren Konflikten kam. Bis ich etwas so Unerhörtes unternahm, daß es nicht durchgehen konnte. Der damalige Innenminister Rudolf Barák, zur Zeit auch Politbüromitglied und nach Novotný wohl einer der einflußreichsten Männer im Lande, entließ fristlos einen Mitarbeiter seines Ministeriums, der in dem sehr unpopulären Bereich der Pressezensur beschäftigt war, nach einem persönlichen Streit. Der Entlassene besuchte mich an meinem Empfangstag und legte Beschwerde ein. Ich stellte fest, daß das Vorgehen Baráks ganz offensichtlich gesetzwidrig war. In dem Bemühen, einen Prozeß zu vermeiden – denn der außergewöhnlichen Stellung des Innenministers war ich mir nun doch bewußt –, wollte ich die Angelegenheit ohne Eklat auf diskrete Weise aus der Welt schaffen. Ich schickte dem Innenminister einen staatsanwaltschaftlichen Protest. Das gab die Möglichkeit, die Sache ohne viel Aufhebens zu regeln. Nach etwa drei Tagen war der Teufel los. Barák rief den Generalstaatsanwalt an und teilte ihm mit, daß es bei seinen untergeordneten Beamten anscheinend zu dem Mißverständnis gekommen sei, sie könnten sich in seine ministerielle Machtbefugnis einmischen, und er fordere, daß der Generalstaatsanwalt die Angelegenheit in Ordnung bringe. Was dieser auch ehrerbietig versprach. Ich wurde zum stellvertretenden Generalstaatsanwalt gerufen, der mir freundschaftlich auseinandersetzte, wie unerhört mein Vorgehen war und mir anbot, alles in Ordnung zu bringen, vorausgesetzt, daß ich meinen Protest widerriefe. Aus einer Debatte wurde schließlich ein Streit, denn ich lehnte den Widerruf ab. Die Sache verhielt sich nämlich so, daß meine Vorgesetzten ohne weiteres die Möglichkeit gehabt hätten, meinen Protest durch einen von ihnen selbst unterschriebenen Beschluß zu widerrufen – dazu waren sie jedoch nicht bereit. Auch ihnen war nämlich klar, daß das Vorgehen Baráks gesetzwidrig war. Darum wurde ein anderes Verfahren gewählt: ich erhielt den Befehl, meinen Protest zurückzunehmen. Im Gesetz über die Staatsanwaltschaft existiert jedoch eine Verfügung, die besagt, ein Staatsanwalt habe das Recht, die Ausführung des Befehls eines Vorgesetzten zu verweigern, wenn der Inhalt dieses Befehls im Widerspruch zum Gesetz steht. Auf diesen Paragraphen berief ich mich jetzt, als ich den Gehorsam verweigerte.

Etwas derartiges war seit der Existenz der Staatsanwaltschaft nur in den allerseltensten Fällen vorgekommen und nie ohne Folgen geblieben. Schließlich widerrief der stellvertretende Generalstaatsanwalt J. David selbst meinen Protest – aber sowohl meine Vorgesetzten wie auch ich waren uns dessen bewußt, daß es so nicht weitergehen würde. Innenminister Barák war allerdings befriedigt.

Meine Probleme bei der Generalstaatsanwaltschaft löste ich schließlich mit der Hilfe derjenigen, mit denen ich immer wieder in Konflikt geriet: Die Leitung der Generalstaatsanwaltschaft und die zuständi-

gen Parteigremien stimmten meinem Vorschlag zu, daß die Angelegenheit am besten durch mein Ausscheiden aus der Dienststelle erledigt werden könnte. Obwohl auf der Parteiversammlung ursprünglich K. Innemann, Abteilungsleiter des Zentralkomitees, meinen Ausschluß aus der Partei zusammen mit dem einiger weiterer Rebellen vorgeschlagen hatte, wurde die Angelegenheit schließlich durch einen Kompromiß beigelegt. Ich erhielt ein Zeugnis, in dem zu lesen war, daß ich aufgrund meiner geringen Erfahrungen die klassenpolitische Situation in der Tschechoslowakei nicht richtig erfaßt und „sowjetische Erfahrungen mechanisch übertragen" hätte. Bei meiner Entlassung wurde mir jedoch freigestellt, am Institut für Recht und Staat der Akademie der Wissenschaften theoretisch zu arbeiten.
Am 15. Oktober 1956 nahm ich an der Akademie der Wissenschaften die Arbeit auf. Drei Wochen später griff die sowjetische Armee gegen die „Konterrevolution" in Budapest ein. Das hatte einen bedeutenden Einfluß auf die Situation in der Tschechoslowakei. Bereits vorher, während des polnischen „Oktobers", in dessen Verlauf der revolutionär-kritische Antistalinist Gomulka ans Ruder gekommen war, hatten sich die Verhältnisse in der Tschechoslowakei verschärft. Nach den Ereignissen in Ungarn kam es jedoch alsbald zu einer direkten und unmißverständlichen Offensive aller Kräfte innerhalb der KPČ, die jedwede Kritik des Stalinismus fürchteten, weil sie durch ihre Positionen zu eng mit ihm verbunden waren. In der Partei begannen Repressalien gegen viele Kommunisten, die in den vergangenen Monaten ihre Kritik an den Verhältnissen besonders kämpferisch entfaltet und Veränderungen angestrebt hatten. Auch bei der Generalstaatsanwaltschaft wurde die kritische Opposition in alle Winde zerstreut; gegen einen Staatsanwalt wurde sogar ein Strafverfahren eingeleitet, weil er durch eine Äußerung auf einer Parteiversammlung sich eine „Verleumdung eines verbündeten Staates", d.h. der Sowjetunion, habe zuschulden kommen lassen. Einige besonders eifrige Mitarbeiter der Generalstaatsanwaltschaft und des Parteiapparats versuchten im nachhinein auch noch gegen mich vorzugehen und verlangten meine Entlassung aus der Akademie der Wissenschaften. Aber schließlich existierte doch ein kaum einen Monat altes Zeugnis der Parteiorganisation, und außerdem arbeiteten an der Akademie der Wissenschaften damals mehr Menschen, die sich in den vergangenen Monaten noch ketzerischere Äußerungen hatten zuschulden kommen lassen als ich, und das noch dazu öffentlich, in der Presse. Und so umschiffte ich damals diese Klippen und arbeitete schließlich 19 Jahre an der Akademie der Wissenschaften – bis zum „Prager Frühling" des Jahres 1968.

Die Kämpfe in den Straßen von Budapest und die Intervention der sowjetischen Streitkräfte in Ungarn spielten natürlich jenen politischen Kräften innerhalb der KPČ in die Hände, die bemüht waren, den Wellen der Kritik Einhalt zu gebieten, den Status quo aufrechtzuerhalten und ihre eigenen Machtpositionen zu festigen. Daß die kritischen Tendenzen der Kommunistischen Partei zum Schweigen gebracht wurden, war aber nicht nur eine Folge der von diesen Kräften ins Werk gesetzten Repressalien. In den zahlreichen Reminiszenzen und Betrachtungen, die seit 1968 von ehemaligen Reformkommunisten veröffentlicht worden sind, wird ein sehr wesentlicher Umstand verschwiegen (oder zumindest nicht gebührend hervorgehoben), der es Ende 1956 ermöglichte, eine weitere Entfaltung der Kritik innerhalb der Partei einzudämmen: Wir Kommunisten hatten Angst. Ich weiß natürlich nicht, in welchem Umfang das jeweils für den oder jenen einzelnen galt, der später einmal zur reformkommunistischen Strömung in der KPČ gezählt werden konnte. Was meine Person anbelangt, müßte ich freilich lügen, wenn ich heute behaupten wollte, daß mich damals nur die allgemeinen politischen und ideologischen Probleme der sogenannten ungarischen Ereignisse interessiert hätten. Neben diesen Problemen existierte nämlich die ganz konkrete Vorstellung von Menschenmassen in den Straßen Budapests, die Kommunisten lynchen und an Laternenpfählen aufhängen. Und aus persönlichen Gesprächen, die ich zu dieser Zeit mit Kommunisten unterschiedlicher Generationszugehörigkeit führte, kann ich mich erinnern, daß diese Vorstellung, übertragen auf Prag, auch in ihren Erwägungen eine bedeutende Rolle spielte. Es war dies ein wesentlicher Faktor, der es damals Novotný ermöglichte, die kritische Bewegung innerhalb der KPČ zum Schweigen zu bringen.
Von allen publizistischen Stellungnahmen zum ungarischen Aufstand beeindruckte mich damals am meisten die des jugoslawischen Staatsmanns Edvard Kardelj, des engsten Vertrauten Titos, die illegal in Prag verbreitet wurde (sie gab mir sogar den Anstoß, das Serbokroatische zu erlernen). Vor allem die theoretischen Ausführungen waren es, was mich an ihr so faszinierte; mir schien, daß hier Gedanken und Zusammenhänge entfaltet wurden, von denen ich selbst schon eine dunkle Ahnung hatte, die ich aber bisher noch nicht in Worte zu fassen vermocht – beziehungsweise gewagt – hatte und infolge dieser Unartikuliertheit auch nicht hatte zu Ende denken können. Zur Chruschtschowschen Kritik des „Personenkults" traten bei Kardelj wesentliche Elemente einer umfassenden Systemkritik hinzu, und was das Wichtigste war: einer Systemkritik, die ihrerseits dem kommunistischen

Glauben verpflichtet war. So sehr ich aber auch in theoretischer Beziehung beeindruckt und begeistert war, so wenig wahrscheinlich hielt ich es für die Praxis, daß bewaffnete Menschenmassen, wenn sie in diesem historischen Augenblick durch die Straßen von Prag zögen, die Forderung „Alle Macht den Arbeiterräten!“ im Munde führen würden. Sie mußten sich ja unweigerlich aus Menschen zusammensetzen, die als Antragsteller bei Prokuraturen, Gerichten, Regierungs- und Parteiämtern über Jahre hinweg immer wieder den Bescheid erhalten hatten, daß „kein Anlaß zur Revision der ursprünglichen Entscheidung“ gegeben sei; und da hielt ich es für den Fall, daß sie sich zusammenrotten und bewaffnen würden, doch für weitaus wahrscheinlicher, daß sie zu den Sitzen dieser Institutionen ziehen und nicht nur Akten aus den Fenstern werfen würden.
Innerhalb der Problematik der persönlichen Verantwortung tat sich jetzt eine neue Dimension auf, nämlich die der Kollektivschuld, des persönlichen Anteils an einem allgemeinen Schuldzusammenhang; es stellte sich die Frage nach der Mitschuld des einzelnen an der Vergangenheit unabhängig von etwaigen konkreten, justitiablen Verfehlungen im Einzelfall: mit solchen Nuancen haben Menschenmassen nichts im Sinn; selbst wenn sie wollten, könnten sie derlei Differenzierungen nicht begreifen – aber natürlich wollen sie das niemals. Und dieses angsterzeugende Gefühl der Mitschuld hatten wir Kommunisten damals. Nach der Euphorie der vorangegangenen Monate wirkte es wie eine grausame kalte Dusche, sich eingestehen zu müssen, daß einen dieses Angstgefühl wieder in die Gemeinsamkeit mit den Menschen führte, die man verachtete – aber es war die Wahrheit. Karel Kühnl, einer meiner Freunde noch aus der Zeit unserer jungfräulich-sektiererischen Phase im Jugendverband und wegen radikaler Kritik des Stalinismus bereits im Herbst 1956 aus der KPČ ausgeschlossen, gab dem damals in der folgenden Überlegung Ausdruck: „Aber was kann ich tun, wenn sie von der Straße heraufkommen, um Kommunisten zu hängen? Soll ich ihnen sagen, daß ich kein Kommunist mehr bin? Das wird sie wenig kümmern, denn vor einem Monat war ich ja noch Parteimitglied. Mein Nachbar ist ein stalinistisches Schwein, mit dem möchte ich auf keinen Fall am selben Baum hängen. Also bleibt mir nichts anderes übrig, als ihnen zu sagen: Jawohl, meine Herren, wie Sie wünschen – aber bitte hängen Sie mich an einen anderen Baum als diesen Herrn da!“
Die Straßen Prags und der übrigen tschechoslowakischen Städte blieben jedoch ruhig und friedlich, die Parteiführung gewann ihr Selbstvertrauen zurück und beruhigte sich wieder. Die tschechoslowakische

Gesellschaft und die KPČ traten damals in ein Jahrzehnt scheinbar ruhiger Entwicklung ein, einer Entwicklung, die es aber ermöglichte, daß schließlich zur Zeit des „Prager Frühlings" die latenten kritischen Reformkräfte innerhalb der Partei als mächtige, organisierte Kraft mit einem relativ gut durchdachten Konzept notwendiger Veränderungen auftreten konnten. Diese Kraft hatte keine Angst mehr – und mußte sie auch nicht haben – vor Menschenmassen, die auf der Straße Kommunisten lynchen würden. Es ist jedoch nicht uninteressant zu erwähnen, daß gerade diejenigen Elemente, die noch zur Zeit des „Prager Frühlings" einer demokratischen Reform Widerstand entgegensetzten, konsequent bemüht waren, diese Angst aus dem Jahr 1956 zu reaktivieren, um sie für ihre eigenen Interessen zu mißbrauchen; und ebenso verfuhren die Besatzer und ihre einheimischen Verbündeten nach der militärischen Intervention im August 1968. Das zeigt, daß die „Realsozialisten" sehr genau wußten, was 1956 bei der Unterdrükkung der kritischen Bewegung innerhalb der Kommunistischen Partei eine so bedeutende politische Rolle gespielt hatte.

Ich selbst war Ende 1956, nach all diesen Erlebnissen, innerlich nicht mehr imstande, parteipolitisch weiter aktiv zu wirken. In der Konstruktion meines ursprünglichen ideologischen Glaubens waren zu viele Segmente auf einmal eingestürzt, ich wußte selbst nicht, welche Elemente dieser Konstruktion erhalten bleiben würden und verdienten, erhalten zu bleiben. Meine politische Aktivität war aber nie anders motiviert gewesen als durch ideologische Überzeugung, und deshalb war die logische Folge die Unfähigkeit, in den alten Gleisen fortzufahren. Außerdem war ich in der gleichen Situation wie viele Parteimitglieder, die nur knapp einer Disziplinarstrafe entronnen waren, und so konnte ich innerhalb der Partei nichts anderes tun als den Mund halten. Ich kam in ein neues, ungewohntes Arbeitsmilieu als wissenschaftlicher Aspirant auf der untersten Sprosse des Instituts der Akademie der Wissenschaften. Ich sollte Theoretiker werden, Forschungswissenschaftler, also eine Arbeit leisten, die ich nie kennengelernt hatte.

Alle diese scheinbar ungünstigen Umstände eröffneten mir aber zum Schluß den denkbar besten Ausweg aus der Situation: Ich konnte einfach noch einmal mit dem Studium von vorn anfangen. Genauer ausgedrückt, ich begann mich zum erstenmal im Leben zielbewußt und den eigenen Interessen folgend mit Literatur zu befassen, die ich vorher nie studiert hatte, die aber mit den bedeutendsten Problemen meines Lebens zusammenhing, mit Politik und Ideologie. Vor mir lagen drei Jahre, in denen meine einzige Aufgabe darin bestand, einige Prü-

fungen abzulegen und eine Dissertation zu schreiben, die mir den Titel eines Kandidaten der Rechtswissenschaften verschaffen sollte. Das Fachgebiet, das ich wählte, war die allgemeine Staatsrechtstheorie.
Ich stellte bald fest, wie ungenügend das Wissen war, das mir die Moskauer Fakultät vermittelt hatte, die ja darauf ausgerichtet war, qualifizierte Bürokraten zu erziehen. Erst jetzt, mit 26 Jahren, las ich zum erstenmal ältere Autoren aus der Zeit vor Marx, Klassiker der politischen Wissenschaften wie Plato, Aristoteles, Machiavelli, die Sozialutopien Moores, Campanellas und anderer, die Werke der Ideologen der bürgerlichen Revolution und ihrer Vorläufer: Hobbes, Locke, Montesquieu, Rousseau. Zum erstenmal erfuhr ich etwas über nichtmarxistische Konzeptionen, lernte die Anschauungen Max Webers, G. Moscas, die rechtstheoretischen Konzepte der normativen Lehre, die Rechtssoziologie, die soziologische Literatur überhaupt kennen. Der Marxismus selbst erschien mir plötzlich anders, als er sich in der Auswahl marxistischer Literatur an der Moskauer Universität dargestellt hatte. Das Angebot war zwar auch dort ein sehr reichhaltiges, aber doch in zielbewußter Weise zensuriert; es fehlten die Schriften des jungen Marx, die Werke Gramscis und Rosa Luxemburgs, und nur aus einer Sammlung von Kritiken Lenins und broschürten Schmähschriften erfuhren die Studenten wenigstens die Namen solcher Sozialdemokraten wie Kautsky, Hilferding und Bernstein, aber auch mancher Bolschewiken, Namen wie Trotzki, Bucharin u.a.
Und so brachte ich mein Studium eigentlich erst Ende der fünfziger Jahre zu Ende, erst jetzt lernte ich den Stoff kennen, mit dem eine marxistisch orientierte Universität ihre Studenten der staatsrechtlichen Wissenschaften vertraut machen sollte. Dieses Studium bedeutete für mich aber mehr als nur die Verbesserung meiner fachlichen Qualifikation. Plato und Machiavelli, den jungen Marx und Gramsci sah ich nicht nur als Literatur an, die ich meiner akademischen Bildung zuliebe lesen mußte: Das war für mich Lektüre, in die ich mich mit intensivem persönlichen Interesse vertiefte, in der ich Antworten suchte oder Anregungen zur Lösung von Fragen, die für mich immer noch die Hauptrolle spielten – die politischen Fragen der Gegenwart. Die antiken Autoren ebenso wie die jüngsten, Marxisten und Nichtmarxisten, halfen mir, meine eigene Weltanschauung neu zu definieren und umzugestalten. Das einstige System des stalinistischen ideologischen Glaubens war in die Brüche gegangen; auf seinen Trümmern bildete sich die Überzeugung heran, daß der Marxismus eine innerlich widerspruchsvolle und noch nicht abgeschlossene rationale Theorie von der Entwicklung der Gesellschaft ist, die nichts gemeinsam hat, mit der

politischen Ideologie, die in der kommunistischen Bewegung praktisch wirkt.
Aber im gleichen Verhältnis, in dem sich meine persönliche Weltanschauung umgestaltete, regenerierten sich auch meine Fähigkeiten und mein Wille, aktiv an politischer Tätigkeit teilzunehmen. Einstmals, unmittelbar nach dem Krieg, war dieser Wunsch elementar gewesen, ohne große Überlegungen als Grundlage: Die Zeit hatte mich einfach in die Politik hineingezogen. Meinen stalinistischen Glauben und meine Aktivität hatte ich damals eigentlich gar nicht als Politik aufgefaßt, sondern als Teilnahme an der revolutionären Umgestaltung der Geschichte zur neuen Welt. Im Jahr 1959, als ich erneut in den Strom der praktischen Politik eintauchte, standen die Dinge ganz anders. Jetzt handelte es sich um einen bewußten Schritt, eine durchdachte Entscheidung. Ich wußte jetzt, daß ich mit der Politik ein Gebiet betrat, auf dem ganz bestimmte Regeln, Verhältnisse und Gesetze galten, die ich nicht ignorieren durfte, sondern die ich respektieren mußte, wenn ich etwas erreichen wollte. Ich wußte auch, daß damit unweigerlich menschliche und moralische Probleme verknüpft sein würden und daß dies in der Politik schon immer so gewesen war.

Im Jahr 1956 gelangten denkende Kommunisten – und seien sie ursprünglich auch Stalinisten gewesen – auf den Weg, der schließlich zum sogenannten Reformkommunismus führte. Eine Kardinalfrage für sie war, was Marx (bzw. Engels oder Lenin) wirklich geschrieben hatte. Beim Studium der Quellen stellten sie fest, daß bei Marx und teilweise auch bei Lenin viele Gedanken existieren, die in grundsätzlichem Widerspruch zu dem stehen, was der Marxismus der offiziellen Parteiideologien später aus ihnen gemacht hat. Besonderes Interesse rief bei den Reformkommunisten Marx' Humanismus hervor und sein eindeutiges Engagement für die Freiheit und die Emanzipation des Menschen überhaupt, für die er im Klassenkampf das notwendige Mittel sah. Die logische Folge war, daß die kritisch denkenden Kommunisten Marx (und gelegentlich auch Lenin) der offiziellen Ideologie entgegenstellten und das Grundproblem darin erblickten, daß die Ideologie von Marx' ursprünglichen Ideen abgerückt war, dadurch den Weg wissenschaftlich objektiver Erkenntnis verlassen hatte, und zu einem falschen Bewußtsein geworden war. Die konträren Positionen von Wissenschaft und Ideologie in ihrer Beziehung zur objektiven Wahrheit waren der Ausgangspunkt der Kritik in diesem Entwicklungsstadium des Reformkommunismus.
Ich teilte damals im Prinzip diese Einstellung, aber in der Politik nahm

ich allmählich einen anderen Standpunkt ein. Denn bei jener Einstellung handelte es sich um etwas, das seinerseits eigentlich nur eine akademische, theoretische Kritik aus sich hervorbrachte: Der so aufgefaßte Marxismus wurde notwendigerweise zu einer Angelegenheit der Intellektuellen in der Abgeschiedenheit ihrer Studierstuben, er durfte an den Fakultäten und in Fachzeitschriften in Erscheinung treten, aber er vermochte nicht das ideologische Bewußtsein der gesamten Partei umzukrempeln, er konnte das stalinistische Konzept aus den Köpfen Hunderttausender ideologisch gläubiger Kommunisten nicht verdrängen. Diese humanistische Marx-Interpretation war nämlich eine anspruchsvolle, abstrakte theoretische Konzeption, für die überwiegende Mehrheit der Kommunisten in der politischen Praxis nur schwer verständlich und ohne Bezug auf ihre konkreten Probleme. Sie verlangte eine Theorie als „Handlungsanweisung", und die konnten ihr die Theoretiker des marxistischen Humanismus nicht vermitteln. Sie unterzogen zwar die bisherigen stalinistischen Handlungsanweisungen einer überzeugenden Kritik, waren aber nicht imstande, den in der politischen Praxis tätigen Kommunisten einen entsprechend verständlichen und konkreten Ersatz zu liefern.

Zum Unterschied von anderen Reformkommunisten in verschiedenen Fachbereichen der Gesellschaftswissenschaften, die sich nicht unmittelbar an der praktischen Politik beteiligten, war ich daher Ende der fünfziger Jahre der Ansicht, daß der Widerspruch zwischen der marxistischen Theorie (als Versuch objektiver Erkenntnis der Wahrheit) und der kommunistischen Ideologie (als Anweisung zum Handeln in der politischen Praxis) nicht einfach in der Weise gelöst werden könnte, daß Theorie das ideologische Bewußtsein prinzipiell als falsch, verzerrend und daher schädigend ablehnte. Sondern ich glaubte vielmehr, daß im Interesse einer neuen Politik das bisherige politische Bewußtsein umgewandelt und durch ein neues, aber ebenfalls ideologisches Bewußtsein ersetzt werden müsse. Diese neue Ideologie könnte nicht mit der wissenschaftlichen Theorie identisch sein, sie würde sich wieder von dieser unterscheiden, und zwar im Sinne einer Vereinfachung, Entstellung der komplizierten Realität im Interesse politischer Zweckdienlichkeit. Diese Entstellung sollte aber nicht so sehr im Widerspuch zur Wahrheit stehen, daß sie es unmöglich machte, die Wahrheit der Theorie selbst zu erkennen, und daß sie in der Praxis Kräfte unterstützte, die eine wahrhaftige Erkenntnis unterdrückten. Das Studium der vormarxistischen, insbesondere der revolutionären politischen Theorien hatte mich zu der Überzeugung gebracht, daß ein ähnlicher Widerspruch zwischen Theorie und Ideologie immer existiert hatte und niemals nur durch einfache Abschaffung der Ideologie beseitigt werden konnte – denn die Ideologie als solche läßt sich in der Praxis schlechterdings nicht abschaffen. Die Theorien Rousseaus beispielsweise waren das Ergebnis rationalen Denkens, sie verkörperten eine Konzeption, wie sie den zeitgemäßen spärlichen wissenschaftlichen Erkenntnissen über die Gesellschaft entsprach. Die Ideologie, die zur Zeit der Französischen Revolution sowohl das Denken Robespierres als auch die Stimmung des „dritten Standes“ und der Pariser Volksmassen beherrschte, entsprach nur in einigen Punkten dieser Konzeption, im ganzen genommen verzerrte sie sie bis zur Unkenntlichkeit: Robespierres religiöser Kult der Vernunft und der praktische Kult der Guillotine spielten in dieser Ideologie eine weitaus größere Rolle als Rousseaus Konzeption der demokratischen Gestaltung des „allgemeinen Willens“.

Das philosophische Werk Rousseaus ging zwar trotzdem für die Nachwelt nicht verloren, aber die tatsächliche Entwicklung des politischen Denkens schlug dennoch auch später nie den Weg ein, der sich aus einer Rückkehr zum „authentischen Rousseau“ ergeben hätte. Die Generäle Napoleons lasen die Schriften Rousseaus gar nicht erst, und zum Schluß waren doch sie es, die die tatsächlichen Ergebnisse des gesellschaftlichen Umsturzes, zu dem diese Schriften ursprünglich das theoretische Konzept geliefert hatten, gewährleisteten. Diejenigen, die dann nicht nur im politischen Denken, sondern auch in der politischen Praxis weitergehen wollten, mußten vor allem auf die realen Ergebnisse der Revolution reagieren und konnten nicht das ursprüngliche ideologische Konzept einfach wieder hervorziehen.

Warum verläuft die Geschichte so? Nicht etwa deshalb, weil das revolutionäre Volk und seine politischen Führer die Ideen deformieren wollen, sondern weil sie sie realisieren wollen. Dabei nimmt jedoch die Idee eine neue Identität an. Marx charakterisiert das als den Zustand, in dem die Idee zur materiellen Gewalt wird, weil sie die Massen ergreift. Die Massen und ihre politischen Führer bemächtigen sich jedoch der Ideen, um sie als Instrumente zur Erreichung ihrer Ziele zu nutzen und sie dabei dem Zweck, dem sie dienen sollen, unterzuordnen. Es ist hierbei nicht wesentlich, ob die objektive Wahrheit über die Gesellschaft erkannt wird, wesentlich ist vielmehr, ob gewisse Ideen fähig sind, politisch handelnde Menschen zu einigen und zu organisieren. Diese organisatorische Funktion von Ideen bestimmt dann in erster Linie, welche Ideen in welcher wechselseitigen Abhängigkeit und logischen Struktur in der Praxis die massenwirksame politische Ideologie bilden und welche Ideen innerhalb der ursprünglichen Gesamtheit theoretischer Konzeptionen unterdrückt, hintangestellt oder aus der ideologischen Konstruktion überhaupt beseitigt werden. Das können sehr wohl solche Ideen sein, die für ein wahrhaftiges Bild der Realität unabdingbar sind, aber unangebracht für politische und organisatorische Zwecke. So ist zum Beispiel rationale wissenschaftliche Skepsis prinzipiell immer ungelegen, weil fanatischer Glaube, der sich auf Emotionen stützt und nicht auf Erkenntnis, die organisatorische und mobilisierende Funktion besser erfüllen kann. Relativierung und Skepsis werden deshalb im Prozeß des Übergangs der Theorie in die Ideologie immer in den Hintergrund gedrängt, sofern sie nicht überhaupt verdrängt und durch absolute Werte und Glaubensmeinungen ersetzt werden. Die ökonomischen, sozialen und politischen Interessen der Menschen werden die Theorie immer wieder ihren Bedürfnissen anpassen. Das ist der unvermeidliche Preis, den Ideen dafür zahlen müssen, daß sie zur materiellen Gewalt in der Form gesellschaftlicher Massenbewegungen werden.

Als ich Ende der fünfziger Jahre über das Verhältnis zwischen der Marxschen Theorie und der Ideologie, die in der Praxis der kommunistischen Parteien wirkt, nachdachte, konnte ich mich der Einsicht nicht erwehren, daß der beschriebene Zusammenhang auch hier zutraf und das Problem der weiteren Entfaltung der kommunistischen Politik ebenfalls nicht durch eine Rückkehr zum „authentischen" Marx zu lösen war (ganz abgesehen von der impliziten Problematik, die der Begriff der Authentizität in der Anwendung auf das wandlungs- und perspektivenreiche Lebenswerk von Karl Marx mit sich führt). Ich war überzeugt, daß in den Köpfen praktisch handelnder Kommunisten auch weiterhin eine Ideologie, die ihren politischen Interessen entsprach, eher wirken würde als die denkbar objektivsten, wissenschaftlich-theoretischen Erkenntnisse. Und daß es deshalb notwendig wäre, neben der Theorie eine neue rationale Ideologie zu haben, die Antworten auf eine Reihe aktueller gesellschaftlicher und politischer Fragen geben konnte, Antworten, die sowohl den politischen Interessen der Kommunisten als auch den Bedürfnissen der Gesellschaft entsprachen.

Ich glaube, daß der Denkprozeß vieler Reformkommunisten in dem Ergebnis mündete, daß die faktisch vorhandene Ideologie und die mit ihr gekoppelte politische Praxis der Gesamtpartei nicht von der Position eines „authentischen Marxismus" her abgelehnt werden konnten, sondern in der konkreten Praxis geändert und reformiert werden mußten. Innerhalb der KPČ orientierte sich seit Ende der fünfziger Jahre ein bedeutender Teil ihrer Funktionäre und Mitglieder nach dieser

Richtung, und zwar nicht nur auf dem Gebiet der theoretischen Forschung, sondern in verschiedenen Bereichen der politischen Praxis. Für die überwiegende Mehrzahl dieser Kommunisten waren allerdings nicht tiefsinnige theoretische und ideologische Erwägungen der hauptsächliche Beweggrund einer solchen Neuorientierung, sondern ihre alltäglichen praktischen Erfahrungen: von einem empirischen und pragmatischen Denken rational ausgewertet, bewiesen diese Erfahrungen aus der Produktion, dem Staatsapparat, den sozialen Dienststellen und allen möglichen Bereichen sonst, daß die Realität ganz anders aussah als ihr von der stalinistischen Ideologie vermitteltes Abbild, und so entstand das Bedürfnis, das ideologische Abbild der Realität anzupassen.

Reformkommunisten mit dieser Denkweise waren allerdings auch für Nichtkommunisten, das heißt für die Mehrheit der tschechoslowakischen Bevölkerung, eine angenehme Überraschung. Denn in ihren Überlegungen spielte diese nichtkommunistische Mehrheit bereits die Rolle eines Faktors, dessen Interessen und Bedürfnisse man in Betracht ziehen und nach Möglichkeit befriedigen muß. Die Überlegungen der Reformkommunisten gaben dem Gedanken an ein Regierungssystem Raum, in dem auch die anderen ihre Interessen wahrnehmen könnten. Allerdings blieb auch für die Reformkommunisten zu guter Letzt ihr eigenes reformiertes ideologisches System von Vorstellungen, Hypothesen und Werten mitsamt der ihm eigenen Logik die letzte Instanz, die über Richtigkeit oder Unrichtigkeit jeder politischen Maßnahme entschied. Solange eine gewisse Forderung, vorgebracht von Menschen, die außerhalb des Organismus der Kommunistischen Partei standen, nicht in ihr ideologisches System aufgenommen war, solange sie dort nicht eine ihr zugeteilte Stelle und Werteinstufung besaß, sahen auch die Reformkommunisten in ihr nur einen lästigen und im Prinzip unerwünschten „Druck von außen" auf die Partei, häufig sogar eine „unsozialistische" Tendenz, die den Interessen der Gesellschaft zuwiderlief. Das Recht, darüber zu entscheiden, was politisch im Interesse der Gesellschaft lag, hatte auch im reformkommunistischen Konzept nicht die Gesellschaft selbst, sondern wieder nur die Kommunistische Partei und deren Ideologie. Vom Gesichtspunkt der realen Entwicklung des Systems der totalitären politischen Diktatur, das hier herrschte, war allerdings derselbe Reformkommunismus die ausschlaggebende politische Kraft, die das System aushöhlte und den Weg für eine tatsächliche politische Demokratie öffnete. Der Reformkommunismus stellte zwar nicht die endlich gefundene praktische Lösung dar, aber er wies den Weg zu einer solchen Lösung.

Für die Reformkommunisten blieb auch weiterhin das hauptsächliche Problem, wie sie, das heißt ihre Partei und deren Ideologie, ihre Fehler loswerden und legitim als die Vertreter der „Bedürfnisse der gesamten Gesellschaft“ auftreten könnten. Der Gedanke, daß diese Gesellschaft vielleicht allein und ohne Rücksicht auf die Probleme ihres ideologischen Systems und ihrer Partei eine Lösung finden könnte, schien ihnen von vornherein unannehmbar, denn sie verharrten immer in dem Glauben, daß ihre Ideologie und ihre Partei die „wahren historischen und objektiven“ Interessen der Arbeiterklasse und der gesamten Gesellschaft besser vertreten könnten als jede andere Ideologie oder Partei. Für jemanden, der selbst nie den kommunistischen ideologischen Glauben geteilt hat, bleiben demnach auch die Reformkommunisten immer noch in dessen Teufelskreis. Für den ideologisch gläubigen Kommunisten jedoch ist der Reformkommunismus der einzig gangbare Weg, der aus diesem Kreis hinausführt: er beseitigt zwar noch nicht den Teufelskreis, schafft aber für seine Anhänger eine Situation, in der sie allmählich dessen Existenz und Unhaltbarkeit erkennen.

Meine Überzeugung von der Richtigkeit der reformkommunistischen Linie entsprang jedoch nicht nur allgemeinen Überlegungen zur Rolle der Ideologie. Ebenso wie Hunderttausende anderer Kommunisten, die sich bemühten, die Vergangenheit neu zu überdenken, war auch ich um ein Urteil darüber bemüht, was die Entwicklung der Gesellschaft seit 1948 der werktätigen Bevölkerung, der Arbeiterklasse, in deren „historischem Interesse“ diese Politik mit meiner aktiven Unterstützúng verwirklicht wurde, gebracht hatte. Ich kam dabei zu dem Schluß, daß die Ergebnisse bei weitem nicht nur auf negative Erscheinungen reduziert werden durften, daß im Gegenteil die grundsätzlichen Veränderungen positiv verlaufen waren und daher eine Reform des Systems nicht nur notwendig, sondern auch eine reale Möglichkeit war.

Ende der fünfziger Jahre und mehr noch in den sechziger Jahren stabilisierten sich in der Tschechoslowakei bereits die neuen ökonomischen und sozialen Verhältnisse. Einige wesentliche Ideale unseres ideologischen kommunistischen Glaubens waren tatsächlich verwirklicht und von der Gesellschaft akzeptiert. Es gab keine Privatkapitalisten mehr, die alte Teilung nach Klassen und sozialer Zugehörigkeit, die auf privatem Besitztum beruhte, hatte aufgehört zu existieren. Elend als soziales Phänomen war verschwunden: in Lumpen gekleidete Menschen, Bettler, Notstandskolonien in den Vorstädten – all das, was ich noch in meiner Kindheit kennengelernt (und in Moskau wiedergesehen) hatte – gab es nicht mehr, und die jüngere Generation kannte diese Erscheinungen nur mehr aus dem Kino. Die Angst davor, daß Alter oder Krankheit den materiellen Untergang bedeuteten, war ebenfalls aus dem Alltag verschwunden. Als selbstverständlich galt bereits, daß das Gespenst der Krise und der Arbeitslosigkeit nicht mehr existierte. Der durchschnittliche Lebensstandard der Menschen entsprach wohl nicht dem im Wohlstandsstaat, war aber annehmbar und hatte, was nicht unwichtig war, eine zwar langsam, aber stetig steigende Tendenz. Es schien, daß selbst die Wohnungsnot – der wohl schwächste Punkt im Bereich des Lebensniveaus – mit der Zeit ohne größere Schwierigkeiten gelöst werden könnte durch eine Intensivierung des Wohnungsbaus, der durch die stalinistische Orientierung auf die einseitige Entfaltung der Schwerindustrie vernachlässigt worden war.

Es handelte sich aber nicht nur um die materielle Seite des Lebens. Die materielle Sicherheit der Mehrheit der Bevölkerung bildet die Basis, auf der ein im wesentlichen ruhiges und zufriedenes Leben beruht – sofern dieses Leben auf die private Sphäre der Interessen des Individuums und der Familie beschränkt bleibt. Wer jenseits des politischen Geschehens leben konnte, wer sich nicht unmittelbar mit den Problemen der Effektivität der Wirtschaft, der kulturellen Entfaltung und der Gedankenfreiheit befaßte, der konnte ein relativ zufriedenes Leben führen, ohne Angst um seine Existenz und die materielle Sicherheit seiner Kinder. Aus dem Leben der arbeitenden Menschen war auch eine Komponente verschwunden, die typisch für die kapitalistische Industriegesellschaft ist: das hohe Arbeitstempo, eine Begleiterscheinung des erschöpfenden Konkurrenzkampfs im alltäglichen Leben. Der Alltag hatte allerdings negative Züge anderer Art: Mangel an öffentlichen Diensten und funktionierenden Einrichtungen, die den Haushalt erleichtert und das Leben außerhalb des Arbeitsprozesses erträglicher gemacht hätten; Mangel an Gebrauchsgütern, deren Beschaffung schwierig war und einen Großteil der Freizeit in Anspruch nahm, usw. Aber das geringere Arbeitstempo und die weniger nervenaufwendige Lebensweise machten auch diese negativen Erscheinungen erträglicher. In den Alltagsbeziehungen zwischen den sozialen Schichten, zwischen Vorgesetzten und Untergebenen im Arbeitsprozeß, zwischen den Geschlechtern, Generationen und nationalen und ethnischen Gruppen herrschte eine sichtbar größere Gleichheit, diese Beziehungen waren demokratischer als in der kapitalistischen Vergangenheit. Im täglichen Leben gab es in der Tschechoslowakei eine sehr viel ausgeprägtere Demokratisierung als etwa in der Sowjetunion, obwohl das Regime die gleiche bürokratische Diktatur war. Auch das Denken der Menschen hatte sich im Vergleich zum Beginn der fünfziger Jahre merklich geändert. Während damals, in den ersten Jahren nach der kommunistischen Machtergreifung vom Februar 1948, die Kritik der neuen Verhältnisse immer wieder zu Vergleichen mit der Zeit vor '48 führte, war jetzt schon nichts mehr davon zu hören, daß dies oder jenes „vor der Verstaatlichung" nicht möglich gewesen wäre. Auch im politischen Bereich wurde die kommunistische Politik in der Regel nicht mehr an der Programmatik nichtkommunistischer Parteien gemessen. Kritik und Opposition existierten natürlich auch jetzt noch, oft sogar in sehr ausgeprägter Form. Den Ausweg suchten die Kritiker aber durch Veränderungen auf der Grundlage der neuen ökonomischen, sozialen und politischen Verhältnisse, nicht in einer Rückkehr in die kapitalistische Vergangenheit. Dasselbe konnte man sogar auf dem Lande feststellen, wo die Kollektivierung erst seit wenigen Jahren abgeschlossen war; auch hier dominierte nicht mehr die Vorstellung von der Rückkehr zur früheren privatwirtschaftlichen Bearbeitung des Bodens, am allerwenigsten war sie bei der jüngeren Generation zu finden.

Die gesellschaftliche Realität schien mir daher nicht im Widerspruch zu dem allgemeinen Bild von ihr zu stehen, welches die Parteidokumente der damaligen Zeit in den Begriffen der offiziellen Ideologie entwarfen: Der „Grundstein des Sozialismus war gelegt", nun ging es darum, nicht umzukehren, sondern die „entwickelte sozialistische Gesellschaftsordnung" weiter auszubauen. Im politischen Sinne handelte es sich nicht mehr um den „Klassenkampf um die Macht in der sozialistischen Gesellschaft", sondern um die „Vertiefung der sozialistischen Demokratie".

Heute, nach den Erfahrungen und Erlebnissen des Jahres 1968, weiß ich, daß meine damalige Beurteilung des tatsächlichen Zustands der Gesellschaft äußerst simplifiziert gewesen war. Mein Blick auf die Gesellschaft kam noch immer aus der Welt der Privilegierten, aus der heraus das Leben der Nichtprivilegierten nur bruchstückhaft und verzerrt wahrgenommen werden kann. Was mir damals als stille Zustimmung zu den Verhältnissen erschien, war in Wirklichkeit häufig nur die Resignation von Menschen, die auf Jahre des stalinistischen Terrors mit Abstumpfung reagierten. Als die Willkür nach 1956 etwas nachließ, verwandten diese Menschen ihre gesamte Energie darauf, wenigstens das Privatleben angenehmer zu gestalten. Was nach außen hin wie eine stille Idylle erschien, war meist nur ein aufgezwungener Kompromiß. In einer Situation, in der die Mehrheit der Bevölkerung jedes kritische Engagement im Bereich gesellschaftlicher und politischer Probleme als hoffnungslos ansah, war tatsächlich auch der oppositionelle Druck in dieser Sphäre relativ schwach. Die unterdrückten Interessen, Bedürfnisse und Anschauungen und ebenso die Widersprüche, die aus ihnen hervorgingen, blieben jedoch unter der Oberfläche bestehen, und die Reformkommunisten halfen durch eine Reihe politischer Kompromisse, diesen Zustand noch erfolgreich zu verlängern.

Die Zufriedenheit des „Durchschnittsbürgers" – der eigentlich gar kein Bürger mehr war, denn er hatte dem öffentlichen, bürgerlichen Leben wissentlich entsagt und sich in die Welt seiner privaten Interessen und Bedürfnisse zurückgezogen – war weniger eine Voraussetzung für eine erfolgreiche Reform der politischen Verhältnisse als vielmehr eine Stütze der totalitären politischen Diktatur. Dieser „Durchschnittsbürger" mit seinen von der Diktatur bereits reduzierten Bedürfnissen und Interessen ist im Grunde deren Wunschziel: Er betrachtet sie als so unveränderlich, daß er ihr sein deformiertes Leben anpaßt und sie so unterstützt und möglich macht. Die Diktatur braucht ihn, denn schließlich ist es ja gerade dieser „Durchschnittsbürger", von dem sie sich nährt. Deshalb wird er auch „durchschnittlich" gesättigt, gekleidet, unterhalten und gesund erhalten.

Aber abgesehen von dieser negativen Auswirkung der Stabilisierung der neuen Gesellschaftsordnung – einige elementare Tatsachen bleiben trotzdem bestehen: Die Mehrheit der Bevölkerung hatte eine grundlegende soziale Sicherheit gewonnen und konnte die primären Lebensbedürfnisse mühelos befriedigen. Deshalb suchte sie auch nicht den Weg zurück zu den ökonomischen und sozialen Verhältnissen des Kapitalismus, der ihnen in der Vergangenheit diese Sicherheiten nicht garantiert hatte. Das bestätigte sich schließlich auch im Verlauf des Jahres 1968: Das Sichtbarwerden der verschiedensten gesellschaftlichen und politischen Konflikte führte auch unter Bedingungen ihrer freien Entfaltung nie dazu, daß die Forderung nach Rückkehr zur kapitalistischen Ordnung erhoben worden wäre. Auch auf dem Lande kam es in keinem einzigen Fall zur Auflösung der landwirtschaftlichen Genossenschaft und zur Rückkehr zur individuellen Bewirtschaftung des Bodens.

Die Schwäche des Reformkommunismus lag also nicht darin, daß er eine sozialistische Richtung verkörperte und die Restauration der kapitalistischen Gesellschaftsordnung des Privateigentums eindeutig ablehnte. Darin konnte er sich auf die übereinstimmende Meinung der Mehrheit der Bevölkerung stützen, der er eine tatsächliche Alterna-

tive anbot, die ihren Interessen entsprach. Die Schwäche der Reformkommunisten bestand viel eher darin, daß sie sich von der tatsächlichen Einstellung der absoluten Mehrheit der Bevölkerung ein allzu idealisiertes Bild machten.
Zu dieser Einsicht brachte mich allerdings erst die spätere Entwicklung. Ende der fünfziger und im Lauf der sechziger Jahre schien es mir, als ob alles eindeutig auf einen Erfolg der Politik des Reformkommunismus hindeutete. Die entscheidende Aufgabe erblickte ich darin, die reformkommunistische Ideologie zur offiziellen Ideologie der KPČ und zum Regulativ der Machtausübung zu machen. Das bedeutete, daß man innerhalb der Partei auf dieses Ziel hinwirken und daß sich diese Richtung das Machtzentrum erobern mußte.
Tausende von Parteifunktionären dachten seit dem Ende der fünfziger Jahre ähnlich, und deshalb konnte die Politik des Reformkommunismus im Jahr 1968 tatsächlich zur Politik der KPČ werden. Auch auf seiten der Mitglieder an der Basis gewann diese Orientierung im Verlauf der sechziger Jahre eine immer ausgeprägtere Unterstützung. Aber für den Beobachter von außen war dieser Prozeß noch lange nicht wahrnehmbar.
Jede politische Diktatur ist notwendigerweise ein Hort der Kabinettspolitik. Und vom Schauplatz der Kabinettspolitik dringen Gegensätze und Widersprüche zwischen deren Akteuren kaum an die Öffentlichkeit. Auch in der Tschechoslowakei konnten die Menschen bis zum Jahr 1968 kaum Gegensätze zwischen den Regierenden wahrnehmen, die sich im schützenden Schatten der Parteisekretariate und Ministerien verbargen. Wer bemerkte vor dem „Prager Frühling" schon einen Unterschied zwischen Alexander Dubček und Jozef Lenárt, zwischen Oldřich Černík und Alois Indra? Und wer interessierte sich überhaupt dafür?
Bereits etliche Jahre vor dem „Prager Frühling" riefen jedoch Gegensätze zwischen Kommunisten, die in der Kulturpolitik und der kulturellen Publizistik tätig waren, Aufmerksamkeit hervor. Die Angehörigen dieses Personenkreises gehörten zwar auch zu den Privilegierten, mußten aber als Autoren vor der Öffentlichkeit im eigenen Namen auftreten und konnten nicht anonym bleiben.Trotz aller Zensur und Selbstzensur wurden in diesem Milieu Gedanken und Ansichten offen ausgesprochen, die ganz bestimmte kritische Bedenken gegenüber der bestehenden gesellschaftlichen Wirklichkeit artikulierten.
Autoren kritischer Artikel in kulturpolitischen Zeitschriften und Redner auf Schriftstellerkongressen, die für ihre Meinungen verfolgt wurden, gewannen verständlicherweise Autorität in breiten Schichten

der Bevölkerung. Die Autoren der mancherlei kritischen Gedanken und Anträge, die nicht öffentlich, sondern hinter den Mauern der Regierungs- und Parteigebäude vorgetragen wurden, waren den Menschen draußen meist unbekannt, und von ihren Erfolgen oder Mißerfolgen wußte man nur in einem relativ kleinen professionellen Kreis. In Wirklichkeit jedoch handelte es sich um zwei Abschnitte derselben Front: Die öffentlich Bekannten hätten ohne die Anonymen und Unbekannten kaum wirken können – und ebenso umgekehrt. In dieser Situation kündigte sich bereits zur Zeit Antonín Novotnýs eine Tendenz an, wie sie auch andernorts in der Politik nicht unbekannt ist: Die Bedeutung einer Sache wird nach den in der Öffentlichkeit vorgetragenen Worten und Erklärungen eingeschätzt. Diese Tendenz dauerte fort, ja verstärkte sich sogar während der wenigen Monate des „Prager Frühlings". Politische Proklamationen spielten oft eine größere Rolle als faktische Maßnahmen in der Sphäre der politischen Macht selbst, von denen es jedoch andererseits oft abhing, ob derartige Proklamationen überhaupt möglich waren.

Die Zeugenaussagen über den „Prager Frühling", die nach den Ereignissen von Reformkommunisten im Ausland veröffentlicht wurden, bringen vor allem die Erfahrungen, Erlebnisse und Ansichten derjenigen, die während des „Prager Frühlings" und davor zum öffentlich sichtbaren Teil der Front gehörten: Journalisten, Schriftsteller, Gesellschaftswissenschaftler usw. Die Kombattanten, die den zweiten Frontabschnitt bildeten, halten sich auch heute noch überwiegend im Schatten. Mir erscheint dieser Umstand bedauerlich, nicht nur weil dadurch eine Reihe interessanter und für eine umfassende Erkenntnis bedeutender Momente unbekannt bleibt, sondern auch deshalb, weil einige Erfahrungen, wie sich die Situation innerhalb der an der Macht beteiligten Kreise entwickelte, auch für die Beurteilung der Zukunft nicht ohne Bedeutung sind.

In den sechziger Jahren wirkte ich als Reformkommunist sowohl öffentlich als auch innerhalb des Parteiapparats. Ich konnte daher auch Einsicht in die Schattenwelt der Regierenden gewinnen. Aber nicht nur das: ich wurde selbst zu einem Teil dieser Welt. Mit dieser Welt war mein Schicksal auch im Jahr 1968 verbunden, und das hat mein ganzes weiteres Leben viel stärker beeinflußt als meine reformkommunistische publizistische Tätigkeit.

Als „Rudé právo", das Zentralorgan der KPČ, im Jahr 1959 meinen ersten ideologischen Beitrag abdruckte, lud mich der Direktor des staatsrechtlichen Instituts der Akademie der Wissenschaften, V. Knapp, in sein Büro und brachte meinen Artikel zur Sprache. Ich

sagte etwas in dem Sinne, daß es mich freuen würde, wenn einige meiner ideologischen Ansichten den Weg zu einem breiteren Leserkreis finden würden. Knapp lachte verständnisvoll und meinte: „Eher wohl nur zu einem engeren Kreis, meinst du nicht?“
Er hatte recht. Die tatsächliche Bedeutung derartiger Artikel in „Rudé právo“ bestand gewiß nicht darin, daß sie etwa von Millionen Lesern mit gespannter Aufmerksamkeit verfolgt worden wären; die lasen solche Beiträge überhaupt nicht und schenkten ihre Aufmerksamkeit nur der Sportseite. Sie wurden aber von denjenigen gelesen, für die Politik und Ideologie eine professionelle Angelegenheit waren: von den Mitarbeitern der politischen Apparate, den Funktionären und aktiven Parteimitgliedern. Ansichten, die im „Rudé právo“ veröffentlicht wurden, besaßen für sie die Bedeutung politischer Richtlinien; was im „Rudé právo“ stand, durfte man nicht nur denken, man durfte es auch laut aussprechen, ja man sollte es sogar verbreiten.
Vor allem aber gehörte „Rudé právo“ zur Lektüre des kleinen, aber sehr mächtigen und einflußreichen Kreises der Mitglieder des Politbüros, der Parteisekretäre und ihrer engsten Umgebung. Sie lasen zwar nicht alles, sie lasen auch nicht sehr aufmerksam, aber trotzdem setzte der gesamte ihnen untergeordnete machtpolitische Apparat voraus, daß Verlautbarungen in „Rudé právo“, gegen die aus diesen Kreisen keine Einwände erhoben wurden, als von höchster Stelle gebilligt zu betrachten waren.
Nicht durch den Haupteingang also, sondern auf dem Weg über die Seiten von „Rudé právo“ gelangte ich erstmals ins Allerheiligste der politischen Macht in der Tschechoslowakei, in den Bereich der politischen und Parteiapparate. Ich hatte noch lange keine offizielle politische Funktion, aber doch schon bald einen gewissen Einfluß. Es ist ein großer Fehler – der vielen Uneingeweihten unterläuft –, den tatsächlichen Einfluß eines Menschen auf die politische Machtstruktur vor allem oder gar ausschließlich an seiner nominellen Position oder Funktion zu ermessen. Für diese Betrachtungsweise ist ein tschechoslowakischer Minister eine bedeutendere Persönlichkeit als der Abteilungsleiter im Apparat des Zentralkomitees – und das ist natürlich ein Irrtum. Der Abteilungsleiter beim ZK ist nämlich in keiner Weise vom Minister abhängig, während im Gegenteil der Minister in vieler Hinsicht von ihm abhängig ist. Denn er, der Abteilungsleiter ist viel näher beim wirklichen Machtzentrum, dem Politbüro. Er ist es auch, der in entscheidendem Maße die Ernennung, die Beförderung oder auch den Fall aller Ministerialbeamten – aber auch des Ministers selbst – beeinflußt.

Für jemanden, dem diese Umstände nicht bekannt sind, scheinen gewisse Phänomene im Alltag der Mächtigen in den osteuropäischen totalitären Systemen unbegreiflich. Wenn er zum Beispiel Zeuge der folgenden Szene wäre: der General bei der Inspektion einer Militäreinheit verläßt plötzlich seinen Stab von Obersten und Majoren und eilt mit ausgestreckter Hand zu einem der angetretenen Kapitäne, der unauffällig in Reih und Glied steht, um mit ihm freundschaftlich über die Zustände in der Einheit zu konversieren – er müßte unweigerlich zu der Ansicht gelangen, der General sei entweder ein komischer Kauz oder verrückt. In Wirklichkeit jedoch ist der Kapitän in diesem Fall ein Referent der Abteilung Verteidigung und Sicherheit beim ZK der KPČ, der sich bei dieser Einheit im Zuge einer Reservistenübung aufhält. Und sowohl der General als auch die Obersten und Majore wissen, daß dieser Kapitän nur scheinbar ihr Untergebener ist, in Wirklichkeit aber ihre Charge, ihre Funktion, ihr Gehalt, ihre Karriere oder ihren Fall in viel größerem Maße beeinflussen kann als sie selbst.
Indes, zu glauben, unter den machtpolitischen Apparaten sei derjenige der KPČ der bedeutendste und mächtigste, und dies als Schlüssel zur Orientierung zu benutzen, wäre ebenfalls ein Fehler. Vor einem Mitarbeiter des Parteiapparats, dem das Gesundheitswesen untersteht, zittert zwar der Chef eines Krankenhauses, eventuell selbst der Minister für das Gesundheitswesen; aber derselbe ZK-Mitarbeiter muß sich vor einem Offizier der Staatssicherheit, mit dem er in einem Hause wohnt, sehr in acht nehmen, obgleich dieser Beamte gar kein Angestellter der KPČ ist. Dieser Offizier wiederum und seine Vorgesetzten werben um die Gunst der Referenten der Abteilung Sicherheit und Verteidigung beim ZK der KPČ, der zuständigen Parteisekretäre und deren engster Mitarbeiter und eventuell auch des einen oder anderen hohen Parteifunktionärs außerhalb dieses Kreises; deren Gunst ist ihnen häufig wichtiger als die des Innenministers, denn auch der ist ja „nur“ Minister, wenn auch nicht einer wie jeder andere.
Auch innerhalb des Parteiapparats ist die formelle Hierarchie nicht unbedingt von ausschlaggebender Bedeutung. In den sechziger Jahren, unter Antonín Novotný, war ein entscheidender Maßstab des tatsächlichen Einflusses, ob jemand zu dem Klüngel gehörte, der mit Novotný Karten spielte oder nicht. Ein Bezirkssekretär oder Minister, der mit Novotný Karten spielte, hatte manchmal mehr Einfluß und Macht als ein ZK-Sekretär, der nicht zu diesen Auserwählten gehörte. Aber sowohl diejenigen, die mit Novotný Karten spielten, als auch diejenigen, die es nicht taten, ja sogar Novotný selbst, benahmen sich sehr respektvoll gegenüber einigen scheinbar unbedeutenden und un-

auffälligen Referenten im ZK-Apparat. Als ich zum erstenmal in der Praxis diese Erfahrung machte und mich wunderte, warum der Parteisekretär, der sonst immer sehr autoritär seine Ansicht durchsetzte, plötzlich zögerte, etwas gegen die Meinung eines Referenten zu entscheiden, klärte mich einer der Sekretäre auf: „Bei einigen Genossen im Parteiapparat verhält es sich so, daß mit ihnen zu sprechen soviel bedeutet, als würdest du mit Moskau sprechen."

Bescheid zu wissen, wer diese Genossen waren, war für die Selbstbehauptung in höheren Parteiapparaten wichtiger als ein Doktorat der Parteihochschule. Der Eingeweihte konnte sich nämlich von Anfang an viele Unannehmlichkeiten ersparen. Und er wußte auch, warum gerade vor dem 21. August 1968 einige ganz gewöhnliche Mitarbeiter des Parteiapparats plötzlich auf Urlaub in die UdSSR oder die DDR fuhren. Auch heute wird er sich nicht wundern, warum der ZK-Referent, der für die Führung der Akademie der Wissenschaften zuständig ist, plötzlich Innenminister wird oder warum ein Mitarbeiter der internationalen Abteilung des ZK offenbar am besten dazu befähigt ist, die Kulturabteilung der Parteizentrale zu leiten. Wer hierin nicht Bescheid weiß, wird immer im Dunkeln tappen und stets aufs neue überrascht werden.

Um bedeutenden Einfluß zu haben, muß man also nicht immer eine hohe Funktion bekleiden. Ich spielte weder Karten mit Novotný, noch war ich ein Mitarbeiter des KGB, aber ich gehörte zu den Menschen, die den Humus der Machtstruktur bilden, von außen nicht wahrnehmbar, für die Lebensfähigkeit der Struktur jedoch von großer Bedeutung: ohne ihn könnten die stolzen Gewächse der Macht, ihre offizielle Elite, nicht existieren. Einzelne Vertreter der Macht, aber auch ganze Gremien sind von diesem Humus abhängig, von dort erhalten sie ihre Nährstoffe, an denen es ihnen selbst oft mangelt.

Ob ein Parteiorgan – und das gilt auch für die höchsten, den Parteitag, das Zentralkomitee und das Politbüro – eine ganz konkrete Angelegenheit in einem Beschluß verabschiedet oder nicht, ob es mit einem Antrag, einer Formulierung übereinstimmt oder nicht, das hängt bei weitem nicht von diesem Organ selbst ab. Seine Mitglieder behandeln einen Antrag, den der Apparat vorbereitet, formuliert und abgefaßt hat: weder die Parteisekretäre noch die Abteilungsleiter, sondern der Hilfsapparat dieser Funktionäre. Es stimmt wohl, daß diese Anträge noch korrigiert werden, daß auch auf den Sitzungen der höchsten Gremien noch etliches geändert wird, im Grunde enthalten sie jedoch das, was untergeordnete, der Öffentlichkeit (auch der Parteiöffentlichkeit) unbekannte, anonyme Mitarbeiter des Apparats zusammen-

getragen haben. Oft hängt es unmittelbar von ihnen ab, in welche Worte gewisse Gedanken gefaßt sind – in Beschlüssen des Zentralkomitees und der Parteitage ebenso wie in Regierungserlassen, ja selbst in Gesetzen und in der Verfassung: denn selbst Gesetzestexte, einschließlich der Verfassung, werden vom Politbüro gebilligt. Und die Texte, die ihm vorgelegt werden, entwirft, formuliert und verfaßt der Apparat in seinen verschiedenen Kommissionen und Arbeitsgruppen. Der Kampf um tatsächlichen Einfluß auf die Entscheidungsgewalt spielt sich daher auf unterer Ebene ab und geht um scheinbar gar nicht so bedeutende Positionen im Parteiapparat. Die ZK-Sekretäre selbst bemühen sich darum, in den Sekretariaten und verschiedenen Abteilungen ihre eigenen „Vorposten" zu haben, ihnen persönlich ergebene Menschen oder wenigstens deren Freunde. Ganz besonderen Wert haben solche „Vorposten" immer im persönlichen Sekretariat des höchsten Machthabers, des Ersten Sekretärs. Der tatsächliche Einfluß der einzelnen Sekretäre, Abteilungsleiter und anderer höherer Funktionäre ist davon abhängig, wie viele ihm persönlich ergebene Anhänger in den unteren Gliederungen des Parteiapparates verteilt sind. Dementsprechend wirken dann gewisse informelle, für den Uneingeweihten nicht wahrnehmbare Gruppierungen und Klüngel, die eine gemeinsame Orientierung verbindet.
Dies alles kann von Fall zu Fall bloß der persönlichen Karriere einzelner, sich gegenseitig unterstützender Mitglieder dieser Klans dienen. Aber in Situationen, in denen es innerhalb des bürokratischen Machtsystems um mehr geht als um persönliche Fragen, wenn es sich um Konfrontation unterschiedlicher politischer Orientierungen und Konzeptionen handelt, kann dieser Dschungel bürokratischer Abhängigkeiten paradoxerweise zu einer Kampfarena für eine antibürokratische, demokratische Ausrichtung der Politik werden. Und exakt so lag die Situation in den sechziger Jahren in der Tschechoslowakei; einige Gruppierungen und Klans innerhalb der Machtstruktur waren allmählich immer mehr zu Instrumenten der Reformkommunisten geworden, während andere zur Domäne der konservativen Kräfte zählten, die sich bemühten, die Reformpolitik zu bremsen und zu verhindern. Mein öffentliches Auftreten auf den Seiten von „Rudé právo" in theoretisch-ideologischen Fragen war daher in der Tat der Beginn eines nichtöffentlichen praktisch-politischen Wirkens innerhalb der Machtstruktur, im Parteiapparat. Bis 1968 war ich nicht im Parteiapparat angestellt; mein Arbeitgeber blieb die Akademie der Wissenschaften. Aber meine tatsächliche Wirksamkeit verlagerte sich im Lauf der sechziger Jahre immer mehr in die Sphäre des Parteiapparats.

Nachdem ich des öfteren als Autor theoretisch-ideologischer Studien in der Parteipresse hervorgetreten war, wurde ich allmählich häufiger zu verschiedenen „Arbeitsgruppen“ hinzugezogen, die Unterlagen für den Parteiapparat und die Parteigremien ausarbeiteten. Es handelte sich vor allem um Untersuchungen zu Fragen der Parteiideologie sowie insbesondere des Staatsrechts, der gesellschaftlichen Organisationsform und des politischen Systems. Die Institution der „Arbeitsgruppen“ fand in den sechziger Jahren immer breitere Anwendung, um dem Parteiapparat bei der Bearbeitung der verschiedensten Fragen zu helfen. Man kann die Bedeutung dieser Arbeitsweise unterschiedlich bewerten, immerhin führte sie dazu, daß die kommunistischen Intellektuellen, die außerhalb des Parteiapparats standen, und mit ihnen die Ideen des Reformkommunismus an Einfluß gewannen. Offiziell wurde die Einrichtung der Arbeitsgruppen damit begründet, daß bei der Leitung der Gesellschaft ein größeres Maß an wissenschaftlichen Erkenntnissen zum Tragen kommen sollte. In Wirklichkeit lag der eigentliche Grund in der Unfähigkeit des Apparats, selber Analysen und verallgemeinernde Studien auszuarbeiten.
Mit der Zeit wurden beinahe für alle wichtigen Beratungen im Parteiapparat die Unterlagen durch „Arbeitsgruppen“ vorbereitet, deren Mitglieder nicht aus dem Apparat stammten. Es waren Mitarbeiter staatlicher und wirtschaftlicher Institutionen, der Universitäten und wissenschaftlicher Institute. Diese Leute lieferten und formulierten faktisch die Analysen der anstehenden Probleme sowie Vorschläge für entsprechende Maßnahmen. Verschiedene Gremien des Parteiapparats feilten dann so lange an der Form dieser Unterlagen, bis sie auch für die Parteiführung akzeptabel schienen. Der Parteiapparat erfüllte somit eine doppelte, in sich widersprüchliche Funktion: Er beschaffte Anregungen, die häufig sehr kritisch die tatsächlichen Probleme aufdeckten, um gleich darauf diese Anregungen zu zensurieren, die vorgeschlagenen Lösungen in einen Kompromiß umzuwandeln und damit manchmal das ganze Dokument seines ursprünglichen Sinnes zu berauben. Die Entschließungen und Entscheidungen, die aufgrund dessen dann von den Parteigremien und Staatsorganen getroffen wurden, unterschieden sich nicht selten beträchtlich von den Anträgen der „Arbeitsgruppen“, aber selbst diese Kompromisse trugen andererseits zumindest teilweise noch den ursprünglichen Problemanalysen Rechnung.
Im Prinzip wurde in der Tschechoslowakei der sechziger Jahre auch bei der Vorbereitung und Ausarbeitung von Reden und Auftritten der höchsten Partei- und Staatsrepräsentanten nach derselben Methode

vorgegangen. Die Sekretäre des ZK und die Regierungsmitglieder redigierten zum Schluß zwar ihre Texte persönlich, aber tatsächlich lasen sie in der Regel – mit nur wenigen Ausnahmen – Reden, die ihnen Mitarbeiter in verschiedenen „Arbeitsgruppen" ausgearbeitet hatten. Die Teilnahme an diesen „Arbeitsgruppen" ermöglichte es mir, allmählich immer mehr von meinen eigenen Anschauungen – wenn auch in vielfältig modifizierter Gestalt – in die Beschlüsse verschiedener Parteigremien einzuschleusen oder hohen Parteifunktionären und Ministern in den Mund zu legen. Diese Passagen in offiziellen Dokumenten und Reden konnte ich später dann zitieren und so interpretieren, daß sich der Spielraum für kritische Analysen und Reformideen erweiterte. Meine Wirksamkeit in zwei wichtigen Bereichen – öffentlich in der politischen Publizistik und anonym auf dem Sektor der politischen Praxis – eröffnete mir die Möglichkeit, aus dem Zusammenspiel beider Faktoren noch einen Extra-Vorteil zu ziehen: Was ich publizistisch ausdrückte, wurde in offiziellen Beschlüssen und öffentlichen Reden bekräftigt und ebenso umgekehrt.
Damals, in den sechziger Jahren, war ich natürlich nicht der einzige, der eine derartige Position einnahm. Dutzende von Reformkommunisten an Hochschulen und wissenschaftlichen Instituten arbeiteten nach der gleichen Methode. Zahlreiche Volkswirtschaftler und Soziologen, die selbst im praktischen politischen Leben standen, konnten ihre Konzeptionen ebenfalls nur auf diese Weise durchsetzen. Alle, die dergestalt innerhalb des bürokratischen Mechanismus einen gewissen Einfluß gewannen, mußten jedoch einen unvermeidlichen Preis dafür zahlen: das Beeinflussungsverhältnis zwischen ihnen und der Macht wirkte nicht nur einsinnig, sondern die Macht beeinflußte umgekehrt auch sie und ihre Reformkonzepte. Wenn die Reformatoren sich der Macht zur Erreichung ihrer Ziele bedienen wollten, mußten sie sich in gewissem Umfang auch den Bedürfnissen der Macht anpassen.
Ich erinnere mich an viele konkrete Situationen, in denen ich das Pro und Contra abzuwägen und zu entscheiden hatte, ob die Sache ihren Preis wert war. Es handelte sich nämlich bei weitem nicht nur darum, daß ich in Anträge auf Beschlüsse des Politbüros oder Konzepte von Reden der Parteisekretäre oder des Regierungsvorsitzenden nicht immer uneingeschränkt das einfügen konnte, was ich mir dachte, die Fragen, wie ich sie sah. Das wäre letztlich bloß eine Frage des jeweils tragbaren Kompromisses gewesen. Es gab auch Situationen, in denen ich aufgrund meiner Stellung im Parteimechanismus klar und öffentlich die „Parteilinie" verteidigen mußte, und das auch in Fällen, in de-

nen ich von der Richtigkeit dieser Linie ganz und gar nicht überzeugt war. So war ich zum Beispiel im Jahr 1961, als Antonín Novotný über die politischen Prozesse der fünfziger Jahre sprach und behauptete, daß diese Frage „definitiv gelöst" sei, nicht im entferntesten der Ansicht, daß dieses Problem bereits aus der Welt geschafft wäre. Trotzdem vertrat ich auf Versammlungen und in der Presse die These Novotnýs, daß Slánský niemals rehabilitiert werden würde, weil sein Anteil an den Verbrechen der fünfziger Jahre etwa der Schuld Jeschows, Jagodas und Berijas in der Sowjetunion entspräche, und die seien von Moskau ebenfalls nicht rehabilitiert worden. 1961 mußte ich als Referent des Zentralkomitees in verschiedenen Parteiversammlungen den offiziellen Standpunkt der Partei bezüglich der Festnahme des ehemaligen Innenministers Rudolf Barák vertreten: Das Strafverfahren gegen Barák wurde damit begründet, daß er die Funktion des Innenministers zur persönlichen Bereicherung mißbraucht, Devisen verschoben hätte usw. Novotný ließ sogar eine Ausstellung veranstalten, auf der neben Kleidungsstücken, wie Anzügen und Hemden, ausländische Banknoten, Bilder und Kunstgegenstände gezeigt wurden. Die ganze Sache war peinlich, ich wußte, daß sie einen politischen Hintergrund hatte, daß Novotný Barák (offenbar nicht vollkommen grundlos) verdächtigte, einen Putsch in der Parteiführung beabsichtigt zu haben. Trotzdem verteidigte ich „die Parteilinie".

Meist ohne eigene Überzeugung führte ich eine Reihe von Polemiken gegen den „Revisionismus", insbesondere gegen einige jugoslawische Auffassungen, in bezug auf die ich ganz im Gegenteil der Meinung war, daß sie in Teilen als Ausgangspunkt für die Veränderung des politischen Systems in der Tschechoslowakei dienen könnten. Das fiel jedoch gerade in eine Zeit, in der die „Kritik des Revisionismus" eine herausragende Stelle in der ideologischen Linie der Partei einnahm. Zu jener Zeit von der „Parteilinie" abzuweichen, hätte unweigerlich geheißen, alles aufzugeben, was ich jahrelang aufgebaut hatte: die Möglichkeit, sich für eine allseitige Reform der gesamten Parteipolitik durch kleine Schritte innerhalb der politischen Macht, des Parteiapparats, der bestehenden Machtstruktur einzusetzen.

Vom Standpunkt des politischen Kalküls gesehen, war es nicht allzu schwer, mein damaliges Vorgehen zu rechtfertigen. Ich wußte mit Sicherheit, daß ich für den Preis derartiger Schritte die Möglichkeit gewann, die Parteipolitik zu beeinflussen und mitzugestalten, daß ich mir in der Parteihierarchie eine Stellung sicherte, die mir das auch in Zukunft ermöglichen würde. Das betrachtete ich unter dem Gesichtspunkt der politischen Möglichkeiten, die mir offenstanden, als das

Entscheidende. Schließlich hatte ich meine Dissertation im Jahr 1959 über Machiavelli geschrieben und wußte, daß die machtpolitische Praxis bereits vor vierhundert Jahren so ausgesehen hatte und daß Machiavelli lediglich den Mut gehabt hatte, dies offen auszusprechen. Vom Gesichtspunkt des eigenen Gewissens, des individuellen Verantwortungsgefühls, das ich seit 1956 besaß, war die Angelegenheit aber nicht so einfach. Ich löste das Dilemma in der Weise, daß ich mir eine gewisse Grenze setzte, die ich selbst politischem Kalkül zuliebe nicht zu überschreiten bereit war. Diese Grenze bildeten einerseits gesetzwidrige, verbrecherische Handlungen, andererseits ein Vorgehen, das mehr politischen Schaden angerichtet hätte, als politischer Nutzen durch die beabsichtigten Schritte eingebracht werden konnte. Ich glaube, daß ich diese Grenze während der ganzen Zeit meiner politischen Tätigkeit innerhalb der machtpolitischen Struktur der Diktatur nach 1956 niemals verletzt habe. Zweimal war ich in der Gefahr, es zu tun. Das erstemal in nicht allzu hohem, aber doch bereits wahrnehmbarem Maße. Es war im Jahr 1966, zur Zeit eines verschärften ideologischen Kurses (einige Zeitschriften wurden verboten, Schriftsteller und andere Kulturschaffende verfolgt usw.), als ich das erstemal zu der Überzeugung gelangte, daß eine weitere „Unterstützung der Parteilinie" notwendigerweise die Grenze überschreiten würde, die ich mir gesetzt hatte. Ich löste diese Situation, indem ich meine publizistische Tätigkeit, soweit sie sich mit ideologischen Fragen befaßte, einstellte, von einigen meiner Funktionen zurücktrat und mich ausschließlich meiner theoretischen Arbeit widmete. Das Ergebnis war die Schaffung eines wissenschaftlichen Forschungsteams, dem Mitarbeiter aus verschiedenen wissenschaftlichen Bereichen angehörten und das ich schließlich bis ins Frühjahr 1968 leitete. Das Team befaßte sich mit allgemeinen Fragen des politischen Systems.

Das zweitemal drohte die Überschreitung der Grenze, die ich mir gesetzt hatte, in weitaus gefährlicherem Ausmaß, im August 1968 nach dem Einmarsch der sowjetischen Truppen. Diese Situation löste ich im November desselben Jahres, indem ich aus allen politischen Funktionen ausschied.

Reformkommunisten, die ähnlich wie ich direkt innerhalb der machtpolitischen Strukturen und des Parteiapparats tätig waren, wurden durch diese Zwiespältigkeit in ihrem eigenen Denken eingeengt und beschränkt. Auch wenn sie bemüht waren, die Verhältnisse objektiv zu analysieren und festzustellen, was die gesellschaftliche Entwicklung erforderte, was die Gesellschaft selber wünschte, nahmen sie bereits vor Beginn ihrer Erwägungen Rücksicht auf andere Gesichtspunkte:

Was ist in der gegenwärtigen Situation in der Partei real annehmbar, was ist die Machtstruktur bereit und fähig zu akzeptieren? Das schuf eine Selbstzensur nicht nur für das veröffentlichte Wort, sondern bereits für das eigene Denken. Mit Fragen, von denen man im vorhinein wußte, daß sie für die Machtstruktur nicht annehmbar wären, befaßte man sich ernstlich noch nicht einmal in Gedanken, man schob sie als mit der offiziellen Ideologie in absehbarer Zeit nicht vereinbar beiseite, weil sie ja ohnehin nicht in die Praxis umgesetzt werden konnten. Das unterschied diese Gruppe von Reformkommunisten in den sechziger Jahren von anderen Gruppen, die außerhalb der machtpolitischen Sphäre wirkten, aber ebenfalls Antworten auf allgemeine Fragen der gesellschaftlichen und politischen Entwicklung suchten. Reformkommunisten, die in den verschiedensten Bereichen des kulturellen Lebens tätig waren, Schriftsteller, Künstler, Journalisten, aber auch Mitarbeiter der wissenschaftlichen Institute und Hochschulen, die nicht direkt in der Parteihierarchie, ihren Gremien und Apparaten, tätig waren, betrachteten die Unmöglichkeit, ihre Ideen mittels dieser Organe verwirklichen zu können, nicht als Faktor, der ihr eigenes Denken beschränken könnte. Sie ließen natürlich ihre Absicht nicht fallen, eigene Ideen in die politische Praxis umzusetzen, aber einen Erfolg in dieser Richtung versprachen sie sich nur von einem Druck, der von außen auf die machtpolitische Struktur ausgeübt würde: von der öffentlichen Meinung, von einzelnen Gruppen der Gesellschaft (insbesondere aus den Reihen der Intellektuellen), von verschiedenen Organisationen, die nicht in einem unmittelbaren Abhängigkeitsverhältnis zur Machtstruktur standen (z. B. Schriftsteller- und Künstlerverbände, Forschungsinstitute, Fortbildungsinstitutionen usw.).
Die politische Orientierung dieser Gruppe von Reformkommunisten war daher demokratischer und radikaler als die der Gruppen innerhalb der Machtstruktur. Der Unterschied zwischen „Literární listy“ (dem Organ des Schriftstellerverbands – d. Ü.) und der offiziellen Parteipresse illustrierte das am besten. Es kam daher häufig zu offenen Konflikten der außerhalb der Struktur stehenden Gruppen von Reformkommunisten mit der politischen Macht. Den Reformkommunisten innerhalb der Machtstrukturen fiel dann meist die undankbare Rolle von Seiltänzern zu, die zwischen den beiden Polen balancieren mußten. Soweit es in derartigen Situationen zu Widersprüchen zwischen Reformkommunisten inner- und außerhalb der Machtsphäre kam, war das eher durch die unterschiedliche Rolle bedingt, die sie spielen mußten, als durch unterschiedliche Ansichten oder Zielsetzungen.

Was war das konkrete Ergebnis meiner politischen Bestrebungen im Sinne des Reformkommunismus in den sechziger Jahren?
Meine persönliche Stellung in der machtpolitischen Struktur, oder genauer gesagt, im Parteiapparat des Zentralkomitees, war seit 1964 dadurch definiert, daß ich Sekretär der Rechtskommission des Zentralkomitees der KPČ war und gleichzeitig offizieller Berater für Parteiorgane und staatliche Institutionen in allen Fällen, in denen es sich um Fragen des politischen Systems, der Demokratie und des Rechts handelte.
(Die Rechtskommission war eine von mehreren Kommissionen, die das Zentralkomitee der KPČ in den sechziger Jahren als beratende Organe der Parteiführung einrichtete; es existierten noch jeweils eine Kommission für Fragen der Ökonomie, der Ideologie, der Landwirtschaft und der Jugend. Vorsitzender einer Kommission war jeweils ein Sekretär des Zentralkomitees, im Falle der Rechtskommission war es Vladimír Koucký. Mitglieder der Kommissionen waren leitende Mitarbeiter und Funktionäre des Parteiapparats, der Ministerien – einschließlich der Minister selbst –, der Justizbehörden, der Hochschulen, wissenschaftlicher Institute usw. Die Kommissionen des ZK behandelten praktisch alle wichtigen Anträge, bevor sie dem Politbüro vorgelegt wurden; die Bedeutung der Kommissionen bestand vor allem darin, daß sie zwischen dem Apparat und dem Politbüro standen. Der Apparat legte seine Anträge den Kommissionen vor, und die trugen dann, vertreten von ihren Vorsitzenden, den Parteisekretären, ihren Standpunkt direkt dem Politbüro vor.)
Ich kann sagen, daß ich bei allen bedeutenderen Entschlüssen der Partei oder der Regierung, die meinen Bereich betrafen, seit 1964 die Möglichkeit hatte, in mehr oder minder großem Umfang meine Meinungen und Standpunkte geltend zu machen.
Die Arbeit der Rechtskommission des ZK führte natürlich vor 1968 weder zu einer grundlegenden Veränderung der Verhältnisse in den Regierungsgremien noch zu einer radikalen Wende in Rechtsprechung und Gesetzgebung. Sie trug jedoch zweifellos dazu bei, daß in den Jahren 1964 bis 1967 den Fragen des Rechts und der Legalität wachsende Aufmerksamkeit gewidmet wurde, daß über eine ganze Reihe von Fragen, die 1968 Gegenstand von Reformen wurden, bereits damals diskutiert und die bestehende Praxis kritisiert wurde, aber auch daß einige konkrete Rechtsnormen in demokratischem Sinne novelliert wurden.
Als Funktionär dieser Kommission hatte ich für meine Ansichten den offiziellen Segen. Abgesehen von den Konsultationen, die in die Stel-

lungnahmen höchster Parteigremien und -funktionäre einflossen, und abgesehen von meiner Mitwirkung in Dutzenden verschiedener „Arbeitsgruppen", die Unterlagen für Entscheidungen und Entschlüsse schufen, war ich auch einer der offiziellen Interpreten von Ideologie und Politik, soweit sie sich auf Fragen des Staates, der Demokratie, des Rechts und des politischen Systems im allgemeinen bezogen. Ich hielt Hunderte von Vorträgen auf Schulungsveranstaltungen und Parteiversammlungen, vor Bezirks- und Kreisfunktionären und auch vor Mitarbeitern des Staatsapparats, einschließlich der Sicherheitsorgane und der Armee. (In den Jahren 1964 – 1966 hatte ich bisweilen mehr als zwanzig Vorträge pro Monat zu halten.) Ich schrieb Dutzende von Broschüren und Texten, die die Partei für den internen Gebrauch des Apparats und der Regierungsorgane herausgab. Tausende von Parteifunktionären und Staatsbeamten lernten so meine Ansichten kennen und akzeptierten sie zum überwiegenden Teil mit Beifall.

Die ideologisch-politische Konzeption, die ich in den sechziger Jahren auf jede mögliche Weise unter Funktionären der Partei und der Staatsverwaltung propagierte und die damals eigentlich bereits zur offiziellen Konzeption der KPČ geworden war, kann man folgendermaßen zusammenfassen:

Wie die Erfahrungen der UdSSR zeigen, schafft der Sieg der sozialistischen Verhältnisse in der Gesellschaft in vieler Hinsicht veränderte Voraussetzungen. Zunächst einmal stellt der Klassenkampf nicht mehr das Hauptproblem dar, denn es ist keine Gruppe mehr da, die als Klasse unterdrückt werden könnte. Der Staat der Diktatur des Proletariats wird zum Volksstaat. Hauptaufgabe der Politik wird es, die Bedürfnisse und Interessen der Gesellschaft als ganzer richtig zu erfassen und dafür zu sorgen, daß die individuellen und partikularen Interessen und Bedürfnisse der Menschen nicht den Vorrang erhalten vor gemeinsamen, allgemeinen Bedürfnissen und Interessen.

Früher war leicht zu sehen, was im Interesse des Sozialismus lag: Beschränkung oder Beseitigung des Privateigentums und der mit ihm verbundenen Klassenverhältnisse. Dazu bedurfte es keiner besonderen Kenntnisse, es genügt das entsprechende „Klassenbewußtsein"; wo eine Fabrik noch nicht verstaatlicht war oder ein Privatunternehmer außerhalb der Kooperative stand, war dies für jedermann leicht zu erkennen. Aber wie erkennt man, ob im Interesse der gesamten Gesellschaft die chemische Produktion um fünf oder um fünfzehn Prozent steigen soll? Liegt es im Interesse der Arbeiterklasse, mehr Mais oder mehr Erbsen zu pflanzen? Dient den allgemeinen Interessen der Gesellschaft besser der Walzer oder der Jazz?

Solche Fragen zu stellen, ist unsinnig, und mit einer derartigen Einstellung das Geschick der Gesellschaft bestimmen zu wollen, ist schädlich. Um beurteilen zu können, was im Sozialismus tatsächlich im Interesse der gesamten Bevölkerung liegt und was nicht, müssen wir zwei Bedingungen beachten: Fachliche Kenntnisse müssen bei Entscheidungen über alle Probleme Voraussetzung sein; und: die Gesellschaft muß selbst die Möglichkeit haben, zu artikulieren, worin sie ihre Interessen erblickt. Diese beiden Bedingungen müssen bei der gesamten weiteren Entwicklung des politischen Systems stets berücksichtigt werden. Sowohl in der Volkswirtschaft wie in der Kultur müssen Menschen, die etwas von ihrem Fach verstehen, die Möglichkeit erhalten, ihre Ansichten durchzusetzen. Ohne Ausbildung, ohne fachliche Kenntnisse, kann man heute in den meisten Fällen nicht feststellen, was „im Interesse der Arbeiterklasse" ist. Und gleichzeitig ist es notwendig, daß alle gesellschaftlichen Organisationen, die auf der politischen Szene existieren, die Möglichkeit haben, sich dazu zu äußern, was die Politik des Staates beinhalten soll und was nicht. Es handelt sich vor allem darum, daß die Gewerkschaften frei und ungehindert ihre Meinung sagen können, worin sie ihre Interessen erblicken und worin nicht. Die Interessen der gesamten Gesellschaft können nur dann richtig festgestellt werden, wenn auch die Interessen ihrer Teilgruppen berücksichtigt werden. Dasselbe gilt für lokale Interessen, und deshalb muß den Aufgaben der Nationalausschüsse und der Kommunalverwaltungen größere Bedeutung beigemessen werden.

Um richtig bestimmen zu können, was im Interesse der gesamten Gesellschaft liegt, muß auch jeder einzelne Bürger die Möglichkeit haben, seinen Interessen, Bedürfnissen und also auch seinen Ansichten Ausdruck zu geben. In diesem Zusammenhang spielt das Recht eine herausragende Rolle. Recht darf nicht als eine Zusammenfassung willkürlicher Anordnungen aufgefaßt werden. Das Recht muß sicherstellen, daß auch Minderheiten (Gruppen und Individuen) die Möglichkeit haben, ihre Interessen auszudrücken: diese Möglichkeit zu unterdrücken, bedeutet, Recht zu verweigern. Nicht alle können recht haben, aber alle müssen das Recht haben, ihre Interessen zu vertreten. Das gilt natürlich nicht dort, wo diese Interessen gegen die Gesellschaft gerichtet sind, aber dieser Fall ist durch Gesetz geregelt. Das Recht der Menschen darf nur durch gesetzlich abgesicherte Regelungen eingeschränkt werden.

Die Kommunistische Partei ist die führende Kraft des gesamten gesellschaftlichen Systems. Aber die führende Rolle der Partei kann sich nicht für alle Zeiten auf vergangene Verdienste im Klassenkampf gründen. Ihre führende Rolle muß die Kommunistische Partei unter den neuen Verhältnissen immer wieder aufs neue erwerben und festigen. Wenn sie Fehler macht, wenn sie die Interessen der Gesamtheit nicht richtig vertritt, schwächt sie ihre führende Rolle. Die Partei muß den Menschen die Möglichkeit geben, auch solche Interessen und Bedürfnisse öffentlich zu vertreten, die parteiamtlicher Überzeugung nach sich nicht mit denen der Gesamtheit decken. Ihren eigenen Standpunkt muß sie begründen. Sie muß ihre Entscheidungen mit Fachkenntnis treffen und fachlich geschulte Kommunisten damit betrauen, die Entscheidungen der Partei vorzubereiten; die Methode, nur Befehle zu erteilen, kann auf Dauer nicht weiterführen. Ebensowenig darf die Partei gesellschaftliche Organisationen verstaatlichen, die ihrer Bestimmung gemäß eine selbständige Rolle spielen müssen. Die Aufgabe der Partei ist die eines Dirigenten – und der kann sich ja auch nicht darauf versteifen, allein die Rolle des ganzen Orchesters übernehmen zu wollen.

Schon zu der Zeit, als ich diese Gedanken in der KPČ verbreitete, hielt ich sie nicht gerade für herausragende wissenschaftliche Erkenntnisse. Diesen Komplex ideologisch-politischer Thesen kann man sowohl vom Gesichtspunkt jeder konsequenten, kultivierten demokratischen Theorie als auch vom Standpunkt der eigentlichen Marxschen Theorien kritisieren, ja ins Lächerliche ziehen. Doch das erschien mir weder damals, noch erscheint es mir heute von wesentlicher politischer Bedeutung. Als wesentlich betrachtete ich die Tatsache, daß in einem System der totalitären Diktatur, als welche das Regime in der Tschechoslowakei der sechziger Jahre zu gelten hatte, die politische Kraft, auf die sich dieses Regime stützte, nämlich Tausende von kommunistischen Funktionären, sich in ihrem Denken allmählich kritisch gegen Diktatur und Totalitarismus wandte. Mag diese Kritik auch ideologisiert und inkonsequent gewesen sein, so war sie letzten Endes doch Kritik. Und gerade weil sie dem Denken von Menschen angepaßt war, die der Diktatur jahrelang gedient hatten, war sie auch praktisch wirksam. Der Gedanke, daß es in der althergebrachten Weise nicht mehr weitergehen könne, daß im eigenen Interesse des Sozialismus und des Kommunismus eine politische Reform unumgänglich sei, wurde langsam zum selbstverständlichen Gedankengut auch innerhalb der machtpolitischen Struktur.

Heute wäre ich nicht mehr fähig, einige Jahre meines Lebens zu opfern, um etwa unter den Funktionären des Husák-Regimes eine ähnliche Ideologie zu verbreiten. Dergleichen würde mir von vornherein als verlorene Liebesmüh erscheinen, denn der Mehrheit dieser Leute geht es heute nicht mehr um Sozialismus, um die Interessen der Gesellschaft als Gesamtheit, ja nicht einmal um die Aufgabe der Kommunistischen Partei im Rahmen ihrer „historischen Mission", sondern nur noch um die eigene Macht, den eigenen Vorteil. Auch sie werden mit der Zeit gezwungen werden, das System zu reformieren, aber ihr Motiv wird nicht der Glaube an die kommunistische Ideologie sein, sondern die Untragbarkeit des Systems vom Standpunkt der eigenen Macht und der persönlichen Interessen. Damals aber, vor 1968, war ich bereit, jede Mühe aufzuwenden, weil ich mich in der Praxis überzeugen konnte, daß ich dem Bestreben Zehntausender Kommunisten zu Hilfe kam, die ernsthaft einen Ausweg aus einer als unhaltbar empfundenen Lage suchten, einen Ausweg nicht nur für sich selber, sondern im Interesse sozialistischer, kommunistischer Prinzipien und der Möglichkeit, sie in der Gesellschaft zu realisieren. Daß dies alles keine Illusion war, zeigte dann das Jahr 1968 und später wieder das Jahr 1970, als eine halbe Million Kommunisten aus der Partei ausgeschlossen werden mußten, weil sie ihre Reformideen nicht aufgeben wollten. Bereits einige Jahre vor 1968 war also ein großer Teil der Funktionäre und Mitglieder der KPČ nicht nur aufgrund praktischer Erfahrungen von der Notwendigkeit einer Reform überzeugt, sondern ebensosehr auch ideologisch auf eine allmähliche Demokratisierung des politischen Systems vorbereitet, und ohne diese ideologische Vorbereitung wären die Monate des „Prager Frühlings" nicht möglich gewesen. Denn der politische Erfolg des „Prager Frühlings" konnte sich nur deshalb einstellen, weil eine Bewegung „von oben" in der Gesellschaft und eine entsprechende Bewegung „von unten" in der KPČ einander entgegenkamen und in gewissem Sinne ergänzten. Und das wäre ohne das mehrjährige ideologische Wirken der Reformkommunisten innerhalb der machtpolitischen Struktur der Diktatur der Kommunistischen Partei nicht möglich gewesen.

Das Wirken der Reformkommunisten innerhalb der machtpolitischen Strukturen konnte der obersten Parteiführung selbstverständlich nicht verborgen bleiben. An der Spitze dieser Führung stand damals Antonín Novotný. Ich glaube, daß ein Zerrbild der tatsächlichen Verhältnisse in der KPČ der sechziger Jahre entsteht, wenn man die gesamte Periode der Regierung Antonín Novotnýs als eine Ära stalinistischen Dunkels bezeichnet, in die erst die Reformpolitik Dubčeks ab Januar 1968 die ersten Lichtstrahlen eindringen ließ. Besonders paradox ist es, wenn das Husák-Regime, das politische Methoden eingeführt hat, an die Novotný in den letzten Jahren seiner Regierung nicht einmal zu

denken wagte, derartige Bewertungen verbreitet. Auch viele Publizisten im Westen sehen die Situation zu primitiv: So betrachten sie zum Beispiel den heutigen Zustand in Ungarn als den Gipfel des im Ostblock möglichen Liberalismus, die Ära Novotný in der Tschechoslowakei dagegen als dunkelsten Stalinismus. In Wirklichkeit aber ragen selbst die liberalsten Errungenschaften der „Kadarisierung" der siebziger Jahre nicht über die realen Merkmale des Novotný-Regimes in den Jahren 1964 – 1967 hinaus.
Die Wirtschaftsreform, das „Neue System der Planung und Leitung", mit dem zusammen in einem Atemzug meist der Name Ota Šiks genannt wird, war kein heimlich im Dunkel betriebenes Ketzertum, sondern die von der Führung genehmigte offizielle Politik von Partei und Regierung. Ihre Probleme ergaben sich vielmehr aus der Inkonsequenz, mit der die Parteiführung die Sache betrieb und die wiederum aus der Angst herrührte, es könnten sich dabei politische Komplikationen ergeben, der Führung könnten „die Zügel entgleiten". Erst die KP-Führung unter Gustáv Husák hat die ganze Reform als „Revisionismus Ota Šikscher Prägung" gebrandmarkt und das Verbot ausgesprochen, über sie auch nur zu diskutieren (trotzdem haben sich etliche Elemente der Reform in der wirtschaftlichen Praxis erhalten).
Kommunistische Intellektuelle waren seit 1956 immer wieder Schikanen ausgesetzt, wurden in verschiedenen Kampagnen kritisiert und manchmal von individuellen Repressalien betroffen: Sie durften nicht veröffentlichen, in gewissen wissenschaftlichen oder kulturellen Instituten und Institutionen nicht arbeiten. Aber diese Maßnahmen waren meist vorübergehender Natur, die Betroffenen kehrten früher oder später ins öffentliche Leben zurück, und selbst in Perioden schärfster Nachstellung war es ihnen – von wenigen Ausnahmen abgesehen – möglich, eine qualifizierte intellektuelle Tätigkeit auszuüben. „Literární noviny" und andere Zeitschriften, die einen reformkommunistischen Kurs vertraten und dem Regime Novotný eindeutig kritisch gegenüberstanden, sahen sich zwar von der Zensur hart bedrängt, konnten aber nichtsdestoweniger gedruckt werden und erscheinen. Hunderte von Schriftstellern und Künstlern, Historikern, Soziologen, Volkswirtschaftlern, Juristen und Philosophen, die sich von 1970 an als Heizer, Hilfsarbeiter, Fensterputzer und wer weiß was noch alles mehr schlecht als recht ernährten, waren damals noch in wissenschaftlichen oder künstlerischen Institutionen beschäftigt, und zwar vorwiegend mit dem einen großen Thema: Kritik des Regierungssystems Novotnýs. Und das unter der Regierung Antonín Novotnýs.
War Novotný etwa selbst Reformkommunist ? Doch wohl eher nicht.

Er war in der Tat ein Überbleibsel aus der Stalinära. Seine Rolle war aber dennoch nicht so eindeutig negativ, sondern widersprüchlicher und komplizierter. Das gleiche gilt für mehr Leute in der Parteiführung wie im Partei- und Staatsapparat der sechziger Jahre. Nach dem Januar 1968 wurde die Reformpolitik vorwiegend mit einigen Mitgliedern der höchsten Parteiführung unter Novotný in Zusammenhang gebracht, ganz besonders mit Alexander Dubček und Oldřich Černík. Andere Mitglieder dieser Führung wurden durch die Ereignisse des Jahres von der Bühne gefegt, so zum Beispiel die ZK-Sekretäre Jiří Hendrych und Vladimír Koucký. Ich persönlich bin jedoch der Überzeugung, daß diese beiden die Entfaltung des Reformkommunismus innerhalb der Partei in den sechziger Jahren in viel höherem Maß beförderten als manche von denen, die von der Reform später in führende Positionen emporgehoben oder dort belassen wurden. Wie jeder politische Umsturz verfuhr auch die Dubček-Reform des Jahres 1968 in ihrer Personalpolitik bei weitem nicht nur nach Verdienst und Würdigkeit, sondern oft auch nach persönlicher Gunst oder Abneigung. Auch sollte das die Reformer später teuer zu stehen kommen.
Antonín Novotný gehörte zur „alten Garde" der Kommunisten. Mitglied der Partei seit dem Gründungsjahr 1921, war er vor dem Krieg Funktionär auf Bezirksebene gewesen; den Krieg überlebte er in einem der furchtbarsten nationalsozialistischen Konzentrationslager, in Mauthausen. Mitgefangene aus dieser Zeit bezeugen übereinstimmend, daß er sich damals schwor, nach dem Krieg wolle er nichts mehr mit Politik zu tun haben und sich nur noch um Familie, Haus und Garten kümmern. Aber schon im Jahr 1945 wurde er Erster Sekretär des Bezirksausschusses der KPČ in Prag.
Meine Bekanntschaft mit Novotný datierte aus den Jahren 1947–1950. Die meisten Bezirksfunktionäre der KPČ sahen in ihm eher einen Verwalter als einen Politiker; die Autorität innerhalb der Bezirksorganisation hatte deren Vorsitzender, Josef Krosnář, inne, und was politischen Scharfsinn und Organisationstalent betraf, so wurde Novotný darin von seinen Stellvertretern, insbesondere František Kriegel, weit übertroffen.
Zahlreiche alltägliche Vorfälle zeugten davon, daß Novotný nicht gerade ein Mann von überragender Intelligenz war. Er hatte seinen Aufstieg in der Parteihierarchie, seinen Einzug in das Sekretariat des Zentralkomitees seiner Aktivität bei der „Enthüllung von Feinden in der Partei" und nicht zuletzt seinem Eifer bei der Vorbereitung des Prozesses gegen Rudolf Slánský zu verdanken.
Der Mangel gewisser Eigenschaften, mit denen normale Menschen

sonst ausgestattet sind, kennzeichnete Novotný wahrscheinlich schon von Geburt an. Während meiner kurzen Tätigkeit bei der Generalstaatsanwaltschaft in Prag bekam ich offizielle Dokumente zu Gesicht, die unglaubliche Tatsachen belegten: Nach der Hinrichtung der gemeinsam mit Slánský zum Tode verurteilten Funktionäre wurde ihr persönliches Eigentum zu Schleuderpreisen an die oberen Chargen der Parteihierarchie verkauft. Bei dieser Gelegenheit kaufte die Familie Novotný (Frau Božena Novotná persönlich) die Bettwäsche und ein chinesisches Porzellanservice des ehemaligen Außenministers Vlado Clementis! Daß der Erste Sekretär einer regierenden Partei, ein Staatsoberhaupt, auf dem Bettlaken eines Menschen schläft, den er zuvor selbst an den Galgen bringen half, ist für das Europa des zwanzigsten Jahrhunderts eine monströse Vorstellung. Und es spielte hier auch nicht etwa ein Versehen mit, dergestalt daß die Familie Novotný nicht gewußt hätte, was sie da besaß. Ich sprach über die Sache 1956 mit Lída Clementisová, von der ich erfuhr, daß Frau Novotná jenes chinesische Service schon in früheren Tagen sehr bewundert hatte, als sie noch zusammen mit ihrem Mann im Haus des Ministers Clementis verkehrte. Und so kaufte sie es eben nach seiner Hinrichtung kurzerhand auf.

Ein Vierteljahrhundert nach den Ereignissen erzähle ich diese Skandalgeschichte hier nicht in der Absicht Novotný zu verunglimpfen, sondern weil ich glaube, daß sie besser als jede langwierige politische Analyse einen Eindruck davon geben kann, wie es mit Novotnýs moralischem Verantwortungsgefühl nach den politischen Prozessen der Stalinära bestellt gewesen sein muß: nämlich daß dieser Mann, der dann bereits im Jahr 1954 kraft seiner inzwischen erreichten Stellung an der Spitze der Partei über die Urteile (darunter eines auf Todesstrafe) in weiteren politischen Prozessen zu entscheiden hatte, in dieser Hinsicht offenbar mit einem unglaublichen Mangel behaftet war. Zur gleichen Zeit jedoch, im Jahr 1954, so erzählte eine Nichte Novotnýs, die damals in Moskau studierte, im kleinen Kreis befreundeter Studenten, schlug der Parteichef, als er einmal mit ihrem Vater Kaffee trank, die Hände vors Gesicht, schluchzte und klagte: „Ich bin dieser Funktion nicht gewachsen,ich kann das nicht machen, ich habe nicht die nötigen Fähigkeiten.“ Meiner Ansicht nach meinte er das aufrichtig. Er hatte wohl wirklich Bedenken, daß er dem Sozialismus und der Arbeiterklasse schaden könnte, indem er eine Funktion ausübte, für die er nach eigener Meinung nicht ausreichend begabt war. Der Ankauf von Bettwäsche aus Clementis' Nachlaß hatte aber aus seiner Sicht nichts mit den Interessen der Arbeiterklasse zu tun, und deshalb verwandte er wahrscheinlich nicht den kleinsten Gedanken auf die Frage der Vertretbarkeit oder Unvertretbarkeit einer solchen Handlung.

Novotný war zwar bürokratisiert und schreckte vor Verbrechen nicht zurück, blieb aber im Grunde doch immer ein Arbeiterfunktionär. Er verkörperte jene eigenartige Mischung aus Überzeugung von der Richtigkeit der kommunistischen Doktrin, ihrer Nützlichkeit für die Arbeiterklasse einerseits und politischem Schacher mit dem Hang zu bürokratischen Machtintrigen andererseits, wobei die zweite Komponente mit der Zeit die Oberhand in der Motivation seines Handelns gewann.

Auf dem Gipfel der Macht ließ Novotný am Stausee an der Moldau, in der Nähe der Burg Orlík, ein „Erholungszentrum" für die Spitzen der politischen Hierarchie erbauen. Auf einem umzäunten, von Polizei bewachten Gelände erheben sich dort moderne, mit westeuropäischem Luxus ausgestattete Villen, die Mitgliedern des Politbüros, dem sowjetischen Botschafter und anderen Potentaten zugeteilt sind. Davon abgelegen steht einsam auf einer Anhöhe ein Haus – im Parteiapparat wurde es seinerzeit „Adlerhorst" getauft –, das Antonín Novotný selbst vorbehalten war. Dieses Haus ist jedoch keine Imitation einer westlichen kapitalistischen Villa, sondern die Nachbildung eines böhmischen Landhauses, eines Bauernhofs. Auf einem Vorplatz steht ein riesiges Bierfaß, in seinem Innern Tisch und Stühle: Hier verbrachte Novotný seine Sonntage im Kreis seiner nächsten Vertrauten – die nicht nach ihrer Funktion, sondern nach Novotnýs persönlicher Sympathie ausgesucht waren – und zerstreute sich auf die ihm angenehmste Weise, durch Kartenspiel. Auch das war natürlich ein Ausdruck des Snobismus der Elite, aber in der Abwandlung durch den Arbeiter aus Čakovice, der in Novotný irgendwie immer präsent zu sein schien.

In den letzten Jahren seiner Regierung war Novotný nicht nur überzeugt, daß er fähig sei, seine Funktion auszufüllen, sondern daß er dies sogar hervorragend tue. Sein politisches Credo formulierte er einmal in einem Privatgespräch folgendermaßen: „Die Menschen müssen dich nicht lieben, sie müssen nicht mit dir übereinstimmen – aber wichtig ist, daß sie dich respektieren. Und in der Partei ist die Hauptsache: Du darfst nie zulassen, daß sich eine Opposition von links gegen dich bildet! Opposition von rechts macht mir nichts aus. Aber links von mir darf sich keine Gruppierung bilden."

Das klingt sehr primitiv, ist aber – auf die Gegebenheiten im „realen Sozialismus" bezogen – gar nicht so dumm. Es ist eine Bilanz der prak-

tischen Erfahrungen der kommunistischen Parteibürokratie im Sowjetblock. Man weiß dort, daß man undemokratisch regieren kann, ohne Rücksicht auf die Meinung der Menschen, daß aber die Mißachtung der Menschen ihre Grenzen hat, jenseits derer die Betroffenen den Respekt vor der Macht verlieren würden, entweder weil sie sich unfähig zeigt, elementarste Bedürfnisse zu befriedigen, oder weil sie sich zu schwach zeigt und unfähig, ihre eigenen Interessen wahrzunehmen. Und die ideologische Formel dieser Parteibürokratie, keine Opposition von links zuzulassen – das heißt, in den Augen der Menschen immer die einzige existierende Variante linker Pokitik zu bleiben –, ist nur ein den neuen Verhältnissen angepaßter Gedanke Machiavellis: Staaten erhalten sich dadurch, daß sie die Idee, die zu ihrem Entstehen geführt hat, aufrechterhalten.
Novotný war zweifellos ein pragmatischer Politiker und bemühte sich gar nicht, vorzutäuschen, daß er selbst Schöpfer irgendwelcher Theorien oder Ideologien wäre. Die kommunistische Parteiideologie war für ihn jedoch das Kriterium, an dem er die Richtigkeit jeder praktischen Politik maß. Eine andere Frage ist, wie die Sammlung von „Gesetzmäßigkeiten und Lehrsätzen" dieser Ideologie und Theorie in seinem Kopf aussah: unzweifelhaft handelte es sich um ein Sammelsurium vulgarisierter Thesen, Dogmen aus offiziellen Broschüren und Leitfäden. Eines jedoch ist in diesem Zusammenhang von Bedeutung. Diese primitive und von Grund auf autoritäre Persönlichkeit sah das letzte Kriterium der Richtigkeit von Gedanken und Taten nicht in sich selbst, sondern ließ auch andere, ihr übergeordnete Kriterien gelten, nämlich Ideen und Prinzipien, nicht nur das Kriterium der Macht.
Novotný gehörte noch zu dem Typ alter kommunistischer Funktionäre, für die die Parteiideologie immer eine tiefe persönliche Bedeutung hatte. Ihre ganze Lebensweise, die Entfaltung ihrer Persönlichkeit, alles was ihnen am Leben wertvoll erschien, knüpfte sich für sie an den Umstand, daß sie die Parteiideologie als übergeordneten Wert ansahen. Ich kannte persönlich eine ganze Reihe derartiger Funktionäre, denen gerade aus diesen Gründen die „Partei alles bedeutete" und die selbst nach dem Ausschluß aus der Partei noch erklärten: „Was ich bin, hat die Partei aus mir gemacht" (ein Ausspruch, der mit unbeabsichtigter Ironie die bittere Wahrheit traf).
Für Menschen dieses Typs wird der Inhalt der Ideologie zum einzigen verbindlichen Maßstab, zum einzigen auch, den sie auf sich selbst anwenden. Wenn die entsprechenden Richtlinien und Maßnahmen erst einmal in der offiziellen Parteiideologie verankert sind, können sie auch verbrecherisch handeln, ohne sich einer Schuld bewußt zu sein,

weil sie außer dem Wertsystem, das in ihrer Ideologie aufgerichtet wird, beziehungsweise außer dieser Ideologie als solcher keine anderen Werte kennen. Wenn die Ideologie einmal offiziell umschwenkt, sind sie schnell bereit, den Schwenk mitzuvollziehen, und können es nicht begreifen, wenn man ihnen ihr früheres Handeln zum Vorwurf macht. So erklärte Ladislav Kopřiva, ein altkommunistischer Funktionär, der als Sicherheitsminister (entspricht dem Innenminister westlicher Länder – d.Ü.) die politischen Schauprozesse Anfang der fünfziger Jahre vorbereitet hatte, 1963 vor einer Parteikommission: „Jawohl, die Verhaftungen widersprachen dem Gesetz, aber damals nahm man darauf keine Rücksicht. Erst in späteren Jahren wurde ja die Richtlinie ausgegeben, daß die Gesetze einzuhalten sind."
Wenn nun ein Mensch dieser Prägung an der Spitze der Machthierarchie steht und praktisch selbst zu entscheiden hat, was offizielle Parteiideologie ist und was nicht, wird er dieser Parteiideologie schwerlich etwas einverleiben, das seine eigene Vergangenheit desavouieren könnte. Unter außergewöhnlichen Umständen mag er allerdings auch dazu fähig sein. Und auf Novotný wirkten gleich mehrere derartige Umstände ein.
Ein neuer, antistalinistischer Inhalt der Ideologie wurde unter Chruschtschow zur offiziellen Ideologie der Sowjetunion erhoben, das heißt der sowohl Novotný als auch der gesamten KPČ übergeordneten Instanz. Auch der Bürokrat Novotný geriet dadurch unter einen Druck, der im Sinne einer Neuorientierung auf ihn wirkte. Ende der fünfziger Jahre war die Position Novotnýs innerhalb der Partei noch nicht so stark, daß er die Verantwortung für den politischen Terror auf andere hätte abwälzen und selbst unangefochten in seiner Position verharren können. Anfang der sechziger Jahre änderte sich dieser Zustand. Zwei bedeutende Mitglieder der alten Parteiführung Klement Gottwalds – Antonín Zápotocký und Václav Kopecký – starben. Rudolf Barák, der die Mitschuld Novotnýs an den politischen Prozessen für seine eigenen Machtansprüche im Politbüro ausnutzen wollte, wanderte auf Betreiben Novotnýs und mit Chruschtschows Zustimmung in den Kerker. In das Politbüro rückten neue, Novotný ergebene Männer ein: Jiří Hendrych, Drahomír Kolder und Michal Chudík; im Sekretariat des ZK und der KPČ konnte er mit Vladimír Koucký rechnen, und er hatte auch einen neuen Innenminister, Lubomír Štrougal. In der Parteiführung wandelte sich auf diese Weise die Situation zuungunsten derjenigen, die persönlich für die politischen Prozesse der fünfziger Jahre verantwortlich waren. Novotný konnte sich endlich erlauben, eine konsequentere Kritik dieser Jahre und gleichzeitig eine

tiefgreifendere Rehabilitierung der Opfer der politischen Prozesse durchführen, und dies in der berechtigten Hoffnung, daß seine persönliche Stellung dadurch nicht geschwächt, sondern ganz im Gegenteil noch gestärkt würde. 1963 schritt er zur Tat: Er beschuldigte die drei übriggebliebenen Mitglieder der alten Gottwaldschen Führung – Viliam Široký, Karol Bacílek und Bruno Köhler. In das Parteipräsidium holte er drei neue Leute – Alexander Dubček, Jozef Lenárt und Martin Vaculík.
Erst damals, im Jahr 1963, hatte Novotný in der Parteiführung ein Machtverhältnis hergestellt, wie es Chruschtschow in Moskau bereits Ende der fünfziger Jahre durch die Beseitigung der „parteifeindlichen Gruppe Molotow, Malenkow, Bulganin und Kaganovitsch", das heißt der Mehrheit des Stalinschen Politbüros geschaffen hatte. So paradox es klingen mag, den Gipfel seiner Macht erreichte Novotný durch Beseitigung der Gottwaldschen stalinistischen Garnitur aus der Parteiführung. Erst dann verlor er die Angst davor, daß er durch die Unterstützung der Politik Chruschtschows seine eigene Position erschüttern könnte, erst jetzt wurde er des Alptraums ledig, der ihn seit acht Jahren verfolgte – seitdem die ungelöste Frage der Verantwortung für die politischen Prozesse quasi als Zeitbombe unter seinem Thron zu tikken begonnen hatte. Aber nun hatte er seine eigene Parteiführung, bestehend aus Leuten, die er in ihre Funktion eingesetzt hatte, und nicht aus solchen, die ihn in seine Funktion eingesetzt hatten.
Diese unauffällig zustande gekommene neue Führung der Kommunistischen Partei der Tschechoslowakei unternahm ihren bedeutendsten politischen Schritt, als sie auf die Wirtschaftskrise, die sich mit dem Scheitern des dritten Fünfjahrplans bereits in seinem ersten Jahr (1963) einstellte, nicht wie früher mit alten, diskreditierten Methoden reagierte, sondern durch die Einführung des „Neuen Systems der Planung und Leitung der tschechoslowakischen Wirtschaft" den progressiven Weg einer konsequenten Wirtschaftsreform einschlug. Die Hauptpunkte der neuen Programmatik bestanden in der Beseitigung des bürokratischen Zentralismus und der Freisetzung selbständiger wirtschaftlicher Initiative der staatlichen Betriebe sowie in der Nutzung der Marktimpulse zur Erreichung höherer wirtschaftlicher Effektivität. Dadurch kam es im wirtschaftlichen Bereich zu einem Einbruch in das System der autoritären Diktatur, der den Weg für allmähliche Reformen in weiteren Bereichen des gesellschaftlichen Lebens freilegte. Auch die personelle Zusammensetzung der Parteiführung änderte sich zugunsten der Kräfte, die sich für wirtschaftliche Reformen einsetzten: Oldřich Černík wurde Mitglied des Präsidiums und

Lubomír Štrougal Sekretär des Zentralkomitees für den Bereich Landwirtschaft.
Bereits einige Jahre vor 1968 bestand also die Parteiführung vorwiegend aus Menschen, die dem Gedanken nicht abgeneigt waren, daß die weitere Entwicklung nach Änderungen und Reformen verlangte. Und das galt ebenso für zahlreiche Mitarbeiter des amtlichen Parteiapparats, der dieser Parteiführung diente. Die Einsicht in die Notwendigkeit von Reformen, die Überzeugung, daß das bisherige System der Führung der Gesellschaft verändert werden müsse, bestimmte in diesen Jahren auch die Atmosphäre innerhalb des machtpolitischen Apparats. Eine andere Frage war es allerdings, wie in der Führung und ihrem Apparat die konkreten Vorstellungen über den Charakter dieser Veränderungen jeweils beschaffen waren. Vorherrschend war verständlicherweise die Tendenz, die Reformen in allen Bereichen auf Maßnahmen zu reduzieren, die die Machtpositionen sowohl der politischen Führung und ihres Apparats als auch der einzelnen Personen in ihren Gremien nicht bedrohen könnten. Das war im allgemeinen das wesentlichste Hindernis für alle konkreten Reformmaßnahmen und führte im Ergebnis zu dem bekannten Zustand: Über Reformen wurde sehr viel mehr nachgedacht und geredet (und auch das möglichst nicht vor der Öffentlichkeit), als daß es zu konkreten Schritten gekommen wäre. Die meiste Energie wurde in vielen Fällen darauf verwandt, alle Argumente für die Undurchführbarkeit dieser oder jener Reform (Undurchführbarkeit entweder zur gegebenen Zeit oder in der vorgeschlagenen Form) zusammenzutragen. Aber weder die Parteiführung noch der Apparat zweifelten zum Schluß daran, daß früher oder später und vielleicht in anderer Form Reformen – auch solche im politischen System – unvermeidlich sein würden.
Diese Überzeugung teilte wohl auch Antonín Novotný selbst. Sobald es ihm gelungen war, seine Position auf der Grundlage der Chruschtschowschen Ideologie und politischen Orientierung zu festigen, indentifizierte auch er sich innerlich aufrichtig mit dieser Orientierung. Zum Maßstab für die Richtigkeit seines Handelns wurde nun diese neue Orientierung; die stalinistische Ideologie der Vergangenheit hatte ausgedient. Die innere Umorientierung Novotnýs auf die Position der Ideologie und Politik Nikita Chruschtschows kam jedoch zur Unzeit; Ende 1964 wurde Chruschtschow gestürzt.
Es ist bekannt, daß sich Novotný damals gemeinsam mit seinem Politbüro zu einer unerhörten Tat aufraffte – er äußerte kritische Bedenken gegen die Art, wie Breschnjew seinen Putsch gegen Chruschtschow durchgeführt hatte. Diese Angelegenheit wird bis heute oft

nur als komische Kuriosität wiedergegeben. Ich selbst bin jedoch der Ansicht, daß dieses „Aufbegehren" eines sonst so folgsamen Vasallen Moskaus ganz im Gegenteil beweist, daß Antonín Novotný sein Bekenntnis zur Chruschtschowschen Orientierung im Jahr 1963 als einen so ernsten Schritt betrachtete, daß er sich wehren zu müssen glaubte, als ein neuer Umschwung Moskaus den Sinn seiner soeben erst vorgenommenen Kurskorrektur in Frage stellte.

Von 1964 an bildete sich eine paradoxe Situation heraus: Unter der Regierung Novotnýs, einer im allgemeinen willfährigen Marionette Moskaus, entfaltete sich nicht nur in der tschechoslowakischen Gesellschaft, sondern auch innerhalb der Kommunistischen Partei und der politischen Machtstrukturen in vollem Umfang die antistalinistische, reformkommunistische Kritik, die in Moskau von Breschnjew und seiner Kamarilla mit der Zeit immer mehr in den Hintergrund gedrängt und schließlich durch die fortschreitende Restauration bestimmter Elemente des Stalinismus ersetzt wurde. Dadurch vertieften sich verborgene, für den Außenstehenden nicht wahrnehmbare Widersprüche zwischen Moskau und Prag.

Novotný fühlte die Gefahr der Mißgunst Breschnjews. 1967 suchte er offenbar in Moskau Rückendeckung bei der Gruppe der Marschälle um den obersten Befehlshaber des Warschauer Pakts, Jakubowski, die engere Beziehung zu Schelest als zu Breschnjew unterhielt. Breschnjews Position war in diesem Jahr noch nicht unumstritten, und so orientierten sich noch mehr Vasallen zu anderen Gruppen in der Moskauer Hierarchie hin. Das Interesse an der Sicherung seiner eigenen Machtposition begann nun bei Novotný über seine Umwandlung im Sinne der Chruschtschowschen Ideologie zu überwiegen. Er bemühte sich, in der Innenpolitik den Schraubstock wieder anzuziehen, und unternahm im Sommer eine Reihe konkreter Schritte in dieser Richtung: gegen Schriftsteller und reformkommunistische Intellektuelle, gegen seine Kritiker im Zentralkomitee; verschiedene Polizeiaktionen usw.

Der Einfluß einer Gruppe von Funktionären in der Armee und im Staatssicherheitsdienst, die auf die „Falken" in Moskau orientiert und im Parteiapparat durch Miroslav Mamula, den Leiter der Abteilung Verteidigung und Sicherheit, repräsentiert waren, begann sich zu steigern. Breschnjew verfolgte diese Entwicklung offenbar mit wachsender Mißbilligung. Und als Novotný bei dem Besuch Breschnjews in Prag im Dezember 1967 durchblicken läßt, das er von dem sowjetischen Parteichef Unterstützung gegen die Opposition innerhalb der KPČ erwartet, überläßt ihn Breschnjew mit seinem bekannten „Eto wasche djelo" („Das ist eure Angelegenheit") seinem Schicksal und gibt der Opposition gegen Novotný freie Hand. Da man kaum annehmen kann, daß sich Breschnjew eine Änderung in Prag wünschte, um den „Prager Frühling" heraufzubeschwören, gegen den er schließlich Panzer entsandte, bleibt nur eine einzige Erklärung: Breschnjew wünschte die Beseitigung Novotnýs deshalb, weil er in ihm nicht mehr ein hinreichend fügsames und geeignetes Instrument seiner eigenen Politik zu sehen vermochte.

Novotný war ein ungebildeter Mensch; was ihm an Bildung fehlte ersetze er durch ein Konglomerat verschiedenartigster Erfahrungen, die er in seinen Funktionen hatte sammeln können. Wie viele ungebildete Leute litt er an einem entsprechenden Minderwertigkeitsgefühl. Er rächte sich an jedem, der Anspielungen auf seinen Mangel an Bildung machte. Sein Minderwertigkeitskomplex hatte jedoch auch eine positive Seite, die sich auch in der Praxis auswirkte: Er respektierte Bildung und war überzeugt, daß Bildung und Wissenschaft für den Kommunismus unabdingbar seien. Gegen Intellektuelle konnte er grob sein und aus seiner Machtposition heraus gemein, aber im ganzen brachte er ihnen Respekt entgegen. Es schmeichelte ihm, mit führenden Repräsentanten der Intelligenz zu verkehren; er veranstaltete Zusammenkünfte mit Schriftstellern und Künstlern – und es war wohl kein Zufall, daß diese Zusammenkünfte in dem Schloß in Lány stattfanden, wo vor dem Krieg T. G. Masaryk seine Gespräche mit den Intellektuellen abgehalten hatte.

In der Politik war Novotný oft ein Feind der reformkommunistischen Intellektuellen, insbesondere wenn sie es ablehnten, seinen Weisungen zu folgen und seinen politischen Führungsanspruch zu respektieren. Gleichzeitig bemühte er sich jedoch eher darum, sie für sich einzunehmen, als sie zu unterdrücken, sie als Gesamtheit für die „Politik der Partei" zu gewinnen, als sie aus dem politischen Geschehen auszuschalten. Er wollte, daß die Intelligenz sowohl ein Schmuckstück seiner Regentschaft sei als auch ein „Instrument des Aufbaus des Kommunismus". Je nachdem, wie er dieses Vorhaben im Augenblick gerade gelingen oder mißlingen sah, pendelte seine Politik gegenüber der Intelligenz zwischen Lob, Belohnung und Korruption einerseits und Drohungen und Repressalien andererseits.

Die Politik Novotnýs gegenüber der Intelligenz mußten vor allem zwei Sekretäre des Zentralkomitees – Jiří Hendrych und Vladimír Koucký – in die Tat umsetzen, modifizieren und interpretieren. Zum Unterschied von Novotný besaßen beide eine gewisse Bildung. Sie waren auch von Natur aus intelligenter; Koucký war meiner Meinung nach überhaupt das intelligenteste Mitglied der Parteiführung unter Novotný. Er hatte Logik und Mathematik studiert, konnte abstrakt denken, sprach mehrere Sprachen und wußte mehr über die Welt und Kultur als die übrigen. Beide begannen ihre politische Laufbahn als kommunistische Journalisten, Hendrych noch vor dem Krieg, Koucký während des Krieges beim illegalen „Rudé právo"; bei Kriegsende waren sie um die dreißig, und in den fünfziger Jahren, unter Stalin, gehörten sie nicht zur obersten Parteiführung. Größeren persönlichen Einfluß auf die Parteipolitik gewannen sie erst nach 1956, und ihre politische Zukunft und Karriere bauten sie auf der ideologischen und politischen Linie Chruschtschows auf. Beide gehörten zu den Menschen, die in den sechziger Jahren der Politik Novotnýs mit all ihren Widersprüchen ihre Form gaben, aber gewiß hatten gerade sie entscheidenden Einfluß darauf, daß sich diese Politik immer deutlicher in eine Politik der Chruschtschowschen Linie umwandelte. Sie gehörten zu „Novotnýs Leuten"; er hatte sie in ihre Funktionen eingesetzt, sie in die oberste Parteibürokratie berufen. Andererseits war ihr eigenes politisches Schicksal nicht unauflöslich mit dem Novotnýs verknüpft; ganz im Gegenteil, als Repräsentanten einer jüngeren Generation und seiner gewissen politischen Richtung hätten sie von Novotnýs Verschwinden von der politischen Bühne nur profitieren können, vorausgesetzt allerdings, daß auch nach Novotnýs Abgang die allgemeine politische Kontinuität der Entwicklung innerhalb der KPČ erhalten geblieben wäre.

Die Ideologie des Reformkommunismus in der KPČ entfaltete sich in den sechziger Jahren nicht nur mit ihrem Wissen, sondern auch mit ihrer Unterstützung. Ohne die unmittelbare Unterstützung und den Schutz Hendrychs hätte Radovan Richta mit seinem Forschungsteam niemals die ideologische Vision der wissenschaftlich-technischen Revolution entwickeln und dadurch die offizielle Parteiideologie im Sinne der Reform beeinflussen können. Ohne die Unterstützung Hendrychs und Kouckýs hätte auch ich meine Auffassung von der Reform des politischen Systems nicht verbreiten können und wäre ferner die offiziell unterstützte Arbeit eines Teams von Politologen nicht möglich gewesen, das im Jahr 1967 das allgemeine Konzept dieser Reform ausarbeitete. Und weil die Gedanken jener beiden Teams mit dem Konzept, das im Frühjahr 1968 im Aktionsprogramm der KPČ seinen Niederschlag fand, identisch waren, muß der vollen Wahrheit zuliebe festgestellt werden, daß das Aktionsprogramm in seiner damaligen Form von den Kräften der Reformkommunisten nicht in so kurzer Zeit hätte geschaffen werden können, wenn Hendrych und Koucký

nicht bereits Jahre vorher, unter dem Regime Novotnýs, dafür gesorgt hätten, daß sich umfangreiche Gruppen innerhalb der KPČ auf dieser ideologischen Plattform zusammenfinden konnten. Warum hat der „Prager Frühling" gerade Hendrych und Koucký von der Bildfläche verschwinden lassen, während ZK-Sekretäre wie Kolder und Štrougal blieben und ebenso Lenárt, der Ministerpräsident unter Novotný war? Und warum wurden zwei andere Mitglieder des Politbüros Novotnýs, Alexander Dubček und Oldřich Černík, zu Nationalhelden? Ich glaube, die Antwort ist einfach. Der Umsturz innerhalb der Partei, zu dem vor allem die Absetzung Novotnýs gehörte, verlief in seiner ersten Phase so, wie es dem Regime der totalitären Diktatur und seiner Geheimpolitik entsprach: hinter den verschlossenen Türen der Sekretariate, als Machtkampf an der Spitze der Parteihierarchie. Wie bei den meisten ähnlichen Umstürzen mußten diejenigen geopfert werden, bei denen man in der Öffentlichkeit mit den meisten Vorbehalten rechnete, um diejenigen zu bewahren, gegenüber denen es weniger Vorbehalte gab, weil sie in der Öffentlichkeit weniger bekannt waren. Koucký und Hendrych hatten lange Jahre im Bereich der offiziellen Parteiideologie gewirkt: unpopuläre Maßnahmen gegen die Presse, gewisse Schriftsteller, die Kultur überhaupt, öffentlich bekannte Fälle von unterdrückter Kritik waren mit ihren Namen verbunden. Es war klar, daß die neue Führung nicht die Unterstützung der oppositionellen Intellektuellen innerhalb der Partei – und das hieß zum Teil auch die Unterstützung der Journalisten – gewinnen würde, wenn sie sich dieser öffentlich diskreditierten Namen nicht entledigte. Und umgekehrt: Die Verstoßung Hendrychs und Kouckýs lenkte die Aufmerksamkeit von den politischen Profilen einiger Aufsteiger ab: Bei denen, die die politische Degradierung Hendrychs und Kouckýs als ihren Sieg ansahen, rief die Beförderung Bilaks, Indras und Jakešs kaum Widerspruch hervor.
Ich lernte Vladimír Koucký während meiner vierjährigen Tätigkeit in der Rechtskommission der ZK der KPČ recht gut kennen. Ich kann mich einer Reihe von Situationen entsinnen, in denen es augenfällig war, daß er gegen seine Überzeugung und sein Gewissen handelte. Dieser Mensch, der sich privat für Václav Havel begeisterte – ich erinnere mich noch sehr gut, welche Lobeshymnen er über das Theaterstück „Die Benachrichtigung" anstimmte –, verriß nicht nur im Namen des „sozialistischen Realismus" öffentlich eine Reihe literarischer Werke und Filme dieser Zeit, sondern nahm vor Vernissagen eigenhändig Bilder von der Wand, die für die jeweilige Ausstellung als „ideologisch mangelhaft" beurteilt worden waren. In seiner Wohnung

hingen aber nicht die Werke sozialistischer Realisten an den Wänden, sondern Maler der künstlerischen Moderne.
Koucký war in der Führung der KPČ wohl der einzige, der bereits Mitte der sechziger Jahre große Erwartungen in die Entwicklung der Kommunistischen Partei Italiens setzte und hoffte, daß durch eine Vereinigung der Strömungen, die heute offen als eurokommunistisch auftreten, die reformkommunistische Entwicklung in der Tschechoslowakei starken Auftrieb gewinnen könnte. Der Gedanke gegenseitiger Unterstützung europäischer kommunistischer Parteien – gleichgültig ob sie regierende Parteien waren oder nicht – war bei Koucký mit der Vorstellung verbunden, auf diesem Weg bessere Möglichkeiten für die Entfaltung der Reformbewegung in der KPČ zu erhalten. Für die Öffentlichkeit war aber gerade Vladimír Koucký einer der aufrechtesten Bannerträger des moskautreuen „proletarischen Internationalismus".
Vladimír Koucký opferte dem politischen Kalkül vorbehaltlos Charakter und Gewissen. Jahrelang war er bemüht, Mitglied des Parteipräsidiums zu werden (er war nur ZK-Sekretär, nicht aber Präsidiumsmitglied). Um diese letzte Sprosse seiner Parteikarriere zu erreichen, diente er Novotný als Handlanger, spielte er den „schwarzen Mann" in Kultur, Wissenschaft und unter den Intellektuellen. Politik artete bei ihm in solchem Maße zur Kabinettspolitik im Rahmen des Machtapparats aus, daß er die Grenze nicht mehr sah, jenseits derer es keine Wiedergutmachung des Schadens gab, der im Interesse der eigenen Karriere angerichtet worden war.
Menschen, die in der Politik mit wahrnehmbarem Bezug auf ihr Gewissen handelten, betrachtete Koucký als extravertierte psychologische Typen, während er sich selbst als Introvertierten sah. In Wirklichkeit verhielt es sich genau umgekehrt: Er blieb eine verschlossene Persönlichkeit, die entscheidenden Beweggründe für sein Tun kamen jedoch von außen, und gerade das charakterisiert den extravertierten Typ.
Im April 1968, vor der Sitzung des Zentralkomitees, in der über seine Abberufung aus der Funktion des ZK-Sekretärs entschieden werden sollte, sprach Koucký mit mir darüber, ob er freiwillig zurücktreten solle. Aus dem Gespräch ging klar hervor, daß er seine Situation nicht begriff: Warum sollte er ausgerechnet jetzt, wo die Reform durchgeführt wurde, die er angestrebt und zu deren Vorbereitung er doch beigetragen hatte, aus seiner Funktion ausscheiden? Warum sollte jetzt, wo die internationalen Zusammenhänge für die Politik der KPČ von größerer Bedeutung sein würden als je zuvor, gerade er mit seinen Er-

fahrungen und Kontakten abtreten? Über die internationalen Zusammenhänge in Verbindung mit der neuen Dubčekschen Politik sprach er mit großer Weitsicht und sah in diesem Punkt die künftigen Probleme zweifellos scharfsinniger als alle Mitglieder der neuen Führung, Dubček nicht ausgenommen. Er konnte nicht begreifen, warum er nicht weiterhin Sekretär für internationale Fragen bleiben konnte, nur weil einige Institutionen, Schriftsteller, Journalisten und Künstler eine Aversion gegen ihn hatten und weil er einigen Slowaken nicht genehm war (denn auch in einigen die Slowakei betreffenden Fragen war er in der Vergangenheit Instrument Novotnýs gewesen).
Ich riet ihm, wenn auch mit gemischten Gefühlen, von seiner Funktion zurückzutreten. Ich wußte, daß er kein überzeugter Stalinist war und wirklich etwas für die Reform hätte leisten können. Ich wußte aber auch, daß er seine Funktion nicht behalten konnte. Er trat zurück und wurde auf ein Abstellgleis geschoben – auf den Posten des Botschafters in Moskau: Im Jahr 1968, und in seinem Falle besonders, bedeutete dies praktisch das Ausscheiden aus der Politik, denn die Beziehungen zwischen Prag und Moskau wurden nicht über die Botschaften geregelt und Koucký selbst fehlte das Vertrauen sowohl der einen wie der anderen Seite.
Aber auch nach 1968 hat Koucký die Bewältigung seiner Vergangenheit nicht geschafft. Im Januar 1969 war er der erste, der auf der Sitzung des Zentralkomitees der KPČ den Antrag stellte, den Beschluß des Parteipräsidiums vom 21. August 1968, in dem die sowjetische Intervention als ein Verstoß gegen das Völkerrecht verurteilt wurde, zu annullieren. Ich bin fest davon überzeugt, daß er persönlich die Intervention nicht in Übereinstimmung mit dem Völkerrecht sah; er hoffte jedoch, damit den Tribut für seine Rückkehr in die Politik erlegen zu können. Er hatte immer noch nicht begriffen, daß er durch Verzicht auf Charakterfestigkeit nicht die Unterstützung derjenigen gewinnen konnte, die ebenfalls ihr Gewissen verraten hatten oder überhaupt keines besaßen, aber zum Unterschied von ihm bereits die Macht in der Hand hatten: für sie konnte er nur ein überzähliger Konkurrent im Kampf um die einzelnen Sprossen der Macht sein.
Ähnlich wie Vladimír Koucký wurde auch Jiří Hendrych schließlich zum Opfer seiner Spekulationen und Manipulationen in der Welt der bürokratischen Machtapparate. Hendrych war ein Meister des politischen Kompromisses – aber nur innerhalb der Wandelgänge der machtpolitischen Struktur, nicht in der Politik für die Öffentlichkeit. Im Parteiapparat sprach man von ihm als dem Mann, der glühende Kohlen in der Hand halten, der die Stachel der Widersprüche ent-

schärfen konnte. In der Öffentlichkeit, auch derjenigen der Kommunistischen Partei, war er jedoch Hauptstütze und konsequenter Repräsentant der Macht Novotnýs über die KPČ. Die Spitze des Stachels, an dem er selbst nach dem Januar 1968 hängenblieb, konnte er nicht mehr entschärfen. Seine Situation verstand Hendrych jedoch besser als Koucký, er fand sich mit ihr ab und trat in den Ruhestand; auch nach dem sowjetischen Einmarsch unternahm er nichts Augenfälliges, um seine Situation zu ändern. Heute, unter dem Regime Husáks, trifft er manchmal in den Straßen Prags seine ehemaligen Bekannten, die Reformkommunisten – jetzt Schaufensterputzer, Hilfsarbeiter oder Frührentner. Er bleibt stehen, es kommt zu herzlichen Gesprächen, aber nie verkneift er sich bei diesen Gelegenheiten irgendeine spitze Frage, etwa: „Beklagt ihr euch noch immer über das Regime der sechziger Jahre?" Nach der Veröffentlichung der „Charta 77", in der Atmosphäre der rücksichtslosen Kampagne des Regimes gegen ihre Unterzeichner, traf er einen von ihnen. Sein Kommentar zur „Charta" war kurz: „Habt ihr denn immer noch nicht genug? Ihr Don Quichottes!"

Das Leben war und ist bunter und widersprüchlicher, und das auch innerhalb der Machtstrukturen des Regimes Antonín Novotnýs, als es im nachhinein aufgrund vereinfachter und schematischer Schilderungen erscheint. Die reformkommunistische Orientierung der KPČ der sechziger Jahre war keine einheitliche, undifferenzierte Strömung; ihre Träger, Anhänger und Beschützer bildeten keine Oppositionsfront außerhalb der Parteiführung Novotnýs. Die reformkommunistische Orientierung herrschte als Atmosphäre dieser Zeit halboffiziell selbst innerhalb der Machtstrukturen der Diktatur.

Den „Prager Frühling" habe ich innerhalb der damaligen Machtstruktur erlebt, die ich nicht nur aus unmittelbarer Nähe und von innen sah, sondern die ich mich auch umzuformen bemühte. Die Welt der Macht war auch ein Bestandteil des „Prager Frühlings"; sie war jedoch viel weniger erhaben, als hochtrabende Worte in den Massenmedien sie erscheinen ließen.

Links oben: Z. M. als Fünfzehnjähriger, kurz vor seinem Eintritt in die KPČ.

Links unten: Der neunzehnjährige Funktionär des kommunistischen Jugendverbands.

Unten: Mit sowjetischen Kommilitonen vor dem neuen Gebäude der Moskauer Universität am Eröffnungstag (1. Sept. 1953; Z. M. rechts außen).

Rechts: Der dreiundzwanzigjährige Student der Rechtswissenschaft.

Unten: Nach Abschluß des Studiums und Rückkehr aus Moskau 1955, als Angestellter der Prager Generalprokuratur.

Gegenüber: Z. M. als Redner vor dem Zentralkomitee der KPČ.

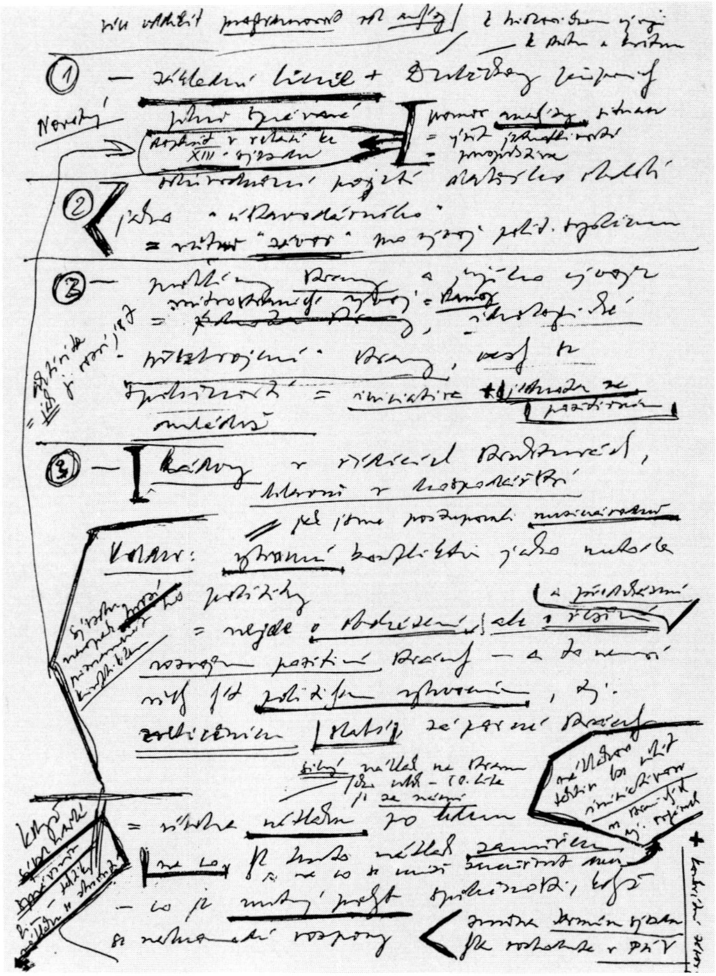

Handschriftliche Notizen Z. M.s für einen Diskussionsbeitrag auf einer Sitzung der Politischen Kommission des ZK.

2

Der „Prager Frühling“ aus der Sicht der Regierenden

Die Publizisten des Jahres 1968, die es mit der Bewertung der Geschichte äußerst eilig hatten, da sie die jeweiligen morgigen Ausgaben noch schaffen wollten, teilten die Kommunisten zur Zeit des „Prager Frühlings“ der Einfachheit halber in drei Kategorien ein, in Progressive, Zentristen und Konservative. Ich wurde meist zu den Zentristen gezählt. Es machte mir nicht viel aus, ich wußte, warum es so war: Ich plädierte für das Recht der Staatsmacht, auch in die Pressefreiheit eingreifen zu dürfen, wenn die Interessen der Staatspolitik derartige Eingriffe erforderten, wobei dies durch Gesetz genau geregelt sein und die letzte Entscheidung bei den Gerichten liegen sollte; ich sprach mich dagegen aus, bereits im Frühjahr 1968 neue politische Parteien zuzulassen; ich forderte, daß so bald wie möglich der Parteitag einberufen und Parlamentswahlen durchgeführt werden sollten, während viele der Ansicht waren, daß damit die stürmische Entfaltung der demokratischen Bewegung vorzeitig beendet würde und man diese beiden Aktionen daher lieber auf später vertagen sollte; und dergleichen mehr. Später, als sowjetische Panzer die Szene der tschechoslowakischen Politik überrollten und viele scheinbare Felsen sich dabei als Lehmhügel entpuppten, verfolgte ich mit Belustigung die Entwicklung einiger bis vor kurzem allgemein anerkannter „Progressiven“: Oldřich Černík, Čestmír Císař, Gustáv Husák – aber auch Radovan Richta, Jiří Šotola, von zahlreichen „Progressiven“ in der Slowakei ganz abgesehen.
Trotzdem eröffne ich meine Erinnerungen an das Jahr 1968 gerade mit diesem Problem, und wie aus dem vorigen ersichtlich, ruft es auch heute noch Bitterkeit in mir hervor. Sie ist jedoch weniger persönlich als vielmehr sachlich bedingt: Es ärgerte mich damals, und es ärgert mich bis heute, daß es in Böhmen so wenig Verständnis für die Politik als die Kunst des Möglichen gab, und dies zumal in einer Situation, in der wahrscheinlich sehr vieles hätte verbessert werden können, in der es aber nicht machbar war, etwas, was jahrelang vernachlässigt und versaut worden war, über Nacht in ein „Paradies auf Erden“ zu ver-

wandeln. Es ärgerte mich und ärgert mich bis heute, wie viele intelligente, ehrliche und opferwillige Menschen in Böhmen unter solchen Umständen trotzdem so lange unrealisierbare Utopien vorantrieben, bis selbst die Möglichkeit einer Verbesserung dessen, was allenfalls hätte verbessert werden können, verspielt ist. Und wie im darauffolgenden Katzenjammer die Scherben der Hoffnung eingesammelt werden und mit Bedauern überlegt wird, ob nicht doch alles hätte anders kommen können, wenn . . .

Ich möchte jedoch gleich eingangs offen sagen, daß ich heute, zehn Jahre nach dem „Prager Frühling", aufgrund meiner seitherigen Erfahrungen wirklich nicht überzeugt bin, daß ich damals für alles das richtige Rezept hatte. Ich bin überhaupt nicht mehr davon überzeugt, daß die Ziele, die ich mir vorgenommen hatte, hätten erreicht werden können, auch wenn alles entsprechend meinen damaligen Vorstellungen von den realen Möglichkeiten der Entwicklung verlaufen wäre. Ich glaube eher, daß ich auch in diesem Fall eine Enttäuschung erlebt hätte: es gäbe heute in der Tschechoslowakei weniger politische Demokratie, als ich damals für möglich gehalten hatte. Und es hätte sich auch klar gezeigt, daß der Reformkommunismus nicht der Weisheit letzter Schluß, keine optimale Lösung ist. Aber vielleicht würden Tschechen und Slowaken heute unter Bedingungen leben, die es ihnen eher ermöglichen würden, für die Zukunft nach einer derartigen Lösung zu suchen. Und ihr Leben, das normale, alltägliche menschliche Leben, das ja bei weitem nicht nur aus Problemen von welterschütternder Bedeutung besteht, würde vielleicht eher den Lebensgewohnheiten im übrigen Europa des zwanzigsten Jahrhunderts entsprechen, als dies heute der Fall ist.

Aber vielleicht hat noch nicht einmal das im Bereich des Möglichen gelegen. Vielleicht wären selbst Reformen des Ausmaßes, wie ich es mir vorgestellt hatte, bereits ein Vorwand für die bekannte und gehabte „brüderliche Hilfe" aus Moskau gewesen. In diesem Fall wäre die Situation allerdings noch schlimmer als heute. Dann würde das Volk nämlich nicht einmal die Erinnerung an die Zeit haben, in der das Unmögliche möglich schien. Andererseits wäre jedoch eindeutig klar, daß Moskau nicht nur das Experiment einer pluralistischen Demokratie, in der die Kommunisten den Regeln allgemeiner demokratischer Wahlen unterworfen wären, mit Gewalt unterdrückt, sondern auch solche Reformen, die den Verbleib der Kommunisten an der Macht vorsehen und lediglich die totalitäre Diktatur des Moskauer Typs abschaffen wollen.

Doch genug der Vermutungen, zurück zur Realität. Ebenso wie über die vorangegangenen Jahre will ich auch über das Jahr 1968 nicht in der Form objektiver Analyse und Beschreibung berichten, sondern von meinem persönlichen Standpunkt aus. Ebenso wie bisher wird mein Bericht nur einen Ausschnitt – noch dazu einen vergleichsweise kleinen Ausschnitt – der gesellschaftlichen und politischen Realität wiedergeben, wird er nur das erfassen, was mir seinerzeit aus meiner persönlichen Sicht der Dinge von Bedeutung schien.

Für mich persönlich kam der Sturz Novotnýs überraschend. Ich war davon ausgegangen, daß eine Änderung in der Führung nicht vor dem Parteitag eintreten würde, der irgendwann im Jahr 1970 abgehalten werden sollte: klar war mir allerdings, daß der Vorgang nicht erst auf dem Parteitag stattfinden würde, denn kommunistische Parteitage bestätigen traditionsgemäß nur die Umstürze, zu denen es vor den Parteitagen gekommen ist, und dienen bereits den neuen Führern dazu, das Zentralkomitee nach eigenen Vorstellungen umzubauen. In Übereinstimmung mit dieser Lagebeurteilung plante ich seit Anfang 1967 die Arbeit meines Forschungsteams an der Akademie der Wissenschaften: Ich hatte mir zum Ziel gesetzt, daß bis zum Parteitag im Jahr 1970 die Arbeit des Teams so weit gediehen sein sollte, daß sie als Vorschlag eines Konzepts für die neue Führung dienen könnte, um die Entwicklung in Richtung Demokratisierung ein Stückchen voranzubringen.

Im Januar 1968 konnte das Team auf eine Arbeit von kaum einem Jahr zurückblicken. Zu ihren Ergebnissen gehörten aber bereits gewisse allgemeine Vorstellungen über Probleme, die theoretisch und später auch praktisch gelöst werden müßten, wenn die eingeleitete Wirtschaftsreform auch von einer politischen Reform begleitet werden sollte. (In diesem Buch kann ich auf die theoretischen Erwägungen, die zu den Ergebnissen der Arbeit des Teams gehörten, nicht näher eingehen. Ausführlicher befasse ich mich mit diesen Fragen in meiner Arbeit „Československý pokus o reformu 1968“ [Der tschechoslowakische Versuch einer Reform 1968, Index Verlag, Köln 1975], bes. S. 54–107.)

Mir war zu dieser Zeit bereits klar, daß eine Reform des politischen Systems, wenn sie überhaupt einen Sinn haben sollte, das System der totalitären politischen Diktatur beseitigen müßte. Ich glaubte auch zu wissen, welche Teilreformen in diese Richtung führen könnten. Die einzige durchführbare Art des Übergangs vom existierenden System der totalitären Diktatur zur pluralistischen Demokratie schien mir an die Voraussetzung gebunden, daß die bis jetzt monopolistisch und dik-

tatorisch regierende Kommunistische Partei ihre Hegemonie nicht eher verlor, als bis in der Praxis funktionierende Mechanismen eines demokratischen Systems geschaffen waren. Dieses Ziel zu erreichen, schien mir eines der schwersten Probleme. Ich weiß, daß einige Menschen solche Probleme als prinzipiell unlösbar betrachten, weil sie darin so etwas wie die Quadratur des Kreises sehen. Ich war nie dieser Ansicht. Auch heute noch halte ich diese Probleme nicht für grundsätzlich unlösbar: Wenn es möglich war, das System der faschistischen Diktatur Francos ohne Volksaufstand in ein demokratisches System zu transformieren, muß dies auch mit diktatorischen Systemen des stalinistischen Typs möglich sein. Zu den Voraussetzungen gehören jedoch – genauso wie das in Spanien der Fall war – sehr günstige außen- und innenpolitische Umstände. Vom ökonomischen, soziologischen, rechtlichen und historischen Standpunkt aus gesehen, schienen in der Tschechoslowakei schon 1967 viele Voraussetzungen für einen erfolgreichen Versuch in dieser Richtung gegeben.
Die bereits in der Praxis eingeführte wirtschaftliche Reform schuf die Voraussetzungen für eine Veränderung des politischen Systems in vier hauptsächlichen Punkten. Sie beseitigte zunächst das Bedürfnis nach einem riesigen Staatsapparat, der jeden Schritt des wirtschaftlichen Lebens direktiv leitet. Bis auf die Organe der zentralen Langzeitplanung konnte dieser Apparat nun allmählich als Verwaltungsapparat in die Betriebe und überbetrieblichen Vereinigungen verlagert und vom politischen Staatsapparat getrennt werden. Damit ergab sich weiterhin die Möglichkeit, die Partei und ihren Apparat aus der direkten Leitung der Wirtschaft auszuschalten; das hätte im Effekt einerseits geheißen, daß der Mammutapparat der Partei, der sich zu über zwei Dritteln mit autoritativen Eingriffen in das Wirtschaftsleben befaßte, in seiner Tätigkeit eingeschränkt worden wäre, andererseits hätte die Kommunistische Partei als gesellschaftlicher Organismus sich auf eigene politische und programmatische Tätigkeit besinnen müssen. Die wirtschaftliche Reform, die aus sozialistischen Betrieben selbständige Wirtschaftssubjekte gemacht hatte, die die Gesetzmäßigkeiten des Marktes und die Effektivität der Produktion respektieren mußten, verstärkte drittens die Tendenz, fachlich qualifizierten Kadern größeren Einfluß einzuräumen; das führte zur Bevorzugung der Qualifikation gegenüber der „politischen Zuverlässigkeit“, und das allmähliche Zurückdrängen dieses Kriteriums bis zur vollständigen Beseitigung mußte den Mechanismus der totalitären Diktatur in ihren Grundfesten erschüttern. Wenn diese Diktatur die Möglichkeit verliert, existentielle Bevorzugung und Sicherheit der Menschen an die Bedin-

gung ihrer „politischen Zuverlässigkeit" zu knüpfen, stürzt eine der wichtigsten Säulen, auf die sie ihre Macht stützt, ein. Und viertens schließlich verlangte die Wirtschaftsreform nach neuen Lösungen, was die Aufgaben der Gewerkschaften, aber auch die der Arbeits- und Betriebskollektive, ihr Mitspracherecht bei der Leitung der Betriebe und Unternehmen betraf: diese Kollektive sollten auch an den negativen Folgen schlechter Betriebsleitung beteiligt sein durch geringere Prämien (Verlust beim Gewinnanteil) und mußten daher de jure wie de facto mitspracheberechtigt sein. Die Forderung nach Entfaltung der Arbeiterselbstverwaltung im weitesten Sinne des Wortes – nach Mitspracheorganen sowohl in den Betrieben als auch in den übergeordneten Gremien – erhielt also im Zuge der Wirtschaftsreform mit einemmal mehr Nachdruck.

In der sozialen Struktur der Gesellschaft gab es keine Klasse oder Schicht, die in prinzipiellem Widerspruch zu einer anderen Klasse oder Schicht gestanden wäre und zum Schutz ihrer Interessen die totalitäre Diktatur benötigt hätte. Selbst die Bürokratie als Ganzes hatte diesen Charakter nicht; ihr zahlenmäßig größter Bestandteil, der mit der Verwaltung der Wirtschaft und der sozialen Leistungen beschäftigt war, genoß keine so hervorstechenden sozialen Privilegien, daß er an die Diktatur gebunden gewesen wäre: Auch ein demokratisches System müßte derlei Privilegien im Prinzip beibehalten, vielfach würde es sogar (durch die Beseitigung des Maßstabs der „politischen Zuverlässigkeit") die Stellung einzelner Personen verbessern. Derjenige Teil der Bürokratie, der durch seine Privilegien an die Diktatur gefesselt war, beschränkte sich auf die ausgesprochen machtpolitischen Strukturen, deren Bedeutung weder in ihrer zahlenmäßigen Stärke noch in ihrer Unabdingbarkeit für das soziale System, sondern einzig und allein in ihren Machtpositionen innerhalb des Systems der Diktatur gegeben war. Eine relative soziale Gleichheit in der überwiegenden Mehrheit der Gesellschaft schuf mithin eine viel günstigere Basis für Formen der politischen Demokratie, als das je in der Vergangenheit der Fall gewesen war. Den überwiegenden Teil der Bevölkerung bildeten Generationen, die den größeren Teil ihres Lebens unter den gesellschaftlichen Verhältnissen der Ära nach 1945 beziehungsweise nach 1948 verbracht hatten. Die Generation, die gesellschaftlich und politisch in den vierziger Jahren den Ton angegeben hatte, die damals Vierzigjährigen oder Älteren, waren bereits im Rentenalter. Dadurch war die Möglichkeit sehr gering, daß bei dem Sturz der totalitären Diktatur der KPČ die Konflikte zwischen den damaligen Siegern und Besiegten erneut entflammen und politische Bedeutung erlangen könn-

ten. Die Beteiligung der verschiedenen sozialen Schichten an der Macht war gleichmäßig gering, durch eine Demokratisierung der politischen Struktur konnten demnach alle Schichten nur gewinnen – lediglich eine dünne Schicht von Bürokraten, die die eigentlichen machtpolitischen Strukturen des Systems beherrschten, wäre auf der Verliererseite gewesen.
Auch vom historischen Gesichtspunkt aus waren die Voraussetzungen für demokratische Reformen günstig: Die totalitäre Diktatur war ein fremdes, aus dem Ausland (der UdSSR) importieres System, während das Bemühen um ein System der pluralistischen Demokratie an die historischen Traditionen der vergangenen fünfzig Jahre anknüpfte.
Erwägungen staatsrechtlicher Art wie politologische Überlegungen über die Strukturen des politischen Systems liefen ebenfalls auf die Opportunität einer demokratischen Reform hinaus. Schon aufgrund der existierenden Verfassungs- und Rechtsnormen konnten gewisse bedeutende Schritte in Richtung Rechtsstaat gemacht werden: Die Verfassungs- und Rechtsnormen selbst waren meist so vieldeutig formuliert, daß sie unterschiedliche, ja gegensätzliche Praktiken ermöglichten – Auslegungen im Sinne der totalitären Diktatur ebenso wie im Sinne des Rechtsstaats. Das ist ein allgemeines Merkmal der Verfassungs- und Rechtsnormen in den totalitären Regimen sowjetischen Typs, denn zum Unterschied von den totalitären Diktaturen faschistischen Typs geben sich diese Diktaturen nach außen hin als demokratische Systeme aus und beziehen viele Prinzipien des demokratischen Rechtswesens allgemein und formell in ihr Rechtssystem mit ein. Im Grunde hätte man das gesamte wünschenswerte System der Gewalteilung im Staat in der Praxis im Rahmen der gültigen Verfassung und mit Hilfe ihrer Organe aufbauen können. Nach dem Buchstaben des Gesetzes sind die Gerichte unabhängig und alle Exekutivorgane den gewählten Gremien parlamentarischen Typs untergeordnet und von ihnen abhängig. Durch die Einhaltung formell gültiger Bestimmungen dieser Art und durch eine Novelle des Wahlrechts konnte das System der totalitären Diktatur entscheidend abgebaut werden, ohne vorerst das Problem zu berühren, das im praktisch gegebenen Einparteiensystem bestand.
Reformen dieser Art, ergänzt durch ein System der Selbstverwaltung in den sozialistischen Betrieben und in der wirtschaftlichen Sphäre überhaupt sowie durch die Entfaltung der selbständigen Tätigkeit der Gewerkschaften und weiterer gesellschaftlicher Organisationen – solche Reformen erschienen mir als realistischer und dabei wirkungsvoller Ausweg aus der gegebenen Situation. Ich ging davon aus, daß ein

derart reformiertes politisches System, wenn es erst eine gewisse Zeit in der Praxis gewirkt hätte, durch diese Praxis selbst auf den gangbarsten und wirkungsvollsten Weg einer weiteren Entwicklung gewiesen würde.

Die rechtlichen und politologischen Erwägungen wiesen gleichzeitig auf Möglichkeiten, wie auf ähnliche Weise die bürgerlichen und politischen Rechte und Freiheiten des einzelnen Bürgers real erweitert werden könnten. Auch hier eröffnete sich die Möglichkeit bedeutender Veränderungen durch die konsequente Einhaltung geltender Rechtsnormen; es handelte sich vor allem darum, mit der Tradition zu brechen, derzufolge in dem Verhältnis zwischen Individuum und Institution seit Jahren die Institution in jeder Hinsicht begünstigt war und formell existierende Rechte des Individuums in der Praxis ignoriert wurden. In gewissen Fragen waren allerdings neue, der Reformbewegung angepaßte rechtliche Regelungen erforderlich, so zum Beispiel in bezug auf das Recht der freien Meinungsäußerung und auf Freizügigkeit (u. a. mußten einige Paragraphen des Strafgesetzbuches, welche die Freiheit der Meinungsäußerung und Information einschränkten, aufgehoben und das Recht auf einen Reisepaß eingeführt werden). Sehr ernste politische Probleme entstanden aber bereits bei den theoretischen Erörterungen über die Presse- und die Vereinigungsfreiheit. Es bestanden keine Zweifel an der grundsätzlichen Bedeutung dieser beiden Freiheiten für den gesamten Prozeß der Umwandlung der totalitären Diktatur in ein demokratisches System. Es handelte sich jedoch darum, wie diese Freiheiten in der politischen Praxis einer Übergangszeit aussehen könnten, in der die Reform die Frage nach der Haltbarkeit des Systems der Regierung einer einzigen politischen Partei tunlichst noch nicht als aktuelles Problem aufwerfen sollte. Irgendwo in diesem Bereich begannen die Überlegungen über die politische Reform immer wieder auf zwei grundsätzliche Probleme zu stoßen, die selbst in den theoretischen Diskussionen der damaligen Zeit nicht gänzlich geklärt werden konnten: auf das Problem der alleinregierenden politischen Partei und auf die Frage der internationalen Folgen, die eine allfällige politische Reform in den übrigen Staaten des Sowjetblocks nach sich ziehen könnte.

Wo immer in jenen Jahren im Rahmen politischer Arbeitskreise oder Forschungsteams über diese Probleme diskutiert wurde, geschah es zumeist in den Wandelgängen und ohne schriftliche Aufzeichnungen und Protokolle. Diese beiden Themen im Jahr 1967 als offizielle Diskussionsgegenstände eines Forschungsteams bekanntzugeben, hätte das Ende des betreffenden Kollektivs bedeuten können.

Wie war meine eigene Ansicht zu diesen beiden Problemen? Ich war Reformkommunist und keinesfalls nichtkommunistischer Demokrat. Das habe ich damals nicht geleugnet, und ich sehe keinen Grund, die Sachen heute anders darzustellen. Ich hatte daher selbstverständlich weder ideologische Beweggründe noch persönliche Motive, mich darum zu bemühen, daß die KPČ die politische Macht verlöre, und ich habe mich auch nicht darum bemüht. Ich hielt es aber für richtig – und so stand es auch im Einklang mit meinem Verständnis von Sozialismus und Kommunismus –, daß das System der totalitären Diktatur, in der die KPČ die einzige, monopolistisch und diktatorisch regierende politische Kraft war, abgebaut wurde. Ich wollte die politische Macht der Kommunistischen Partei nicht im System derartiger Diktatur, sondern in einer pluralistischen Demokratie realisiert sehen.
Mir war klar, daß die Frage konkurrierender politischer Parteien, die mit der Kommunistischen Partei nach demokratischen Regeln (d. h. in allgemeinen, freien, geheimen Wahlen) um den Anteil der Macht wettstreiten würden, dabei nicht würde umgangen werden können. In der Theorie erschien mir dieses Problem gar nicht einmal so kompliziert, und so trug ich bereits 1967 in einem Manuskript, in dem ich die Ergebnisse der Diskussionen in den Teams zusammenfaßte, den folgenden Gedankengang vor:
„Meiner Ansicht nach gibt es jedoch kein wissenschaftliches Argument, das für den Sozialismus als Gesellschaftsordnung ein Modell, das auf dem System zweier politischer Parteien beruht, ausschließen könnte. Abstrakt gesehen, erscheint ein derartiges Zwei-Parteien-Modell einer sozialistischen pluralistischen Gesellschaftsordnung sogar optimal: Es kann ein festes Bollwerk gegen die Tendenz zu einem Modell mit einem einzigen monopolistischen Subjekt der politischen Führung sein, es kann im politischen Mechanismus ein Instrument zur Lösung eines wesentlichen Widerspruchs schaffen – des Widerspruchs zwischen der Hypothese des kommunistischen Ziels und der empirischen Realität des Sozialismus (die Kommunistische Partei, als Urheberin und Trägerin der kommunistischen Hypothese, würde durch eine Partei, die eher von der Empirie des sozialistischen Status quo ausgeht, korrigiert). Das System zweier Parteien schafft das nötige Gleichgewicht einer Waage im politischen System zum Unterschied vom Mehrparteiensystem, in dem durch das Entstehen von Koalitionen die ‚Waage' praktisch liquidiert und die monopolistische Herrschaft eines Subjekts (der Koalition) hergestellt werden kann; gleichzeitig wird verhindert, daß die Plattform der politischen Entscheidungen aus dem Bereich des Staates (seiner Repräsentativorgane) ausge-

lagert wird, was demgegenüber im Mehrparteiensystem gefördert wird (ob in Form einer Koalition oder einer dauernden Plattform, wie es in den Jahren 1945 – 1948 bei uns die Nationale Front war), wobei die eigentliche rechtsstaatliche Garantie demokratischer Verfahrensweise auf Umwegen ausgeschaltet wird, denn die Entscheidungen fallen außerhalb der Gremien, die vom Gesetz her dafür zuständig sind. So sehr ich aber auch die Zwei-Parteien-Lösung für eine stabile sozialistische Gesellschaft für möglich halte, kann ich nicht die konkreten historischen Bedingungen in den sozialistischen Staaten der Gegenwart, einschließlich der Tschechoslowakei, außer acht lassen und diese Lösung als in der nahen Zukunft der Entwicklung unseres Modells realisierbar betrachten." (Das Manuskript, aus dem dieser Absatz stammt, wurde in der ČSSR bereits nicht mehr veröffentlicht. Ich zitiere aus meiner Arbeit „Československý pokus o reformu 1968", S. 68–69.)
Was waren damals meine hauptsächlichen Argumente für diesen Standpunkt? Ich glaube, daß diese Argumente bereits nicht mehr unmittelbar aus meiner Stellung als Vertreter der regierenden Kommunistischen Partei hervorgingen, sondern auch von Politologen und Politikern ausgeprägt nichtkommunistischer Orientierung nicht ohne weiteres zurückgewiesen werden konnten.
Vor allem ging ich davon aus, daß die öffentliche Erörterung der Frage der Schaffung einer zweiten politischen Partei, die in demokratischen Wahlen mit der KPČ in den Wettstreit um die Macht eintreten sollte, die ganze demokratische Reform bedrohen, wenn nicht gar ihre Realisierung überhaupt verhindern könnte, solange sich nicht vorher eine ganze Reihe anderer demokratischer Veränderungen im politischen System (etwa die bereits oben erwähnten) vollzogen hätte. Denn in diesem Fall würden in der ja noch monopolistisch regierenden KPČ – bei Zehntausenden ihrer Funktionäre in den verschiedensten Machtzentren – nicht rationale Reformerwägungen das Denken bestimmen, sondern der Selbsterhaltungstrieb: in der Vorahnung einer Wahlniederlage würden alle reformistischen Ideen einfach beiseite gefegt und alle Kräfte zur Verteidigung des alten, diktatorischen Systems mobilisiert werden.
Weiterhin war ich der Ansicht, daß auch objektiv, das heißt vom Standpunkt der tatsächlichen Bedürfnisse der Gesellschaft betrachtet, andere Formen der gesellschaftlichen Einflußnahme auf die Politik gegenwärtig vorrangiger wären als diejenigen, die eine neue politische Partei hätte bieten können. Auch in den traditionellen, hochentwikkelten pluralistischen Demokratien ist unter den Bedingungen der

modernen Industriegesellschaft die Leistung der politischen Parteien in bezug auf die wirksame vom Volk ausgeübte Kontrolle sowohl der Politik als insbesondere der Entscheidungen in Hunderten von schwerwiegenden Sachproblemen äußerst beschränkt. Viel wichtiger für die Kontrolle der gerade regierenden politischen Partei erschien es mir, wie die gewählten Gremien des Staates, die verschiedenen Formen der Selbstverwaltung und Mitbestimmung im alltäglichen politischen und wirtschaftlichen Leben tatsächlich funktionierten, wie die Rechte der Bürger außerhalb der politischen Parteien sichergestellt waren, das Recht auf freie Meinungsäußerung, die Pressefreiheit usw. In den Verhältnissen des Sozialismus erschien mir überhaupt vorrangig, daß vor allem solche Formen der Mitbestimmung des Volkes in der Praxis zu funktionieren begännen, die gerade nach Beseitigung der Barrieren des Privateigentums an erster Stelle standen: daß der Einfluß der Gewerkschaften und einer ganzen Reihe weiterer gesellschaftlicher Organisationen gemeinsam mit dem Einfluß der Selbstverwaltungsorgane in den Betrieben und anderen Bereichen der gesellschaftlichen Tätigkeit beim Treffen von staats- und machtpolitischen Entscheidungen zu einer realen Kraft würde. Meine Vorstellungen liefen darauf hinaus, daß die gewählten Gremien des sozialistischen Staates sich von dem ehemaligen bürgerlich-demokratischen Parlament dadurch unterscheiden sollten, daß ihre Abgeordneten nicht nur Vertreter der politischen Parteien wären, sondern auch Repräsentanten aller anderen Organisationen, insbesondere derjenigen der Selbstverwaltung: das Parlament könnte sogar eine eigene Kammer haben, die von der Selbstverwaltung, unabhängig von den politischen Parteien, gestellt würde.

Im Verlauf der politischen Reform eine ganze Reihe derartiger Veränderungen innerhalb des Systems durchzusetzen, schien meiner Meinung nach wichtiger und vor allem aussichtsreicher, als eine demokratische Wahl abzuhalten, bei der dann unter Umständen anstelle der KPČ eine neue politische Partei die Mehrheit erhalten würde, und erst dann das politische System zu demokratisieren. Für eine derartige Reform konnte man nämlich auch das alte System der Diktatur, beherrscht von der KPČ, allmählich gewinnen, da es sich seiner tiefen Krise bewußt war. Der in der Politik immer ausgeprägt wirkende Selbsterhaltungstrieb der Regierenden konnte damals in der Tschechoslowakei gerade dazu führen, daß die Kommunisten in dieser Reform einen Ausweg gesehen hätten, auf dem sie ihre Macht glaubten erhalten zu können. Das tatsächliche Ergebnis einer derartigen Reform wäre jedoch eine so weitgehende Transformation des Systems als solchen und selbst der KPČ gewesen, daß sie im Ergebnis die Liquidierung der hauptsächlichen Stützen der totalitären Diktatur bedeutet hätte. Und dann – sobald der Mechanismus einer anderen, bereits demokratischen Macht praktisch funktioniert hätte und relativ stabilisiert gewesen wäre – hätte auch die Frage eines Pluralismus politischer Parteien auf die Tagesordnung kommen können. Unter diesen Umständen hätte es sich nämlich um die letzte, dauerhafte Garantie der Entfaltung eines pluralistischen demokratischen System gehandelt, nicht aber vornehmlich oder gar ausschließlich um den Schritt, der den Kampf um die Beherrschung der Staatsmaschinerie durch ein anderes politisches Subjekt als die undemokratische, diktatorische KPČ eröffnen sollte.

Zeitlich gesehen ging meine Vorstellung davon aus, daß zur Erreichung dieses Ziels eine Periode von Reformmaßnahmen von ungefähr zehn Jahren, möglicherweise etwas mehr, notwendig sein würde. Wem das zu lange erscheint, der sollte sich vergegenwärtigen, daß wir heute – im Jahr 1978 – des zehnten Jahrestags des „Prager Frühlings" gedenken.

Ich wiederhole, daß ich heute nicht behaupten will, daß meine Vorstellungen realisierbar gewesen wären, ohne den Widerspruch Moskaus herauszufordern. Ich befasse mich mit ihnen jedoch deshalb so eingehend, weil ich erklären will, warum ich zu gewissen Problemen im Verlauf des „Prager Frühlings" einen ganz bestimmten Standpunkt einnahm. Ich fürchtete damals, daß gerade die Frage der Zulassung neuer politischer Parteien zur Unzeit, das heißt viel zu früh, in die praktische Politik eingeschleust und hochgespielt würde, und zwar einesteils durch die Presse (was in gewissem Umfang auch eintrat) und zum anderen durch die Bemühungen einiger politischer Gruppen, als neue politische Parteien aufzutreten (das sollte sich dann für eine bestimmte Gruppe innerhalb der Sozialdemokratie und einige Gruppierungen innerhalb des KAN [Klub engagierter Parteiloser – d. Ü.] bewahrheiten).

Ich konnte verstehen, warum diese Frage von denen aufgeworfen wurde, die einer von Kommunisten vertretenen Reformpolitik nicht vertrauten und die unabhängig, von außerhalb der KPČ, in das politische Geschehen eingreifen wollten. Was ich aber nicht verstehen konnte, war, warum einige Reformkommunisten, die die Konzeption der Reformpolitik teilten, ebenfalls mit dieser Frage kamen. Ich konnte auch nicht verstehen, wie einige dieser Leute, die ungefähr meiner Generation angehörten und im Prinzip die gleichen politischen Erfahrungen hatten wie ich, tatsächlich glauben konnten, daß nicht nur Bilak und die „Konservativen", sondern selbst Dubček und der „progressive" Flügel der KPČ ihre politische Laufbahn mit freien, demokratischen Wahlen einleiten würden, in denen sich die KPČ der Konkurrenz einer neuen, durch die Sünden der Kommunisten aus der Vergangenheit nicht belasteten Partei stellen würde. Ich konnte nicht begreifen, wie sie nach allem, was sie in der Politik der KPČ bereits erlebt hatten, in der Beurteilung der Politik als solcher und der ihrer Partei im besonderen so naiv und romantisch sein konnte. Ich hielt das schon damals für keine Tugend und habe meine Meinung in dieser Hinsicht bis heute nicht geändert.

Was nun das zweite politische Grundproblem anbelangt – die internationalen Folgen und Zusammenhänge der politischen Reform in der Tschechoslowakei –, so wußten wir in unserem Forschungsteam selbstverständlich bereits im Jahr 1967 daß diese Reform in ihrer Praxis auch vor dem Urteil des Kremls würde bestehen müssen. Vorläufig stellte das aber für uns kein ernstes Problem dar: unsere Erwägungen und theoretischen Diskussionen deshalb einzuschränken wäre sinnlos gewesen. Die internen Überlegungen an sich konnten keine Intervention Moskaus hervorrufen, und was in einiger Zeit in der Praxis passieren würde, wenn die Reform in die Tat umgesetzt würde, konnte man ohnehin theoretisch nicht ergründen, denn das würde von den konkreten Umständen (einschließlich der personellen Situation) zur gegebenen Zeit in Moskau abhängig sein.

Ich selbst maß jedoch möglichen sowjetischen Reaktionen gleich vom Anfang unserer Forschungsarbeiten an Bedeutung bei und fuhr im Frühjahr 1967 nach Moskau, um an Ort und Stelle festzustellen, was für entgegenkommende oder widersprüchliche Tendenzen auf seiten der sowjetischen Ideologie zu erwarten waren. Ich hatte im Institut für Staat und Recht der Moskauer Akademie der Wissenschaft einen offiziellen Vortrag zu halten, in dem ich die Umrisse des politischen Reformkonzepts, an dem wir zu arbeiten begonnen hatten, darlegte. In einigen offiziellen und zahlreichen inoffiziellen Gesprächen mit Leuten aus dem Bereich der wissenschaftlichen Institute sowie des Partei- und Staatsapparats suchte ich die Reaktion auf eine ganze Reihe konkreter Fragen unserer Reformkonzeption festzustellen.

Die offiziellen Reaktionen waren meist sehr zurückhaltend: Meine Ideen wurden als „interessant" klassifiziert – es wurde aber nicht spezifiziert, ob das positiv oder negativ gemeint war. Einige Persönlichkeiten aus den Kreisen der funktionsmäßig höchstgestellten akademischen Ideologen griffen die Gesamtkonzeption sogar an. So stellte zum Beispiel der Direktor des Moskauer Instituts, Akademiker

Tschechikwadse (später übrigens wegen Veruntreuungen und „amoralischen Lebenswandels“ seiner Funktion enthoben), in der Diskussion nach meinem Vortrag die provokativ gemeinte Frage, worin sich meine Auffassungen eigentlich von bürgerlichen pluralistischen Konzeptionen unterschieden. Ich antwortete ihm: Im Grunde genommen dadurch, daß ich einen Pluralismus in einer sozialistischen Gesellschaft vor Augen habe, der daher die politischen Organisationen der arbeitenden Menschen und der Arbeiterklasse betrifft und nicht die Bourgeoisie; was allerdings einige konkrete Fragen anbelange, insbesondere die Organisation des Mechanismus selbst und seine Funktionen, so sei kein Unterschied vorhanden – und ich wäre dankbar, wenn der Genosse Akademiker konkret darlegen könnte, warum und worin solche Unterschiede bestehen sollten. Der Genosse Akademiker sagte überhaupt nichts mehr: es hatte ihm den Atem verschlagen, daß die Drohung, die der Begriff „bourgeoiser Pluralismus“ an sich schon beinhaltete, nicht genügte, um jede weitere Diskussion überflüssig erscheinen zu lassen. Unter allgemeiner Mißbilligung wurde auch die Konzeption abgelehnt, den Leitungsapparat der Volkswirtschaft aus der Sphäre des staatlichen und des Parteiapparates auszusondern. Diese Kritik zielte allerdings zum Teil über den konkreten Anlaß hinaus auf die tschechoslowakische Wirtschaftsreform insgesamt, wie sie zu dieser Zeit in Prag bereits Bestandteil der offiziellen Parteilinie war. Bei inoffiziellen Gesprächen sahen die Argumente wesentlich anders aus. Meine sowjetischen Gesprächspartner (häufig gute Bekannte und Freunde noch aus der Zeit meines Studiums in Moskau) waren der Ansicht, daß man zwar in der UdSSR auf absehbare Zeit eine ganze Reihe unserer Konzepte kaum als real durchführbare Reformen würde behandeln können, aber daß es auch für sie von außergewöhnlicher Bedeutung wäre, wenn die Entwicklung in der Tschechoslowakei tatsächlich diese Richtung nehmen würde. Sie gingen davon aus, daß auch in der Sowjetunion Reformen und eine Demokratisierung notwendig wären. Breschnjew war damals kaum zweieinhalb Jahre an der Macht, und es überwog die Ansicht (insbesondere im Parteiapparat), daß er bloß eine „Interimslösung“ darstelle, da keine der Gruppen innerhalb der Partei vorläufig stark genug sei, sich direkt durchzusetzen. Die meisten Hoffnungen waren auf einen Sieg der rationalen, auf Fachleute gestützten Linie gerichtet, die auch die Demokratisierung fortsetzen würde; diese Linie wurde oft mit dem Namen Schelepins in Verbindung gebracht. Man trauerte Chruschtschow im allgemeinen nicht nach; insbesondere seine Innenpolitik betrachteten die jüngeren Menschen im Parteiapparat als konzeptionslos, als eine Folge waghalsiger Experimente im Verein mit unbedachten Reorganisationen in den verschiedensten Bereichen des gesellschaftlichen Lebens. Nur in wenigen Ausnahmefällen stieß ich auf die Ansicht, daß eine Demokratisierung in der UdSSR aussichtslos sei. Einer meiner ehemaligen Kommilitonen vertrat diese Ansicht und begründete sie kurz und bündig mit den Worten: „Das, was du willst, kommt bei uns gar nicht in Frage: Die würden uns die Kehlen durchschneiden." Das „uns" bezog sich auf die sowjetische Bürokratie, das „Die" auf das sowjetische Volk.

Ich kehrte nach Prag mit der Überzeugung zurück, daß die Aussichten für die Zukunft nicht die schlechtesten seien, daß auch in der Sowjetunion mit einer positiven Entwicklung in Richtung Demokratisierung gerechnet werden könne. Vorerst mußten wir jedoch davon ausgehen, daß wir für unsere Arbeit keine Hoffnung auf Unterstützung von entsprechenden theoretisch-ideologischen Instituten erwarten könnten, sondern daß viel eher noch mit gehässigen Reaktionen seitens der offiziellen Führung dieser Institutionen zu rechnen war. Die, die mit uns sympathisierten, waren zwar in der Mehrzahl, sie hatten aber nicht die Macht und nahmen keine offiziellen, führenden Positionen ein. Ich nahm jedoch an, daß sich die Situation bis zum Jahr 1970 zu unseren Gunsten gewendet haben würde. Wie sich zeigte, war dies eine der fehlerhaftesten Einschätzungen, die ich je getroffen habe.

So sahen also insgesamt meine Ansichten über den realistischen Weg einer politischen Reform in der Tschechoslowakei aus, als ich im Januar 1968 meinen Platz in der „Arbeitsgruppe" einnahm, deren Aufgabe es war, den Text eines politischen Dokuments auszuarbeiten, das später als „Aktionsprogramm der KPČ" bekannt wurde und am 5.April 1968 vom Zentralkomitee der Partei als offizielles politisches Programm des „Prager Fühlings" gebilligt wurde.

Das Aktionsprogramm der KPČ von 1968 wurde, wie der Großteil der politischen Dokumente aus der Zeit Novotnýs, in „Arbeitsgruppen" geschrieben, in denen vorwiegend Mitarbeiter von wissenschaftlichen Instituten und Hochschulen saßen. Das Präsidium des ZK der KPČ setzte zwar zur Ausarbeitung dieses Programms eine „politische Kommission" ein, deren Vorsitzender Drahomír Kolder war und der Mitglieder des Präsidiums, ZK-Sekretäre und andere hohe Funktionäre angehörten, aber an der eigentlichen Formulierung des Textes des Aktionsprogramms wie auch an der Arbeit, die dem vorausging, war keiner von ihnen beteiligt. Kolder selbst besuchte die Mitarbeiter, die den Text ausarbeiteten, insgesamt nur zweimal – das eine Mal mit dem Vorschlag, der Text solle kurz sein, nicht länger als rund zehn Seiten, er habe bereits mit dem Schriftsteller Jan Procházka (der in einer benachbarten Villa wohnte) vereinbart, daß dieser die endgültige Fassung schreiben solle, wenn er nur erst die Unterlagen bekäme. Im Herbst 1968 wollte Breschnjew von Bohumil Šimon in Moskau erfahren, wer das Aktionsprogramm eigentlich geschrieben habe. Als ihm Šimon darauf antwortete, daß eine Kommission unter der Führung Kolders damit beauftragt gewesen sei, winkte Breschnjew ab und sagte: „Danach habe ich nicht gefragt, ich will wissen, wer es tatsächlich geschrieben hat." Nun, den Text des Aktionsprogramms der KPČ schrieben die folgenden Autoren:

Teil I: Der Weg der Tschechoslowakei zum Sozialismus – Jan Fojtík, Karel Kaplan und Radovan Richta

Teil II: Für die Entfaltung der politischen Demokratie, für ein neues System der politischen Leitung der Gesellschaft – Zdeněk Mlynář

Teil III: Volkswirtschaft und Lebensniveau – Bohumil Šimon und Antonín Červinka unter Mitarbeit weiterer Volkswirtschaftler, insbesondere Ota Šiks und Karel Koubas

Teil IV: Entfaltung der Wissenschaft, Bildung und Kultur – Radovan Richta und S. Provazník unter Mitarbeit verschiedener Autoren aus dem Schulwesen, der Akademie der Wissenschaften und dem Schriftstellerverband

Teil V: Die internationale Stellung und die Außenpolitik der ČSSR – Pavel Auersperg.

Diese Autoren bildeten die „Arbeitsgruppe", die unter der organisatorischen Leitung von Pavel Auersperg in dessen Büro in der Prager Redaktion der Zeitschrift „Fragen des Friedens und des Sozialismus" zu tagen pflegte. Unterlagen für ihre Arbeit waren Dutzende von Teilstudien von Mitarbeitern wissenschaftlicher Institute, und der Text wurde auch mit einer Reihe von Fachgruppen durchgesprochen und auf zahlreiche Anregungen hin abgeändert. Diese Menschen – also weder die „politische Kommission" noch das Parteipräsidium – gaben dem Programm nicht nur seine endgültige Form, sondern bestimmten auch seinen Inhalt, entschieden darüber, welche Probleme mit einbezogen wurden und welche nicht und wie jene politisch gelöst werden sollten. Die Kommission Kolders und das Parteipräsidium behandelten den Antrag bereits in seiner endgültigen Form, und ich kann mich nicht erinnern, daß diese Gremien – abgesehen von der Problematik der Nationalen Front, mit der ich mich noch befassen werde – Anregungen zur Lösung irgendeines der in dem Programm angesprochenen Probleme beigetragen hätten.

In den Text dieses Dokuments baute ich auch den Komplex meiner eigenen Vorstellungen mit ein: zum erstenmal ohne das ängstliche Bemühen um halbherzige, vernebelte Formulierungen, die das Parteiorgan „passieren" könnten, sondern mit der Absicht, klar und eindeutig zu formulieren, so daß, was im Programm enthalten war, auch in der politischen Praxis durchgeführt werden könnte. In einer grundlegenden Frage jedoch wich die Konzeption des Aktionsprogramms der KPČ von meiner eigenen Auffassung ab – in der Frage der Aufgaben der politischen Parteien und der Nationalen Front.
Das Aktionsprogramm war als politische Plattform für eine kurze Periode konzipiert, für die erste Entwicklungsphase der politischen Reform. Wie ich bereits sagte, hielt ich es in dieser Phase nicht für klug, die Schaffung neuer politischer Parteien, die in demokratischen Wahlen mit der KPČ um den Anteil an der Macht wettstreiten würden, als aktuelles Problem einzuführen. Deshalb hielt ich es auch im Hinblick auf das Aktionsprogramm für unangebracht, das Thema der politischen Parteien dort überhaupt aufzugreifen; damit hätte sich die Reform nämlich in einer Hinsicht in ein unlösbares Dilemma manövriert: Die nichtkommunistischen Parteien in diesem Programm in derselben Weise einzuschränken, wie es seit dem Februar 1948 die Praxis war, hätte geheißen, auch für die Zukunft eine der Stützen des totalitären Systems programmatisch festzuschreiben und noch dazu die offiziellen Stellen unnützerweise auf diese mögliche Schwachstelle hinzuweisen. Im Gegensatz dazu das System unmittelbar abzuschaffen, war aber in jener Phase politisch nicht durchführbar, ohne eine ernste Krise und neue Machtkonflikte heraufzubeschwören.
Sich mit der politischen Aufgabe der Nationalen Front auseinanderzusetzen, deren Funktion es eigentlich war, die nichtkommunistischen Parteien an selbständiger Tätigkeit zu hindern, hätte bedeutet, die Diskussion über den gesamten Fragenkomplex unwiderruflich zu eröffnen. Über die Funktion der Nationalen Front, nicht aber über die Aufgaben der politischen Parteien zu sprechen, gäbe andererseits keinen Sinn. Die politische Rolle der Gewerkschaften und anderer Interessengemeinschaften, die ebenfalls in der Nationalen Front zusammengefaßt waren, sollte sich jedoch nach meiner Auffassung im Verlauf der Reform so selbständig wie möglich entfalten, ohne die Einschränkung, die der Mechanismus der Nationalen Front bewirken könnte. Dieser Mechanismus selbst war meines Erachtens Anfang 1968 politisch bereits abgestorben, und ich sah keine Notwendigkeit, ihn wieder zum Leben zu erwecken.
Innerhalb der Partei existierte jedoch noch eine andere Auffassung zu

dieser Frage, vertreten insbesondere von einer Gruppe von Politologen unter der Führung von R. Rohan und gefördert von Jiří Hendrych. Jiří Hendrych überreichte mir als Unterlage für die Ausarbeitung des Aktionsprogramms auch Dokumente, in welchen der Standpunkt jener Gruppe seinen schriftlichen Niederschlag gefunden hatte. Er lief darauf hinaus, daß die Nationale Front zu neuem Leben erweckt werden sollte, um die Funktion eines Instruments zu übernehmen, mit dessen Hilfe die KPČ alle übrigen gesellschaftlichen Organisationen steuern könnte, wobei die Frage der politischen Parteien unberührt bleiben und diese auch in Zukunft bloß als „Ausstellungsstücke" des Regimes formell weiterexistieren sollten.

Meinen Standpunkt in dieser Angelegenheit teilte ich Hendrych, der bis März 1968 Präsidiumsmitglied und ZK-Sekretär war, im Februar schriftlich mit. (Die Kopie dieses Schriftstücks beschlagnahmte die Staatssicherheit bei einer Durchsuchung meiner Wohnung im April 1975 zusammen mit anderen privaten Dokumenten, und sein genauer Wortlaut steht mir daher nicht zur Verfügung.) Ich sprach die Auffassung aus, daß die Einfügung einer derartigen Konzeption der Nationalen Front in das Aktionsprogramm nicht richtig wäre und dem Geist der Reform widerspräche; wenn aber gleichzeitig die Frage der nichtkommunistischen politischen Parteien aufgeworfen werden sollte, würde das schon in der ersten Phase der Reform Probleme schaffen, die in der politischen Praxis unlösbar wären. Ich empfahl daher, das Problem der Nationalen Front im Aktionsprogramm nur sehr allgemein zu berühren, etwa mit den Worten der gültigen Verfassung, in der es heißt: „Die Nationale Front der Tschechen und Slowaken, in der die gesellschaftlichen Organisationen vereinigt sind, ist der politische Ausdruck des Bündnisses der Werktätigen aus Stadt und Land, geführt von der KPČ." Ansonsten sollte dieser abgestorbene Organismus in Ruhe gelassen werden und faktisch abseits des Reformgeschehens bleiben. Hendrych erhob keinen Einspruch (ebensowenig wie die anderen Funktionäre, mit denen ich über dieses Problem sprach), und so enthielt der bereits fertige Textentwurf vom März 1968 praktisch nichts über die Nationale Front und die politischen Parteien.

Auf einer Sitzung der politischen Kommission unter Drahomír Kolder im März kam diese Frage jedoch zur Diskussion und wurde zum Streitpunkt. Gegen meinen Standpunkt führten einige Mitglieder der Kommission an, daß vom praktischen politischen Gesichtspunkt aus das Problem der nichtkommunistischen politischen Parteien zum gegebenen Zeitpunkt nicht mehr umgangen werden könne, denn gerade

das würde unerwünschte politische Aufmerksamkeit hervorrufen und damit Druck auf die KPČ ausüben, in dieser Angelegenheit einen klaren Standpunkt einzunehmen. Sie betrachteten es deshalb als unumgänglich, im Aktionsprogramm die Aufgaben der Nationalen Front und innerhalb ihrer auch der politischen Parteien ausführlich zu formulieren. Am vehementesten vertrat diesen Standpunkt der gegenwärtige Ministerpräsident der tschechoslowakischen Föderalregierung, Lubomír Štrougal, unterstützt von Josef Smrkovský. Sehr offen wurde auch darüber debattiert, wie es in der praktischen Politik weitergehen solle: Ob man tatsächlich ernsthaft mit der Perspektive freier Wahlen rechnen solle, bei welchen dann kommunistische Parteien selbständig auftreten würden. Alle Teilnehmer dieser Sitzung vertraten einheitlich die Meinung, daß diese Perspektive nicht realistisch wäre. Bereits auf dieser Sitzung kam man im Grunde zu der gemeinsamen Auffassung, daß die Nationale Front im Verlauf der Reform ganz im Gegenteil vereiteln sollte, daß sich außerhalb des in ihr repräsentierten Rahmens politische Parteien bildeten, und daß sie dadurch in der praktischen Politik einen möglichen Machtkampf der politischen Parteien verhindern sollte.
Anfangs versuchte ich mit allgemeinen theoretischen Gegenargumenten zu beweisen, daß auf diesem Weg die Perspektive der späteren Phasen der politischen Reform kompliziert würde. Im Verlauf der Diskussion mußte ich jedoch einsehen, daß vom praktischen Standpunkt aus diejenigen recht hatten, die behaupteten, daß man das Problem heute nicht mehr umgehen könne: Im März war, was sich auch in der Presse ausdrückte, die Entwicklung innerhalb der Gesellschaft so weit gediehen, daß die Frage der Rolle der nichtkommunistischen politischen Parteien praktisch bereits auf dem Tisch lag. Ich formulierte also nach dieser Diskussion die entsprechende Passage des Aktionsprogramms über die Nationale Front und die politischen Parteien in dem Wortlaut, wie er schließlich gebilligt und veröffentlicht wurde.
Die Arbeit am Aktionsprogramm der KPČ zeigte mir deutlich, daß in meiner Aktivität im Interesse des Reformkommunismus eine neue, entscheidende Phase angebrochen war. Theoretische und ideologische Überlegungen sollten jetzt in der praktischen Politik nachgeprüft, sollten Bestandteil des Lebens der Gesellschaft werden. Und das nicht mehr in der verstümmelten Gestalt oft doppelsinniger Formulierungen, die für das bürokratische System der totalitären Macht bestimmt waren und denen die Öffentlichkeit außerhalb der Machtstruktur absolut gleichgültig gegenüberstand. Sie sollten sich praktisch bewähren in einer Zeit, da das System der totalitären Diktatur am Zusammen-

brechen war, die Mehrheit der Bevölkerung immer aktiver selbst in das Geschehen eingriff und politisch aktive Gruppen sehr unterschiedlicher Richtung die reale Möglichkeit hatten, ihre Meinungen offen auszusprechen, zu verbreiten und zu verteidigen. Auf der politischen Szene zeigte sich ein primäres Element der Politik – der Kampf um Beteiligung an der Macht –, und damit kamen selbstverständlich auch Leidenschaften, Emotionen und die unvermeidliche politische Demagogie mit ins Spiel.

Erschütternd wirkte auf mich, was ich später innerhalb der Machtstruktur, in der Welt der Regierenden, aus nächster Nähe wahrnehmen konnte: jämmerlicher Mangel jedweder eigenen Konzeption, jedweder Vorstellung über Sinn und Ziele der Reform, statt dessen um so mehr Geplänkel und Kämpfe um Machtpositionen. Vor diesen Plänkeleien und Machtkämpfen rückte für die Beteiligten alles, was für die weitere Entwicklung der Politik, der Gesellschaft und ihres Lebens von größter Wichtigkeit gewesen wäre, in den Hintergrund. Und wie diejenigen, die ein Stückchen Macht ergattert hatten, ihr Mäntelchen in den Wind hängten, um nur ja nicht wieder ins Hintertreffen zu geraten!

Ich hatte Naivität und romantische Vorstellungen in bezug auf die Politik schon längst verloren. Aber ich war noch nicht durch und durch zum Zyniker in der politischen Arena geworden. Und plötzlich merkte ich, daß dies – zumindest vom persönlichen Standpunkt aus – für den politischen Alltag keine Tugend war. Sowohl Naive und Romantiker als auch Zyniker haben es leichter, als einer, der bereits merkt, daß im Kampf um politische Erfolge Ideale nicht entscheiden, der aber selbst noch Ideale hat. Ich sah um mich herum genug Leute in der gleichen Situation – im ganzen waren wir jedoch in der Minderheit: Romantiker und Zyniker befanden sich in der Überzahl.

Die Abberufung Antonín Novotnýs aus der Funktion des Ersten Sekretärs des Zentralkomitees der Kommunistischen Partei der Tschechoslowakei wird bis heute als das Ergebnis einer kurzen, aber erstaunlich souveränen Entwicklung innerhalb der Führung der KPČ in der Zeit vom Oktober bis zum Dezember 1967 geschildert. Im Oktober kam es auf der Tagung des Zentralkomitees zum offenen Konflikt zwischen Novotný und einigen ZK-Mitgliedern, insbesondere mit Alexander Dubček. Es ging dabei um Fragen verschiedener Art, vor allem um die Arbeitsmethoden der Partei und die Methoden von Antonín Novotný selbst. Der Konflikt übertrug sich auf das Parteipräsidium und gipfelte dort in dem Antrag, Novotný möge von seiner Funktion als Erster Sekretär des Zentralkomitees zurücktreten (aber weiterhin Präsident der Republik bleiben). Das Kräfteverhältnis war unentschieden, 5 : 5; auf der einen Seite Novotný, Lenárt, Chudík, Laštovička, Šimůnek, auf der anderen Dubček, Černík, Hendrych, Kolder und Dolanský. Novotný rief in der Hoffnung, so seine Position zu retten, Breschnjew zu Hilfe, der ihn jedoch nicht unterstützte, sondern den ganzen Konflikt zur „inneren Angelegenheit der KPČ" erklärte. Ende Dezember begann das Zentralkomitee dann über die Trennung der Funktionen des Präsidenten der Republik und des Ersten Sekretärs der Partei zu diskutieren, und im Januar wurde Novotný seiner Parteifunktion enthoben.

Es ist auch bekannt, daß noch vor der Entscheidung des Zentralkomitees gewisse Kreise in der Armee und im Staatssicherheitsdienst Vorbereitungen trafen, in welchen sich die Absicht Novotnýs anzukündigen schien, die Opposition gegen seine Person unter Umständen durch Verhaftungen und die Ausrufung des Ausnahmezustands gewaltsam zu unterdrücken. Dazu kam es dann schließlich doch nicht; einer der in die Angelegenheit verwickelten Generäle floh ins Ausland (später wurde ihm überdies Korruption nachgewiesen), ein weiterer offensichtlich beteiligter General erschoß sich später. Und Novotný wurde in aller Ruhe abgesetzt.

Auf der Sitzung des Zentralkomitees im Dezember und Januar zeigte sich plötzlich eine bisher nie so stark in Erscheinung getretene Opposition gegen Novotný – und in dieser Opposition engagierten sich neben den bereits von früher bekannten Oppositionellen äußerst heftig auch Personen, die bisher nie mit den demokratischen Opponenten gemeinsam aufgetreten waren, so zum Beispiel Vasil Bilak und Alois Indra. Die Geschichtsschreiber des „Prager Frühlings" nahmen all dies zur Kenntnis, und niemand stellte irgendwelche Fragen.

Ich glaube aber, daß es dennoch angebracht ist, gewisse Fragen zu stellen. Bis zum Eintritt Dubčeks in die Funktion des Ersten Sekretärs war es in der KPČ gang und gäbe, daß nicht nur die Kandidaten für dieses Amt in Moskau gebilligt wurden, sondern auch die Besetzung einer Reihe weiterer gehobener Funktionärsämter bis hin zu den Leitenden Sekretären der Bezirksausschüsse der Partei. Und jetzt hätte Breschnjew einfach zulassen sollen, daß irgendeine „Anti-Novotný-Opposition" mir nichts dir nichts eine ganze neue Parteiführung bildete? Saß er im Kreml und wartete mit Spannung, was er darüber aus der Zeitung erfahren würde? Novotný mobilisierte für seine Verteidigung „treue Kader" der Armee und der Polizei – und Tscherwonjenko (der sowjetische Botschafter – d. Ü.) sollte davon nichts gewußt haben? Es

ist doch allgemein bekannt, daß derlei „treue Kader“ vor allem moskautreu sind. Und warum wurde dann plötzlich die dramatische Verteidigung Novotnýs abgeblasen?
Ich wage sehr daran zu zweifeln, daß Moskau alles nur dem Zufall überließ – als „innere Angelegenheit der KPČ“. Eher neige ich dazu, einer anderen Version Glauben zu schenken: Nach Breschnjews Besuch in Prag wurde auch in Moskau beschlossen, die Angelegenheit nicht länger hinauszuziehen und Novotný auf dem nächsten Plenum des Zentralkomitees absetzen zu lassen. Auch das Soldatenspiel wurde höchstwahrscheinlich vom Oberregisseur abgeblasen – obgleich ich nicht ausschließen möchte, daß Novotný am Ende selbst vor diesem Schritt zurückschreckte, da er nicht mit Waffengewalt „gegen die Partei“ vorgehen wollte. Was die Nachfolge anbelangte, ging der Kreml mit Sicherheit von der Voraussetzung aus, daß die fünf Präsidiumsmitglieder, die gegen Novotný gestimmt hatten, im Politbüro verbleiben würden. Mit Ausnahme von Dolanský, der bereits zu alt war, müßte aller Voraussicht nach einer der übrigen vier die Stelle Novotnýs einnehmen: Ob das nun Dubček, Hendrych, Černík oder Kolder wäre, das konnte tatsächlich der „Souveränität der KPČ“ überlassen bleiben (Kolder war außerdem ein in höchstem Maße unwahrscheinlicher Kandidat, so daß schließlich nur drei Möglichkeiten übrigblieben).
Die Moskauer Regie mußte jedoch weiter vorausblicken. Man mußte damit rechnen, daß einige Anhänger Novotnýs sich nach seinem Sturz auch nicht würden halten können und daß sie durch Leute aus der Opposition gegen Novotný ersetzt würden. Für diesen Fall war es unerläßlich, in den Reihen dieser Opposition einige garantiert „internationalistisch“ verläßliche Kader im Spiel zu haben. Nur so kann ich mir die plötzliche und überraschende radikale Opposition einiger Genossen gegen Novotný erklären.
Allerdings habe ich für diese Hypothese keine konkreten Beweise, nur die Logik der Sache selbst spricht für sie. Wie anders ließe sich erklären, daß Alois Indra, Verkehrsminister, unverhofft eine solch grundsätzliche politische Polemik vom Stapel ließ, daß alle Anwesenden erstarrten? Wie sonst war es möglich, daß dieser radikale Progressivist und Verfechter neuer Methoden vom selben Augenblick an, da der Konflikt zwischen Dubček und Breschnjew ausbrach, zu einem der führenden „Konservativen“ in der Parteiführung wurde – und daß schließlich, nach der Ankunft sowjetischer Panzer in Prag, Dubček in seinem Namen festgenommen wird?
Und Vasil Bilak als „Erneuerer des Sozialismus“? Man könnte ihm

zugute halten, daß Novotný in seinem Konflikt mit Dubček die gesamte Vertretung der slowakischen KP im ZK der KPČ angegriffen hatte und Bilak ja als Mitglied und im Interesse des slowakischen ZK auftrat. Aber andererseits war bereits damals bekannt, daß Bilak Interessen wahrnahm, deren Ursprung weit östlicher zu suchen war als in der Ostslowakei. Kann auch das eine Rolle gespielt haben? Bilak war zu dieser Zeit ein enger persönlicher Freund Dubčeks, vielleicht auch daher seine prinzipielle Kritik an Novotný. Aber wie erklärt man sich seine weitere Entwicklung? Denn derselbe Bilak vertrat vom ersten Anzeichen eines Konflikts zwischen Dubček und Breschnjew an – ebenso wie Indra – in der Führung der KPČ ganz eindeutig die Interessen Breschnjews. Und schließlich trafen beide, Bilak und Indra, am 22. August 1968 in der sowjetischen Botschaft in Prag zusammen – Bilak als designierter Parteichef, Indra als designierter Vorsitzender einer „Revolutionären Arbeiter- und Bauernregierung“.
Und noch zwei Männer, deren Karriere nach dem Januar-Plenum des ZK der KPČ begann, saßen dort mit ihnen zusammen und bemühten sich, Indras neue Regierung zusammenzustellen: Miloš Jakeš, der Vorsitzende der Zentralen Kontroll- und Revisionskommission der KPČ, und Oldřich Pavlovský, Minister in Černíks Regierung. Wie wurde ein Pavlovský Minister? Auf Indras persönlichen Antrag, der unerwartet nach bereits abgeschlossenen Verhandlungen auf dem April-Plenum des Zentralkomitees noch zusätzlich eingebracht wurde. Und wer war Miloš Jakeš vor dem Sturz Novotnýs? Ein Mitglied der Kontrollkommission, deren Vorsitzender er unter Dubček wurde. Außerdem war er noch stellvertretender Innenminister unter Josef Kudrna, der nach dem Januar seinen Ministersessel verlor. Zu guter Letzt jedoch war er – ebenso wie Pavlovský – ein Kumpel Alois Indras aus der Zeit ihres gemeinsamen Wirkens in Gottwaldov.
Es ist zwar richtig, daß sowohl Jakeš als auch Bilak von Dubček in ihre Funktionen eingesetzt wurden. Auf die Einwände derer, die in den Beziehungen Jakešs zur Polizei (und nachweislich nicht nur zur Prager) nicht die besten Voraussetzungen für seine neue Funktion sahen, antwortete Dubček, daß es sich um einen guten Genossen handle, mit dem er während seines Studiums an der Moskauer Parteihochschule in einem Zimmer gewohnt habe, und daß mit ihm schon alles in Ordnung sei. Wenn jedoch ein Regisseur seine Hand im Spiel hatte, so ganz gewiß kein unerfahrener, denn auf der Besetzungsliste gab es genügend Mitspieler, die für Dubček auch als Kameraden akzeptabel waren: er hatte eben unter denen, die bereits seit langem unter Moskauer Regie arbeiteten, viele Kameraden.

Ich weiß nicht, worüber Dubček mit Breschnjew in den letzten Januartagen des Jahres 1968, bereits in seiner Funktion als Erster Sekretär des ZK der KPČ, sprach. Es war sein erster Besuch in Moskau in dieser Funktion, und er fand statt, noch bevor in der Partei und in der Regierung größere personelle Veränderungen vorgenommen worden waren. Bei solchen Gelegenheiten ist es im Kreml üblich, über „Angelegenheiten von beiderseitigem Interesse“ sehr konkret zu sprechen. Es besteht kaum ein Zweifel, daß Dubčeks Sympathien für Bilak, Jakeš und Indra mit herzlicher Unterstützung bedacht wurden.
Die Serie von Ereignissen, die mit der Absetzung Novotnýs in Gang kam, rief zu Anfang vermutlich in Prag vielfach größere Überraschung hervor als in Moskau. Die Tücke der Geschichte wollte es jedoch so, daß zu guter Letzt der verborgene Regisseur selbst aus dem Staunen nicht mehr herauskam und ihm die Augen übergingen. Und gerade daß Dubček Moskau eine Überraschung nach der anderen vor die Schwelle legte, war letzten Endes seine Todsünde: Neue Parteisekretäre und Minister, ohne den Kreml vorher zu befragen? Das hat ihm Breschnjew – wie im nächsten Kapitel eingehend geschildert wird – dann später im Kreml auch ohne Umschweife unter die Nase gerieben. Denn für ihn war dies das erste Anzeichen der drohenden „Konterrevolution“.
Aber auch wenn wir den Antritt dieser nachmaligen „Konservativen“ in der Dubček-Führung beiseite lassen, war der Start der Reformpolitik im Januar 1968 nicht gerade überwältigend. Die Reden auf dem ZK-Plenum im Dezember und Januar sind zwar in einem 1500 Seiten umfassenden Protokoll zusammengefaßt, aber die darin enthaltenen auf einem klaren Konzept beruhenden Reformideen würden kaum 50 Seiten füllen: Der einzige Redner, der mit einem durchdachten Konzept von einer möglichen Reform gesellschaftlicher, ökonomischer und politischer Strukturen auftrat, war Ota Šik. Einige weitere Beiträge enthielten vereinzelt sehr offene und für die damalige Zeit noch sehr kühne kritische Gedanken und Passagen, keinesfalls jedoch umfassende in sich stimmige Vorstellungen über Bedeutung, Reichweite und Sinn der Politik, die auf den Abgang Antonín Novotnýs aus der Funktion des Ersten Sekretärs folgen sollte. Auch die nachmaligen „Progressiven“ wirken auf diesem Plenum noch nicht wie Politiker, die die Absicht haben, eine totalitäre Diktatur durch die Politik des demokratischen Pluralismus zu ersetzen.
Als schließlich Novotný seinen Rücktritt ausgesprochen hatte, endete die ganze Sitzung mit einem Kommuniqué, in dem nichts darauf schließen ließ, daß sich darüber hinaus noch etwas Wesentliches än-

dern sollte. Das entsprach im übrigen gar nicht dem tatsächlichen Verlauf der Plenarsitzung und ist insofern ein Beweis dafür, daß dieses Organ im gegebenen Moment nicht fähig war, zu begreifen, was es durch den Sturz Novotnýs ins Rollen gebracht hatte.
Es ist paradox, aber der Wahrheit am nächsten kam Novotný selbst, als er in seinem Auftritt auf dieser ZK-Sitzung seinen Rücktritt mit weitgehenden politischen und gesellschaftlichen Veränderungen in Verbindung brachte, vor denen er jedoch als einer Gefahr für die „Interessen der Arbeiterklasse" warnte. Es ist auch bekannt, daß Novotný nach seinem Rücktritt im Kreise seiner engsten Vertrauten erklärte: „Keine Angst, es ist schon gut so. Dubček ist schwach, die Funktion ist für ihn eine Nummer zu groß, und die Sekretäre sind Hosenscheißer. Die werden noch auf uns zurückkommen!". Was seine eigene Person anbelangt, hat sich der letzte Teil seiner Prophezeiung nicht erfüllt – aber im ganzen genommen war sie nicht so unsinnig, wie damals viele Romantiker und „Progressivisten" meinten.
Alexander Dubček gab sowohl vor seiner Wahl zum Ersten Sekretär als auch nach ihr seiner Überzeugung Ausdruck, daß man mit demokratischen Methoden regieren müsse, aber es handelte sich dabei mehr um ein persönliches Bekenntnis als um ein in sich abgeschlossenes und rationales politisches Programm. Er sprach über das Verhältnis zwischen Tschechen und Slowaken, über die nationale Wiedergeburt im vorigen Jahrhundert, über Božena Němcová und Ludovít Štúr – aber nicht über eine Föderalisierung des Staates. Er erzählte, wie er als Erster Sekretär der Partei in der Slowakei nicht einfach Anordnungen getroffen, sondern die Genossen so lange mit Argumenten konfrontiert hätte, bis sie die Situation richtig erfaßt hatten. Als Beispiel wählte er einen Fall von Parteiausschluß aufgrund von Ansichten, die Novotný nicht genehm waren: Der Historiker Gosiorovský, der als Stalinist bekannt war, schrieb, daß den Interessen der Slowaken eine föderative Gliederung des Staates entsprechen würde, woraufhin Novotný beschloß, ihn aus der Partei ausschließen zu lassen. Dubček, der überzeugt war, daß Gosiorovský ein schlechter Genosse und ein unehrenhafter Mensch sei (worin er, meiner Meinung nach, recht hatte), war nicht dagegen, aber die Vertreter der Parteiorganisation an Gosiorovskýs Arbeitsplatz waren von der Richtigkeit dieser Maßnahmen nicht überzeugt. Und Dubček bemühte sich monatelang, sie zu überzeugen. Die Anweisung Novotnýs ließ er nicht durchführen, solange die Genossen nicht aus eigener Einsicht damit übereinstimmten. Das erzählte Dubček dem Zentralkomitee und versprach, daß er die gesamte Partei in diesem Sinne führen wolle. Es besteht kein Zweifel,

daß er es ernst meinte, andererseits ließ sich daraus nicht erschließen, wie er sich zu dem gesamten Komplex der Probleme stellen würde, die er in seiner neuen Funktion würde bewältigen müssen.
Zunächst muß festgehalten werden, daß Dubček die Funktion des Ersten Sekretärs der gesamten Kommunistischen Partei nicht anstrebte; die übrigen überzeugten ihn, daß er akzeptieren müsse und daß sie ihm alle „helfen“ würden – denn Dubčeks hauptsächliches Argument war, daß er für diese höchste Funktion nicht genügend Erfahrungen und Fähigkeiten mitbringe. Er war aber der einzige Kandidat, der im Zentralkomitee die notwendige Mehrheit auf sich vereinigen konnte, und das gab am Ende den Ausschlag. Nach seiner Wahl zum mächtigsten Mann im Staat fuhr Dubček unverzüglich zurück nach Bratislava – und sah sich dort ein Eishockeymatch an, das er offensichtlich nicht hatte versäumen wollen. Alles andere konnte ja warten, schließlich gab es im Augenblick gerade keine welterschütternden Probleme, und die übrigen mußte man in Ruhe, mit Bedacht und demokratisch lösen. Und schließlich freute sich doch auch das Volk, daß der neue mächtige Mann unter ihm im Stadion saß.
Ich rufe die Wesenszüge und das damalige Verhalten Dubčeks nicht deshalb in Erinnerung, um ihn als politisch naiven Einfaltspinsel darzustellen. Diese Einschätzung Dubčeks war und ist heute noch verbreitet, ich halte sie jedoch für falsch. Warum, das werde ich noch ausführlicher darlegen. Was ich an dieser Stelle hervorheben möchte, ist lediglich der Umstand, daß Dubček in den ersten Tagen und Wochen nach seiner Amtsübernahme nicht ahnte, welche Umwälzungen in Gesellschaft und Partei sich durch seinen Wechsel in das oberste Parteiamt anbahnten.
Auch die erfahrenen Kämpen der Novotný-Ära, die Parteisekretäre Hendrych und Koucký, waren zufrieden und nicht beunruhigt. Irgendwann im Februar 1968 sagte mir Koucký: „Siehst du, Novotný hat uns auf dem Januar-Plenum prophezeit, was nicht alles geschehen würde, wenn wir ihn absetzen – und was passiert? Nichts!“ Ich versuchte seine Ansicht zu korrigieren und machte ihn auf die deutlichen Anzeichen einer weittragenden Bewegung in Gesellschaft und Partei aufmerksam: damals konnte man diese Bewegung sogar vom Elfenbeinturm des Sekretariats aus zum mindesten in der Presse wahrnehmen. Aber Koucký wollte mir nicht glauben und meinte, ich übertriebe. Etwa zwei Monate später mußte er von seiner Funktion zurücktreten.
Mitte Februar begegnete ich an einem späten Abend auf dem Korridor des Zentralkomiteegebäudes Jiří Hendrych, der vor Zufriedenheit

strahlte: „Ich habe mich gerade mit Eda Goldstücker geeinigt – ich habe die ‚Literárky' bewilligt!" Eduard Goldstücker war der Vorsitzende des Schriftstellerverbands, und es handelte sich um die Wochenzeitung des Verbands, die Novotný im Herbst 1967 verboten hatte. Die „Literární noviny" (später „Literární listy" und noch später – nach dem August 1968 – nur mehr „Listy") waren das Symbol der kritischen Presse zur Zeit Novotnýs, und ihre Wiederzulassung bedeutete praktisch die Aufhebung jeglicher Zensur. Ich versuchte Hendrych klarzumachen, daß diese Maßnahme, noch vor der Veröffentlichung des Aktionsprogramms getroffen, dazu führen müßte, daß die Presse noch viel radikaler schrieb, als sie es ohnehin schon tat, und daß als Reaktion der Bevölkerung darauf Forderungen laut werden würden, die weit über den Rahmen des Aktionsprogramms hinausgingen. „So weit wird es nicht kommen", erklärte Hendrych, „ich habe mit Goldstücker alles abgesprochen, und die werden nicht gegen uns schreiben!" Etwa einen Monat später mußte Hendrych zurücktreten, unter anderem auch deshalb, weil die öffentliche Kritik an seiner Person in der Presse so stark war, daß sein Verbleiben im Amt die Dubček-Führung kompromittiert hätte.

Abgesehen von der Demission Jiří Hendrychs aus der Funktion des ZK-Sekretärs für den Bereich Ideologie, blieb die Parteiführung – Präsidium und Sekretariat – in ihrer aus Novotnýs Zeiten überkommenen Zusammensetzung bis Anfang April intakt; es gab lediglich einige Mitgliederneuzugänge im Präsidium, die jedoch (mit Ausnahme Josef Špačeks) nicht dazu angetan waren, eine ernsthafte Änderung in der politischen Orientierung dieses Organs zu bewirken. Nach dem Machtwechsel im Januar 1968 verstrichen drei volle Monate, ohne daß die Parteiführung eine klar konzipierte Formulierung ihrer neuen Politik veröffentlicht hätte, ganz im Gegenteil, sie zögerte nicht nur mit der Durchführung, sondern sogar mit der bloßen Bekanntgabe reformpolitischer Maßnahmen.

Ich würde ja gern irren, fürchte aber, daß meine Mutmaßungen darüber, welches die Ursachen dieser Verzögerung waren, richtig sind: Volle drei Monate lang wurden in der Parteiführung vor allem Fragen der personellen Besetzung von Spitzenpositionen im Partei- und im Staatsapparat behandelt, und da blieb keine Zeit, eine neue Reformpolitik für die gesamte Gesellschaft zu durchdenken und zu konzipieren. Die Gesellschaft war aber nicht bereit zu warten, bis die Streitigkeiten um Sekretärsposten und Ministersessel ausgetragen wären, und die Widersprüche, die zuvor jahrelang unter der Oberfläche geschwelt hatten, begannen jetzt sichtbar zu wirken. Politische Konzeptionen für

eine demokratische Reform erwuchsen nun zwangsläufig außerhalb der Parteiführung: in Presse, Rundfunk und Fernsehen, auf zahlreichen Versammlungen und Zusammenkünften.
Solange die Sessel nicht verteilt waren, wurde dem Kampf um sie alles andere untergeordnet. Diejenigen, die um ihre Sessel bangten, weil sie von Novotný eingesetzt worden waren und unter seiner Führung sich mehrfach kompromittiert hatten, hofften ihre Position zu erhalten, indem sie nun um so demokratischer auftraten. (Dies war auch der Grund, warum Hendrych praktisch die Zensur aufhob.) Diejenigen, die allererst einmal zu Sesseln kommen mußten, gaben sich demokratisch in der Hoffnung, daß dies für den Augenblick der richtige Weg sei. Uneingeschränkte Zustimmung zum Demokratisierungskurs stand nun einer Karriere nicht mehr im Wege (wie es unter Novotný der Fall gewesen war), sondern die Karriere forderte geradezu eine demokratische Orientierung. Ich will damit natürlich nicht sagen, daß die Orientierung auf eine demokratische Reform bei allen führenden Funktionären der KPČ bloß ein Vorwand war, um Karriere zu machen: meine ganze bisherige Schilderung der Entwicklung der reformkommunistischen Bewegung zeugt ja vom Gegenteil. Was ich hier jedoch betonen will, ist, daß in den ersten Monaten nach dem Sturz Novotnýs ein demokratischer „Progressivismus" unter vielen Parteifunktionären zu einer konjunkturellen Angelegenheit wurde, wodurch für eine gewisse Zeit in den Worten und Taten der Unterschied verwischt war, zwischen denjenigen, die tatsächlich um eine demokratische Reform bemüht waren, und Opportunisten, die bloß ihre eigene Karriere fördern wollten.
In der Welt der Regierenden herrschte eine allgemeine Unsicherheit. Sowohl im Parteipräsidium als auch im Zentralkomitee ahnte gut die Hälfte der Mitglieder, daß sie ihre Positionen nicht würde halten können. Ebenso war die Situation im Parlament und in der Regierung. Aber auch in den unteren Gremien der Machtstruktur, in Bezirken und Kreisen, verhielt es sich nicht anders. Verunsichert, nervös und ratlos waren verständlicherweise auch die Angestellten der politischen Apparate aller Stufen: Ihre tägliche Arbeit bestand darin, Befehle zu erteilen, Anweisungen zu geben, auf administrativem Wege zu entscheiden und zu kontrollieren; sie alle fühlten nun, daß diese Methoden wohl keine Perspektive mehr hatten, und hielten sich deshalb meist in ihrem gesamten Tun zurück.
Diese Unsicherheit „oben" begünstigte selbstverständlich die Kritik von „unten". Die verunsicherte Machtstruktur hatte Angst, die Kritik und die oppositionellen Rebellen mit den gewohnten Methoden zu un-

terdrücken, denn trotz der allgemeinen Unsicherheit war allen klar, daß Novotnýs Sturz ein Sieg der kritischen und oppositionellen Strömungen in der KPČ war. Dieser Zustand war aber gleichzeitig auch für die politischen Absichten der Reformer ungünstig; je länger er währte, desto stärker kamen zwei Faktoren zur Geltung, die für eine durchdachte politische Reform negative Wirkungen zeitigten: Nachdem bisher kein Konzept einer politischen Reform bekannt geworden war, verstärkte sich einerseits der politische Druck von „unten", andererseits wuchs die Angst innerhalb der Machtstruktur, so daß diese sich nun eher gegen die Reform sträubte, als sich in ihren Dienst zu stellen.
Für meine Person betrachtete ich deshalb seit Februar 1968 die Beendigung des provisorischen Zustands innerhalb der machtpolitischen Struktur als wichtigste Voraussetzung für eine erfolgreiche Reform. In öffentlichen und nichtöffentlichen Auftritten setzte ich mich mit allem Nachdruck dafür ein, daß das Aktionsprogramm der KPČ als programmatisches Dokument der Reform so bald wie möglich publiziert würde und daß weiterhin so schnell wie nur möglich in allen Gremien des politischen Systems, von oben bis unten, ein planmäßiges und umfassendes Revirement durchgeführt würde. Ich bin auch heute noch davon überzeugt, daß die Voraussetzungen dafür gegeben waren.
Der Text des Aktionsprogramms der KPČ – annähernd in dem Wortlaut, in dem er dann im April veröffentlicht wurde – war bereits Ende Februar fertig. Ich hielt es für notwendig, das Programm in den ersten Märztagen zu verabschieden und zu veröffentlichen. Für März waren nämlich bereits die regulären Kreiskonferenzen der KPČ einberufen worden, auf denen die neuen Kreiskomitees gewählt werden sollten; anschließend fanden die Bezirkskonferenzen statt. Meiner Meinung nach sollten diese Parteikonferenzen bereits Funktionäre wählen, die der neuen politischen Linie der Partei entsprachen – und dazu mußte diese Linie, ausgedrückt im Aktionsprogramm, allgemein bekannt sein. Gleichzeitig könnten die Parteikonferenzen ihre Delegierten zum außerordentlichen Parteitag wählen. Voraussetzung dafür wäre allerdings, daß das Zentralkomitee die Einberufung dieses Parteitages erst einmal beschlossen hätte.
Der Parteitag der KPČ hätte – wenn Anfang März über seine Einberufung entschieden worden wäre – im Mai zusammentreten und ein neues Zentralkomitee wählen können. Die ursprünglich (unabhängig vom Sturz Novotnýs) für Mai angesetzten Wahlen der Nationalausschüsse hätten mit den für den Sommer vorgesehenen Parlamentswahlen zusammengelegt und im Juni durchgeführt werden können. So hätte bis zum Sommer die gesamte Funktionärsgarnitur in allen Re-

präsentativorganen – von den Kommunen bis zum Parlament – ausgewechselt sein können.
Das wäre meiner Ansicht nach ein optimales Verfahren gewesen. Es hätte ermöglicht, die erste, notwendigerweise sehr starke und explosive Welle der Kritik und Unzufriedenheit mit dem regulären, demokratischen Austausch der gesamten Garnitur von Partei- und Staatsfunktionären zu koppeln. Es gab die Möglichkeit, eine konkrete, sehr scharfe und weitgehende Kritik sowohl von Einzelpersonen als auch des Systems als solchen nicht nur nicht einzuschränken, sondern sogar zu unterstützen – und gleichzeitig auch die faktischen Ergebnisse dieser Kritik vorzuweisen: Weder in die Parteiorgane noch in die staatlichen Gremien hätten diejenigen gewählt werden dürfen, gegen die sich die Kritik in erster Linie richtete und die die tatsächlichen Stützen des Systems der totalitären Diktatur gewesen waren. Die in einer derartigen Atmosphäre gewählten Partei- und Staatsorgane hätten die erforderliche Autorität gehabt, um nach den Wahlen das Gesamtkonzept der Reform durchzusetzen, aber auch sich gegen extreme Forderungen jener zur Wehr zu setzen, die anstelle einer allmählichen demokratischen Reform des gesamten Systems die schnelle Destruktion einiger ihrer Elemente anstrebten, ohne zu berücksichtigen, ob und wie das der Reform in ihrer Gesamtheit dienen würde.
Dieses Verfahren wäre auch vom Gesichtspunkt eines der bedeutendsten Probleme der Reform, das ich bereits erwähnte, von großem Vorteil gewesen: es hätte nämlich verhindert, daß bereits in der ersten Entwicklungsphase der Reform der Ruf nach oppositionellen nichtkommunistischen Parteien als erstrangige politische Forderung aufkam. Die Frist bis zum Wahltermin wäre so kurz gewesen, daß eine derartige Forderung ohnehin nicht hätte erfüllt werden können. Und bis zu den nächsten Wahlen wäre es dann möglich gewesen, die Frage programmatisch zu lösen.
Auch mit Rücksicht auf die internationalen Faktoren, das heißt insbesondere, was ein Eingreifen Moskaus in die innerpolitische Entwicklung anbelangte, hätte ein schnelles planmäßiges Revirement in Partei- und Staatsorganen der Reformpolitik bedeutende Trümpfe in die Hand gegeben. Der Austausch der stalinistischen und moskautreuen Kader gemäß dem Parteistatut und den Gesetzen des Staates wäre früher durchgeführt worden, als Moskau irgendeinen wirksamen Widerstand hätte auf die Beine bringen können. Auch unter den Bedingungen, die schließlich eintraten – die politische Entwicklung glich einer Eruption unter dauerndem Druck von unten, stellvertretend ausgeübt vor allem durch die Presse – und die den Kreml zur Weißglut

reizten, wären die Dinge bis Mai nicht so weit gediehen gewesen, daß ein militärisches Eingreifen schon möglich gewesen wäre. Und wenn bis dahin auch der Parteitag stattgefunden hätte, hätte Moskau die letzte Hoffnung verloren, daß es gelingen könnte, aus einem Teil der Führung eine „Revolutionäre Arbeiter- und Bauernregierung“ zusammenzustellen oder „eine Gruppe von Funktionären“ in legalen Funktionen zu finden, die „die verbündeten Truppen zur Rettung des Sozialismus“ einladen würden.

Ich war damals mit dieser Ansicht über das optimale Vorgehen nicht allein. Viele Parteiorganisationen verlangten die unverzügliche Einberufung eines außerordentlichen Parteitags, und zwei oder drei Bezirksorganisationen reichten sogar einen offiziellen Antrag beim Zentralkomitee ein. Auch der Aufschub der Wahlen zu den staatlichen Organen wurde nicht einmütig als richtig beurteilt. Trotzdem konnten sich diese Ansichten damals nicht durchsetzen. Ich glaube, die Hauptursache dafür war der Umstand, daß sich drei absolut unterschiedliche, teilweise sogar gegensätzliche politische Kräfte gegen sie vereinigt hatten.

Dem Verfahren, das ich für richtig hielt, stellten sich vor allem die Verfechter radikaler und konsequent demokratischer Veränderungen im politischen System entgegen. Sie waren berauscht von der unerwarteten Möglichkeit, ihre demokratischen Überlegungen und radikalen politischen Rezepte frei und ohne Zensur auf öffentlichen Versammlungen, durch die Presse, über Rundfunk und Fernsehen verbreiten zu können. Die Menschen hörten ihnen mit Interesse und oft mit Begeisterung zu – und zollten verständlicherweise Beifall. Die Anwälte radikaler demokratischer Veränderungen – Reformkommunisten wie Nichtkommunisten – gingen davon aus, daß desto mehr unverfälschte demokratische Reformen erkämpft und für die Zukunft gesichert werden könnten, je länger das Provisorium dauern würde, je länger die Machtstruktur in Unsicherheit gehalten und aus Angst dem Druck nachgeben würde. Dagegen betrachteten sie eine schnelle Stabilisierung der Machtstruktur in Staat und Partei als mögliche Bedrohung für eine konsequente Demokratisierung. Es würden noch zu viele Konservative und vor allem auch „Zentristen“ an der Macht bleiben – und die würden die Reform dann bremsen. Alles würde enden wie in Polen unter Gomulka: Nach großer Begeisterung und demokratischer Euphorie kehrt still durch die Hintertür das alte totalitäre System zurück. Man mußte dieses System daher durch Druck von „unten“ so lange und so gründlich wie möglich zersetzen und seine personellen Stützen „erledigen“ und aus der künftigen Politik ausschalten.

Aus ganz anderen Beweggründen setzten sich gegen ein schnelles Revirement an führenden Stellen diejenigen zur Wehr, die wußten, daß es das Ende ihrer Karriere bedeuten würde: Stalinisten, überzeugte Konservative, Agenten Moskaus und Karrieristen, die sich in der Vergangenheit durch Übereifer kompromittiert hatten. Die sahen in der Verlängerung des Zustands der Unsicherheit ihre letzte Sicherheit – oder zumindest eine gewisse Hoffnung. Sie hofften, daß die Entwicklung einen so kritischen Punkt erreichen würde, daß die machtpolitische Struktur, motiviert durch den reinen Selbsterhaltungstrieb, sich gegen die Reform in ihrer Gesamtheit wenden würde – und dann wäre ihre Zeit wieder da. Damals, im Frühjahr 1968, hätten selbst die verwegensten sich nicht zu hoffen erkühnt, daß die sowjetische Armee einmal dabei helfen würde. Sie hofften eher nur auf politischen Druck aus Moskau und darauf, daß Dubček selber in kritischer Lage sich auf sie stützen würde.

Die dritte große politische Kraft, der die Konzeption eines schnellen Austauschs der Kader ebenfalls nicht gefiel, war Moskau. Dort war die Stellungnahme zur Entwicklung in der Tschechoslowakei offensichtlich nicht einheitlich (wie eingehender im nächsten Kapitel darzulegen sein wird). Für alle politischen Tendenzen im Kreml war es jedoch ein wichtiges Anliegen, daß ihr Einfluß in Prag im Vergleich zur Ära Novotný nicht geschwächt, sondern im Gegenteil gestärkt würde. Einen außerordentlichen Parteitag und die Wahl eines neuen Zentralkomitees in einer Situation, in der Moskau die „Fäden nicht fest in der Hand" hat, sieht man dort in jedem Fall mit Mißbilligung. Es ist doch immer besser, noch abzuwarten, die eigenen Positionen zu festigen und den Parteitag erst dann einzuberufen, wenn man im vorhinein mit Gewißheit sagen kann, wie alles ausfällt, wer erster wird, wer zweiter usw.

Gegen die paradoxe Allianz dieser drei unterschiedlichen Kräfte war mein armseliger „Zentrismus" allerdings aussichtslos – und tatsächlich verlief die Entwicklung von Februar bis April ganz anders, als ich es für optimal angesehen hätte; in dieser Zeitspanne wurden auch die Weichen für viele wesentliche Ereignisse und Entwicklungstendenzen der folgenden Monate gestellt.

Die Vorstellung, daß Alexander Dubček über all dem wie ein Heiliger schwebte und als naiver Demokrat von erfahrenen Wölfen rechts und links hintergangen wurde, ist unrichtig. Dubček war ja auch schon 1963 nicht durch himmlische Fügung ins Parteipräsidium gelangt: er wurde Präsidiumsmitglied, nachdem er 14 Jahre in der Parteihierarchie gearbeitet hatte. Anzunehmen, daß er nicht wußte, was diese

Hierarchie vorstellte und wie sie funktionierte, wäre glatter Unsinn. Er kannte sehr wohl die verborgenen Spannungsfelder, und er kannte ebensogut die Realität des Verhältnisses zwischen Prag und Moskau. Die Ansicht, die ich hier vertrete, wird vielleicht überraschen und Widerspruch hervorrufen. Meiner Meinung nach war die Haltung Dubčeks in der Zeit von Februar bis April 1968 nicht durch seine Überzeugung von der Notwendigkeit einer schnellen und radikalen Demokratisierung der Gesellschaft bedingt, sondern sie war das Ergebnis von Kalkulationen, in denen vor allem das Kräfteverhältnis innerhalb der Machtstruktur und der Standpunkt Moskaus eine Rolle spielten. Welche politische Sprengkraft tatsächlich in der radikalen demokratischen Kritik steckte, die Dubček im Februar und März 1968 sich praktisch ungehindert entfalten ließ, konnte er damals offensichtlich nicht richtig ermessen und begreifen, ebensowenig deren Folgen für die künftige Entwicklung; Dubček wollte die Kritik für ganz bestimmte eigene Zwecke verwenden, die sich von den Zielen der Individuen und der gesellschaftlichen Kräfte, welche die Träger dieser Kritik waren, prinzipiell unterschieden.

Als Dubček die Funktion des Ersten Sekretärs der Kommunistischen Partei übernahm, umarmte er zwar symbolisch Novotný, wußte aber selbstverständlich, daß er für seine eigene Politik nicht genügend freien Raum haben würde und seine Position nicht eindeutig festigen könne, solange Novotný Präsident der Republik und Mitglied des Parteipräsidiums blieb. Er hatte die Bedeutung der verschiedenen Klüngel und informellen Gruppen innerhalb des Machtapparats wohl erkannt, und er wußte, daß er es in Novotný als Gegenspieler nicht nur mit einem einzelnen zu tun hatte, sondern mit einem genau umrissenen und in verschiedenen Machtpositionen gut eingeigelten Klüngel. Es lag in Dubčeks eigenem – persönlichen und politischen – Interesse, diesen Klüngel aus der Macht zu beseitigen.

Es hatte schon vorher in der Tat nicht zu den Eigenschaften Dubčeks gehört, seine eigenen Absichten durch ein Machtwort, durch Anweisungen und Befehle aus der Position der Stärke durchzusetzen. Er bemühte sich wirklich, wie er selbst sagte, „die Genossen von der Notwendigkeit seiner Maßnahmen zu überzeugen“, das heißt eine Situation zu schaffen, die seine eigenen Absichten als notwendige und objektiv unvermeidliche Schritte erscheinen ließ. Und auf diese Weise wollte er sich auch Novotnýs und seiner gesamten Kamarilla im Machtapparat endgültig entledigen. Dazu diente ihm die kritische Welle, die allmählich immer eindeutiger auf die Frage zusteuerte, ob Novotný weiterhin als Staatsoberhaupt tragbar sei. Ich glaube, daß Dubček in diesem Fall nicht im Widerspruch zum Willen Breschnjews handelte, aber auch nicht in Übereinstimmung mit ihm.

Dubček hatte es noch nicht einmal nötig, selbst eine Kampagne gegen Novotný zu führen. Er saß mit ihm zusammen im Politbüro und ließ sich sogar in dem Sinne vernehmen, daß Genosse Novotný doch weiterhin Präsident sei und daß dies eben die demokratische Methode sei, wie Konflikte gelöst werden müßten. Auf der Massenveranstaltung zum zwanzigsten Jahrestag der Ereignisse vom Februar 1948 ließ er Novotný jedoch bereits nicht mehr sprechen; er vereitelte sogar persönlich das Auftreten Novotnýs im Fernsehen, wo dieser sich zu dem Zeitpunkt, als die öffentliche Kritik an ihm den Höhepunkt erreicht hatte, auch öffentlich rechtfertigen wollte. Das war nicht die Handlungsweise eines politischen Träumers, dessen Gedanken allein auf unbegrenzte Demokratie gerichtet waren – eher die bewußte Herbeiführung einer Situation, in der Novotný aus eigenen Stücken abtreten mußte. Und zu dieser Situation kam es schließlich auch – allerdings erst Ende März.

Was alles diese Situation beinhaltete, die Dubček selbst heranreifen ließ, um sich Novotnýs definitiv zu entledigen – dessen war er sich gar nicht bewußt. Durch den Druck der öffentlichen Meinung (wirksam vor allem in den Massenmedien) wurden noch einige weitere Persönlichkeiten zur Demission gezwungen: der Innenminister Josef Kudrna, der Generalstaatsanwalt J. Bartuška, der Vorsitzende der Gewerkschaftsorganisation Miroslav Pastyřík und andere. In diesen speziellen Fällen entsprach das auch der Absicht Alexander Dubčeks, denn es handelte sich ausnahmslos um Angehörige der Clique Novotnýs. Das kam Dubček aber damals nicht zu Bewußtsein, daß gleichzeitig ein noch viel bedeutenderes Phänomen aufgetreten war: daß sich nämlich in der Praxis ein Mechanismus herangebildet hatte, der fähig war, Änderungen zu erzwingen. Und daß dieser Mechanismus nicht innerhalb der Partei- und Staatsorgane wirkte, daß er nicht dem demokratischen Vorgehen innerhalb der Machtstruktur selbst entsprach, sondern durch die freie Presse, die freie Meinungsäußerung außerhalb der Machtstruktur in Bewegung gesetzt wurde. Dieser Mechanismus stellte eine Art außerparlamentarischer Opposition dar (wobei allerdings berücksichtigt werden muß, daß das Parlament noch nicht als demokratische Institution funktionierte).

Als dann im weiteren Verlauf des „Prager Frühlings“ dieser Mechanismus nicht nur an Stärke und Macht gewann, sondern in vielen Fällen nicht mehr Dubčeks Absichten diente und Druck ausübte in Angelegenheiten, in denen Dubček es gar nicht wünschte – da erwachte

Dubček, verwundert und voll Bedauern. Zeugen dieses Erwachens waren einige Journalisten, die Dubček im Mai und Juni zu sich berief, um sie davon zu überzeugen, daß die Presse seine Pläne nicht durchkreuzen dürfe und sich disziplinierter verhalten müsse; bei derlei Zusammenkünften sprach Dubček so überzeugend, daß es ihm zuweilen selbst die Tränen in die Augen trieb. Aber greifbare politische Konsequenzen brachte das damals nicht. Ich entsinne mich einiger persönlicher Gespräche, die sich um das gleiche Thema drehten. „Warum tun sie mir das an?" fragte Dubček mit aufrichtigem Kummer. „Unter Novotný hätten sie sich gefürchtet. Wissen sie denn nicht, daß sie mir damit nur schaden?"
Mehrmals bei derartigen Gesprächen bemühte ich mich darzulegen, worin ich die tatsächlichen Probleme erblickte. Ich hoffte, daß es mir mittels dieses konkreten Falls gelingen könnte, überhaupt erst einmal sein Interesse für Fragen der globalen Konzeption des politischen Mechanismus und seiner Fortentwicklung zu wecken, und daß er sich am Ende doch ernstlich mehr mit den schwerwiegenden politischen Zusammenhängen befassen würde statt mit persönlichen und machtpolitischen Beziehungen. Es gelang mir nicht. Dubček hörte eine Weile zu, aber es war ihm anzusehen, daß er eigentlich noch über die Undankbarkeit der Journalisten nachdachte. Meine Ausführungen waren für diesen Zuhörer zu abstrakt, sein Denken war nicht auf theoretische Erwägungen ausgerichtet, politische Probleme berührten ihn als rein persönliche, auf irgendwie partriarchalische Weise (ähnlich wie es auch bei Breschnjew der Fall ist). Als er das Unrecht, das ihm die „Genossen Journalisten" angetan hatten, in seinem Innern überwunden hatte, wanderten seine Gedanken in andere Richtung, unvermittelt unterbrach er meine theoretischen Ausführungen mit einer Frage nach irgendeiner ganz konkreten Kleinigkeit.
Was in Dubčeks politischem Handeln allgemein als Naivität angesehen wird, stellt sich mir persönlich ganz anders dar. Ich sehe darin ein Ergebnis jenes Zusammentreffens von ungewöhnlichen Umständen, das Dubček geformt hat: Kindheit und Jugend in der UdSSR (in Mittelasien), politische Erfahrungen ausschließlich im Parteiapparat einer monopolistisch regierenden KPČ und Lebenserfahrungen in der Praxis des politischen Kuhhandels in der Slowakei. Diese Umstände wirkten auf einen Menschen ein, der von scharfem Intellekt, im ganzen aber einfach war und persönlich sehr ehrlich; der die Menschen liebte, keinerlei autoritäre Veranlagung, doch dafür das Bedürfnis hatte, an große Ideale zu glauben. Das eigentümliche Ergebnis aus all dem war die Figur Alexander Dubčeks und deren außerordentliche politische

Rolle in jener hoffnungsfrohen Zeit des „Prager Frühlings" 1968. Die Vorstellung, Dubčeks Handeln sei in solchem Maße vom Glauben an demokratische Ideale bestimmt worden, daß er erwartet hätte, auch im praktischen politischen Leben und im Kampf um die Macht würde nach den Regeln dieser Ideale gehandelt, und eben darin habe seine Naivität bestanden – diese Vorstellung ist falsch. Der Wahrheit viel näher käme meiner Ansicht nach die Annahme, daß Dubček im Grunde gar keine Vorstellung davon hatte, was Demokratie im Leben einer Gesellschaft und demnach auch für das Handeln der Regierenden bedeuten könnte. Er hatte niemals etwas dergleichen erlebt, und er besaß nicht genügend Fähigkeit zu abstraktem, analytischem Denken, um allgemeine demokratische Prinzipien – auch wenn er sie selbst für richtig hielt – bis in alle konkreten Details und Zusammenhänge im Geiste nachzuvollziehen.

Die Ideen und Leitsätze des Marxismus-Leninismus waren Dubčeks große Ideale, an sie glaubte er, an ihnen zweifelte er nicht im geringsten, und wer ebenfalls an sie glaubte, war ein guter Genosse und ehrenhafter Mensch. Wenn man das als politische Naivität ansehen will, dann war Dubček naiv. Aber er wußte sehr wohl, daß diese „reinen Ideen" im praktischen Leben der Politik und der Macht von ganz anderen Umständen überlagert werden, von Umständen, die zum Schluß die entscheidenden sind und von denen Erfolg oder Mißerfolg auch eines kommunistischen Politikers abhängen. Das hatte er sein ganzes Leben lang und während seiner langjährigen Praxis im Parteiapparat aus nächster Nähe beobachten können. In diesem Sinne war er also nicht naiv. Und weil er seine praktischen Erfahrungen hauptsächlich in der Slowakei gesammelt hatte, überschätzte er die Bedeutung persönlicher Beziehungen in der Politik. Dazu kam noch der Umstand, daß in der Slowakei der Druck der breiten Volksmassen auf die Regierenden schwächer und die bürgerliche Gesellschaft als Basis der politischen Demokratie auch vor dem Krieg weniger entwickelt war als in den böhmischen Ländern und die Regierenden daher die Macht und die Bedeutung eines derartigen Drucks unterschätzten.

Als Dubček in die höchste Funktion in der Kommunistischen Partei eingesetzt wurde, kam er ganz gewiß mit der Vorstellung, daß es notwendig sei, eine demokratische politische Reform durchzuführen, das bisherige Regierungssystem zu ändern; aber als entscheidende Schritte zu diesem Ziel betrachtete er auch solche, die noch im alten System ihre Gültigkeit gehabt hatten. Als erfahrener Praktiker des Parteiapparats wußte er, daß es vorrangig war, Gruppen, die einem feindlich gegenüberstanden, von der Macht auszuschalten und sich eine eigene Hausmacht zu schaffen. Und er wußte, daß man Rückendeckung in Moskau haben mußte. Diese beiden Aspekte schienen ihm viel wichtiger als programmatische Deklarationen, Überlegungen zu einer Konzeption für die Reform, wichtiger auch als Parteitag und Wahlen: die finden ja traditionell immer erst dann statt, wenn der neue Erste Sekretär seine Position im Parteiapparat und in Moskau gesichert hat, und nicht vorher. Ähnlich dachten auch die übrigen Mitglieder des damaligen Politbüros, zumindest deren Mehrheit. Das größte Verständnis für eine durchkonzipierte Form des Vorgehens hatte unter den neuen Präsidiumsmitgliedern wohl Josef Špaček.

Die Folge all dessen war ein historisches Paradox: Einige Formen der politischen Demokratie, wie Pressefreiheit, freie Meinungsäußerung und der damit zusammenhängende Druck der öffentlichen Meinung auf die Regierenden entfalteten sich zu Beginn des Frühjahrs 1968 in einem Ausmaß, das in keinem Verhältnis zu den übrigen demokratischen Formen des Rechtsstaats stand, und dies genau besehen als Folge des Umstands, daß Dubček im Grunde mit den gleichen Methoden arbeitete, die seit Jahren im Parteiapparat der monopolistisch regierenden KPČ von den an der Macht befindlichen Gruppen angewandt wurden.

Was hat nun Dubček von Januar bis April 1968 erreicht? Es gelang ihm, in der Parteiführung eine eigene Gruppe zu bilden, die praktisch alle entscheidenden Machtpositionen besetzt hielt. Sie setzte sich aus drei Leuten zusammen: Dubček, Černík und Kolder. Alle drei kannten einander bereits seit Anfang der sechziger Jahre gut aus gemeinsamer Arbeit im Apparat des Zentralkomitees der KPČ, und sie hatten Vertrauen zueinander. Gemeinsam beseitigten sie aus der Politik diejenigen, denen sie nicht vertrauten. Außer sich selbst beließen sie im Parteipräsidium nur drei Mitglieder, die bereits unter Novotný diesem Gremium angehört hatten: Jozef Lenárt, Antonín Kapek und Martin Vaculík – alle drei in der untergeordneten Funktion von Kandidaten des Präsidiums, nicht als Vollmitglieder (Kandidaten haben bei Entscheidungen des Politbüros kein Stimmrecht). Martin Vaculík, der aufgrund seiner Funktion als Leitender Sekretär der Prager Parteiorganisation Mitglied der Parteiführung blieb, wurde im Mai vom neuen Prager Sekretär Bohumil Šimon abgelöst, der von Anfang an mit dem führenden Dreigestirn zusammengearbeitet hatte und ein langjähriger Mitarbeiter Kolders war. Von den übrigen neuen Mitgliedern der Parteiführung waren weitere fünf durch ein enges persönliches Verhältnis an die drei – meist unmittelbar an Dubček – gebunden: Vasil Bilak (Dubčeks persönlicher Freund, den er als seinen

Nachfolger in die Funktion des Ersten Sekretärs der slowakischen KP einsetzte), Jan Piller (lange Jahre in leitenden Funktionen in der Volkswirtschaft und von daher eng vertraut mit Kolder und Černík), Oldřich Švestka (Chefredakteur von „Rudé právo", der bereits hinter Novotnýs Rücken Dubček gefördert hatte), František Barbírek und Emil Rigo (politisch bedeutungslose Funktionäre aus der Slowakei, die Dubček gern zu „seinen Leuten" zählte).

Es blieben demnach nur drei Mitglieder des Parteipräsidiums – Josef Špaček, Josef Smrkovský und František Kriegel –, deren Mitgliedschaft im höchsten Organ der KPČ nicht vorwiegend auf persönliche Verbindung zu dem neuen Dreigestirn an der Macht beruhte. Špaček war bereits im Januar von der Bezirksorganisation in Brünn, deren Leitender Sekretär er war, ins Präsidium entsandt worden. Smrkovský wurde durch seine Aktivität in der Öffentlichkeit nach dem Januar äußerst populär und war außerdem ein ernsthafter Kandidat für das Amt des Präsidenten der Republik; der Vorsitz im Parlament und die Mitgliedschaft im Parteipräsidium sind ein Ausdruck dieses Sachverhalts und gleichzeitig eine gewisse „Entschädigung" dafür, daß ihm der Weg in die Prager Burg schließlich doch verbaut wurde. Kriegel gelangte infolge verschiedener Manöver einzelner Gruppen im Zentralkomitee ins Parteipräsidium; er gehörte weder am Anfang noch im weiteren Verlauf des „Prager Frühlings" zu den persönlichen Freunden Dubčeks. Rückhalt hatte er eher in der Prager Parteiorganisation als im Apparat des Zentralkomitees. Zur Zeit des Konflikts mit Novotný arbeitete er eng mit Ota Šik, František Vodsloň und General Prchlík zusammen, das heißt mit Personen, die später nicht zu den Auserwählten der neuen Dreiergruppe an der Macht gehörten. Gegen die Mitgliedschaft Ota Šiks im Präsidium – der bereits seit Jahren die am vollkommensten ausgearbeitete Konzeption einer ökonomischen und gesellschaftspolitischen Reform hatte – setzten sich Černík, Kolder und Dubček entschlossen zur Wehr; die ersten beiden meiner Meinung nach aus Gründen der persönlichen Konkurrenz.

Zur neuen Parteiführung gehörte jedoch außer dem Präsidium auch das Sekretariat des Zentralkomitees der KPČ. Dort rückten neben drei Mitgliedern des Präsidiums – Dubček, Kolder und Lenárt – sechs neue Leute ein: Alois Indra (über dessen Weg zur Macht bereits die Rede war und der außerdem durch sein Arbeitsgebiet Černík und Kolder nahestand), Štefan Sádovský (Dubčeks persönlicher Freund), Oldřich Voleník (der Parteisekretär von Ostrau, einem der mitgliederstärksten Parteibezirke, aus dem auch Černík und Kolder stammten), Čestmír Císař, Václav Slavík und ich.

Čestmír Císařs Weg zum Ruhm war kurvenreich und eigenartig gewesen. In den fünfziger Jahren arbeitete er im ideologischen Bereich im Apparat des ZK der KPČ und war ein gläubiger, aber relativ gebildeter Stalinist; er hatte vor dem Krieg das französische Gymnasium in Prag besucht und kurze Zeit an der Universität Dijon studiert. Unter anderem veröffentlichte er eine lobende Besprechung der gesammelten Schriften Rudolf Slánskýs – unglücklicherweise kurz vor dessen Verhaftung und Sturz. Die Zeitläufte verdrängten ihn vorübergehend in die niederen Gefilde des Parteiapparats, von wo er nach 1956 langsam wieder emporstieg bis zum Chefredakteur des Parteiorgans für Theoriefragen „Nová mysl". Unter Novotný brachte er (unter dem Titel „Mit den Jahren sind wir gewachsen") eine Schrift heraus, in welcher er in kultivierterem und besserem Stil, als er in der Parteipresse sonst üblich war, die Entwicklung der Tschechoslowakei und der KPČ als eine Kette von Erfolgen schilderte, an denen die Führung Novotnýs bedeutenden Anteil habe. Dann fand Novotný, den er bei irgendeinem Auslandsbesuch begleitete, Gefallen an ihm und machte ihn 1963 zum Parteisekretär. Infolge der günstigen Verhältnisse in diesem Jahr konnte Císař in seiner neuen Funktion eine relativ liberale Politik verfolgen; die Prager reformkommunistische Intelligenz nannte die wenigen Monate seines Wirkens im ZK der KPČ den „huldvollen Sommer". Dann geriet er bei Novotný wieder in Mißkredit und wurde in das Ministerium für das Schulwesen abgeschoben.

Während der Maifeiern der Studenten im Jahr 1965 nahm seine Tochter an einer „parteifeindlichen Demonstration" teil. Er wurde damit auch als Minister für das Schulwesen untragbar, und man ernannte ihn zum Botschafter in Rumänien. Bei den Studenten wurde er jedoch sehr populär. Das sollte ihm im Frühjahr 1968 zugute kommen. Die Studenten kreierten den Slogan „Císař auf die Burg", den sie nicht nur auf ihren Umzügen riefen, sondern auch auf Wände und Mauern schrieben (dabei kam ein gewisser sprachlicher Doppelsinn dem studentischen Humor sehr entgegen – „Císař" bedeutet im Tschechischen „Kaiser"). Die Öffentlichkeit betrachtete Císař daher als einen möglichen Kandidaten für das Amt des Präsidenten, innerhalb der Machtstruktur wurde diese Kandidatur jedoch niemals ernstlich in Erwägung gezogen. Zusammen mit seiner Popularität bei einem Großteil der Intelligenz trug das jedoch zu seinem Aufstieg in die Funktion eines ZK-Sekretärs bei. Ähnlich wie eine Reihe anderer Parteifunktionäre dieser Jahre war Císař der Prototyp einer bestimmten Mischung aus kommunistischem ideologischen Glauben und Karrierismus. Nachdem er seinen Ministersessel verloren hatte und nach

Rumänien abkommandiert war, traf ich ihn zufällig vor dem ZK-Gebäude, als er gerade von Novotný kam. Er war blaß, erregt, unglücklich. „Es ist furchtbar“, sagte er zu mir. „Ich war bei Novotný, ich habe ihm mein Herz mit beiden Händen dargeboten und er hat danach getreten.“ Ich antwortete ihm, daraus könne man wohl die Lehre ziehen: Biete dein Herz niemals jemandem an, der es nicht haben will. Císař sah mich an wie einen Menschen, der die Tabugrenze zum Zynismus überschritten hat, und ging fort. Im Oktober 1968, als bereits klar war, daß weder er noch ich unsere Funktion noch lange behalten würden, sprach ich mit ihm über die Lage. „Na ja“, sagte er, „aber wohin soll ich gehen? Ich kann doch nichts unter Zehntausend monatlich annehmen.“ Nun sah ich ihn an wie einen Menschen, der soeben die unterste Grenze charakterlichen Niveaus unterschritten hat, und beendete das Gespräch.

Auch Václav Slavík kam nicht nur aufgrund guter persönlicher Beziehungen zu den drei Spitzenpolitikern in das ZK-Sekretariat; sein persönliches Verhältnis zu Dubček war zwar gut, sein Aufstieg war jedoch einer Reihe anderer Faktoren zuzuschreiben. Ähnlich wie Smrkovský gehörte er zu den Mitgliedern des Zentralkomitees, die nach dem Sturz Novotnýs innerhalb der Partei die kritische Welle zur Unterstützung der Reform förderten. Er arbeitete bereits seit vielen Jahren im Parteiapparat: Zunächst beim Parteiorgan „Rudé právo“, anschließend in der Redaktion der Kominform-Zeitschrift „Für dauernden Frieden, für Volksdemokratie“ in Bukarest; Ende der fünfziger Jahre wurde er Leiter der ideologischen Abteilung des ZK der KPČ, später war er kurze Zeit auch ZK-Sekretär und dann stellvertretender Chefredakteur der internationalen kommunistischen Zeitschrift „Fragen des Friedens und des Sozialismus“; seit 1966 war er Direktor des Instituts für politische Wissenschaften, das dem Zentralkomitee der KPČ unterstand und das auch mit meinem Forschungsteam zusammenarbeitete.

Im Lauf seiner vielseitigen Tätigkeit in politischen Gremien hatte Slavík zahlreiche politische und ideologische Haken geschlagen, gegen Ende der sechziger Jahre jedoch war er nach meinem Dafürhalten ein überzeugter Anhänger der Reform. Slavík strebte selbstverständlich ebenfalls nach politischem Einfluß und gehobener Funktion, er war aber kein Karrieremacher; rein als Mensch betrachtet, war er bescheiden und aufrichtig. Er wurde deshalb von den unterschiedlichen Gruppen und Klüngeln innerhalb des Parteiapparats vertrauensvoll akzeptiert – und vielleicht verhalfen ihm gerade diese zahlreichen Beziehungen zu Menschen, die in manchen Fragen konträr zueinander

standen, zu seiner Funktion im Parteisekretariat Dubčeks. Im Verlauf der stürmischen Entwicklung des Jahres 1968 wirkte er in den zahlreichen Konflikten der verschiedenen Instanzen häufig als Mittelsmann und Unterhändler hinter den Kulissen, insbesondere im schwierigen Verkehr zwischen der Führung und der Prager Parteiorganisation; er verstand sich gut mit Dubček und Kriegel, mit vielen aus den Reihen der radikalen Parteiintelligenz und ebenso mit den Mitarbeitern des Parteiapparats. Ich selbst wurde im April 1968 ganz unerwartet zum Mitglied des Sekretariats des ZK der KPČ – unerwartet für mich und für andere. Vor allem war ich nicht einmal Mitglied des Zentralkomitees – nur ein Mann aus dem Schatten des Parteiapparats. Die Funktion des Sekretärs der Rechtskommission des Zentralkomitees setzte die Mitgliedschaft im Zentralkomitee selbst nicht voraus, wohl aber tat dies – unter normalen Umständen – die eines ZK-Sekretärs. Soweit ich inoffiziell zu irgendeinem Klüngel gezählt wurde, war dies noch am ehesten die Gruppe um Koucký und Hendrych, deren Stern im April 1968 am Erlöschen war wenn man absieht von O. Švestka). Dubček kannte ich damals persönlich überhaupt nicht und er mich ebensowenig, Černík kannte ich nur oberflächlich; noch am ehesten kannte ich Kolder etwas näher, aber auch das waren nie Beziehungen persönlicher Zusammenarbeit und Freundschaft gewesen.
Wohl war ich einer der Autoren des Aktionsprogramms der KPČ, vielleicht sogar der Autor mit dem bedeutendsten Anteil. Das stärkte meine Position im Schatten der Macht. Aber eine offizielle Funktion erwartete ich aufgrund dessen nicht. Im März, als Stellen in der Partei und im Staat neu besetzt wurden, bot man mir die Funktion des Generalstaatsanwalts an, und ich lehnte ab: ich wollte weiter am theoretisch-politischen Konzept arbeiten. Ich schloß jedoch aus dem Vorgang, in welche Kategorie mich die neuen Machthaber eingereiht hatten, und erwartete um so weniger eine hohe Funktion in der Partei. Gemeinsam mit den übrigen Mitgliedern der „Arbeitsgruppe“, die den Text des Aktionsprogramms ausgearbeitet hatte, wurde ich zum April-Plenum des Zentralkomitees eingeladen, auf dem das Programm endlich verabschiedet werden sollte. Eine solche Einladung zu erhalten, war bereits unter Novotný eine Art „Ehrenpreis“ für diejenigen, die die Arbeit im Hintergrund leisteten. In diesem Fall lag mir aber selbst daran, politische Erläuterungen und gewisse Fragen der Konzeption, die ich für besonders wichtig hielt, in eigener Person vorzutragen. Ich meldete mich also auf der ZK-Sitzung zu Wort und erhielt auch Redeerlaubnis. Zwar als vorletzter, aber wie sich zeigte, war das sogar sehr günstig. Nach mir sprach nur noch einer – Antonín No-

votný. Unser beider Beiträge waren so konträr, daß sie um so größere Aufmerksamkeit hervorriefen. Unter anderem kritisierte ich zum Schluß meines Beitrags auch das bisherige Vorgehen der neuen Führung Dubčeks, der ich vorwarf, daß sie die Kontrolle über die Situation verlöre, daß sie mehr von der Entwicklung getrieben würde, als selbst politisch zu führen und zu lenken. Ich sagte ausdrücklich, daß die Reform auch in dem Sinne bedroht sei, daß der „Erneuerungsprozeß" ein ähnliches Ende finden könnte, wie die Ereignisse in Ungarn 1956. Dieser Satz fiel im „Rudé právo" zwar der Zensur Švestkas zum Opfer, im Zentralkomitee selbst jedoch rief er Aufsehen hervor; solche Worte hörte auch der konservative, stalinistische Teil des ZK gern. Josef Havlín – heute Husáks ZK-Sekretär, damals ein Abteilungsleiter Kouckýs – schlug in der Diskussion über das Aktionsprogramm plötzlich vor, mich zum Sekretär des Zentralkomitees zu wählen. In der Pause kam Dubček zu mir und bot mir die Funktion eines Parteisekretärs an; gemeinsam mit Císař sollte ich den ideologischen Bereich übernehmen. Ich sagte ihm, das müsse ich mir noch überlegen, aber jedenfalls wolle ich nicht im Bereich der Ideologie arbeiten. Lieber würde ich mich weiter der Ausarbeitung und der praktischen Realisierung der politischen Reform des Systems widmen, deshalb sei es mir eher um Einfluß auf die Tätigkeit der staatlichen Organe, der gesellschaftlichen Organisationen, der Nationalen Front usw. zu tun. Das kam Dubček zur gegebenen Zeit gar nicht gelegen, denn dieses Tätigkeitsfeld war faktisch bereits für Alois Indra reserviert. Wir kamen überein, daß ich seinen Vorschlag bis zur nächsten Pause aus meiner Perspektive gründlich überdenken und ihm dann meine endgültige Entscheidung mitteilen würde.
Nach Erwägung sowohl der allgemeinen als auch meiner persönlichen Situation kam ich schließlich zu dem Ergebnis, daß es für meine Ziele am günstigsten wäre, wenn ich an der Akademie der Wissenschaften mit der Ausarbeitung der allgemeinen Konzeption der politischen Reform fortfahren könnte, dabei aber die offizielle Position eines Mitglieds des ZK-Sekretariats innehätte sowie in Verbindung damit den Vorsitz der Rechtskommission des ZK der KPČ. Mir schwebte auch vor, daß in Parallele zu den Parteizeitschriften mit ökonomischer Orientierung eines Tages auch eine Parteizeitschrift politologischer Richtung gegründet werden könnte; für die Probleme der politischen Reform gab es nämlich bisher noch kein spezielles Presseorgan, und nur mittels der Tagespresse und der kulturpolitischen Zeitschriften konnte sich die öffentliche Diskussion darüber entfalten. So eine Zeitschrift hätte ich dann gern geleitet. Dubček stimmte dieser Lösung zu,

und so wurde ich am 5. April zum Mitglied des Parteisekretariats gewählt, ohne die Funktion eines Sekretärs zu bekleiden.
Erst nach zwei Monaten praktischer Erfahrung in der Arbeit des Präsidiums und Sekretariats des ZK der KPČ unter der Leitung Dubčeks sah ich mich Ende Mai veranlaßt, mich aus eigenem Antrieb um die Funktion eines Sekretärs des Zentralkomitees zu bewerben. Ich war zu der Überzeugung gekommen, daß durch Reden allein nichts erreicht werden konnte und letzten Endes Machtpositionen entscheidend waren. Am 1. Juni 1968 wurde ich zum ZK-Sekretär gewählt. Zur gleichen Zeit wie ich trat ein weiterer neuer Mann in das ZK-Sekretariat ein – Evžen Erban. Er wurde in dieses Gremium aufgenommen, weil er schon vor 1948 Funktionär der Sozialdemokratischen Partei gewesen war und durch seine neue Funktion unter anderem beweisen sollte, daß einem Sozialdemokraten in der KPČ alle Wege offenständen und es daher nicht notwendig wäre, die Sozialdemokratische Partei zu erneuern. Auf diejenigen, die auf eine solche Neugründung drängten, konnte die Karriere Erbans verständlicherweise wenig Eindruck machen – mit Recht, wie die Praxis zeigte. Erban wurde gleichzeitig noch Sekretär der Nationalen Front, in welcher Funktion er vor allem gegen deren Vorsitzenden, František Kriegel, opponierte, was ihm später die „Gnade“ der „Normalisierer“ eintrug: Er bekleidet noch heute die bedeutungslose, aber gutdotierte Funktion des Vorsitzenden des Tschechischen Nationalrats.
So also entstand die neue Parteiführung Dubčeks: als Resultat von Konfrontationen und Kompromissen hinter den Kulissen der Machtstruktur, aber auch als Folge des Drucks einer immer stärker werdenden demokratischen Bewegung in Partei und Öffentlichkeit. Was das verborgene Kräftespiel und Kräftemessen in den Beziehungen zwischen den Regierenden betraf, boten der Vorgang und sein Ergebnis wohl ein angemessenes Abbild tatsächlicher Verhältnisse. Wenn man jedoch die ernsten politischen Probleme in Erwägung zieht, mit denen diese Führung sich schon in allernächster Zukunft auseinanderzusetzen hatte, so muß man sagen, daß sie ein Konglomerat allzu heterogener politischer Kräfte und als solches im vorhinein dazu verurteilt war, in unüberwindlichen inneren Konflikten steckenzubleiben. Auch dies ein Beweis dafür, daß die Troika an der Spitze – Dubček, Černík und Kolder – die Zukunft falsch einschätzte und den Ernst der Situation nicht begriffen hatte.
In zeitlicher Parallele zur Umbildung der Parteiführung wurde ein neuer Staatspräsident gewählt und eine neue Regierung gebildet. Die Beurteilung der Aufgaben des Präsidenten war in der gesamten Par-

teiführung ziemlich einheitlich – er sollte eher eine allgemeine moralisch-politische Bedeutung ausstrahlen, als tatsächlich die höchste Machtfunktion ausüben. Für dieses Amt suchte man eine Persönlichkeit, die ebenso bei den breiten Massen wie innerhalb der Partei Ansehen genoß. Die Funktion des Präsidenten sollte zukünftig nicht mehr mit einer Spitzenposition in der Partei gekoppelt sein: die Parteiführung suchte instinktiv einen „überparteilichen" Präsidenten, der den Anschein einer Kontinuität zu den ersten Präsidenten der Volksrepublik wahren könnte – aber sie wollte auch nicht, daß der Präsident überhaupt nicht Kommunist wäre. „Wenn wir doch einen geeigneten Professor hätten", sagte einmal, die allgemeine Stimmung treffend, Kolder. „Wenn Nejedlý noch am Leben wäre", fügte, schon weniger treffsicher, jemand hinzu, dem offentsichtlich der Unterschied zwischen Masaryk und Nejedlý entgangen war. Die Bemühungen, „irgendeinen Professor" zu finden, führten sogar dazu, daß unter den Kandidaten der Name des Präsidenten der Akademie der Wissenschaften, František Šorm, auftauchte. Zum Schluß einigten sich alle, die in dieser Sache das Sagen hatten, ohne größere Vorbehalte auf General Ludvík Svoboda. Er schien tatsächlich in vieler Hinsicht dem gesuchten Symbol zu entsprechen und wurde am 30. März 1968 zum Präsidenten der Republik gewählt. Nach seiner Wahl legte Svoboda am Grab des ersten Präsidenten und Gründers der Republik, T. G. Masaryk, einen Kranz nieder, ein Ereignis, das seit 1948 nicht seinesgleichen hatte.

Die neue Regierung, deren Vorsitzender Oldřich Černík wurde, war während des „Prager Frühlings" ein Kollektivorgan mit besseren Qualitäten als die Parteiführung selbst. Unter ihren Mitgliedern waren mehr hochqualifizierte und rational denkende Menschen, und viele von ihnen hatten auch ein aufrichtiges Verhältnis zur allgemeinen Konzeption der Reform. Dafür waren bereits unter Novotný gewisse Voraussetzungen geschaffen worden: Jozef Lenárt, der damalige Regierungsvorsitzende, war selbst ein rational denkender Mensch und hatte für Regierungsposten qualifiziertere Leute ausgewählt als Novotný für Parteifunktionen. Lenárt gehörte zu den Leuten, die in ihrer Jugend die Schule des Baťa-Konzerns absolviert hatten, und das machte sich bemerkbar. Im Februar 1967 schrieb ich für ihn eine Rede über die Nationalausschüsse und am späten Abend gingen wir – nur unter vier Augen – den Text noch einmal durch. Plötzlich sagte Lenárt: „Du bist doch ein kluger Mensch, warum hockst du dauernd in der ‚Baracke' [Parteijargon für den Sitz des ZK]? Halte dich an die Regierung. Dort wird nur geschwätzt, aber hier wird etwas getan."

Dieser Ausspruch war damals auch für Lenárt nicht ohne Risiko. Aber Lenárt führte nicht nur kritische Reden. In seine Regierung und ihren Apparat holte er eine ganze Reihe fähiger Fachleute, zu denen vor allem die Minister im wirtschaftlichen Bereich gehörten, zum Beispiel František Vlasák und Bohumil Sucharda. Die Wirtschaftsreform der sechziger Jahre hatte zwar den Segen der Partei, zu ihrer Realisierung trug aber vor allem die Regierung Lenárts bei.

Černík konnte daher an etwas anknüpfen. Außerdem wurden einige fähige Menschen, die nicht in die Parteiführung aufgenommen worden waren, in die Regierung „abgeschoben", vor allem Ota Šik und Lubomír Štrougal, aber auch Gustáv Husák. Wenn auch die spätere Entwicklung zeigte, daß es sich im Fall Husáks und Štrougals um Menschen handelte, die ihre Fähigkeiten auch in die Dienste der reformfeindlichen Politik, die auf Wunsch Moskaus die totalitäre Diktatur restaurierte, stellen konnten, bleibt es eine Tatsache, daß sie fähiger und qualifizierter sind als etwa Bilak und Kapek, die heute ebenfalls zu den Stützen der „Normalisierungspolitik" gehören und im Frühjahr 1968 die Parteiführung Dubčeks schmückten. Einige der neuen Minister – wie Jiří Hájek im Außenministerium, Vladimír Kadlec, der Minister für das Schulwesen, oder der Kultusminister Miroslav Galuška – waren nicht nur fachlich qualifizierte Leute, sondern überzeugte Verfechter der demokratischen Reform. Viele Bereiche waren von diesem Gesichtspunkt aus gesehen in der Regierung personell besser besetzt als im Parteiapparat.

Das zeigte sich schließlich auch am 22. August 1968, nach der sowjetischen Intervention: Neun Mitglieder von Dubčeks Parteiführung waren bereit, der „Revolutionären Arbeiter- und Bauernregierung" beizutreten (zu deren Organen auch das „Revolutionstribunal" gehören sollte, vor das man Dubček gemeinsam mit Smrkovský, Kriegel, Černík und weiteren zitieren wollte), während aus der gesamten Regierung Černík sich nur ein einziges Mitglied (Minister Pavlovský) dieser Gesellschaft anschließt. Eine ganze Reihe höchster Parteifunktionäre beteiligte sich insgeheim an der Vorbereitung der sowjetischen Intervention, aus der Regierung gaben sich dazu jedoch nur der Direktor der Verwaltung des Fernmeldewesens, Karel Hoffmann, und der stellvertretende Innenminister, Viliam Šalgovič, her.

Weder Pavlovský noch Šalgovič wurden von Černík in ihre Regierungsfunktionen eingesetzt. Den ersteren unterschob ihm, wie schon gesagt, Alois Indra, den zweiten Dubček persönlich. Innenminister in Černíks Regierung war Josef Pavel, den ich selbst für diese Funktion vorgeschlagen hatte. Als das Parteipräsidium Ende März die Liste der neuen Regierung zusammenstellte, wurde ich im Verlauf der Sitzung in das ZK-Gebäude gerufen. Dort bot mir Koucký, wie bereits erwähnt, die Funktion des Generalstaatsanwalts an. Bei dieser Gelegenheit erwähnte Koucký, daß man noch keinen Kandidaten für die Funktion des Innenministers gefunden hätte. Einige von denen, die in Frage kamen, hätten abgelehnt. Er erwähnte Oldřich Voleník, den Sekretär des Bezirkskomitees der KPČ in Ostrau. Wir stimmten beide darin überein, daß man es niemandem übelnehmen könne, wenn er unter den gegebenen Umständen nicht unbedingt Innenminister werden wolle. Koucký forderte mich daraufhin auf, doch jemanden vorzuschlagen, wenn ich eine Vorstellung hätte. Ich sagte ihm, daß meiner Ansicht nach eine Person Innenminister werden müßte, die das Ressort kannte und gleichzeitig die sichere Gewähr dafür bot, daß sie den gesamten Apparat gründlich von allen Menschen säubern würde, die für die gesetzwidrigen Praktiken der Vergangenheit mitverantwortlich waren, und für die Zukunft die Gewähr, daß es nicht erneut zu einem Mißbrauch des Apparats der Staatssicherheit kommen könnte. Es würde nicht leicht sein, einen entsprechenden Kandidaten zu finden, ich würde mir die Angelegenheit jedoch durch den Kopf gehen lassen. Koucký kehrte auf die Präsidiumssitzung zurück, und ich wog verschiedene Möglichkeiten gegeneinander ab, bis ich darauf kam, daß Josef Pavel die gesuchte Person sein könnte.

Pavel war bereits vor dem Krieg der Kommunistischen Partei beigetreten, während des Bürgerkriegs in Spanien war er Kommandant einer Interbrigade, während des Weltkriegs kämpfte er in den Reihen der Tschechoslowakischen Auslandsarmee in Großbritannien, nach dem Krieg war er Leiter der Abteilung Sicherheit beim ZK der KPČ und später stellvertretender Innenminister. 1951 wurde er verhaftet; er gehörte aber zu den wenigen, die sich trotz unmenschlicher Folter zu keiner falschen Aussage über angebliches Verschulden zwingen ließen, und deshalb konnte er in keinem der Schauprozesse als Zeuge mißbraucht werden. Auch er hatte sich in der Zeit vom Februar 1948 bis zu seiner Verhaftung an den widerrechtlichen Praktiken beteiligt; aber gleichzeitig kannte er den Sicherheitsapparat aus dieser Zeit, seine Methoden, seine Kader, und niemand konnte damit rechnen, daß er ihn überlisten oder ihm etwas vormachen könnte. Aus allem, was ich über ihn wußte, gewann ich die Sicherheit, daß er zu denjenigen unter den rechtswidrig eingesperrten Kommunisten gehörte, die aus dieser Lebenserfahrung nicht nur dem Wort nach geläutert hervorgegangen waren, sondern die sich von Grund auf geändert hatten. Ich war sicher, daß Pavel mehr als jeder andere die Garantie dafür bot,

daß sich die gesetzwidrigen Praktiken des Staatssicherheitsdienstes nicht wiederholen würden – und das trotz seiner Fehler und Sünden aus der Vergangenheit.
Ich ließ Koucký nochmals aus der Präsidiumssitzung herausrufen und trug ihm meinen Vorschlag vor. Koucký stimmte schließlich mit mir überein und erklärte, er werde diesen Antrag dem Präsidium vorlegen. Wie die Verhandlungen über Pavels Kandidatur verliefen, ob derselbe Antrag noch von anderer Seite kam, wer ihn unterstützte und wer dagegen war – das alles weiß ich nicht. Pavel wurde aber tatsächlich Innenminister. Er war einerseits persönlich unabhängig von Dubček, Černík und Kolder, andererseits hatte er nicht die von Moskau so gern gesehene Qualifikation für seine Funktion – er gehörte keiner der damaligen sowjetischen Geheimkolonnen in der Tschechoslowakei an. Es ist wohl allgemein bekannt, daß er im Jahr 1968 als Innenminister kein leichtes Leben hatte. Soviel ich weiß, erfüllte er jedoch alle Erwartungen, die ich bei ihm vorausgesetzt hatte: Mit Eifer und Konsequenz begann er die Säuberung des Sicherheitsapparats vorzubereiten, und er achtete peinlich darauf, daß die Gesetze nicht verletzt wurden.
So war ich zum Beispiel selbst Zeuge, wie nach den Verhandlungen in Čierná an der Theiß noch spät am Abend des 1. August Černík aus Čierná anrief und Pavel aufforderte, unverzüglich die gesamte Auflage der letzten Nummer der Zeitschrift „Reportér", die bereits verschickt war und am nächsten Morgen auf den Zeitungsständen ausliegen sollte, zu beschlagnahmen. Diese Nummer enthielt eine Karikatur, die Breschnjew empört hatte (er wußte bereits Bescheid), und das verletzte angeblich Zusagen der KPČ-Führung, „die Polemik einzustellen". Josef Pavel lehnte es ab, Černíks Auftrag auszuführen, mit der Begründung, der Regierungschef könne sich in diesem Fall auf kein Gesetz berufen. Černík fing am anderen Ende der Leitung an zu toben, aber Pavel entgegnete ruhig: „Dann wirst du, Genosse Vorsitzender, einen anderen Innenminister suchen müssen." Und hängte ein. Die Personen, die Josef Pavel aus dem Apparat des Staatssicherheitsdienstes entfernte, weil sie keine Gewähr für überzeugte Gesetzestreue boten, waren freilich häufig Mitglieder des sowjetischen Agentennetzes in der Tschechoslowakei. Es ist daher verständlich, daß Dubček bereits nach kurzer Zeit von Moskau unter Druck gesetzt wurde, derartigen Ungeheuerlichkeiten Einhalt zu gebieten. Zu dieser Zeit tauchte der Antrag auf, den Staatssicherheitsdienst aus der Zuständigkeit des Innenministeriums herauszunehmen, und dieser Vorschlag fand die Zustimmung Dubčeks. In dieser Situation zwang

die Parteiführung dem Innenminister Pavel Viliam Šalgovič als für den Staatssicherheitsdienst verantwortlichen Stellvertreter auf. Daß Šalgovič seit dem Krieg Agent des KGB war, war allgemein bekannt. Als das Parteipräsidium seine Ernennung zum stellvertretenden Innenminister erörterte, wies einer der Anwesenden ausdrücklich auf diesen Umstand hin. Dubček unterstützte Šalgovič jedoch vorbehaltlos und setzte seine Ernennung durch. Er ging dabei wahrscheinlich von der Annahme aus, daß mit dieser Funktion ohnehin ein sowjetischer Agent betraut werden müsse, und so war es ihm lieber, daß es ein Kumpel von ihm war, auf den er sich – wie er fälschlicherweise hoffte – wenigstens persönlich würde verlassen können.

Warum aber stößt Dubček, der sich bemüht, Moskau gegenüber Konzessionen zu machen, und der die sowjetischen Verhältnisse gut kennt, bereits in den ersten Wochen seiner Regierung in wachsendem Maße auf Schwierigkeiten, Mißtrauen und Widerstand in Moskau? Ich glaube, auch hier ist die Antwort nicht in Dubčeks angeblicher politischer Naivität zu suchen, wenn wir unter dieser Naivität die Vorstellung verstehen, daß Moskau schließlich für die demokratische Reform gewonnen werden könne und alles ohne Schwierigkeiten laufen würde. Etwas derartiges konnte Dubček wirklich nicht annehmen. Er wußte im Gegenteil ganz genau, wogegen Moskau, Warschau und Ostberlin Vorbehalte haben würden.

Ich glaube, daß Dubček auch in seinem Verhältnis zu Breschnjew die gleiche Taktik anzuwenden versuchte, wie in seiner Innenpolitik: Er wollte eine Situation schaffen, in der der Kreml am Ende gezwungen sein würde, mit seinen, Dubčeks, Ansichten übereinzustimmen und gerade in seiner Person die Garantie für die eigenen politischen Interessen zu suchen, denn Moskau würde eingestehen müssen, daß Dubčeks Verhalten der objektiven Situation in der Tschechoslowakei entsprach. Auch in diesem Sinne sah er in der breitgefächerten demokratischen Bewegung einen Faktor, der seinen eigenen Zielen entgegenkam: In Moskau rief diese Bewegung zwar Befürchtungen hervor, aber gerade die sollten Breschnjew zu der Einsicht bringen, daß Dubček die einzige Garantie dafür wäre, daß auch die sowjetischen Interessen wahrgenommen würden, während jede andere Alternative keine günstige Lösung bringen könnte.

Es entsprach Dubčeks tiefster innerer Überzeugung, daß er sich bemühte, einen Bruch mit Moskau zu vermeiden: darin hätte er nämlich eine Bedrohung des Sozialismus in der Tschechoslowakei erblickt. Angefangen von offen proklamierten außenpolitischen Verpflichtungen bis zu konkreten Fragen in der Kaderpolitik, gab Dubček Moskau auf vielfältige Weise zu verstehen, daß man sich in prinzipiellen Fragen auf ihn verlassen könne. Er nahm an, daß er dadurch größeren Spielraum für eine eigene, selbständigere Politik in Bereichen gewinnen würde, wo er es für notwendig erachtete. Nur darum erlaubte er sich in Programmfragen und manchen personellen Veränderungen eine gewisse Eigenständigkeit: In seinen Referaten sprach er über Angelegenheiten, von denen er wußte, daß Breschnjew sie anders formuliert oder überhaupt nicht erwähnt hätte, in einige Funktionen berief er Leute, die er sich von Moskau vorher nicht genehmigen ließ. Wenn er jedoch den Eindruck gewann, daß dies ernste Konflikte hervorrufen könnte, macht er unmittelbar darauf Konzessionen, die unausgesprochenen oder offen vorgebrachten Wünschen Moskaus entsprachen. Er hoffte, auf diese Weise „die Genossen zu überzeugen". Warum ihm das nicht gelungen ist, werde ich im nächsten Kapitel erörtern.

Was aber ging außerhalb der Machtstruktur vor sich, während hinter den Kulissen der Wettstreit um Positionen ausgetragen wurde? Was war der Inhalt der Pressionen und des Drängens, von denen bereits die Rede war und die schließlich auch auf die Besetzung einiger wichtiger Positionen nicht ohne Einfluß blieben? Ich habe bereits erwähnt, daß sich die Formen, in denen dieser Druck auf die Machtstruktur ausgeübt wurde, für den Plan einer allmählichen Demokratisierung, wie ihn das Machtzentrum im Aktionsprogramm der KPČ ausgedrückt hatte, ungünstig auswirkten und das Vorgehen derjenigen, die an der Macht beteiligt waren und die Entfaltung der Reform vorantreiben wollten, erschwerten. Dasselbe gilt für einige politische Losungen und konkrete Forderungen, die in diesem Prozeß an die Führung herangetragen wurden: für alle Bemühungen, die darauf ausgingen, eine Konfrontation mit der immer noch monopolistisch regierenden KPČ hervorzurufen, so zum Beispiel für das Begehren nach der Neugründung einer sozialdemokratischen Partei oder für das Bestreben, aus dem Klub engagierter Parteiloser (KAN) eine politische Partei außerhalb der Nationalen Front zu machen. Die Bedeutung ähnlicher Bemühungen im Verlauf des „Prager Frühlings" wurde aber nur von politischen Extremisten unterschiedlicher Richtungen hochgespielt. In Wirklichkeit waren es nicht diese Bestrebungen, die im Jahr 1968 den politischen Inhalt der starken demokratischen „Druckwelle von unten" bestimmten.

Den Menschen ging es nicht in erster Linie um die politischen Formen und Mechanismen der Demokratie, sondern um das Wesentliche in den Beziehungen zwischen ihnen und der politischen Macht. Anfangs hofften sie nur zaghaft, aber später, im Verlauf des „Prager Frühlings“, begannen sie daran zu glauben, daß die Macht und die Regierung vielleicht tatsächlich *ihre* Macht, *ihre* Regierung sein könnte, daß es von Belang sein könnte, was sie wünschten, was sie dachten, was sie sagten, wie sie arbeiteten – daß sie sich tatsächlich selbst regieren könnten. Im politischen Leben trat als entscheidender Faktor etwas auf, womit die Konzeption der professionellen Reformpolitiker in einem solchen Ausmaß eingestandenermaßen überhaupt nicht gerechnet hatte: der Glaube des Volkes an humanistische und demokratische Ideale, verbunden mit der Hoffnung, daß die Reformkommunisten diese Ideale realisieren würden.

Ganz am Anfang, im Januar 1968, nach der Absetzung Novotnýs, herrschte bei den Menschen bloß eine gewisse neugierige Erwartung, was „die dort“ jetzt weiter tun würden. Kaum jemand nahm an, daß es etwas für sein persönliches Leben besonders Wichtiges sein könnte, um so weniger glaubte man, daß im Leben des ganzen Volkes ein Umbruch eintreten sollte, weil „die da oben“ wieder einmal zerstritten waren. Vielleicht war unter den Kommunisten das Echo auf die Veränderungen in der Parteiführung lebhafter, aber auch hier konnten die gewöhnlichen Mitglieder der Betriebs- und Ortsorganisationen die Bedeutung bei weitem nicht erkennen. Die Überzeugung, daß sich eigentlich nichts Wesentliches geändert habe – die der ZK-Sekretär Vladimír Koucký noch im März nicht verloren hatte –, war im Januar unter dem Volk noch vorherrschend.

Bereits nach wenigen Wochen begann sich diese Situation aber rapide zu ändern. In der Presse, im Rundfunk und im Fernsehen lesen oder hören die Menschen unglaublich freimütige Gedanken; anfangs bleiben sie nur so aus Neugier bei der Sache, gespannt darauf, was nun geschehen wird. Aber die Zensur greift nicht ein, das Zentralkomitee tritt nicht zusammen, um die vorlauten Journalisten zu bestrafen und bekanntzugeben, was es alles „im Interesse der Arbeiterklasse“ nicht zulassen wird. Ganz im Gegenteil: Dubček redet auf der Tagung der landwirtschaftlichen Genossenschaften nicht nur über Düngemittel, Produktivität, Maisanbau und Viehbestand, sondern auch über die „Selbstbestätigung des Menschen“. Nicht mehr bloß Kommunalbetriebe und deren Direktoren werden öffentlich kritisiert, sondern die Arbeitsmethoden der KPČ, der Gewerkschaften, der Staatssicherheit und der Justiz – und das Ergebnis ist, daß ZK-Sekretäre, Gewerkschaftsbosse, der Innenminister und der Generalstaatsanwalt ihrer Funktionen enthoben werden. Immer häufiger kommt es zu öffentlichen Versammlungen – aber nicht mehr, um die Einheit des Volkes zu manifestieren, das dies oder jenes „nicht zuläßt“ oder „ablehnt“, sondern die Menschen reden frei, debattieren und schlagen vor, was weiter geschehen soll. Auf einer dieser Versammlungen wird offen die Forderung ausgesprochen, daß Antonín Novotný als Präsident zurücktreten soll; die Versammlung wird nicht von der Polizei aufgelöst, ja sie wird nicht einmal von „Rudé právo“ im nachhinein verurteilt, sondern über ihren Verlauf wird sogar im Rundfunk berichtet. Und dann folgt, was schon wie ein Märchen wirkt: Novotný legt acht Tage später sein Amt nieder.

So geschehen – und fast möchte man darin eine symbolische Bedeutung erblicken – am ersten Frühlingstag des Jahres 1968, am 21. März. Und in Prag beginnt dieser Frühling nicht nur astronomisch, nicht nur politisch, sondern – und das ist keine Phrase – wirklich menschlich: Es erwacht der Glaube der Menschen, daß sie selbst etwas bedeuten könnten, daß ihr Schicksal vielleicht von ihnen selbst abhängt, daß sie ihre gemeinsamen öffentlichen Angelegenheiten selbst in die Hand nehmen könnten.

Im öffentlichen Leben wurden gewisse Anzeichen wahrnehmbar, wie sie bisher nur in historischen Momenten, wenn etwas für eine Nation Bedeutsames vor sich ging, auftraten: etwa im Oktober 1918, im Mai 1945. Plötzliche Freude über das Ende einer langen Periode der Hoffnungslosigkeit, das Ende der Unterdrückung, der Rausch der ersten Tage der Freiheit, die Hoffnung, daß die alten Zeiten nicht mehr wiederkehren würden. Es war keine rein politische Angelegenheit, noch viel weniger der Ausdruck ganz bestimmter politischer Konzeptionen bezüglich der Form und der Mechanismen demokratischer Regierung. Die Leute hatten einfach den Eindruck, daß ihr Leben im Begriffe war, sich grundlegend zu ändern – und dies zum Besseren.

Während innerhalb der Machtstruktur reformistisch und demokratisch gesinnte Kommunisten und solche, die nicht anders denken konnten als in Kategorien der Diktatur und zum Teil der sowjetischen Fünften Kolonne innerhalb der KPČ angehörten, miteinander um den entscheidenden Einfluß kämpften, erschien auf der Szene des „Prager Frühlings“ – ohne Rücksicht auf die Regiepläne der Reformkommunisten – ein neuer und noch dazu der mächtigste Faktor: die Hoffnung, die das gesamte Volk an diese Stunde knüpfte. Von März bis Juni beherrschte dieser Faktor immer machtvoller das öffentliche und private Leben der Menschen. So ergab sich das Bild eines Jahrmarkts der Hoffnungen und Wünsche, auf dem sich private und politische Sehnsüchte nach langer Unterdrückung in einer allgemeinen Feierstimmung offen auslebten. Und als Vorleistung für die besseren Zeiten, die

von jetzt an herrschen würden, war die Nation großzügig bereit, alte Sünden zu vergeben.
Auf diesem Jahrmarkt der Hoffnungen und Wünsche im „Prager Frühling“ 1968 spielten gewiß auch wirtschaftliche, soziale und politische Interessen der Menschen, der verschiedenen Schichten und sozialen Gruppen ihre Rolle. Man kann nicht bestreiten, daß die Arbeiter, aber auch die übrigen werktätigen Menschen einen höheren Lebensstandard herbeiwünschten, daß ihre Hoffnungen auch dadurch Auftrieb gewannen, daß sie daran glaubten, daß ihre materiellen Bedürfnisse in Zukunft ebenfalls besser befriedigt würden – mit anderen Worten: eine nicht unbedeutende Rolle spielte der Umstand, daß man in die Phase der Konsumgesellschaft eingetreten war. Ebenso kann man sagen, daß die verschiedenen sozialen Schichten der Gesellschaft – jede in Verfolgung ihrer eigenen Interessen – einen größeren Anteil am politischen Entscheidungsprozeß anstrebten; Arbeiter wie Intellektuelle waren unter Novotný mit ihrem Maß an Einfluß auf die Gestaltung der Geschicke der Gesellschaft unzufrieden. In diesen Bestrebungen der unterschiedlichen sozialen Schichten spielten die alten Klassenantagonismen und -konflikte keine Rolle mehr, die Hoffnungen und Sehnsüchte der Menschen gingen bereits aus den neuen sozialen Verhältnissen hervor, die seit 1948 entstanden waren. Man kann gleichfalls sagen, daß in politischer Hinsicht die Menschen vom Regime forderten, ihre bürgerlichen und politischen Rechte in derselben Weise zu respektieren, wie dies in Rechtsstaaten im System der pluralistischen politischen Demokratie geschah. Das alles dürfte zweifellos stimmen – trotzdem läßt es viele bedeutende Umstände noch ungeklärt.
Der Staat war derselbe geblieben, den die Menschen seit Jahren kannten. In den höchsten Funktionen waren gewisse Personen ausgetauscht worden, aber das Parlament war immer noch ein praktisch nicht gewähltes Organ, denn jedermann wußte, daß die Wahlen in der Vergangenheit niemals richtige Wahlen gewesen waren. Der gesamte bürokratische Apparat der Verwaltung blieb bestehen, bestehen blieben der Staatssicherheitsdienst und die diskreditierte Justiz (sieht man ab von einzelnen personellen Veränderungen). Und trotzdem opferten die Menschen Trauringe und Familienschmuckstücke für den „Goldschatz“ ebendieses Staates. Warum?
Die KPČ blieb die Partei, die in einer Monopolstellung zwanzig Jahre lang diktatorisch regiert hatte. Sie hatte zwar eine neue Führung – aber das waren durchweg Leute, die sich vor einem Vierteljahr im Bewußtsein der Allgemeinheit noch kaum von denen unterschieden, die da-

mals an der Spitze dieser Partei standen. Sie hatte ein neues Programm verkündet – aber wie viele Programme hatte sie nicht bereits früher verkündet? Noch vor einem halben Jahr hätte diese Partei kaum damit rechnen können, in wirklich freien Wahlen wenigstens so viele Stimmen zu erhalten, wie sie Mitglieder hatte. Und jetzt unterstützten, einer sehr objektiv durchgeführten Volksbefragung zufolge, 70 Prozent der Bevölkerung ihre Politik, davon etwa 25 Prozent vorbehaltlos. Warum?

Sozialismus war für die Menschen kein abstrakter Begriff: es war die Gesellschaftsordnung, die seit zwanzig Jahren die herrschende war, herrschend während einer Epoche, deren Ende die Menschen jetzt mit neuen Hoffnungen begrüßten. Und trotzdem sprachen sich 80 Prozent für den Sozialismus aus. Gewiß, man kann behaupten, daß hier die Bürger für ihre soziale Sicherheit stimmten, für Staatsfürsorge in allen möglichen Bereichen usw. Aber wohin war die massive Unzufriedenheit mit Tausenden Aspekten des alltäglichen Lebens, die die Menschen ja ebenfalls mit dem Begriff des ihnen bekannten „Sozialismus" verbanden? Und schließlich – wie hatten sich diese Menschen selbst noch vor einem halben Jahr benommen! Dieses Volk war doch nicht ausgewechselt worden; es waren dieselben Menschen, die noch vor kurzem an Staatsfeiertagen ihre Fenster schmückten, an Umzügen teilnahmen, auf Versammlungen die Hände erhoben und damit Ablehnungen, Verbote, Verurteilungen besiegelten, und alles auf Befehl von „oben"; Menschen die dabei aber auch private Interessen verfolgten, überlegten, was aus dieser oder jener Situation herauszuholen wäre, wie Staat und Partei zu hintergehen wären, wie man bei sich dachte, was man für richtig hielt, und aussprach, was verlangt wurde. Und es war schließlich dasselbe Volk, das in zwei Jahren alles wieder genauso tun würde – was es allerdings damals, zur Zeit des „Prager Frühlings", selbst noch nicht ahnte. Wie war all das nur möglich?

Ich glaube, auf diesen ganzen Fragenkomplex gibt es nur eine einzige Antwort: Die Menschen, die an ihre Hoffnungen glaubten, gaben tief in ihrem Innern den humanistischen und demokratischen Werten, die durch Generationen im Volk herangereift waren und sich nicht nur als politische, sondern vor allem als moralische Werte artikulierten, den Vorzug. Es war dies ein Wertsystem, das bereits der nationalen Wiedergeburt im vorigen Jahrhundert innegewohnt und sich im Kampf um die nationale Selbständigkeit unter Österreich entfaltet hatte, auf dem T. G. Masaryk basierte und das er weiter kultiviert hatte. Dieses humanistische und demokratische Wertsystem hatte sich in der tschechoslowakischen Kultur und Politik in den Jahren der ersten Tschechoslowakischen Republik modernisiert und kritisch weiterentwikkelt, war in der Zeit der nationalsozialistischen Okkupation gewaltsam unterdrückt worden, aber 1945 im öffentlichen Leben wieder zu Wort gekommen. Die totalitäre Diktatur der KPČ seit 1948 hatte es abermals unterdrückt und gleichzeitig demagogisch mißbraucht – jedoch erfolglos: Mit neuer Kraft erstand dieses Wertsystem wieder im politischen Geschehen des Frühlings 1968.

Die Jahre der stalinistischen Diktatur in der Tschechoslowakei haben im nationalen Bewußtsein paradoxerweise gerade jene Werte und Ideale gestärkt, welche die Macht hatte endgültig außer Kraft setzen wollen. Sie hat nämlich eine überzeugende Anschauung davon geliefert, wohin die Negation dieser Werte führt. Die Erfahrungen, die sogar manch einen ideologisch gläubigen Stalinisten auf den Weg des Reformkommunismus führten, waren für die Mehrheit des Volkes ein überzeugender Beweis für die Gültigkeit humanistischer und demokratischer Ideale und Werte. Im Bewußtsein des Volkes waren diese Werte schon lange vor 1968 ohne Vorbehalte rehabilitiert; für die Mehrzahl der Menschen hatten sie ihre Gültigkeit ohnehin nie verloren. Wohl waren es wenige, die den Mut hatten, sich praktisch zu ihnen zu bekennen, die danach strebten, ihnen gemäß zu leben, auch als es mit Risiken und Gefahren verbunden war. Aber die meisten Menschen wußten, daß dies nur eine Folge moralischer Schwäche war, eine Folge der Angst, die die totalitäre Diktatur gezeugt hatte.

Weder das Individuum noch eine soziale Gruppe noch gar das ganze Volk lebt leicht und gern in einer Situation, in der jeder weiß, daß sein Handeln nicht von den Werten bestimmt ist, die er in seinem Innersten für wichtig erachtet, sondern von der Angst vor den Sanktionen, die ihm drohen, wenn er anders handelt, als verlangt wird. Die Befreiung von dieser Angst begrüßt er deshalb wie eine Wiedergeburt; und denjenigen, der dazu beigetragen hat, ihn von der Angst zu befreien, überschüttet er mit Vertrauen, Dankbarkeit und Unterstützung. Und in diesem Zusammenhang wird man auch die Hintergründe für den Erfolg der Reformkommunisten im Verlauf des „Prager Frühlings" und für die legendäre Rolle Alexander Dubčeks zu suchen haben – weniger in den Reformprogrammen selbst oder in den tatsächlichen politischen Qualitäten ihrer Vertreter.

Denn eines muß man dem „Prager Frühling" zugute halten: Er befreite die Gesellschaft von der Angst – und das war keine Illusion, sondern eine Realität für die gesamte Bevölkerung. Dazu war es nämlich gar nicht nötig, eine dauerhafte, stabile Veränderung des politischen Systems herbeizuführen, dazu brauchte man auch keine klaren und eindeutigen Konzeptionen der Systemveränderung, ja es war nicht einmal notwendig – wenn man das Ergebnis auf kurze Sicht betrachtet –, tiefgreifende und radikale personelle Maßnahmen in den Machtstrukturen zu treffen. Es genügte eine Erschütterung der Machtstruktur, die zu Veränderungen in einigen wenigen Schlüsselstellungen führte, um den Rest des totalitären Mechanismus eine Zeitlang zu lähmen, durch Unsicherheit zu paralysieren. Dazu genügte es, der freien Meinungsäußerung auf Versammlungen, in der Presse, in Rundfunk und Fernsehen freien Lauf zu lassen.

Befreit von der Angst betritt somit das demokratische, humanistische Volksbewußtsein die Bühne des „Prager Frühlings" in der Rolle des Hauptdarstellers: von April bis Juni beherrscht es die Szene souverän. Im Juli tritt jedoch bereits ein mächtiger Gegenspieler auf – der Kreml, begleitet vom Chor der Warschauer-Pakt-Staaten. Die Gefahr, daß die Freiheit von der Angst sich als vorübergehendes Phänomen erweist, daß die Angst sich zum Gegenangriff rüstet, wird evident. Das gilt nicht nur für das Volk im allgemeinen, sondern auch für die Reformkommunisten: diese und jenes sind durch das Schicksal miteinander verbunden und werden sich dessen in wachsendem Maße bewußt. Allmählich wandelt sich das Vertrauen des Volkes in die Reformatoren in eine Art Vollmacht, sie werden, wie man damals sagte, zu Mandatsträgern.

Gleichzeitig zeigt sich jedoch, daß auch eine so große Sache wie die Befreiung von der Angst für sich allein nicht genügt, um alle Gefahren zu beseitigen, die in der Welt von Macht und Gewalt den Weg zur Demokratie und tatsächlichen Freiheit versperren. Das Drama ist keine Illusion mehr, es ist zur Wirklichkeit geworden und droht sich immer unwiderruflicher zur Tragödie zu gestalten. Das Drehbuch zu ändern oder die Fehlbesetzungen unter den Darstellern auszutauschen, dazu ist es bereits zu spät.

Wie stellte sich dieser Prozeß in der Welt der Regierenden dar? Unter den Regierenden im weitesten Sinne des Wortes, in der gesamten Kommunistischen Partei, ob es sich um Reformkommunisten oder Konservative handelte, um Funktionäre oder gewöhnliche Parteimitglieder, fand ein intensiver Differenzierungsprozeß statt, nach Maßgabe des Kriteriums, welche Stellung man zum allgemeinen Volksbewußtsein bezog. Annahme oder Ablehnung des humanistischen, demokratischen Wertsystems als Maßstab für die Richtigkeit des Handelns auch in einer sozialistischen Gesellschaft – das wurde immer deutlicher zum ideellen Unterscheidungsmerkmal tschechoslowakischer Kommunisten. Das Problem stellte sich vor allem auf mora-

lisch-politischer Ebene, und öfter auf der moralischen als der politischen, die Kommunisten waren schließlich ein Bestandteil des Volkes, und die volksweite Bewegung riß sie im Prinzip genauso mit wie alle anderen. Ihre ideologische und politische Vergangenheit stand plötzlich vor dem Richterstuhl des eigenen Gewissens. Es handelte sich in den meisten Fällen nicht um rationale politische Erwägungen oder gar Kalkulationen, es handelte sich um die Werte des menschlichen Lebens, wie sie jeder im Tiefsten seiner Seele empfindet.
Der Versuch einer politischen Reform der bisherigen totalitären Diktatur, den die Reformkommunisten eingeleitet hatten, wandelte sich zu einer breiten demokratischen Volksbewegung, in deren Inhalt der moralische Anteil eine herausragende, wenn nicht die entscheidende Rolle spielte. Angesichts dieser Bewegung teilten sich die Kommunisten erneut in zwei große Lager, mit teilweise anderem Grenzverlauf als bisher. Die große Mehrheit schloß sich – auch aus innerer Überzeugung – der Volksbewegung an, erkannte ihre moralische Kraft an und unterwarf sich ihr. Bei vielen von ihnen sollte diese Einstellung später unter dem Druck von Gewalt und einer neuen Welle der Angst wieder zusammenbrechen – ebenso wie bei Millionen von Nichtkommunisten, deren nationales Bewußtsein nur so lange zur Geltung kam, wie sie sich von der Angst befreit fühlten.
Einige von ihnen – Kommunisten wie auch etliche Nichtkommunisten – wurden später sogar zu aktiven „Normalisierern". Aber in diesen wenigen Monaten distanzierte sich nur ein kleiner Teil der Kommunisten ausdrücklich von der Wertordnung der Volksbewegung und schied dadurch – denn in einem derart zugespitzten moralischen und politischen Konflikt kann niemand neutral sein – aus dieser Bewegung aus, wurde zu ihrem erklärten und verbissenen Feind. Diese Trennung offenbarte sich dann ganz unverkennbar in den Tagen nach der sowjetischen Intervention im August; sie wurde jedoch bereits vorher, etwa in der Zeit von Mai bis Juli, vollzogen. Die militärische Intervention nahm nur einige unbedeutende Korrekturen vor. Diese kleine Minderheit in der KPČ setzte sich aus Menschen zusammen, die sich – häufig aus unterschiedlichen Beweggründen – das Wertsystem des feudalen stalinistischen Despotismus zu eigen gemacht hatten und es dem humanistischen, demokratischen Wertsystem der überwältigenden Mehrheit des eigenen Volkes überordneten. In ihren Reihen traf man die einzigen rundum zuverlässigen Exponenten der sowjetischen Interessen in der Tschechoslowakei – gleichgültig, ob sie tatsächlich zum Agentennetz der sowjetischen Botschaft und des KGB gehörten oder nicht. Häufig fanden sich auch Nichtkommunisten unter ihnen, deren

Namen zum Teil bekannt waren (wie derjenige Pater Plojhars), die im übrigen jedoch anonym blieben.
Die entscheidenden Monate des „Prager Frühlings" 1968 waren in diesem Sinne die nationale „Stunde der Wahrheit". Nicht etwa deshalb, weil keiner von denen, die sich damals dem Wertsystem, das in der „Volksseele" verwurzelt war, untergeordnet hatten, fähig gewesen wäre, es später wieder zu verleugnen oder gar sich aktiv dagegen zu wenden. Etwas derartiges zu erwarten, wäre eine Illusion gewesen. Die „Stunde der Wahrheit" zeigte jedoch, daß keiner, der sich der Volksbewegung untergeordnet hatte, widerstehen konnte, solange das Volk insgesamt von der Angst befreit war. Diese Monate bedeuteten auch deshalb die „Stunde der Wahrheit", weil sie zeigten, womit der Gedanke des Sozialismus in der Gesinnung der großen Mehrheit des Volkes verknüpft ist und womit nicht. Er wird in der Verbindung mit humanistischen und demokratischen Wertorientierungen akzeptiert, in der Verbindung mit Wertorientierungen des Totalitarismus abgelehnt. Das ist genau das Gegenteil von dem, wozu sich zwanzig Jahre vor und jetzt schon wieder zehn Jahre nach dem „Prager Frühling" das Regime und dieselbe Mehrheit der Bevölkerung, deren innere Überzeugung durch die Herrschaft der Angst zum Schweigen gebracht wird, formell bekennen. Und es zeigte sich, daß dies auch für die überwiegende Mehrheit der Kommunisten, der politisch regierenden Schicht, gilt. Vom Standpunkt Moskaus war das tatsächlich eine katastrophale Situation: Die militärische Intervention war so gesehen nur die logische Konsequenz aus dem Gang der Ereignisse.

Dubčeks Parteiführung, die Anfang April 1968 an die Macht kam, war ebenso wie die gesamte Kommunistische Partei mit dem, was in der Gesellschaft außerhalb der Machtstruktur vor sich ging, konfrontiert. Auch in dieser Führung wurde die Einstellung der einzelnen Mitglieder zur demokratischen Strömung im gesamten Volk, zur Forderung nach einem „Erneuerungsprozeß", wie das damals genannt wurde, zum hauptsächlichen Kriterium. Und weil es sich in dieser Gesellschaft in gewissen Phasen der Entwicklung nicht nur um rein politische Wertorientierungen handelte, wurde selbst die höchste Parteiführung in das Geschehen miteinbezogen. Die persönlichen, menschlichen Eigenschaften der einzelnen Mitglieder dieser Führung gewannen plötzlich ungemein an Bedeutung und wurden in vielen politischen Situationen zum entscheidenden Faktor. Vom Gesichtspunkt der rational aufgefaßten Bedürfnisse der politischen Reform schuf das allerdings eine äußerst komplizierte und in sich widersprüchliche Situation.

Im Verlauf von April und Mai spaltete sich vor allem unter dem Druck der neuen gesellschaftlichen Situation das ursprüngliche Dreigespann – Dubček, Černík, Kolder –, das die Zusammensetzung der neuen Parteiführung eigentlich bestimmt hatte.
Die politische Bedeutung der Persönlichkeit Alexander Dubčeks wuchs in diesen zwei Monaten rasant zu solchem Ausmaß, daß es ihn selbst offensichtlich ebensosehr wie seine Umgebung überraschte – und zweifellos auch die Machthaber im Kreml. Und es gab tatsächlich Grund zur Verwunderung: Daß der Chef einer kommunistischen Partei nach zwanzig Jahren der totalitären Diktatur dieser Partei zum charismatischen Führer einer demokratischen und humanistischen Volksbewegung wird – das war in der Geschichte des Kommunismus noch niemals und nirgendwo vorgekommen.
Für das außerordentliche Anwachsen der politischen Bedeutung der Persönlichkeit Dubčeks gibt es allerdings eine Reihe sehr rationaler, keinesfalls moralisch erhabener Erklärungen. Eine bedeutende Rolle spielte die Tatsache, daß Anhänger unterschiedlicher politischer Tendenzen – und das sowohl unter Befürwortern wie Gegnern der demokratischen Reform – es für politisch angebracht hielten, Dubček persönlich ihre Ergebenheit auszusprechen. Man legte sich dadurch politisch weniger fest als mit einem offenen Bekenntnis zum Aktionsprogramm der KPČ (dessen politischer Linie gegenüber ja gerade gewisse Gruppen zahlreiche Vorbehalte hatten), es war eine weniger verbindliche Haltung in bezug auf konkrete politische Entscheidungen, gleichzeitig jedoch war es politisch populär und wirksam; es kam dem elementaren Bedürfnis des Volkes entgegen, ein politisches Programm mit einer konkreten Persönlichkeit zu identifizieren. Die Verfechter sehr unterschiedlicher politischer Tendenzen pflegten und stärkten daher gemeinsam die Autorität Dubčeks, alle in der Hoffnung, daß es gerade ihnen gelingen werde, sich die Autorität später einmal für die eigenen Ziele zunutze zu machen.
Das allein kann jedoch die politische Rolle Dubčeks im „Prager Frühling" nicht erklären. Auch seine politischen Referate tragen zu einer Erklärung nur teilweise bei. Zwar eignet ihnen eine gewisse individuelle Ausdrucksweise – vor allem in der äußeren Form des Vortrags –, aber inhaltlich unterscheiden sie sich nicht wesentlich von zahlreichen anderen offiziellen Reden aus dieser Zeit. Alle diese Vorträge entstanden auch auf die übliche Weise, die schon vor Dubček in Gebrauch war und es auch nach ihm noch ist: sie wurden von Ghostwritern und „Arbeitsgruppen" verfaßt (ausführliche Teile zahlreicher Reden habe ich selbst geschrieben). Die Verfechter unterschiedlicher Tendenzen

und politischer Nuancen entsandten ihre Repräsentanten in die „Arbeitsgruppen", und so waren – ganz wie unter Novotný – bereits in den ersten Entwürfen der Vortragstexte, die Dubček erhielt, die unterschiedlichen Tendenzen im wesentlichen ausgewogen. Die politischen Reden Dubčeks allein können also die Rolle seiner Persönlichkeit im Jahr 1968 ebenfalls nicht erklären.
Liegt der Schlüssel zum Verständnis von Dubčeks Popularität vielleicht in dem Umstand, daß die Presse und das Fernsehen ihn auch in seiner Privatsphäre darstellten, zum Beispiel, wie er in der Badehose ins Schwimmbecken springt? Oder hatte ihm sein Lächeln das Publikum erobert? All das spielte ganz gewiß eine Rolle, insbesondere nach den vielen Jahren, während deren die Machthaber der Öffentlichkeit nur in ihrer offiziellen, bürokratischen Erscheinung dargestellt worden waren. Aber auch damit ist das Wesentliche nicht erklärt; wenn das Lächeln ausschlaggebend gewesen wäre, hätte Čestmír Císař der Liebling der Massen sein müssen. Sein allzeit gegenwärtiges Lächeln hätte jedoch eher den Werbechef einer Zahnpastafabrik beeindruckt oder vielleicht Senatswahlen in den USA beeinflussen können. Aber um eine Rolle zu spielen wie im Frühjahr 1968 Alexander Dubček in der Tschechoslowakei, reichte dergleichen bei weitem nicht aus.
Ich glaube, daß die wichtigste Ursache für die volksweite Unterstützung für Alexander Dubček ganz woanders lag: Dubček glaubte an seine Ideale. Er war ein gläubiger Herrscher in einer Zeit, in der das gesamte Volk sich dem Glauben hingab. Das Volk fühlte instinktiv, daß Dubček glaubte – und er wiederum fühlte, daß das Volk glaubte. Deshalb glaubte er den Menschen – ich bin überzeugt, daß er dies vorbehaltlos und aufrichtig tat. Woran in ganz gewissen konkreten Situationen Dubček glaubte und woran das Volk, das war verwunderlicherweise nicht so wesentlich wie die unumstrittene Tatsache, daß beide Seiten glaubten. Auch das ist verständlich in Anbetracht jener Zeit, die auf Jahre des Zynismus und des formellen, toten Glaubens folgte. Und es ist auch verständlich bei einem Volk, das in seiner Seele ein moralisches Wertsystem trägt, in dem ein aufrichtig menschlicher, humanistischer Glaube einen Wert an sich darstellt.
Nur gemeinsam mit diesem Grundfaktor konnten auch weitere, sekundäre Umstände, insbesondere eine ganze Anzahl persönlicher Eigenschaften Dubčeks, zur Geltung kommen. Dubček war nicht autoritär veranlagt, und das war ihm jederzeit anzumerken. Bei öffentlichen Auftritten wirkte er eher unsicher, er hatte immer wieder Lampenfieber – und gerade das erhöhte seine Popularität, ja sogar seine Autorität. Er war kein Volksredner, der die Massen entzünden konnte, aber

in kleineren Gruppen konnte er die Zuhörer packen. Und er konnte auch zuhören, wenn andere sprachen – man merkte ihm das Interesse an, er hatte keine vorgefaßten Meinungen, zeigte sich empfänglich für die Gedanken der anderen, ließ sich auch beeinflussen. Und wenn er schließlich seinen einmal gefaßten Entschluß durchsetzte – was sehr häufig der Fall war, denn eine Entscheidung, die Dubček einmal getroffen hatte, zu ändern, war äußerst schwierig –, tat er dies still und unauffällig, ohne Triumph und Überheblichkeit, wie dies bei autoritären Persönlichkeiten üblich ist. Ich glaube, daß von allen Vertretern der Parteiführung Dubček zwar der am wenigsten autoritäre war – aber ganz gewiß einer der starrköpfigsten und auch am wenigsten leicht umzustimmen.
Alle diese Eigenschaften Dubčeks bestimmten auch sein Verhältnis zur Macht. Er gehörte weder zu den Leuten, die von der Macht fasziniert waren, noch zu denjenigen, die die Macht für persönliche Vorteile ausnutzten. Und was politisch in diesem Zusammenhang von vielleicht größter Bedeutung ist: Für Dubček war die Macht kein Instrument, um dem Leben der Gesellschaft die kommunistischen Ideale, zu denen er sich bekannte, aufzuzwingen. Obwohl er gläubiger Kommunist war und sich selbst aus tiefster Überzeugung als Marxisten-Leninisten bezeichnete, glaubte er nicht daran, daß Gewalt und Machtanwendung eine positive Rolle spielen könnten. Dubček erkannte die Gültigkeit einer ganzen Reihe gängiger Lehrsätze aus den offiziellen marxistisch-leninistischen Broschüren über Klassenkampf in der Gesellschaft und auf weltweiter Basis an – die Rolle von Gewalt und Machtanwendung akzeptierte er aber nur für den Fall der Verteidigung kommunistischer Ziele gegen feindliche Angriffe, nicht jedoch in Verbindung mit der positiven Realisierung dieser Ziele. Und solange er selbst nicht überzeugt war, daß er es mit einem Angriff des Klassenfeindes zu tun hatte, lehnte er es ab, Gewalt und Macht als Mittel zu verwenden, um eigene Ideale, kommunistische Hypothesen und Vorstellungen, an die er selbst aufrichtig glaubte, durchzusetzen.
Wenn jemand Dubček gegenüber behauptet hätte, daß diese seine Einstellung nicht dem Geist Lenins entsprach, sondern dem Masaryks, hätte er dies zurückgewiesen. Teils mit vollem Recht, denn Dubček war tatsächlich kein Humanist im Geiste Masaryks. Aber in gewissen Situationen haben ideologische Etiketten und selbst tiefere ideelle Zusammenhänge weltanschaulicher Art zwischen einzelnen Menschen weniger Bedeutung als ihre persönliche Einstellung zu gewissen ganz konkreten Fragen. Und Dubčeks praktische Haltung in der Frage diktatorischer Gewaltmethoden entsprach inhaltlich tatsächlich der de-

mokratischen und humanistischen Tradition des gesamten Volkes, das im Masarykschen Geist diktatorische Willkür ablehnte und nach demokratischen Reformen verlangte.

Dubček wurde also nicht durch Zufall zum Symbol des „Prager Frühlings". Er hatte tatsächlich menschliche Eigenschaften und politische Charakterzüge, die das rechtfertigten. Von daher war seine Wahl zum Ersten Sekretär des Zentralkomitees der KPČ außerordentlich glücklich. Denn die Autorität der Reformpolitik der KPČ wurde durch die persönliche Autorität Dubčeks eindrucksvoll unterstützt, und kaum ein anderes Mitglied der Parteiführung hätte damit rechnen können, eine ähnliche Rolle zu spielen. Aus anderer Sicht war jedoch Dubčeks Wahl für die Interessen der Reformpolitik der KPČ bereits weniger glücklich, wenn nicht sogar unglücklich.

Ich glaube, daß Dubček seine Rolle selber nicht ganz begriff – und darin bestand bereits die erste Schwierigkeit. Er war sich nicht bewußt, welchem Zusammenspiel von Umständen er seine Popularität und politische Autorität zu verdanken hatte, sondern ging von der Annahme aus, daß sie der Ausdruck der absoluten Übereinstimmung des gesamten Volkes mit seinen tatsächlichen politischen Konzeptionen und Anschauungen wäre. Einfacher ausgedrückt: Er hatte zu recht das Gefühl, daß ihm das Volk glaubte, nahm jedoch an, daß es damit ebenso wie er selbst an den „Marxismus-Leninismus" glaubte und an alle seine politischen Maßnahmen. Proportional zum Anwachsen seiner Popularität und des ihm entgegengebrachten Vertrauens überschätzte Dubček – meiner Ansicht nach – seine tatsächlichen politischen Möglichkeiten: es schien ihm, daß er mit soviel Popularität und Vertrauen auch Hindernisse bewältigen könnte, deren Bewältigung doch mehr durchdachter politischer Maßnahmen bedurft hätte als bloßen guten Willens. Auch seinen übermäßigen (und, wie sich später zeigte, nicht gerechtfertigten) Optimismus in der Bewertung der eigenen Kraft gegenüber den Zielsetzungen des Kremls stützte Dubček auf die Überzeugung, daß seine unangefochtene Autorität beim Volk auch für Breschnjew der überzeugende Beweis sein würde, daß in der Tschechoslowakei keine Gefahr einer „Konterrevolution" existierte.

Zahlreiche weitere Schwierigkeiten resultierten daraus, daß Dubček auch eine Reihe anderer Eigenschaften hatte außer jenen, die ihm die Popularität beim Volk verschafft hatten. Neben den bereits erwähnten Eigenschaften – die Überschätzung persönlicher Momente in der Politik; die Überzeugung, daß mit ihm persönlich befreundete Politiker in der Praxis auch immer so handeln würden, wie er es sich vorstellte, u.

a. m. – muß hier vor allem seine Unentschlossenheit genannt werden, beziehungsweise sein Zögern in Situationen, die einen raschen Entschluß forderten. Es war dies die Kehrseite seiner sonst positiv zu wertenden Bestrebung, nicht autoritativ zu entscheiden, sondern immer erst „die Genossen zu überzeugen". In einer Reihe von Fällen, in denen bereits alle Informationen, die für eine Entscheidung notwendig waren, bekannt waren, die Diskussionsteilnehmer alle Argumente für und wider bis zum Überdruß wiederholt hatten und die Entscheidung nur mehr von ihm abhing, schob Dubček sie immer noch weiter vor sich her. Oft fiel sie dann andernorts und in anderem Sinne, als er es sich gewünscht hätte; er konnte sie dann nur noch zur Kenntnis nehmen und mußte sich der Situation fügen.

Während also Dubček nach außen hin als Symbol einer Politik herausragte, die die großen Ideale des demokratischen Sozialismus verwirklichte, blieb er innerlich und innerhalb der Parteiführung ein ganz anderer Mensch: Er war Chef eines mächtigen politischen Apparats, in dem er im Prinzip nach althergebrachten Methoden eine recht beschränkte Kaderpolitik verfolgte und bei Streitigkeiten und Konflikten zwischen einzelnen Gruppen – aber auch mit Moskau – unentschlossen taktierte. Aber auch in dieser Führung spielte seine Popularität in der Öffentlichkeit eine entscheidende Rolle, und auch diejenigen, die in Wirklichkeit gegen Dubčeks Reformpolitik waren, wagten es nicht, unverhohlen gegen ihn aufzutreten, und bemühten sich eher, ihn für sich zu gewinnen.

Vor allem Vasil Bilak versuchte im Parteipräsidium wiederholt, Dubček davon zu überzeugen, daß er im Begriff sei, das Opfer „antisozialistischer Kräfte" zu werden: er erklärte ihm, wie ihn diese Kräfte hintergingen, wie sie nach der Losung „mit Dubček gegen Dubček" handelten, daß aber er, Bilak, es ganz im Gegenteil eigentlich geradeso meine wie Dubček selbst. Eine ähnliche Haltung nahm mit der Zeit Kolder ein. Als das alles nichts half, wurde schließlich Dubček persönlich kritisiert: Emil Rigo als „Repräsentant der Arbeiterklasse" im Politbüro (er war Parteifunktionär der Ostslowakischen Eisenhüttenwerke) erzählte, die Menschen „an der Basis" glaubten, daß Dubček dem „Persönlichkeitskult" fröne. Dieser Kritik schlossen sich zögernd einige andere an, zuallererst wieder Bilak und Kolder.

So naiv war Dubček wiederum nicht, daß er in diesen Kommentar „Hilfsbestrebungen der Genossen" erblickt hätte, und alle derartigen Schritte verfehlten ihre Wirkung.

Der zweite Mann im ursprünglichen Dreigespann – Oldřich Černík – war ganz im Gegensatz zu Dubček überhaupt nicht der Typ des cha-

rismatischen Führers, ebensowenig der des „Volkstribuns" wie Josef Smrkovský. Trotzdem gewann auch er im Verlauf der Monate April und Mai bedeutende Autorität in der Öffentlichkeit, und seine politische Stellung wurde durch die demokratisch und humanistisch orientierte „Erneuerungsbewegung" nicht geschwächt, sondern gefestigt. Černík war ein rational eingestellter, ja eher pragmatischer Politiker, der Typ des Managers, nicht des Ideologen oder Agitators. Auch er gewann das Vertrauen der Öffentlichkeit, aber nicht durch seinen Glauben und seine menschliche Offenheit, sondern durch seine Sachlichkeit und sein kultiviertes Auftreten. Černík hätte aufgrund dieser Eigenschaften auch in jedem nichtkommunistischen Regime ein guter Regierungsvorsitzender sein können, etwa in einem demokratischen oder halbdemokratischen. Aber auch in einem totalitären Regime hätte er eine gute Figur gemacht, sofern es nur Rationalität, Pragmatismus und Sachlichkeit nicht ganz aus dem politischen Leben verbannt hätte. Dort hätte er jedoch unter allen Umständen zu den Verfechtern rationaler und demokratischer Reformen gehört, was er schließlich unter Novotný in der Praxis bewies.
Ein demokratisches System bedeutete für ihn ein rationaleres und zugleich effektiveres System als eine beschränkte totalitäre Macht, und hauptsächlich deshalb gehörte er zu den Anhängern der Reform. Černík war ein intelligenter Mensch und guter Organisator; er hatte daher auch Verständnis für das Bedürfnis fähiger Menschen, sich individuell durchzusetzen, und das davon abgeleitete Bedürfnis nach einem System, das die Fähigkeit des einzelnen anerkennt und ihm ermöglicht, in der gesellschaftlichen Hierarchie den Posten einzunehmen, der diesen Fähigkeiten entspricht. Von diesem Standpunkt aus betrachtete er die Prinzipien der Demokratie und der Bürgerrechte.
Es wäre deshalb nicht richtig, das Bekenntnis Černíks zur demokratischen Reform im Jahr 1968 nur als den konjunkturbedingten Schritt eines Technokraten anzusehen, dem an der Demokratie überhaupt nicht gelegen war. Ich bin überzeugt, daß Černík ein wirklicher Anhänger der demokratischen Entwicklung war, ich glaube auch, daß er den moralischen Kern der demokratischen Volksbewegung zur Zeit des „Prager Frühlings" begriffen hatte. Aber dieser moralische Inhalt war für ihn nicht das entscheidende Motiv, war für sein Vorgehen nicht bestimmend. Solange er aber in der Gesellschaft eine bedeutende politische Rolle spielte, respektierte ihn Černík und bemühte sich, dementsprechend zu handeln. Als Dubček immer mehr in die Rolle des Symbols des „Erneuerungsprozesses" gedrängt wurde, auch im nichtpolitischen Sinne, dauerte die Verbindung Černíks mit Dubček nicht

nur an, sondern sie vertiefte sich noch. Politisch brachte das für Černík einen Nutzen, denn ein Abglanz der charismatischen Anziehungskraft Dubčeks fiel auch auf ihn. Ich glaube aber nicht, daß dieser Umstand seine Einstellung bestimmte: zu dieser Zeit stimmte er auch inhaltlich mit dem „Erneuerungsprozeß" völlig überein.

Als wir einmal im Juni 1968 auf einer Reise von Bratislava nach Brünn in Lednice in Südmähren Station machten, gingen wir im Schloßpark spazieren. Es war Sonntag, der Park war voller Spaziergänger, viele erkannten und grüßten uns, häufig wurden wir angehalten und sprachen mit den Leuten, Černík warf einem kleinen Jungen den Ball zu – einfach unbezahlbare sentimentale Szenen für eine Filmwochenschau. Černík war gerührt, und man merkte ihm an, wie wohl er sich fühlte. Er war aber ganz anders als Dubček in ähnlichen Situationen. Der dachte in solchen Augenblicken nicht nach, war auch nicht bemüht, die Situation bei sich abzuschätzen, er unterhielt sich einfach mit den Leuten. Černík dagegen war sich der Bedeutung derartiger Momente für seine Stellung bewußt – obwohl es ihn gleichzeitig ganz unpolitisch freute, daß ihn die Leute mochten.

Als wir dann die belebten Wege verlassen hatten und allein weitergingen, fing Černík an zu meditieren: „Sieh doch, das alles haben uns die Feudalherren hinterlassen, die Ausbeuter. Aber die Menschen erfreuen sich noch heute daran. Irgendwie leben die Schloßherren darin weiter. Glaubst du, daß nach uns auch einmal so etwas zurückbleibt?" Woher dieses plötzliche Verständnis für Feudale und Schloßherren? Ich glaube, ohne es zu wollen, enthüllte Černík während dieses Sonntagsspaziergangs etwas von seinen unbewußten Gefühlen: Er war der Herrscher unter seinem Volk. Dieser Vorfall sagt allerhand über das Demokratieverständnis Černíks aus. Es war durchaus von demokratischer Gesinnung geprägt, aber rational, ein wenig aristokratisch – also auch etwas sentimental und nicht ganz uneigennützig. Aber es war auf jeden Fall eine demokratische Gesinnung, die dahinterstand, nicht ein von den Werten des kommunistischen Totalitarismus bestimmtes Fühlen und Denken.

Durch seinen bisherigen Lebensweg und seinen Aufstieg innerhalb der politischen Struktur war Černík selbstverständlich hinreichend darüber belehrt, wie man es in dieser Welt der Macht anfangen muß, um erfolgreich zu sein. Auch er machte seine eigene Personalpolitik, setzte ihm verbundene Menschen in verschiedene Funktionen ein – und hatte dabei, wie schon gesagt, eine glücklichere Hand als Dubček. Er war leichter bereit, einen autoritativen Standpunkt einzunehmen, aber ebenso auch autoritär aufzutreten. Ich persönlich glaube nicht,

daß Černík zu den Leuten gehörte, die von der Macht als solcher geblendet waren und sich zu ihr drängten. Auch die Macht sah er sachlich und rational als ein Mittel zur Erreichung ganz bestimmter Ziele. Er gehörte nicht zu den ideologischen Fanatikern, die durch ihre Macht die Menschen zum Glück führen wollen, und sei's auch gegen ihren Willen. Aber er war bereit, die Macht öfter zu nutzen, und das auch in Fällen, in denen Dubček gezögert oder ein autoritäres Eingreifen abgelehnt hätte. Er glaubte nämlich nicht so sehr an die Kraft des Glaubens, der guten Vorsätze und des Überzeugens – und sah deshalb Gefahr für seine Absichten bereits in Situationen, in denen Dubček noch darauf gehofft hätte, „die Genossen zu überzeugen".
Dubček und Černík bildeten daher in gewissem Sinne in der Politik ein Paar, in dem einer den anderen positiv ergänzte und beeinflußte. Leider hielt diese persönliche Verbindung der Belastung durch die sowjetische Intervention im August 1968 nicht stand – darüber später mehr. Aber auch zu der Zeit, als die beiden in der Parteiführung noch miteinander harmonierten, konnte Černík nicht immer Dubčeks Mängel wettmachen: er war Chef der Regierung, nicht des Parteiapparats; Konflikte innerhalb der Machtstruktur der Kommunistischen Partei konnte er nicht lösen, das blieb Dubček überlassen.
Das dritte Mitglied des ursprünglichen Triumvirats, Drahomír Kolder, geriet im Verlauf von April und Mai 1968 auf gänzlich andere Positionen als Dubček und Černík. Unter dem Druck der demokratischen Volksbewegung fühlte er den Boden unter seinen Füßen entgleiten und merkte immer deutlicher, daß seine Aussichten, an der Spitze der Macht zu bleiben, sehr gering waren, wenn die Entwicklung weiterhin auf diesem Kurs blieb.
Kolder, ein ehemaliger Arbeiter aus Ostrau, war seit seinem dreiundzwanzigsten Lebensjahr Angestellter des Parteiapparats. 1961 wurde er Mitglied des Politbüros und war eine gewisse Zeit lang der Protegé Novotnýs. In mancher Hinsicht konnte er sich mit Novotný auch gut verstehen, denn beide waren kommunistische Funktionäre des gleichen Typs, sie gehörten zu denjenigen, die „der Partei alles verdanken". Kolders Bildung war gering, sie bestand nur aus den Kenntnissen, die er auf Parteischulungskursen erhalten hatte. Sein gesellschaftlicher Status war ausschließlich das Resultat seiner vorbehaltlosen Ergebenheit gegenüber der Partei, ihrer offiziellen Ideologie und ihrer politischen Praxis. Im Parteiapparat arbeitete Kolder auf ökonomischem Gebiet viele Jahre an führenden Stellen, fachliche Qualifikationen oder Kenntnisse besaß er jedoch nicht und bemühte sich auch nicht, sie zu erlangen. Seine Stellung hing stets eher davon ab, wie

exakt er das Spannungsfeld der inneren Konflikte in den Parteiapparaten einzuschätzen vermochte.
Ich kannte Kolder bereits vor 1968 und glaube, daß er auf subjektive Weise ein aufrichtiger und – an seiner eigenen Wertskala gemessen – auch ehrenhafter Mensch war. Dort, wo er selbst zu der Überzeugung gelangte, daß irgend etwas in der Parteipolitik falsch und schlecht war, nahm er eine seinem Gewissen entsprechende Haltung ein und war bereit, störrisch darauf zu beharren, solange er es für richtig und notwendig hielt. Zu den Werten, zu denen Kolder sich auch innerlich bekannte, stand zum Beispiel die Praxis der politischen Schauprozesse der fünfziger Jahre im Widerspruch. Als Vorsitzender der letzten „Rehabilitierungskommission" unter Novotný (im Jahr 1963) spielte er eine sehr positive Rolle und trieb die Lösung dieses für Novotný so peinlichen Problems für damalige Verhältnisse sehr weit voran. Aus jener Zeit sind auch Fälle bekannt, in denen sich Kolder zu Menschen, die von Repressalien betroffen waren, sehr gut benahm und vielen half, die damals – Anfang der sechziger Jahre – noch im Gefängnis waren oder unter Anklage standen.
Kolder war der typische Plebejer. Seine Volkstümlichkeit war ungeheuchelt, aber primitiv und derb – die menschlichen Bedürfnisse reduzierten sich bei ihm vorwiegend auf materielle Bedürfnisse. Was geistige Dinge betraf, so ließ Kolder nur soviel davon gelten, wie er für seine eigene Seelenruhe und Moral für erforderlich hielt – und das war herzlich wenig. Was über dieses Maß hinausging, dem entzog er Verständnis und Toleranz selbst in Fällen, wo sie sogar bei weniger gebildeten und einfacheren, aber nicht so groben Menschen üblicherweise anzutreffen sind.
Als Leiter irgendeiner Parteidelegation fuhr Kolder einmal, noch zu Novotnýs Zeiten, nach Paris. Den tiefsten Eindruck machte auf ihn eines der großen Kaufhäuser, das er von oben bis unten durchforschte. Abends in der tschechoslowakischen Botschaft kurierte er seinen Schock dann mit etlichen Gläsern Cognac, ehe er plötzlich freimütig erklärte: „Das ist furchtbar, worum wir unsere Menschen gebracht haben! Haben sie denn kein Anrecht darauf?" Er meinte das ganz ehrlich und aufrichtig – und gerade solche Beweggründe spielten eine größere Rolle bei seiner Unterstützung der Wirtschaftsreform als die theoretischen Erwägungen Ota Šiks.
In jener historischen Nacht, als sowjetische Flugzeuge über das ZK-Gebäude hinwegdröhnten, in dem das Politbüro beriet und darüber stritt, wie man die Stellungnahme zur sowjetischen Intervention formulieren solle, meldete sich Kolder mit dem denkwürdigen Satz zu

Wort: „Wir schwätzen hier, wie wir sie verurteilen sollen, und zur gleichen Zeit vögeln in Ostrau schon unsere Weiber mit ihnen!"
Ich bin überzeugt, daß Kolder das auch tatsächlich dachte. Er hatte nicht begriffen, daß in dieser Nacht nicht einmal die verkommenste Straßenhure sich mit einem sowjetischen Soldaten eingelassen hätte, weil sie nämlich sicher größere moralische Hemmungen hatte als ein Mitglied von Dubčeks Parteiführung; sie kannte allerdings das moralische Argument vom „proletarischen Internationalismus" nicht, das zweifellos die Grundlage von Kolders Vision war. Ich glaube nicht, daß Kolder ein regelrechter sowjetischer Agent innerhalb der KPČ war, wie beispielsweise Jakeš und offenbar auch Bilak, Indra und noch etliche andere; ich glaube vielmehr, daß sein Überwechseln an die Seite der ausgesprochen reformfeindlichen Kräfte und in die Dienste Moskaus eine Folge seiner eigentümlichen politischen wie menschlichen Einstellung war.
Es existiert eine weitverbreitete Vorstellung, derzufolge der Grund, warum sich Menschen wie Kolder gegen die Reform stellten, in der Korruption durch Privilegien, hohe Einkünfte usw. zu suchen ist. Ich glaube, daß diese Vorstellung der Wirklichkeit nicht ganz entspricht: Alle hohen Funktionäre waren durch die Macht seit Jahren korrumpiert – aber nicht alle stellten sich aus Angst vor dem Verlust ihrer Privilegien gegen die Reform. Wichtig sind doch gerade die Beweggründe, die dazu führten, daß viele von denen, die alle unter denselben korrumpierenden Umständen gelebt hatten, vom Weg des geringsten Widerstands abwichen, auch wenn ihre Privilegien dadurch in Gefahr gerieten.
Die Privilegien, die sich an höchste politische Funktionen knüpften, waren enorm; ich wußte davon in allgemeinen Zügen seit vielen Jahren und hatte auch ein paar konkrete Kenntnisse. Trotzdem verblüffte mich der Umfang dieses Privilegienreichtums im Alltagsleben, als ich im Sommer 1968 als Sekretär des Zentralkomitees daran teilhaben konnte.
Was die rein finanzielle Seite betrifft, betrug das Gehalt eines ZK-Sekretärs 14000 Kronen monatlich (davon waren 8000 Kronen das zu versteuernde Nominalgehalt und 6000 Kronen eine steuerfreie Aufwandsentschädigung für „besondere Ausgaben im Rahmen der Funktion"). Das war etwa das Zehnfache des damals statistisch ausgewiesenen Durchschnittslohns und das Dreifache meines vorherigen Einkommens an der Akademie der Wissenschaften, wo ich in die I. Kategorie der selbständigen Wissenschaftler eingestuft gewesen war. Gehälter, wie ich eines an der Akademie der Wissenschaften gehabt hat-

te, erhielten im Apparat des ZK der KPČ meine Assistenten im persönlichen Sekretariat. Mein Sekretärsgehalt lag dabei noch niedrig, da ich nicht Mitglied des Parteipräsidiums war; die Präsidiumsmitglieder unter den Sekretären bekamen noch höhere Gehälter. Der Erste Sekretär der Partei, der Regierungsvorsitzende und der Vorsitzende der Nationalversammlung hatten jeder ein Einkommen von 25 000 Kronen monatlich.

Zuerst nahm ich an, daß ich aus der Aufwandsentschädigung die entsprechenden Aufwendungen würde bestreiten müssen. Das erwies sich als Irrtum, denn Essen, Getränke, Zigaretten und ähnliches, was bei verschiedenen Beratungen und Sitzungen in meinem Büro erforderlich war, wurden über ein eigenes Spesenkonto des Büros abgerechnet. Ebenso Reisespesen, die aber praktisch kaum anfielen, da jeder Sekretär einen Dienstwagen mit Fahrer zur Verfügung hatte, der auch offiziell für außerdienstliche Zwecke eingesetzt werden durfte: es war also ganz legal, Familienangehörige oder Freunde chauffieren zu lassen.

Als ich in meiner neuen Funktion das erstemal einen Betrieb besuchte – ich glaube, es war in Brünn –, bemerkte ich auf der Rückfahrt im Fond des Wagens etliche Pakete. In meiner Naivität nahm ich an, daß der Fahrer in der Wartezeit Besorgungen erledigt hätte, und fragte ihn, was er denn Schönes gekauft habe. Überrascht erklärte er mir, das seien doch meine Pakete, Geschenke vom Direktor des Betriebs. Es waren Gläser und ein holzgeschnitzter Büffel, letzterer in der Annahme geschenkt, daß dieses Schnitzwerk einerseits einem vorhandenen sozialistisch-realistischen Geschmack, andererseits einer Leidenschaft für die Jagd entgegenkäme, denn beides entsprach dem Standard des höheren Funktionärs der vergangenen Jahre. Selbstverständlich aus einem „Fonds für besondere Ausgaben“ bezahlt, diesmal für solche im Rahmen der Funktion eines Betriebsdirektors. Der Vorfall war keine Ausnahme, sondern verkörperte die gängige Praxis; es genügte, einen Wunsch nur anzudeuten, und schon blieb es nicht mehr bei belanglosen Kleinigkeiten.

Allmählich gewann ich Einblick in die Geheimnisse des Alltags der höchsten Elite. Es genügte, morgens irgendwelche Wünsche oder Probleme einem Assistenten oder der Sekretärin mitzuteilen: ob es um die Beschaffung eines Anzugs ging oder sich darum handelte, etwas – meinetwegen in Paris – zu erledigen. Den Rest besorgte entweder der Direktor des „Hauses der Mode“ oder die tschechoslowakische Botschaft, wo auch immer in der Welt. Bestellte Sachen bezahlte man zwar, aber auch hier gab es verschiedene Wege, um ohnedies bereits vorteilhafte Bedingungen noch vorteilhafter zu gestalten: Der Herstellungsbetrieb (bzw. der Genosse Direktor) betrachtete es als eine Ehre, dem „Genossen Sekretär" sein Erzeugnis zu liefern und dabei nicht nur auf erstklassige Qualität, sondern auch auf einen niedrigen Preis, sozusagen in Höhe der Produktionskosten, zu achten. Es ist nur verständlich, daß diejenigen, die Sachen „für die Genossen" beschafften, dabei auch für sich allerlei anschafften, ebenfalls zu günstigsten Bedingungen.

Ich wohnte in einem normalen Mietshaus und lehnte es ab, in eine Villa umzuziehen. Ich zahlte deshalb Miete wie vorher. Man konnte aber auch in ein Objekt einziehen, das dem Zentralkomitee der KPČ gehörte – und dort kam die Miete einem „Regiebeitrag" gleich, alles übrige bezahlte das ZK aus seiner Kasse. Zur Funktion gehörte auch ein Erholungsobjekt, eine Villa im umzäunten und bewachten Gehege der Elite an der Orlík-Talsperre. Für die Nutzung der luxuriös ausgestatteten Villa zahlte ich etwa 290 Kronen vierteljährlich, das ist etwa soviel, wie der Normalbürger damals für einen vierzehntägigen Aufenthalt in einem Erholungslager zahlte, wo er auf Holzpritschen schlief, sich im Teich wusch und die Latrine im Wald benutzte.

Aber dies sind nur die augenfälligsten materiellen und finanziellen Vorteile. Darüber hinaus ist mit den höchsten Funktionen ein ganzes Netz unsichtbarer Einflüsse verbunden, das tausend kleine Unannehmlichkeiten, die den Normalbürger des sozialistischen Staates tagtäglich drangsalieren, spielend beseitigt. Auch solche Einrichtungen wie das einheitliche sozialistische Gesundheitswesen gelten in dieser Sphäre nicht: Es gibt ein spezielles Staatliches Sanatorium (Sanops), wo jemand in der Stellung eines Sekretärs des ZK der KPČ im Krankheitsfall in einem Appartement mit Empfangssalon, Fernsehen und weiteren Annehmlichkeiten untergebracht wird, wohin die besten ärztlichen Kapazitäten aus dem ganzen Land berufen werden, wo alle sonst nicht vorhandenen ausländischen Medikamente vorrätig sind usw. Das Recht auf die Behandlung dort steht der gesamten Familie des Funktionärs zu.

Auf all das haben Menschen in hohen politischen Funktionen ein Anrecht, auch wenn sie ihre Stellung nicht ungebührlich ausnützen, noch viel weniger sie mißbrauchen wollen. Wie steht es da erst mit jenen, denen an diesen Vorteilen überaus viel gelegen ist und die stets noch weitere suchen? Auch das gehörte alles zum alltäglichen Leben der demokratischsten Führung, die die Kommunistische Partei seit ihrer Machtübernahme je gehabt hatte. Nur die Gehälter, die ich erwähnte, lagen etwas niedriger als zur Zeit Novotnýs. Dubček schaffte auch den

Brauch Novotnýs ab, der allgemein als „Verteilung von Umschlägen" bekannt war: Beträge, die in die Zehntausende gingen, verteilte Novotný in verschlossenen Umschlägen regelmäßig an die Präsidiumsmitglieder und ZK-Sekretäre – sozusagen als Gratifikation, selbstverständlich nach eigenem Ermessen.

Von meinem Einkommen als ZK-Sekretär, das ich sechs Monate lang bezog und auf ein Sparbuch einzahlte, konnte ich nachher etwa drei Jahre lang meinen Etat aufbessern, als ich von Januar 1969 an bei einem Nettoverdienst von 2050 Kronen monatlich im Nationalmuseum arbeitete. Aber wie war das bei Leuten, die jene Einnahmen sechs Jahre lang gehabt hatten? Es ist mir bis heute ein Rätsel, was diese Menschen mit dem Geld anfangen: In der Tschechoslowakei kann man ja nicht unternehmerisch tätig werden oder investieren; man kann Geld nicht in Kapital umwandeln. Anhand meiner Erfahrungen in einigen Fällen kann ich nur vermuten, daß dieses Geld, soweit sein Besitzer es nicht für die Anschaffung von Automobilen, einer Villa und aller erdenklichen Luxusgegenstände zum eigenen Gebrauch ausgibt, dazu verwendet wird, Kindern und vielleicht auch der weitläufigen Verwandtschaft zu Autos, Villen und einem luxuriösen, im Grunde parasitären Leben zu verhelfen. Ein eigenartiges Ziel für die höchsten Funktionäre einer kommunistischen Partei.

Bei Menschen, die jahrelang so leben, daran ist nicht zu zweifeln, kann die Angst vor dem Verlust ihrer Position einen erheblichen Einfluß auf das Denken und selbst das politische Handeln gewinnen. In der Praxis ist es so – und ich glaube, daß dies offen gesagt werden muß –, daß jeder in gewissem Ausmaß davon betroffen ist. Ich weiß aus eigener Erfahrung, wie ich mich im Verlauf eines halben Jahres an einige dieser Privilegien gewöhnte, sie akzeptierte und als etwas Selbstverständliches anzusehen begann. Es hat nicht dazu geführt und konnte auch nicht dazu führen, daß ich dafür meine politische Einstellung und Überzeugung geändert hätte – aber ich weiß auch, daß ich aus eigenem Antrieb gewiß nicht vorgeschlagen hätte, das Staatliche Sanatorium abzuschaffen, obgleich ich wußte, daß es sich um eine korrumpierende Einrichtung handelt. Es ist einfach eine Tatsache, daß Privilegien die Menschen immer verderben – und in Verbindung mit Macht um so mehr. Wieweit das Individuum jedoch korrumpiert wird, hängt immer von den menschlichen, moralischen Grundzügen ab, die sich lange vorher herausgebildet haben, ehe der Betreffende unter die Mächtigen und Privilegierten gerät.

Unter den Funktionären der KPČ habe ich zwei Typen von Menschen kennengelernt, bei welchen die Korruption eine Stufe erreicht hatte,

auf der sie allein das Gesetz des Handelns bestimmte. Die ersten gehörten zum Typ rationaler Menschen, die ursprünglich moralische Schranken kannten und deshalb wußten, daß sie diese bereits überschritten hatten: Das ermöglichte ihnen den Übergang vom Glauben zum Zynismus. Die zweite Kategorie umfaßte Menschen eines ganz anderen Typs – die Plebejer. Auch sie hatten sich der Korruption absolut ergeben, aber bei ihnen war dies möglich, weil sie, ehe sie die Welt der Mächtigen und Privilegierten betraten, keine inneren moralischen Hemmungen kannten: Ihr moralischer Maßstab war so primitiv, daß sie die Korruption ohne Zynismus akzeptierten, aufrichtig und ohne Verstellung. Subjektiv fühlten sie sich häufig gar nicht korrumpiert, sondern betrachteten sich als ehrenhafte Bürger. Das Problem lag darin, daß ihr Kriterium von Ehre so dürftig war, daß es sich mit den Vorstellungen der übrigen Menschen von moralischen Werten nicht mehr deckte. Die Plebejer überwogen in der KPČ vor allem in der älteren Generation; in der Generation, die 1968 am aktivsten war, taten dies eher die Zyniker.
Drahomír Kolder gehörte meiner Meinung nach innerlich noch zur Generation der Plebejer. Obwohl die materiellen Vorteile, die mit der hohen Funktion verbunden waren, auch bei ihm eine gewisse Rolle spielten, sah er selbst die Sachen anders. Macht und Funktion waren für ihn eher eine Bestätigung der Wichtigkeit seiner Person, der Sinnhaftigkeit seines Lebens. Er gehörte zu den Menschen, die nur durch den Besitz politischer Macht aufrechterhalten werden und ohne diese Stütze zusammenstürzen müßten; die Stützen ihrer Persönlichkeit sind immer nur äußerlich, eine innere Persönlichkeitsstruktur besitzen sie nicht. Als Kolder die Gefahr seines Sturzes auf sich zukommen sah, kehrte er zur einzigen Sicherheit zurück, die er kannte, zu den Prinzipien der totalitären Macht, für deren Rechtfertigung die „Interessen der Arbeiterklasse" herhalten mußten.
Innerlich fühlte er dann das Bedürfnis, sich offen zu diesen Werten zu bekennen, auch wenn dazu unter den damaligen Verhältnissen ein gewisses Maß an persönlichem Mut notwendig war. So erklärte Kolder als einziges Mitglied des Zentralkomitees auf der Sitzung, auf der die Teilnahme der KPČ an dem Treffen in Warschau abgelehnt wurde, zu dem Breschnjew gemeinsam mit fünf weiteren Parteichefs des Warschauer Paktes die Parteiführung Dubčeks im Juli 1968 ultimativ geladen hatte, daß er sich zwar der Mehrheit unterordnen und den Entschluß nicht anfechten werde, aber persönlich mit ihm nicht übereinstimme und der Auffassung sei, daß Breschnjew recht habe. Derselbe Mensch, der vom Standpunkt der moralischen Prinzipien, die das ge-

samte Volk vertrat, tiefer gesunken war als die verkommenste Prostituierte, fühlte die Notwendigkeit, sich und den anderen zu beweisen, daß er vom Standpunkt der Werte der kommunistischen Macht, des „proletarischen Internationalismus", ehrenhaft handle.

Die politische Kehrtwendung Drahomír Kolders war eine Folge ganz konkreter, nicht nur allgemeiner Veränderungen der von außen her auf ihn einwirkenden Verhältnisse: Immer häufiger wurde seine Person zum Ziel von Angriffen und kritischen Veröffentlichungen, denen er nichts entgegensetzen konnte. Bevor es dazu kam, stand Kolder – natürlich im Rahmen seiner persönlichen Fähigkeiten – auf der Seite der politischen Reform, die er tatsächlich unterstützen wollte. Der Grund seiner späteren politischen Kehre war also nicht die Unfähigkeit, sich mit den Zielen der Reformpolitik zu identifizieren – das unterschied ihn zum Beispiel von Vasil Bilak, der die politischen Konzeptionen des Jahres 1968 tatsächlich niemals akzeptierte. Der Grund war die Angst um das eigene Schicksal, die Unfähigkeit, sich mit den Konsequenzen der neuen politischen Situation abzufinden. Ähnlich lagen die Dinge auch im Fall des Mitglieds des damaligen Politbüros Oldřich Švestka.

Man kann mir nach dem Vorangegangenen allerdings die Frage stellen, wie man überhaupt je auf die Idee kommen konnte, daß Kolder für die Reform eine positive Rolle spielen könnte. Konnte so ein Mensch überhaupt an der Entstehung demokratischer Reformen mitwirken? Und wenn ja – war es ratsam, sich um einen solchen Verbündeten zu bemühen?

Beide Fragen sind vom politischen Standpunkt aus gesehen von Bedeutung, und ich persönlich beantworte sie beide positiv: Ja, er konnte mitwirken; ja, es war ratsam, sich um ihn als Verbündeten zu bemühen. Wenn ich davon nicht stets überzeugt gewesen wäre, hätte ich in der Tschechoslowakei im Jahr 1968 nicht aktiv in die Politik einsteigen können, noch viel weniger im Jahr 1958. Es war ja von Anbeginn der reformkommunistischen Strömung an gang und gäbe, sich mit Politikern dieses Typs zu verbünden, soweit es im Hinblick auf die Ziele der Reform nur dafürstand.

Die Politik steht selbstverständlich immer in Beziehung zur Moral, und in gewissen Situationen kann gerade diese Beziehung die entscheidende Rolle spielen. Aber die Politik ist auch eine Sphäre, in der man häufig auf Menschen angewiesen ist, deren subjektive Qualitäten und Absichten zwar durchaus nicht erfreulich, aber für die Sache selbst von keinerlei Belang sind. In diesem Sinne ist in der Politik entscheidend, inwieweit man sich nach außen hin der Fähigkeit zu funktionsgerechtem Handeln versichert. In den ohnehin bereits hoffnungslos verwickelten Bereich der verschiedenen Funktionen auch noch die inneren moralischen Qualitäten von Personen miteinbeziehen zu wollen, würde in bezug auf die politische Zielsetzung, das Kräfteverhältnis und die politische Taktik eine unlösbare Situation zur Folge haben. Es verstand sich von selbst, daß Menschen wie Kolder oder Švestka niemals zu moralisch integren Persönlichkeiten heranreifen und eine entsprechende Rolle spielen würden. Aber das verlangte die politische Reform zur Erreichung ihrer Ziele gar nicht. Der politischen Reform konnten sie bereits dadurch nützen, daß sie einfach die Rolle spielten, zu der sie fähig waren – und daß sie sich der Reform nicht feindlich entgegenstellten.

Es wäre natürlich ideal, wenn die entscheidenden politischen Positionen nur von Menschen ausgefüllt würden, die auch moralisch für die öffentliche Tätigkeit in einer Demokratie geeignet sind. Aber ist das denn in der Realität immer möglich? War das in einer Situation möglich, in der das gesamte politische System in der Hinterlassenschaft einer zwanzigjährigen politischen Diktatur bestand? Wer konnte denn unter diesen Umständen in der ersten Phase – und vielleicht noch in einigen weiteren – an leitende politische Stellen gelangen? Doch nur jemand, der bereits auf einer solchen Sprosse der Machtstruktur gestanden hatte, daß er auch die höhere Sprosse erreichen konnte. Und was für Menschen konnten in der Vergangenheit auf hohen Sprossen der Machtstruktur stehen? Wie man zur Zeit des „Prager Frühlings" erkennen konnte, waren es seltsamerweise sehr unterschiedliche Menschen, von denen einige überraschenderweise die Fähigkeit hatten, die Verhältnisse tatsächlich zu ändern. Aber das konnten nicht vorwiegend oder gar ausschließlich Menschen sein, die den höchsten politischen, menschlichen und moralischen Anforderungen gerecht geworden wären.

Aber auch in einer bereits funktionierenden Demokratie, selbst wenn sie soeben erst aus einer totalitären Vergangenheit hervorgegangen ist, sind die Verhältnisse in dieser Beziehung nicht immer ideal. Verkörperten denn zur Zeit Masaryks die führenden Funktionäre der politischen Parteien – von den Agrariern bis zu den Nationalen Sozialisten – immer die idealen Werte von Demokratie und Humanismus? Waren unter ihnen nicht auch hinterhältige, politisch korrumpierte Menschen, Karrieremacher? Ganz gewiß gab es diese – aber in ihrem Tun waren sie dem demokratischen System, der Regierung und der Verwaltung verantwortlich. Dieses System, nicht aber der lautere Charakter all derer, die an der Macht waren, garantierte die Demokratie und – in dem Ausmaß, dessen die Politik überhaupt fähig ist – auch die relative Geltung humanistischer Ideale im praktischen Leben der Gesellschaft.

Übrigens war und bin ich der Ansicht, daß es auch für einen tieferen menschlichen und moralischen Sinn des „Erneuerungsprozesses" 1968 von größerer Bedeutung war, zumindest das Gerüst eines demokratischen Regierungssystems in der Praxis zu stabilisieren, als eine Hexenjagd auf einige Mächtige zu veranstalten in der Hoffnung, daß auf diese Weise Karrieristen und moralisch minderwertige Menschen entmachtet und durch Personen ersetzt würden, die dieser Macht auch moralisch würdig wären. Ich glaube, daß die radikalen Reformkommunisten, die die zweite Alternative anstrebten, in viel größerem Ausmaß Bolschewiken geblieben waren, als sie sich selbst eingestehen wollten. Es gehörte ja immer schon zur Selbsttäuschung von Radikalen und Revolutionären, daß man mit Hilfe von Politik und politischer Macht – mit genügender Beharrlichkeit und revolutionärem Idealismus – die Gültigkeit moralischer Ideale auf Erden durchsetzen könne. Aber gerade in diesem Punkt hatte man in der Tschechoslowakei doch so reiche Erfahrungen!

Gegen derlei Vorstellungen sprechen nicht zuletzt auch Erfahrungen aus dem Jahr 1968. Gustáv Husák wurde damals von denjenigen, die es als untragbar für die Reform betrachteten, daß Kolder und Švestka im Politbüro verblieben, als jemand angesehen, der statt ihrer einen Platz in diesem Gremium einnehmen sollte. Und was hat Husák dann getan, als er ins Politbüro kam? Ein anderes Beispiel: Auf der Konferenz der Stadtdelegierten der KPČ in Prag im Juli 1968 wurde Alois Indra vorgeworfen, er sei als Parteisekretär in Gottwaldov Mitglied einer sogenannten Sicherheitsfünfergruppe gewesen, das heißt eines der Organe, die sich zu Anfang der fünfziger Jahre in den Bezirken Justizbefugnisse aneigneten, Menschen rechtswidrig ins Gefängnis schickten und in Ausnahmefällen praktisch auch Todesurteile fällten. Indra war nicht anwesend, ich war dort als Mitglied einer Delegation des Zentralkomitees der KPČ und wußte, daß der Vorwurf unzutreffend war: Zu der Zeit, als Indra Bezirkssekretär war, hatten diese Sicherheitsfünfergruppen bereits aufgehört zu existieren. Ich meldete mich zu Wort und sagte das. Ich hatte zu dieser Zeit schon nicht mehr die geringsten Illusionen über Indras politische Orientierung – er war ein Gegner der Reform und unterstützte die Tendenzen Moskaus. Abends ließ mir dann Radovan Richta auf privatem Wege sagen, ich solle mir überlegen, ob ich mit meiner Einstellung zu Indra in meiner Funktion verbleiben könne, und ich solle mir außerdem vergegenwär-

tigen, daß mich der „progressive Flügel" der Partei unter diesen Umständen nicht unterstützen werde.
Richta spielte damals unter den „Progressivisten" eine bedeutende Rolle: Er war der Ideologe der fernen Zukunft des Kommunismus und der wissenschaftlich-technischen Revolution, und er war der eigentliche Schöpfer des Slogans „Sozialismus mit menschlichem Antlitz". Er war es, der Dubček diese Worte in den Mund gelegt und sie dem Aktionsprogramm einverleibt hatte. Ich weiß, daß damals viele radikale Reformkommunisten Richta ohne zu zögern an die Stelle Švestkas oder Indras eingesetzt hätten, aber auch an meine Stelle, denn er war ganz gewiß kein „Zentrist". Wie wandelte sich Richta aber im Jahr 1969? Er stellte eine jämmerliche Mischung von Niedertracht und Feigheit zur Schau. Er vernichtete die Existenz von Menschen, die sich um ihn in den Jahren, als er – noch ohne Funktion und politischen Einfluß – todkrank in einem Lungensanatorium lag, wie um einen Bruder gekümmert hatten.
Die im Sommer 1968 im öffentlichen Leben und ergo auch innerhalb der Parteiführung Tag für Tag wahrnehmbaren moralischen und politischen Wirren bildeten einen ausgedehnten Komplex. Ich will hier jedoch nicht alle Mitglieder der damaligen Führung einzeln charakterisieren; die allgemeinen Verhältnisse, die in der Führung herrschten, sind von größerer Bedeutung.

Jiří Hájek, der Außenminister im Kabinett Černík, war einmal zu einer Sitzung des Parteipräsidiums und des Sekretariats geladen, weil eine Frage von internationaler Bedeutung behandelt werden sollte, nämlich die bevorstehende Zusammenkunft mit dem sowjetischen Politbüro in Čierná an der Theiß. In der ersten Pause nach etwa zweistündiger Debatte nahm er mich beiseite und fragte mich im Flüsterton: „Ich bitte dich, wenn das die Parteiführung ist – wie kann ich dann Außenminister sein?" Ich sagte ihm: „Mach dir nichts daraus, ich bin ja auch ZK-Sekretär. Trag' es mit Gelassenheit."
Warum diese Frage und diese Antwort? Die Sitzung der Parteiführung bestand aus langen Monologen der einzelnen Mitglieder, die sich entweder mit ganz allgemeinen politischen und ideologischen Fragen befaßten oder aber ganz im Gegenteil mit konkreten Ereignissen, Zwischenfällen und Aussprüchen, über die man irgendwo gehört oder gelesen hatte. Der uneingeweihte Beobachter mußte den Eindruck gewinnen, daß er einer Zusammenkunft beiwohnte, bei der sich verschiedene Leute ihre Weltanschauung mitteilten oder ihre Haltung zu Ereignissen von weitreichender historischer Bedeutung – angefangen

bei der russischen Oktoberrevolution, über den Zweiten Weltkrieg, bis hin zum XX. Parteitag der KPdSU und dem Aktionsprogramm der KPČ. Oder es hätte sich um die Redaktionskonferenz einer Zeitschrift handeln können, auf der man sich im nachhinein darüber stritt, ob dieser oder jener Artikel hätte veröffentlicht werden sollen oder nicht. Oder aber um eine Ortsgruppenversammlung der Partei, auf der politisch bewertet wurde, was der oder jener beim Friseur gesagt haben sollte. Der uneingeweihte Beobachter hätte gewartet, daß man endlich zur Tagesordnung kommen würde. In diesem konkreten Fall wartete Jiří Hájek, wann man beginnen würde, über die Vorbereitungen zu dem Treffen mit dem sowjetischen Politbüro zu diskutieren; wann man überlegen würde, welche Fragen in den Vordergrund gerückt werden sollten und warum; welches unsere Argumente sein würden und welche von der Gegenseite zu erwarten wären; wieweit wir in einzelnen Fragen Entgegenkommen zeigen könnten und wieweit nicht; was für konkrete Alternativen zu den einzelnen Punkten zu erwarten wären und wie wir uns angesichts von Alternative eins, zwei oder drei zu verhalten hätten, usw.
Auf all das wartete Hájek jedoch vergeblich. Statt dessen erfuhr er, daß Antonín Kapek mit Herz und Seele für die Sowjetunion war und daß niemand das ändern würde. Daß Vasil Bilak glaubte, das Gebäude unseres Sozialismus sei wunderbar, die Frage laute nur, wie das Haus noch schöner zu gestalten wäre, wo Blumen und wo Bilder hin sollten – während einige das ganze Gebäude niederreißen und ein ganz eigentümliches neues aufbauen wollten. Daß Jan Piller bei einer Beratung von Kreisfunktionären von einem Genossen hinterbracht worden war, ein gewisser Redner auf einer Versammlung des K-231 (Vereinigung ehemaliger politischer Häftlinge, benannt nach dem berüchtigten Strafparagraphen – d. Ü.) habe die Ansicht geäußert, man solle alle Kommunisten aufhängen; und das – so Piller – sei doch wirklich schon Antikommunismus, andererseits sei er jedoch überzeugt, daß der „Erneuerungsprozeß“ richtig und gesund sei – und beides müsse man den sowjetischen Genossen deutlich sagen. Čestmír Císař sprach zum Thema Pressefreiheit, die unabdingbar und für den Sozialismus nützlich sei; man müsse sich dagegen wehren, daß aufgrund von Einzelfällen eine pauschale dogmatische Kritik laut werde. Emil Rigo wies darauf hin, daß die Parteifunktionäre in seinem Betrieb verunsichert seien und sich verängstigt fragten, wie das alles enden solle; und er zitierte einige diesbezügliche konkrete Aussprüche. Alois Indra schrieb alles eifrig mit, in ein großes Heft mit numerierten Blättern, die von einem Band in den Nationalfarben zusammengehalten wurden – in der

Tschechoslowakei sehen so die Hefte für Staatsgeheimnisse aus –, und sagte vorläufig überhaupt nichts. Schließlich war niemand in Eile: Die Sitzungen der Parteiführung dauerten gewöhnlich acht, zehn oder zwölf Stunden – in besonderen Fällen auch länger.

Ich machte mir keine Aufzeichnungen wie Alois Indra (was ich später manchmal bedauert habe), und so könnte er mir vielleicht nachweisen, daß die Aussprüche, die ich hier erwähnte, gar nicht in dieser Reihenfolge vorgebracht wurden und der eine oder andere sogar nicht einmal auf dieser bestimmten Sitzung. Möglicherweise hätte er damit recht. Aber alle Aussprüche müßte man in seinem Heft finden: ob sie nun auf einer anderen Sitzung vorgebracht wurden oder in anderer Reihenfolge, in ihrer Gesamtheit sind sie für die Methoden und den Geist der Sitzungen der Parteiführung unter Dubček während des „Prager Frühlings" charakteristisch. Den immer dicker werdenden Brei der vorgetragenen Ansichten verfolgte am Kopfende des langen Tisches aufmerksam Alexander Dubček. Er ließ alles bis zu einem gewissen Punkt frei fließen, nämlich bis auch ihm schien, daß die Genossen genügend Freiheit gehabt hätten, alles zu sagen, und nichts Neues mehr bringen könnten – um darauf üblicherweise seinen gleichfalls schon stereotypen Standpunkt darzulegen: Man müsse die Kräfte vor allem auf die Lösung positiver Aufgaben konzentrieren, positive Arbeit entfalten und dadurch die negativen Erscheinungen überwinden. Unsere Politik wird von den Werktätigen machtvoll unterstützt, und mit dieser Unterstützung müssen wir siegen.

Mit diesen Schilderungen will ich nicht den Eindruck erwecken, daß die Parteiführung während des „Prager Frühlings" nicht ganz bestimmte, politisch eindeutige und wichtige Entscheidungen getroffen hätte. Eine ganze Reihe von Entscheidungen aus dieser Zeit ist allgemein bekannt; sie existieren in der Form von Dokumenten in der Presse und in den Archiven, und die Historiker schließen daraus auf die Erfolge und Niederlagen der Parteiführung Dubčeks und werden damit noch lange beschäftigt sein.

Die Art und Weise, wie diese Entscheidungen das Licht der Welt erblickten, unterschied sich aber wesentlich von der Praxis, die sich in der Vorstellung des Durchschnittsbürgers mit dem Begriff des demokratischen Entscheidungsprozesses in der Politik verbindet. Ich glaube, daß zu einem Teil auch in den Arbeitsmethoden der damaligen Parteiführung die Erklärung dafür liegt, wieso diese Führung einerseits eine ganze Reihe politischer Entscheidungen eindeutig im Geiste der Reform traf, während andererseits mehr als die Hälfte ihrer Mitglieder sich immer ausgeprägter gegen diese Reform kehrte und einige

sich sogar bereits direkt auf die sowjetische Intervention hin orientierten.
Der Arbeitsstil des Parteipräsidiums und des ZK-Sekretariats sowie die Art und Weise der Vorbereitung der Unterlagen für ihre Sitzungen waren im Prinzip dieselben wie unter Novotný. Auf jeder Sitzung wurden sehr viele Punkte zur Behandlung vorgelegt, zusammen mit mindestens zwei Pfund bedruckten Papiers, den Unterlagen zu den einzelnen Punkten. Ich erwähne absichtlich das Gewicht und kein anderes Charakteristikum, weil in der Praxis alle Mitglieder der Parteiführung, wenn sie ein oder zwei Tage vor der betreffenden Sitzung das Paket Unterlagen auf den Tisch gelegt bekamen, sich vor allem für Umfang und Gewicht interessierten. Durchlesen konnte es ohnehin niemand, auch wenn er gewollt hätte. Das Paket wurde an die Assistenten und den Apparat weitergeleitet, die Anmerkungen zu den einzelnen Unterlagen ausarbeiten mußten. Die Texte in den Paketen waren ebenfalls von Assistenten und „Arbeitsgruppen" ausgearbeitet worden, manchmal von anderen als denen, die jetzt den Kommentar dazu liefern sollten, manchmal aber auch von denselben. Zur Billigung durch das „Organ", wie es im Parteijargon hieß, wurden – genau wie unter Novotný – zahlreiche kleine konkrete Angelegenheiten vorgelegt, manchmal eher zu viele, da der verunsicherte Apparat in einer so unsicheren Zeit noch mehr bemüht war, alles von der Parteiführung absegnen zu lassen und so der konkreten Verantwortung auszuweichen. Sehr viele dieser Angelegenheiten, die hier entschieden werden mußten, interessierten die Mehrzahl der Mitglieder der Parteiführung gar nicht und konnten sie auch nicht interessieren; ihre Behandlung nahm aber sehr viel Zeit in Anspruch.
In der Regel hatte kaum ein Viertel der Fragen, mit denen sich die Führung befaßte, tatsächlich größere und allgemeine politische Bedeutung. Die Unterlagen zur Lösung dieser Probleme kamen ebenfalls bereits in der Form, die ihnen verschiedene „Arbeitsgruppen" sowie Apparate und Assistenten der Parteiführung gegeben hatten. Und in diesem Bereich, in dem die Reformkommunisten bereits unter Novotný bedeutende Positionen eingenommen hatten, erweiterte sich ihr Einfluß im Frühjahr 1968 beträchtlich; insgesamt war er hier ganz gewiß stärker als innerhalb der Parteiführung selbst. Hier arbeiteten Menschen, die abstrakt denken konnten und fähig waren, ihre konzeptionellen Überlegungen in organisatorische Maßnahmen und Vorschläge zu integrieren. Häufig waren daher die Beschlüsse, die die Führung billigte, politisch sinnvoll und gut formuliert – zum Unterschied von den Debatten, die die Parteiführung darüber führte.

Wenn eine Situation eintrat, in der die Parteiführung gezwungen war, zu unvorhergesehenen Ereignissen schnell Stellung zu nehmen, wenn also die verborgene Armee der Assistenten keine Unterlagen vorbereiten konnte, bestimmte die Führung zwei oder drei Leute aus ihrer Mitte, die fähig waren, einen Antrag zu formulieren. Und während die übrigen in gewohnter Weise diskutierten, verfaßten die auserwählten Männer den Antrag eines Beschlusses; sobald dieser dann der gesamten Führung vorlag, wurde er zum Anlaß einer neuen mehrstündigen Debatte, die abermals vom Thema abwich – und zum Schluß wurde unter dem Druck der allgemeinen Müdigkeit und Abgestumpftheit der Antrag im Prinzip in der Form gebilligt, wie er vor einigen Stunden vorgelegt worden war.
Ich gehörte zusammen mit Čestmír Císař zu denjenigen, die am häufigsten in solchen Situationen damit beauftragt wurden, das Konzept eines Entschlusses auszuarbeiten. Gemeinsam haben wir auch zwei sehr bekannte Beschlüsse dieser Zeit entworfen: die Stellungnahme des Präsidiums des ZK der KPČ zum Manifest „Zweitausend Worte" und den „Standpunkt des Präsidiums des ZK der KPČ zum Brief der fünf Kommunistischen und Arbeiterparteien", der dem Treffen mit dem sowjetischen Politbüro in Čierná an der Theiß voranging.
Der Fall „Zweitausend Worte" ist in vielem charakteristisch für die Verhältnisse in der damaligen Parteiführung, und deshalb will ich mich mit ihm näher befassen. Der Autor des Manifests war der Schriftsteller Ludvík Vaculík, und das allein bürgte dafür, daß diese zweitausend Worte gut und wirkungsvoll gewählt waren und es äußerst schwierig, ja in gewissem Sinne von vornherein aussichtslos war, mittels Parteibeschluß gegen sie zu polemisieren. Der Text wurde am 27. Juni 1968, am Vorabend der Kreiskonferenzen der KPČ, die die Delegierten zum Parteitag wählen sollten, in „Literární listy" und gleichzeitig in zwei oder drei Tageszeitungen veröffentlicht. Er war von zahlreichen Menschen unterschrieben – vorwiegend von Intellektuellen, aber auch von Sportlern, populären Schauspielern sowie Leuten, die der Öffentlichkeit gar nicht bekannt waren, von Anhängern unterschiedlichster politischer Bekenntnisse: von Reformkommunisten und Parteilosen, von Leuten, die als Radikale galten, aber auch von solchen, die alles andere als Radikale waren.
Inhaltlich boten die „Zweitausend Worte" zu dieser Zeit nichts Außergewöhnliches: in vielen anderen Beiträgen in der Presse, im Rundfunk und im Fernsehen war in verschiedenen Variationen das gleiche gesagt worden. Nur einige wenige Gedanken – zum Beispiel der, wie man das politische System durch Bildung „eigener Bürgerausschüsse

und -kommissionen“ wirksam demokratisieren könnte – waren vielleicht in dieser konkreten Form noch nicht anderswo publiziert worden. Es bestand kein Zweifel, daß der Autor vor allem die Bedenken ausdrückte, die unter den radikalen reformkommunistischen Intellektuellen vorherrschten: der gesamte „Erneuerungsprozeß“ werde abgebremst und bedroht, weil in der KPČ und in vielen Funktionen innerhalb der Machtstruktur zu viele Konservative, Parteigänger der alten totalitären Diktatur, vertreten seien, die überdies aus dem Ausland unterstützt würden. Auch das wurde in dem Manifest offen ausgesprochen, unmißverständlich wurde der Befürchtung einer sowjetischen Intervention Ausdruck gegeben. Im gesamten Text gingen jedoch politische und moralische Probleme in hoffnungslosem Wirrwarr durcheinander; das war nicht künstlich konstruiert, sondern es entsprach der Atmosphäre der Zeit, für die solche Kombinationen typisch waren, was allerdings eine politische Beantwortung nicht leicht machte. Darin bestand auch der innere Widerspruch des Texts, denn die grundlegenden menschlichen und moralischen Probleme, derer sich der Autor annahm und auf die er die Aufmerksamkeit lenken wollte, ließen sich auch mit den politischen Mitteln, die er selbst vorschlug, nicht lösen.

Ich glaube, die ganze Angelegenheit hätte keine derartige politische Spannung hervorgerufen, wie sie es dann tat, wenn Vaculík denselben Text als eigenen Beitrag in „Literární listy“ veröffentlicht hätte. Es wären dann zwar eigenwillige, aber doch nur persönliche Ansichten zu den Problemen der Zeit gewesen.

Es kam jedoch anders. Der Text trug den Charakter eines Aufrufs, eines Manifests. Er war von vielen Leuten unterschrieben worden, die ihn unterstützten und andere aufforderten, es ihnen gleichzutun. Er war nicht zufällig, sondern bewußt in mehreren Publikationsorganen gleichzeitig veröffentlicht worden: Er sollte zum Leitthema in der öffentlichen Diskussion der Probleme der gegenwärtigen Situation werden. Und in diesem Sinne sollte er auch in die wichtigen Verhandlungen innerhalb der KPČ, in die Vorbereitungen zum Parteitag, miteinbezogen werden. Also nicht das Aktionsprogramm der KPČ und seine Auffassung der Reform, sondern das Manifest „Zweitausend Worte“ und seine Stellungnahme zur aktuellen Situation sollte die Grundlage politischer Diskussion nicht nur in der Öffentlichkeit, sondern auch innerhalb der KPČ bilden. All das ist natürlich kein Verbrechen und – aus der Optik demokratischer politischer Verhältnisse betrachtet – nicht einmal etwas Ungewöhnliches. Denn unter demokratischen Verhältnissen ist es nur normal, daß irgendeine Gruppe von Bürgern öffentlich ihre Meinung kundtut, sich bemüht, weitere Anhänger zu gewinnen, die Öffentlichkeit politisch zu beeinflussen und auf die politische Macht Druck auszuüben.

In der Tschechoslowakei herrschten aber Ende Juni 1968 keine demokratischen Verhältnisse. Es gab kein pluralistisches politisches System, das sich ausdrücklich auf die Voraussetzung gegründet hätte, daß abweichende Interessen und Auffassungen nun einmal auf diese Weise zum Ausdruck gebracht werden – und das sich daher durch einen ähnlichen Vorfall nicht ungebührlich betroffen und noch weniger politisch bedroht gefühlt hätte. Es herrschte noch immer ein totalitäres politisches System, das erst demokratisiert und geändert werden sollte; Änderungen seiner Struktur existierten nur auf dem Papier, mit einer bedeutenden Ausnahme – der real existierenden Freiheit der Meinungsäußerung. Sowohl die Beherrschten als auch die Herrschenden waren an ganz andere als demokratische Methoden des politischen Handelns gewöhnt, und deshalb hatte auch ein Aufruf wie die „Zweitausend Worte" eine andere Bedeutung. Die Beherrschten legten ihm mehr Bedeutung bei, als ihm zukam, und die Herrschenden waren mehr aufgeschreckt, als der Inhalt es gerechtfertigt hätte.

Innerhalb der Machtstruktur des damaligen Regimes herrschte im Juni 1968 eine ganz spezifische Situation: Es ging um die Frage, ob es gelingen könnte, unter den Herrschenden so viele Kräfte wie möglich auf die offizielle Basis der Reform, d. h. das Aktionsprogramm der KPČ einzuschwören. Die Herausgabe eines Gegenprogramms in diesem Moment stellte eine Bedrohung dieses Prozesses dar. Und außerdem war da natürlich noch Moskau. Die „Zweitausend Worte" erschienen etwa zwei Wochen, bevor der bekannte ultimative Brief der fünf Kommunistischen Parteien aus Warschau an die KPČ gerichtet wurde. Die in ihm enthaltenen Drohungen lagen damals bereits in der Luft – die „Zweitausend Worte" nehmen sie bereits wortwörtlich vorweg. Es war daher klar, daß diejenigen, die hinter diesem Manifest standen, es auch in dieser Situation für richtig hielten, ein radikaleres demokratisches Programm zu veröffentlichen, als es das Aktionsprogramm der KPČ war, und auch in der politischen Praxis radikalere Kräfte zu unterstützen als die durch die offizielle Parteiführung repräsentierten.

In bezug auf die Verhältnisse innerhalb der reformkommunistischen Kräfte selbst gesehen, war es ohne Zweifel ein Versuch des radikalen Flügels – insbesondere der radikalen kommunistischen Intellektuellen –, Druck auf die Parteiführung auszuüben und sie zu zwingen, sich selbst zu radikalisieren. Auf welche Weise sollte das jedoch geschehen? Vor allem ging es um die Abberufung all derjenigen, die sich gerade aus Angst um ihre Positionen gegen die Reform als solche zu stellen begannen. Und in welcher Situation sollte die Sache stattfinden? In einer Situation, die darauf hinauslief, daß alle diese Menschen ohnehin schon bald – nämlich in zwei Monaten auf dem Parteitag der KPČ – ihre Funktionen verloren hätten. Warum also? Weil die Reformkommunisten auf dem radikalen Flügel fürchteten, es würden zu wenige abgesetzt werden, und diese Befürchtungen machten sie blind für alles übrige, was viel bedrohlicher und gefährlicher für die Reform an sich war.

Ich selbst betrachtete damals die Veröffentlichung der „Zweitausend Worte“ aus den angeführten Gründen als eine brisante Angelegenheit und im gegebenen Moment als eine Gefahr für den Erfolg der Reform. Ich glaubte nicht daran, daß das Volk jetzt massenweise „eigene Bürgerausschüsse und -kommissionen“ gründen würde, wie sich Vaculík das vorstellte. Ich fürchtete jedoch, daß diese Aktion von der Entschlossenheit gewisser einflußreicher reformkommunistischer Intellektueller zeugte, ihren gesamten öffentlichen Einfluß einzusetzen – und der war damals oft größer als derjenige der offiziellen Parteiführung –, und zwar in einer Weise, die zu solchen Konflikten innerhalb der Führung führen würde, daß die Stabilität der Reform auf dem Spiel stünde und der Druck auf die Parteiführung von außen – seitens des Kremls – sich bedrohlich steigern würde. Das stand also politisch auf dem Spiel – und es war nicht wenig.

Wie reagierte aber die Parteiführung als Ganzes auf die „Zweitausend Worte“? Am frühen Nachmittag des 27. Juni wurde eine außerordentliche Sitzung des Parteipräsidiums und Sekretariats einberufen – wegen der kurzen Frist konnten nur die in Prag anwesenden Mitglieder teilnehmen. Einige wußten gar nicht, worum es ging. Zum Zeitunglesen war meist nicht genügend Zeit, man las die Sonderbulletins, die für die Parteiführung zusammengestellt wurden – und die enthielten die „Zweitausend Worte“ noch nicht. Anfangs kam deshalb kaum eine Diskussion zustande, und viele von uns lasen erst im Verlauf der Sitzung den inkriminierten Text, heimlich unter der Bank wie in der Schule.

Als erste meldeten sich diejenigen Mitglieder der Parteiführung zu Wort, die in dem Text so etwas wie eine Kriegserklärung an die Sowjetunion erblickten. Man sprach über eine antisowjetische Provokation, über Budapest 1956, über Bürgerkrieg (nicht den in Rußland 1918, sondern einen im Manifest Ludvík Vaculíks angeblich angelegten in der Tschechoslowakei 1968), über die Befreiung der Tschechoslowakei 1945 und ähnliche Themen, zu denen auch bei lebhaftester Phantasie die „Zweitausend Worte“ nur den allerentferntesten Bezug hatten. Absolut atypisch – denn sonst nahm er eine entgegengesetzte Position ein – griff Josef Smrkovský in die Debatte ein. Er war gerade aus Moskau zurückgekehrt und offenbar noch unter dem Eindruck der dortigen Atmosphäre und Verhandlungen stehend, hielt er es für notwendig, über Bürgerkrieg und Panzer zu sprechen. „Ich übernehme nicht die Verantwortung“, erklärte er wörtlich, „wenn die Situation mit Hilfe von Panzern geklärt werden muß.“

Es war klar, daß es zu diesem Zeitpunkt keinen Sinn gehabt hätte, irgendeinen Vorschlag zu machen. Mit der Zeit würde sich – wie auch sonst in ähnlichen Situationen – alles wieder etwas beruhigen. Und so kam es auch. Nachdem man mit diesem Thema die erste Runde herumgebracht hatte, kam die zweite Runde: Überlegungen betreffend die subjektiven Absichten der Autoren und Unterzeichner der „Zweitausend Worte“. Es waren viele Namen, die reichlich Diskussionsstoff enthielten: Was wer über wen aus der Vergangenheit wußte oder nicht wußte, was an Bösem oder aber eventuell Gutem der oder jener geleistet hatte, usw. Weil unter den Unterzeichnern nicht nur einfache Kommunisten, sondern auch Mitglieder des Zentralkomitees waren, schien es angebracht, über die Statuten der Partei sowie das Leninsche Prinzip des demokratischen Zentralismus zu diskutieren. Alles in allem Stoff für eine weitere Stunde.

Danach war die Zeit für die übliche Pause gekommen. Die Pausen trugen häufig dazu bei, die Atmosphäre zu klären, oft machte man nach der Pause mit einem ganz neuen Themenkreis weiter. Aber oft fing auch alles wieder von vorn an, und letzteres schien hier der Fall sein zu wollen. Smrkovský war inzwischen im Parlament gewesen und berichtete nun über den Verlauf der Diskussion unter den Abgeordneten, der ähnlich gewesen war wie hier, und das bot eben die Gelegenheit, allerhand zu wiederholen. Jemand kam sogar mit dem Vorschlag, die Regierung solle sich mit der Angelegenheit befassen. Dadurch fühlte sich Černík betroffen, der nun um so energischer darauf drang, daß die Parteiführung einen klaren Standpunkt bezog, denn wovon sollte die Regierung sonst ausgehen? Damit wurde eine neue Runde eröffnet, und jetzt strengte sich jeder an, seine eigene Meinung als allgemeine Stellungnahme durchzusetzen. In der Debatte machte sich daher auch eine neue Tendenz geltend: diejenige derer, die tatsächlich auf eine Reform aus waren. Und wieder wurde stundenlang geredet: über das Aktionsprogramm, ehrliche Arbeit, die positiven Seiten des Demokratisierungsprozesses, der Pressefreiheit usw.

Schließlich trat ein echtes Problem in Erscheinung. Man benötigte jemanden, der einen Resolutionsantrag entwarf. Beauftragt wurden Mlynář und Císař. Da ich dies schon lange hatte kommen sehen, hatte ich im Geist bereits einige Thesen vorbereitet, die ich nun in die Debatte einbrachte, um auf gewisse Gedanken hinzulenken, die meiner Ansicht nach in dem Dokument enthalten sein sollten. Dann begaben sich Císař und ich jeder in sein Büro und entwarfen den Text einer Resolution. Ich wußte ungefähr, was er schreiben würde, und er wußte, was mir vorschwebte. Dann verarbeiteten wir das ganze zu einem gemeinsamen Text, an einigen Stellen ließen wir Alternativen offen. Ich bemühte mich, Alternativformulierungen vor allem dort einzubauen, wo ich hoffte, das Präsidium würde meiner Auffassung folgen, und genauso verfuhr Císař. Und so debattierten wenigstens wir beide stellenweise sachlich, wenn wir einander klarzumachen versuchten, was wir aus welchen Gründen unbedingt in das Dokument einbeziehen wollten. Die Präsidiumssitzung war währenddessen zwar offiziell unterbrochen, drehte sich aber weiter im Teufelskreis jener Debatte, bei der jeder im vorhinein wußte, was der andere sagen würde und warum er es sagte.
Draußen war es inzwischen längst dunkel geworden, und der Normalbürger saß bereits vor dem Bildschirm. Das Parteipräsidium tagte weiter; was unterdessen im Fernsehen stattfand, würde es morgen aus dem Sonderbulletin erfahren, und vielleicht ergab sich daraus die Notwendigkeit, eine neue Präsidiumssitzung einzuberufen. Vor dem Gebäude des Zentralkomitees warteten die schwarzen Tatra-Limousinen, die Fenster des Sitzungssaales leuchteten weithin in die Dunkelheit, und die Vorübergehenden nahmen – dank dem allgemeinen politischen und demokratischen Engagement – mit einer gewissen Ehrfurcht zur Kenntnis, daß Dubčeks Parteiführung auch nachts den „Erneuerungsprozeß“ fortführte. Noch einige andere Fenster leuchteten in die Nacht: Die vor den Büros der Sekretäre des ZK, wo jeweils eine Sekretärin, ein Assistent und ein Fahrer warten, ob der Genosse Sekretär etwas zu diktieren hätte, Assistenz benötigte oder irgendwohin fahren wollte. Solange das nicht der Fall war, unterhielt sich das Personal, las, strickte Pullover, trank schwarzen Kaffee. Denn die Küche hatte ebenfalls Nachtdienst und kümmerte sich um das leibliche Wohl der Sitzungsteilnehmer.
Die Sitzung wird wieder eröffnet, und Císař und ich legen den Entwurf vor. Das ist natürlich die Gelegenheit, nicht nur Änderungen im Text vorzuschlagen, sondern auch alles zu wiederholen, was bereits gesagt wurde. Černík verläßt die Sitzung, denn er muß eine Nachtsitzung der

Regierung einberufen. Statt seiner erscheint Piller, der nach sichtlich mehr als einem Glas Wein in gehobener Stimmung ist, und während die anderen darüber diskutieren, ob in dem Dokument ausdrücklich konstatiert werden soll, daß „kein Anlaß vorhanden ist, an den positiven Beweggründen" der Autoren der „Zweitausend Worte" zu zweifeln („denn wir wissen ja gar nicht, wer die Autoren sind", kommentiert einer der Anwesenden), versichert Piller der Parteiführung, daß die Kommandanten der Miliz seines Bezirks voll hinter Dubček stehen und bereit sind, mit jedem kurzen Prozeß zu machen, auf den er nur mit dem kleinen Finger zeigt. Die Sitzung zieht sich hin, es gibt allmählich weniger Wortmeldungen, am Sinn des ursprünglichen Textes ändert sich ohnehin nichts mehr, und so kommt zu guter Letzt eine Entschließung des höchsten Organs der politischen Macht im Staat zustande.
Der Raum ist verqualmt, Jozef Lenárt öffnet ein Fenster. Draußen bricht langsam der Tag an. „Menschenskinder, nehmt doch Verstand an", sagt Lenárt, „draußen singen schon die Vögel." Für kurze Zeit verstummt alles. Aus dem gegenüberliegenden Letná-Park dringt tatsächlich froher, klangvoller und, ach, so unpolitischer Gesang von Amseln und Drosseln herüber. Und da meldet sich dann niemand mehr zu Wort – weder Konservative noch Progressive oder Zentristen. Alexander Dubček dankt allen und schließt die Sitzung. Ein historischer Beschluß des Präsidiums des Zentralkomitees der Kommunistischen Partei der Tschechoslowakei hat das Licht der Welt erblickt.
Aber zurück zur Politik. Was bedeutete dieser Arbeitsstil der Parteiführung eigentlich? Was in den Beschlüssen festgehalten war, wurde bei weitem nicht immer von den einzelnen Mitgliedern der Parteiführung auch als eigene, persönliche Ansicht zu dem oder jenem Problem akzeptiert. Diejenigen, die im Text der „Zweitausend Worte" das Gespenst des Bürgerkriegs und die Schatten von Panzern sahen, bestanden zwar nicht darauf, daß ihre Ahnung in die Entschließung einbezogen wurde – aber für sich hielten sie daran fest (mit Ausnahme von Smrkovský, der seine Ansicht bald revidierte). Diejenigen wiederum, die im Gegenteil gerne zu einer Übereinkunft mit den Radikalen gekommen wären, ohne sie für solche Vorstöße wie die „Zweitausend Worte" zu kritisieren, konnten ihre Auffassung ebensowenig in der Entschließung ausdrücken: ihren Standpunkt änderten auch sie nicht. Obgleich sich also alle auf ein Dokument geeinigt hatten, demzufolge alle Kommunisten gemeinsam bestrebt sein sollten, die Linie des Aktionsprogramms der KPČ einzuhalten und zu realisieren, ergab sich daraus nicht die kleinste Änderung im praktischen Handeln der ein-

zelnen Gruppen in der Parteiführung: sie würden weiterhin den Auffassungen gemäß handeln, die sie bereits vor der Verabschiedung dieses Dokuments vertreten hatten.

Und so gibt ein Alois Indra interne Richtlinien für die Bezirksorganisationen der KPČ heraus, in denen er die Situation fast als Auftakt eines konterrevolutionären Aufstands beurteilt und gewisse Bereitschaftsmaßnahmen anordnet; auf verschiedenen Versammlungen treten Leute wie Bilak, Kolder, Švestka, Jakeš und andere mit nahezu den gleichen Argumenten auf, die sie bereits vor dem letzten Präsidiumsbeschluß vorgetragen haben. Auf der anderen Seite betonen Smrkovský und Kriegel in der Öffentlichkeit den Burgfrieden und äußern sich weiter in dem Sinne, daß eigentlich nichts Ernstes vorgefallen sei und daß es in der Hauptsache auf den guten Willen aller Beteiligten ankomme. Ähnlich klingt es auch bei einem Treffen mit den Unterzeichnern der „Zweitausend Worte", an dem Dubček, Černík, Smrkovský, Slavík und einige weitere teilnahmen.

Wie ich bereits an früherer Stelle in diesem Kapitel sagte, bin ich heute nicht mehr sicher, ob die Reform hätte gerettet werden können, wenn im Frühjahr und Sommer 1968 alles nach meinen Vorstellungen abgelaufen wäre. Möglicherweise hätte auch das genügt, um die sowjetische Intervention auszulösen. So gesehen ist es freilich besser, daß die „Zweitausend Worte" existieren. Denn wenn man dieses Manifest nicht vom Standpunkt der Taktik der politischen Reform beurteilt, muß man seine bedeutende positive Rolle anerkennen: Es zeigte den Menschen, daß Bürger ungeachtet der Interessen und Möglichkeiten der politischen Macht als freie Menschen auftreten können. Als Protestakt gegen den Despotismus waren die „Zweitausend Worte", was ihren Inhalt und ihre Form betrifft, ein Beispiel für die Zukunft. Neun Jahre nach diesem Text Vaculíks erschien in Prag ein anderer Text – und doch in manchem ähnlich: die „Charta 77". Zu den Unterzeichnern gehörten wieder Ludvík Vaculík und einige derer, die einst die „Zweitausend Worte" unterschrieben hatten; aber diesmal habe auch ich unterschrieben und einige von denen, die seinerzeit in der Parteiführung der KPČ saßen und für die offizielle Stellungnahme der Partei zu den „Zweitausend Worten" gestimmt hatten: František Kriegel, Bohumil Šimon, Vaclav Slavík.

Bedeutet das nur, daß diese Menschen ihre Ansichten geändert haben – oder hat sich noch etwas anderes geändert? Die Entwicklung dieser Menschen und ihrer Ansichten hat gewiß eine Rolle gespielt; aber es ist auch eine ganz neue politische Situation entstanden. In der heutigen Tschechoslowakei existiert wieder das System der totalitären Diktatur

– und es bereitet keine demokratische Reform vor, es will sich ganz im Gegenteil ohne jede Debatte als Despotie stabilisieren. Danach bleibt denjenigen, die sich das Rückgrat freier Menschen bewahren wollen, nichts anderes übrig, als auch in der Unfreiheit als freie Menschen aufzutreten, ohne Rücksicht darauf, was für Schwierigkeiten der despotischen Macht daraus entstehen. Denn Rücksichten auf die Führung Husáks eröffnen keineswegs die Perspektive einer Demokratie, während das ungebeugte Rückgrat freier Menschen von großer Bedeutung für die Zeit sein wird, wenn in der Politik Umstände eintreten, die die Möglichkeit einer demokratischen Entwicklung wieder zulassen. Für so eine Zeit haben aber auch die Erfahrungen des Jahres 1968 ihre Bedeutung – einschließlich der „Zweitausend Worte". Auch deshalb glaube ich, daß es richtig ist, wenn ich meine damaligen Ansichten offen wiederhole, und daß niemand, dem tatsächlich an der Demokratie in der Tschechoslowakei gelegen ist, darin die Starrköpfigkeit eines ehemaligen Repräsentanten der Macht sehen kann, der beweisen will, daß sein damaliges Rezept das Allheilmittel war. Ich will das nicht nur nicht beweisen, sondern – ich wiederhole es nochmals – ich bin davon gar nicht überzeugt.

Damals, im Sommer 1968, war ich allerdings fest davon überzeugt, daß es keinen anderen Weg zur Demokratie in der Tschechoslowakei geben könne als den einer allmählichen und in vieler Hinsicht politisch zurückhaltenden Reform des gesamten politischen Systems und daß alle Tendenzen, die sich dieser Auffassung nicht unterordnen wollten, den realen Möglichkeiten der politischen Demokratisierung nur Schaden zufügten. Ich möchte an dieser Stelle nicht in allen Einzelheiten ausführen, wie meine Vorstellungen über die fernere Gestaltung der politischen und staatlichen Institutionen nach dem geplanten XIV. Parteitag waren; wer will, kann sie in Dokumenten nachlesen, deren Autor ich bin und die im Ausland veröffentlicht wurden („Tanky proti sjezdu – Mimořádný XIV. sjezd KSČ", Europa-Verlag, Wien 1970, S. 214–229; Teil III/2 des Dokuments „Analýza činnosti strany a vývoje společnosti od. XIII. sjezdu a hlavní úkoly strany v nejbližším období").

Sehr gedrängt gesagt, stellte ich mir vor, daß in den nächsten zwei Jahren der Erfolg der Reformen, die im Aktionsprogramm der KPČ vorgesehen waren, an der Praxis hätte gemessen werden müssen. Es wäre dies eine Übergangsperiode gewesen, in der auch eine neue Verfassung ausgearbeitet werden sollte; auch das Parlament sollte, als verfassunggebende Versammlung, nur für diese Periode gewählt werden. Gegen Ende dieser zwei Jahre würde es bereits notwendig sein, auf der

Grundlage der bisherigen Erfahrungen ein neues, demokratischeres Wahlrecht zu schaffen und die Stellung der Selbstverwaltung in den Betrieben und anderswo gesetzlich zu verankern. Dann würde es auch bereits Erfahrungen aus der Tätigkeit demokratisierter Gewerkschaften geben, ebenso wie aus der anderer demokratisierter Organisationen und auch aus der Praxis der Kommunistischen Partei selbst, die sich – im Geist des neuen Parteistatuts, dessen Entwurf bereits veröffentlicht worden war – gleichfalls in einen wesentlich demokratischeren Organismus verwandelt hätte. Ich betrachtete es jedoch als notwendig, einer so gewandelten KPČ auch weiterhin die Hegemonie zu erhalten. Das Problem des Pluralismus politischer Parteien und ihrer selbständigen Teilnahme an demokratischen Wahlen hätte meiner Auffassung nach innerhalb Zehnjahresfrist gelöst werden sollen; heute, 1978, wäre diese Frage – nach der Zielplanung meiner damaligen Konzeption – bereits geregelt.

Nach rein innenpolitischen Gesichtspunkten erschien es mir im Sommer 1968 realistisch, ein derartiges Programm verwirklichen zu wollen. Der Verlauf der Parteikonferenzen, auf welchen im Juni und Juli die Delegierten zum Parteitag der KPČ gewählt wurden, bewies eindeutig, daß in der gesamten Partei die stärkste Strömung eben diese „zentristische" Tendenz vertrat. Unter den gewählten Delegierten war sie in einer Mehrheit von etwa 80 Prozent repräsentiert. In die restlichen 20 Prozent teilten sich ungefähr zu gleichen Teilen der radikale Flügel der Reformkommunisten und die Anhänger des totalitären Systems der Vergangenheit. Ein entsprechendes Kräfteverhältnis durfte man auch für das neue Zentralkomitee und dessen Präsidium erwarten.

Außerhalb der KPČ, in der Bevölkerung, rechnete ich für die Zeit nach dem XIV. Parteitag mit einem Abflauen der volksweiten Welle der Begeisterung und dem Auftreten von Schwierigkeiten, Widersprüchen, Unzufriedenheit. Im ganzen schien mir jedoch die Erwartung begründet, daß die große Mehrheit der Bevölkerung auch unter diesen Umständen eine nationale Politik allmählicher Reformen unterstützen würde. Wenn die neu gewählte Parteiführung so zusammengesetzt gewesen wäre, wie es vorauszusehen war, hätte es auch Konflikte mit dem radikalen Flügel der Reformkommunisten gegeben. Darin erblickte ich jedoch keine Störung des demokratischen Systems; in einem demokratischen System wird es immer Konflikte mit extremen Tendenzen – ob nach rechts oder nach links – geben; allerdings müssen sie auch demokratisch, nicht mit despotischen Methoden gelöst werden.

Aber nicht nur über die Zukunft meiner eigenen Pläne, sondern über die des gesamten Volkes entschieden zum Schluß weder demokratisch geführte Auseinandersetzungen noch innenpolitische Konflikte, sondern darüber wurde autoritär und für lange Zeit im Kreml entschieden.

3

Das Urteil des Kremls

Als auf jener Sitzung des Parteipräsidiums am 20. August Oldřich Černík, vom Telefon zurückkehrend, kurz vor Mitternacht ums Wort bat, um uns mitzuteilen, Verteidigungsminister Martin Dzúr habe ihn soeben informiert, daß Truppen der UdSSR sowie vier weiterer Mitgliedstaaten des Warschauer Pakts die Staatsgrenzen der Tschechoslowakei überschritten hatten, waren meine ersten, nur vom Unterbewußten gesteuerten Empfindungen ähnlich denen, die ich Jahre zuvor bei einem Autounfall durchlebt hatte.

In meinem Kopf lief eine Art surrealistischer Film ab: Szenen vom Kriegsende, Barrikaden, Panzer, Verwundete und Tote auf den Straßen, die blitzartig aufleuchtenden Erscheinungen mir nahestehender Menschen, Landschaftsbilder aus Südböhmen, aber auch die Ansicht des monströsen Gebäudes der Moskauer Universität – wie in einem rasenden Kaleidoskop jagte alles in kunterbuntem Wechsel an meinem inneren Auge vorüber. Zur gleichen Zeit wurde mir in aller Deutlichkeit bewußt, daß dies das endgültige Scheitern meines Lebens als Kommunist bedeutete. Dann folgte für einen kurzen Moment das Gefühl der absoluten Unsinnigkeit aller Gedanken und Empfindungen. Und erst danach wieder die Wahrnehmung der unglaubwürdigen, aber unumstößlichen, handgreiflichen Kulisse ringsum: derselbe Sitzungssaal, dieselben Menschen wie noch vor wenigen Augenblicken, und dennoch schon eine total veränderte Welt, die mit dem vormaligen Zustand nichts mehr gemeinsam hatte.

Ich verfolgte die Vorgänge um mich herum wie Ereignisse auf einer Kinoleinwand, hörte die Stimmen wie aus Lautsprechern. Černík berichtete die weiteren Einzelheiten seines Gesprächs mit Dzúr, der von zwei sowjetischen Offizieren faktisch in seinem Büro festgehalten werde und dem man lediglich gestattet habe, dies seinem Regierungschef telefonisch mitzuteilen; ansonsten sei dem Verteidigungsminister jegliche Handlungsfreiheit entzogen, und wahrscheinlich befänden sich die übrigen höheren Befehlshaber der Streitkräfte in ähnlicher Lage. Dann sagte Dubček: „Also haben sie es doch getan – und das konnten sie mir antun!“ Im daraufhin einsetzenden Stimmengewirr sprach jemand – ich meine, es war Kriegel – von Verrat am Volk; ein anderer schlug vor, man solle unverzüglich Staatspräsident Svoboda herbitten. Vasil Bilak stand von seinem Platz auf, lief nervös hinter der Sitzreihe auf und ab und rief immer wieder: „Also so lyncht mich doch! Warum erschlagt ihr mich nicht?“ Niemand ließ eine Reaktion erkennen. Die meisten schenkten vermutlich Bilak ebensowenig Beachtung wie den Ausrufen, Reden, Gesten und Reaktionen ihrer Umwelt überhaupt: Alle waren jetzt viel zu sehr mit sich selbst beschäftigt. Ich glaube, das trifft auch für diejenigen zu, die, wie Bilak, von der bevorstehenden Intervention gewußt und sie sehnlich erwartet hatten: Auch für sie war es eine Schicksalsstunde, wenngleich in anderem Sinne. Zwar erlebten sie nicht den Schock im Gefolge einer plötzlichen Katastrophe, aber die Lösung der bislang verborgen gehaltenen inneren Spannung war auch für sie vom Zwang zu unkontrolliertem, aus dem Unterbewußtsein motiviertem Handeln begleitet.

In meinen Gedanken trat immer stärker das Bewußtsein in den Vordergrund, daß ich in diesem Augenblick den Zusammenbruch alles dessen erlebte, wofür ich Jahre meines Lebens geopfert hatte, den Untergang des letzten Programms, das ich für mein politisches Engagement gefunden hatte, – des Reformkommunismus. Ich hatte ihn, wie ja aus vielen Stellen dieses Buches hervorgeht, in erster Linie als vertretbaren Kurs der praktischen Politik betrachtet. Und die sowjetische Intervention bedeutete sein definitives Scheitern. Mir schien es plötzlich gänzlich widersinnig, nach der militärischen Invasion weiter an die Möglichkeit politischer Reformen zu glauben. Und mit einemmal sah ich, daß ich auf den Fall, wie er jetzt eingetreten – und mir als bloß gedachte Möglichkeit natürlich auch vorher nicht unbekannt gewesen – war, nicht vorbereitet war, weder in theoretischer noch in praktischer Hinsicht; die gegenwärtige Situation hatte ich in meinem politischen Konzept einfach nicht vorgesehen und folglich auch keinen Ausweg aus ihr. Damit war dieses Konzept durch die Ereignisse über den Haufen geworfen und für die Zukunft wertlos geworden. Als blanker Unsinn wäre es mir erschienen, für das wenige, das – wenn überhaupt etwas – vom Reformkommunismus an politischer Perspektive jetzt noch übrigblieb, das Leben auch nur eines einzigen unserer Mitbürger zu opfern; nicht einer durfte sich den sowjetischen Panzern entgegenwerfen in der trügerischen Hoffnung, er helfe damit Dubčeks Parteiführung, den „Prager Frühling“ zu retten.

Als ich die Sprache wiedergefunden hatte, meldete ich mich zu Wort und gab bekannt, daß ich meine Funktion niederlegte, weil mich die gegenwärtige Situation daran hindere, weiter für die Ziele einzutreten, für die ich bisher aus Überzeugung gewirkt hatte; im übrigen sei ich zu sinnvollem politischen Handeln nach den Erfordernissen dieser Situation nicht in der Lage. Dubček bringt dann ähnliches vor, indem er einleitend ebenfalls seine Funktion niederlegt. Für ihn bedeutet die Entwicklung ein persönliches Scheitern, wie man verschiedenen Anzeichen entnehmen kann. Schon sein Ton und seine Ausdrucksweise geben zu erkennen, mit welch patriarchalischer Empfindung er auf die politischen Geschehnisse reagiert. Und vollends ist dem Inhalt seiner Worte zu entnehmen, wie sehr er sich in die Rolle eines Jánošík versetzt fühlt: Wenn sie etwas gegen mich haben, warum erledigen sie es nicht mit mir allein? Sollen sie mich doch an den Marterpfahl schlagen – ich stehe für alles ein!

Das bringt uns schließlich alle in die Wirklichkeit zurück. Man beginnt darüber zu sprechen, daß jetzt niemand abdanken dürfe, sondern daß im Gegenteil alle gesetzmäßigen Gremien intakt bleiben und alle Funktionäre auf ihren Posten ausharren müßten, wenn es nicht dazu kommen solle, daß unter der Regie der Eindringlinge neue Organe gebildet oder Übertragungen der Funktionen vorgenommen würden. Bei diesen Gesprächen ist jetzt auch schon Ludvík Svoboda zugegen. Er ist blaß und nur dem äußeren Anschein nach ruhig, innerlich jedoch fühlbar erregt. Im allgemeinen spricht er nicht viel auf dieser Sitzung, aber bei dem fraglichen Punkt vertritt er ausdrücklich die Meinung, daß niemand seine Position oder Funktion aufgeben dürfe.

Im übrigen hält man mit geradezu tragikomischer Pedanterie an der üblichen Routine der Politbürositzungen fest. Zunächst beschließt man, eine Resolution zu verabschieden. (Mit dem Entwurf eines geeigneten Textes wird, auf Dubčeks Vorschlag hin, Mlynář beauftragt). Weitere Beschlüsse betreffen die Einberufung einer Plenarversammlung des Zentralkomitees sowie von Sitzungen der Regierung und des Parlaments. Dann wendet sich die Debatte der Unmöglichkeit militärischen Widerstands gegen die Intervention zu: doch es ist eigentlich weniger eine Debatte, was sich bei der Behandlung dieser Frage ergibt, als vielmehr die schlichte und einhellige Feststellung der Tatsache ebendieser Unmöglichkeit. Militärischer Widerstand wird von niemandem ernstlich erwogen, geschweige denn gefordert, es geht allenfalls um eine möglichst vollständige Bestandsaufnahme der vielfältigen Argumente, die gegen die Richtigkeit und Zweckmäßigkeit eines solchen Vorgehens sprechen.

Warum? Unumstritten war die Ablehnung des bewaffneten Widerstands bei vielen Menschen, die nicht dem Kreis der Parteiführung angehörten, weder damals, noch ist sie es heute. Warum also entschied sich die Parteiführung für ein Vorgehen, welches das Eingreifen des Militärs von vornherein ausschloß? Hier zunächst einmal die Sachlage, von der man auszugehen hatte:

Genau wie die Armeen der anderen Satellitenstaaten im Sowjetblock ist auch diejenige der Tschechoslowakei alles andere als ein autonomes Verteidigungsorgan: Sowjetische Offiziere halten Schlüsselstellungen in ihr besetzt, und sowohl ihre Ausrüstung wie das gesamte Nachrichtensystem (technische Kommunikationswege, Kodes usw.) sind für die sowjetische Armee nicht nur keine Unbekannten, sondern werden von ihr kontrolliert. Außerdem ist die Dislokation der Einheiten so vorgenommen, daß sie bei einem Angriff, der über die Grenzen zu den „alliierten" Nachbarstaaten des Warschauer Pakts hinweg heranrollt, eine effektive Gegenwehr unmöglich macht. Noch dazu gibt es unter den tschechoslowakischen Militärbefehlshabern nicht wenige, die keine Gewähr dafür bieten, daß sie im Falle eines solchen Konflikts nicht die Partei der Sowjetunion ergreifen würden. Auch wenn man also die überwältigende zahlenmäßige Überlegenheit des Angreifers noch gar nicht in Betracht zieht, erweist es sich vom militärischen Standpunkt aus bereits als schlechthin aussichtslos, das Land gegen einen Angriff des sowjetischen Blocks zu verteidigen. Was unter diesen Bedingungen allenfalls machbar scheint – und wohl auch damals zu erreichen gewesen wäre –, ist eine partielle Verzögerung des Vormarschs der übermächtigen Invasoren durch lokalen Widerstand.

Zur Charakterisierung der konkreten Situation im August 1968 muß auch erwähnt werden, daß die personellen Veränderungen in der Armeeführung, die Dubček vorgenommen hatte, zu der Art von Kaderpolitik gehörten, die vor allem auf persönliche Beziehungen und Sympathien Rücksicht nimmt. Der Verteidigungsminister und der Chef des Generalstabs waren so gesehen zwar „Dubčeks Leute", zeichneten sich aber auch noch in anderer Hinsicht aus. Minister Dzúr zum Beispiel schilderte bereits im Mai dem Oberbefehlshaber der Warschauer-Pakt-Truppen, Marschall Jakubowski, die Situation in der tschechoslowakischen Armee in schwärzesten Farben und beklagte die geringe Kampfbereitschaft; Jakubowski schloß ihn daraufhin freundschaftlich in die Arme mit den Worten: „Ein Freund hat den Freund verstanden!" Was bedeutet das? Martin Dzúr hatte dem Marschall einen weiteren Beweis der Richtigkeit seiner Auffassung geliefert, derzufolge die Anwesenheit sowjetischer Truppen auf tschechoslowakischem Territorium notwendig sei zur Sicherung „der Verteidigungsfähigkeit der sozialistischen Gemeinschaft", weil im Falle eines „imperialistischen Angriffs" auf die tschechoslowakische Armee selbst kein Verlaß wäre. Zum Chef der politischen Hauptverwaltung der Armee wurde unter Dubček General Bedřich ernannt, ein unfähiger Mann, dazu Stalinist, aber ein Jugendfreund Dubčeks: die beiden waren im sowjetischen Zentralasien aufgewachsen. Dagegen war General Prchlík, der sich – wiewohl nur im Rahmen der Bestimmungen des Warschauer Paktes – um relative Selbständigkeit für die tschechoslowakische Armee bemüht hatte, unter sowjetischem Druck seines Amtes als Leiter der Abteilung Verteidigung und Sicherheit beim Zentralkomitee enthoben worden. Von Juli 1968 an wurde die Abteilung dann von Dubček selbst geleitet – in Wirklichkeit verlor sie jegliche Bedeutung. Derartige Einzelheiten erwähne ich hier allerdings nur zur Abrundung des allgemeinen Bilds der Lage, denn auch ohne diese Umstände wäre die tschechoslowakische Armee nach den rein militärischen Gegebenheiten nicht imstande gewesen, das Land gegen einen Angriff der Warschauer-Pakt-Staaten wirksam zu verteidigen. Unter politischen Gesichtspunkten wäre den Angreifern ein bewaffneter Widerstand in Gestalt vereinzelter lokaler Konflikte höchst gelegen gekommen. Dadurch wäre nämlich eine Situation genau nach dem ungarischen Muster von 1956 entstanden: Schießereien, bewaffnete Zusammenstöße, Opfer an Toten und Verwundeten – was alles zusammen der Argumentation Vorschub geleistet hätte, daß im Land „konterrevolutionäre Kräfte" am Werk seien, die den Bürgerkrieg vorbereiteten. Demgegenüber war und blieb die einseitige Anwendung von Waffengewalt gegen ein Land, das auch nicht einen einzigen Schuß zur Gegenwehr abgab, für die gesamte übrige Welt der überzeugendste Beweis nackter, brutaler Aggression.

Neben diesen Besonderheiten der objektiven Situation wirkten bei der fraglichen Entscheidung auch ideologische und psychologische Faktoren mit. Politisches Gesamtkonzept wie konkretes Aktionsprogramm der KPČ unter Dubčeks Führung und nicht zuletzt die persönlichen Überlegungen der Reformkommunisten in der Parteiführung gingen allesamt von der fraglosen Richtigkeit der ideologischen These aus, daß die demokratische Reform die Tschechoslowakei in keinerlei Widerspruch zu den Bündnispflichten gegenüber ihren Partnern im Warschauer Pakt bringen könne. Und das war nicht etwa eine leere Phrase, vorgeschoben zur Bemäntelung irgendwelcher anderslautender Absichten, sondern grundlegender Bestandteil des gesamten Reformkonzepts: Ein Bruch mit der Sowjetunion, etwa nach dem Beispiel Jugoslawiens aus dem Jahr 1948, war von der Parteiführung zu

keinem Zeitpunkt beabsichtigt. Man rechnete auch nie mit dieser Entwicklung, sondern suchte im Gegenteil die Möglichkeit eigenständiger politischer Schritte gerade innerhalb des vom östlichen Bündnisblock gesteckten Rahmens zu erweisen.
Unter diesen Umständen fehlten bei den Überlegungen der Parteiführung über Zweckmäßigkeit und Unzweckmäßigkeit bewaffneten Widerstands gegen die sowjetische Invasion natürlich auch die psychologischen Motive, die auf eine derartige Lösung hätten hinwirken können. Es ist in diesem Zusammenhang so gut wie unmöglich, für andere zu sprechen, für meine Person jedoch kann ich sagen, daß ich damals kein einziges Menschenleben auf mein Gewissen genommen hätte, das infolge eines Aufrufs der Parteiführung zum bewaffneten Widerstand verloren gegangen wäre: denn was die Führung als reales politisches Ergebnis eines derartigen Vorgehens garantieren konnte, stand nicht für ein einziges Menschenleben. Ich selbst war in dieser Nacht zum erstenmal und später bei den Unterhandlungen im Kreml wieder in einer Situation, in der mir bewußt wurde, daß meine politische Stellungnahme unmittelbare Bedeutung für Leben oder Tod vieler, vielleicht Tausender Menschen hatte. Das war eine ganz andere Situation als die gewohnte, wenn allgemeine Überlegungen angestellt wurden, was richtig oder unrichtig, prinzipiell und moralisch vertretbar wäre, wobei man sich aber dessen stets bewußt blieb, daß die Ergebnisse dieser Überlegungen das physische Leben der Menschen nicht unmittelbar betreffen, nicht über Leben oder Tod entscheiden würden. Ich habe deshalb Verständnis für den Standpunkt von Präsident Svoboda, der damals immer wieder mit der Zwecklosigkeit von Opfern an Menschenleben argumentierte, und kann sein Argument nicht mit überheblicher Verachtung abtun wie einige Publizisten, die im nachhinein angeblich weiterreichende Prinzipien anführten, in dem beruhigenden Wissen, daß sie keine Verantwortung für Menschenleben zu tragen hatten.
Auf der Sitzung des Parteipräsidiums in der Nacht des 20. August war die Rede freilich nur von politischen Gründen und der Verantwortung für Menschenleben; alle übrigen Gesichtspunkte, die ich hier angeführt habe, dürften zwar auf das Bewußtsein der Anwesenden gewirkt haben, aber ausgesprochen wurden sie nicht. Und für den Teil der Parteiführung, der bereits im Einvernehmen mit den Interventen stand, erhob sich das Problem aus naheliegenden Gründen gar nicht erst.
Unvermittelt eröffnete Dubček, er habe vor drei Tagen einen Brief von Breschnjew erhalten, den er dem Präsidium vorlesen wolle. Er war beim Lesen außerordentlich erregt und stockte häufiger als sonst.

Der Brief enthielt das damals gängige Moskauer Standardgeschwätz über vorgeblich antisowjetische und antisozialistische Beiträge in den Zeitschriften „Literární listy“ und „Reportér“, die klare Verstöße gegen die Abkommen von Čierná und Bratislava darstellten. Einige der Anwesenden hörten noch zu, aber im großen und ganzen verkörperte die Szene nur mehr eine Art absurdes Theater: Menschen, die unter Angst und Bangen darüber nachdachten, was in den nächsten Stunden mit dem Volk und ihnen selbst geschehen sollte, und die, ohne es auszusprechen, mit der Möglichkeit rechneten, verhaftet und deportiert zu werden; auf der anderen Seite Menschen, die am liebsten schon in der sowjetischen Botschaft gewesen wären, um eine neue Regierung zusammenzustellen: sie saßen hier schweigend beisammen, jeder mit sich selbst beschäftigt, und hörten mit halbem Ohr stockend verlesenen Phrasen zu, deren Autor, als er sie unterzeichnete, bereits den Befehl ausgegeben hatte, durch den die Stunde des Aufbruchs für die Besatzungstruppen festgesetzt war.
Viele gingen zum Telefon; wahrscheinlich riefen sie zu Hause bei ihren Familien an. Das hätte ich auch gern getan, aber ich konnte nicht: ich kleisterte das Konzept für eine Erklärung zur Lage zusammen. Dubček hatte zu Ende gelesen; einer von denen, die mit den Interventen unter der Decke steckten, versuchte eine Diskussion in Gang zu bringen, was für ein verhängnisvoller Fehler es von Dubček gewesen sei, den Brief Breschnjews drei Tage geheim zu halten. Man polemisierte nicht einmal mehr. Irgend jemand schlug vor, Dubček möge Breschnjew anrufen; eine beleidigte Geste der Ablehnung, danach der nüchterne Zusatz: „Die werden sich schon selbst melden.“ Ich legte mein Konzept für die Resolution vor – eigentlich war ein Aufruf „An das gesamte Volk der Tschechoslowakischen Sozialistischen Republik“ daraus geworden.
Ein Satz, in dem erklärt wurde, warum wir uns nicht militärisch verteidigen könnten, wurde gestrichen; der Parteiführung schien es zu gefährlich, von bewaffnetem Widerstand zu reden, und sei es auch nur im negativen Sinn. Ohne Änderung dagegen blieb ein Satz, der mit den Worten beginnt: „Deshalb erhielt auch unsere Armee . . . nicht den Befehl das Land zu verteidigen“. Davor entfiel jedoch die Begründung, auf welche sich jenes „deshalb“ bezieht. Aber niemanden störte das – und erstaunlicherweise hat bis heute keine der zahlreichen Arbeiten über den „Prager Frühling“, in denen dieses Dokument zitiert wird, daran Anstoß genommen – vielleicht liegt es nicht zuletzt mit daran, daß man in offiziellen Parteidokumenten noch unlogischere Formulierungen in Kauf zu nehmen gelernt hat.

Und dann begann der Konflikt, der schließlich in einen Streit ausartete und mit der bekannten Abstimmung über die Frage endete, ob die Parteiführung wenigstens den unbewaffneten politischen und moralischen Widerstand gegen die Intervention unterstützen solle. Es ging um den folgenden Satz: „Das Präsidium des ZK der KPČ betrachtet diesen Akt als eine Mißachtung nicht nur der fundamentalen Prinzipien der Beziehungen zwischen sozialistischen Staaten, sondern auch der Grundsätze des Völkerrechts." Von den stimmberechtigten Präsidiumsmitgliedern verwarfen Bilak, Kolder, Švestka und Rigo diesen Satz; darin wurden sie von den Nichtstimmberechtigten Indra, Kapek und Jakeš unterstützt. Interessanterweise behaupteten allerdings auch diese sieben nicht, die Intervention stehe im Einklang mit dem internationalen Völkerrecht; sie beharrten lediglich darauf, daß eine derartige Formulierung die Situation nur noch weiter erschwere und daß man bei einem Konflikt zwischen kommunistischen Parteien „keine Schmutzwäsche an der Öffentlichkeit waschen sollte". Aber die Intervention als solche rechtfertigten sie nicht, sie wiederholten nur andauernd, auch wir seien mit schuld daran, daß es so gekommen wäre, wir hätten diese Gefahr unterschätzt. Schlagworte wie „brüderliche internationalistische Hilfe der Klassenbrüder" oder „die Notwendigkeit der Rettung des Sozialismus in der Tschechoslowakei", mit denen dieselben Leute später um sich warfen, fielen in dieser Nacht noch nicht. Alle übrigen unterstützten schließlich die vorgelegte Entschließung nach einem Streit, den Kriegel und Smrkovský auslösten, indem sie jeden als Volksverräter bezeichneten, der sich mit der Intervention identifiziere. Von den Stimmberechtigten sind es Smrkovský, Kriegel, Špaček, Černík, Piller und Barbírek, von den Nichtstimmberechtigten Šimon, Císař, Slavík, Sádovský und ich. Ich kann nicht mit Sicherheit sagen, welchen Standpunkt Lenárt einnahm, jedenfalls entsinne ich mich nicht, daß er die Gruppe um Bilak unterstützt hätte. Dubček zögerte über den Worten „Mißachtung des Völkerrechts". Als aber schließlich Smrkovský zur Abstimmung drängte und jedes Mitglied des Präsidiums einzeln nach seiner Entscheidung fragte, meinte Dubček: „Ach was, es ist doch wahr!" Und er stimmte ebenfalls für die Worte „Mißachtung des Völkerrechts". Ludvík Svoboda blieb auch hier seiner Rolle als Gast treu, und ich entsinne mich nicht, daß er in die Auseinandersetzung eingegriffen hätte.
Inzwischen war es beinahe halb zwei Uhr morgens geworden. Was ich seit nunmehr zwei Stunden immer deutlicher fühlte – daß nämlich unser Reformkommunismus nichts mehr zu bedeuten hatte –, spiegelte sich in den Worten Dubčeks wider, mit denen er die Sitzung beendete

und alle Mitglieder „auf ihren Arbeitsplatz" schickte. Die ganze Pro-Moskau-Gruppe verdrückte sich erleichtert – bis auf Jakeš. Vielleicht hatte er von der Regie die Aufgabe erhalten, die übrigen zu bewachen. Černík begab sich ins Regierungspräsidium, und auch Císăr verließ das Gebäude des Zentralkomitees, alle anderen blieben.

Darüber, was sich vor dieser Nacht zwischen der Dubček-Führung und dem Politbüro der KPdSU abgespielt hatte, wurden schon viele Abhandlungen, Studien und Bücher geschrieben. Ich nahm persönlich zunächst an keinem der Treffen teil, deren jedes eine Verschärfung des Verhältnisses zwischen der KPČ und der KPdSU mitsamt den übrigen kommunistischen Parteien des Sowjetblocks zur Folge hatte: am 23. und 24. März 1968 in Dresden, am 3. und 4. Mai in Moskau und vom 29. Juli bis 1. August in Čierná an der Theiß. Erst bei der Zusammenkunft der Vertreter von sechs kommunistischen Parteien des Sowjetblocks in Bratislava war ich anwesend und beteiligte mich neben Dubček und Černík an der Debatte über die schließlich gemeinsam gebilligte „Erklärung der Kommunistischen und Arbeiterparteien der sozialistischen Länder" in der Arbeitsgruppe, in der jede Partei durch den Ersten Sekretär und den Regierungschef vertreten war, zu denen sich u. U. ein Berater oder Dolmetscher gesellte.
Die ganze Verhandlung verlief sehr einfach: Breschnjew legte im Namen der sowjetischen Delegation den Text der „Deklaration" vor, und der wurde dann mehrere Stunden lang Satz für Satz diskutiert. Die Ausgangsbedingungen, unter denen die Verhandelnden zusammengetreten waren, brachten es mit sich, daß die meisten Einwände zum Wortlaut des Textes von der tschechoslowakischen Delegation vorgebracht wurden. Die „Deklaration" bestand ja bekanntlich überwiegend aus Phrasen von der Sorte, wie sie in den Leitartikeln der sowjetischen Presse gang und gäbe ist; für den Uneingeweihten mag es daher kaum zu verstehen sein, wie höchste Partei- und Regierungschefs über so etwas stundenlang diskutieren konnten. Aber so sah die Wirklichkeit unter den sozialistischen Bruderparteien nun einmal aus.
Die Zusammenkunft in Bratislava war, wie man weiß, ein Ergebnis der Unterhandlungen zwischen den Präsidien der KPdSU und der KPČ in Čierná an der Theiß, die am Abend des 31. Juli zunächst in einem Zerwürfnis geendet hatten: Nach einer Rede von Pjotr Schelest voll unerhörter sachlicher Unterstellungen und gröbster Beleidigungen an die Adresse tschechoslowakischer Delegationsmitglieder (etwa von der Güteklasse: die Tschechoslowakei strebe die Lostrennung der Karpatenukraine [bis 1939 ein Teil der Tschechoslowakei] von der

Sowjetunion an, und Kriegel sei für ihn kein Partner, sondern ein „galizischer Jude") verließ Dubček mit den übrigen Delegationsmitgliedern die Verhandlung. Daraufhin entschuldigte sich das sowjetische Politbüro, aber es wurde nur noch in Arbeitsgruppen weiter verhandelt; am Vormittag des 1. August sprachen Dubček und Breschnjew allein miteinander, und dabei kam der Gedanke einer Zusammenkunft der Sechs in Bratislava auf.

Über die Verhandlungen in Čierná an der Theiß wurde bis auf ein kurzes Kommuniqué offiziell nie etwas verlautbart. Es existiert jedoch ein amtliches Protokoll von etwa 500 Seiten, das sich als Geheimdokument auch bei den Unterlagen des Zentralkomitees der KPČ befindet und auch denjenigen Mitgliedern der Parteiführung zugänglich gemacht wurde, die an den Verhandlungen nicht teilgenommen hatten, also auch mir. Mit den Verhandlungsteilnehmern Dubček, Smrkovský, Špaček und Šimon konnte ich mich zudem über zahlreiche Details ausführlich unterhalten. Einige Angaben über Einzelheiten des Geschehens finden sich außerdem in einem Interview mit Smrkovský, das nach dessen Tod im Ausland veröffentlicht wurde („Listy" 2/1975). Nach meinem Informationsstand glaubte Dubček nach seinem Gespräch mit Breschnjew, der sowjetische Parteichef suche ernstlich nur nach einem versöhnlichen Ausweg, der es ihm ermöglichen würde, einerseits gegenüber der Gruppe der „Falken" im eigenen Politbüro (zu denen der bereits erwähnte Schelest gehörte, deren stärkster Rückhalt aber vor allem von den Marschällen der älteren Generation gebildet wurde) sowie andererseits gegenüber Ulbricht und Gomulka zu bestehen, die beide auf den offenen Konflikt und das militärische Eingreifen drängten. Die tatsächlichen Argumente hinter den Kulissen bestanden weniger in Zitaten aus „Literární listy" – die gebrauchte man bloß für die propagandistische, ideologische Fassade. Sie gründeten in der Behauptung, daß die Sicherheit des gesamten Sowjetblocks bedroht sei, weil die Verhältnisse in der Tschechoslowakei seine Verteidigungsfähigkeit und seine politische Einheit unter der Hegemonie Moskaus beeinträchtigten.

In den Gesprächen zwischen Breschnjew und Dubček schien sich somit doch eine durch gemeinsame Interessen abgesicherte Verständigungsgrundlage zu zeigen: Wenn es Breschnjew darum zu tun war, die Einheit des Blocks zu demonstrieren, so war dies durchaus auch in Dubčeks Sinn, denn durch diese Zielrichtung der Verhandlungen konnte vermieden werden, daß die inneren Angelegenheiten der ČSSR weiterhin wichtigstes oder gar ausschließliches Thema blieben. Man könnte über Prinzipien sprechen, auf die sich die Tschechoslowakei in ihren Beziehungen zum Block anstandslos würde verpflichten können, und so zu einer Übereinstimmung gelangen, die bei einer Debatte über die innenpolitischen Probleme kaum möglich gewesen wäre. Unter solchen Auspizien willigte Dubček ein, an einer neuerlichen Zusammenkunft der fünf Blockstaaten, die zwei Wochen zuvor in Warschau schon einmal zusammengetreten waren, als sechster teilzunehmen; Breschnjew sagte zu, daß die innenpolitische Situation der Tschechoslowakei dort nicht Gegenstand der Diskussion sein würde, und für diesen Preis war Dubček damals bereit, jede Art von Bestätigung der Hegemonie Moskaus und der Zugehörigkeit der Tschechoslowakei zum Sowjetblock zu unterschreiben, denn er glaubte damit den Druck der „Falken" zu lockern und die Gefahr einer militärischen Intervention zu bannen, und außerdem geriet er damit nicht in den geringsten Widerspruch zu seiner allgemeinen Gesinnung: Es wäre ihm nie eingefallen, die Tschechoslowakei aus dem Block herauslösen zu wollen. Er war zum fraglichen Zeitpunkt überzeugt, daß Breschnjew selber einen militärischen Eingriff nicht wünschte, und meinte ihn so auf seine Seite ziehen zu können. Breschnjew stand ferner dafür ein, daß bei der Zusammenkunft in Bratislava außer ihm auch sonst niemand (insbesondere nicht Ulbricht und Gomulka) an den innenpolitischen Verhältnissen in der Tschechoslowakei Kritik üben würde.

In Wirklichkeit jedoch enthielt der sowjetische Entwurf der Deklaration, die in Bratislava auch mit den Unterschriften der Vertreter der KPČ gebilligt werden sollte, eine ganze Reihe von Formulierungen, die sich auf innere Angelegenheiten der Tschechoslowakei bezogen, zwar nicht unmittelbar, doch auf indirekte Weise, in dem sie nämlich die Ausgangspositionen der von den Fünf in Warschau vorgebrachten Kritik als richtig bestätigten. Sätze, die wie stereotype Phrasen aus Leitartikeln klangen, hatten demnach eine verborgene politische Bedeutung und waren bei weitem nicht belanglos. Und so kam es dann zu der mehrstündigen Diskussion.

Aus einigem Abstand betrachtet und nach den Erfahrungen des August 1968 könnten alle Erfolge der KPČ-Delegation beim Auswechseln von Worten und Formulierungen als unerhebliche und lächerliche Korrekturen an einem Text erscheinen, der so oder so bereits ziemlich bedeutungslos war. So wurde zum Beispiel nach langem Tauziehen eine Textstelle geändert, derzufolge sich die internationale Situation verschärfe und die Gefahr eines Konflikts mit dem Imperialismus näherrücke; an ihre Stelle trat schließlich die Formulierung, daß „aufgrund der aggressiven Politik des Imperialismus die internationale Si-

tuation kompliziert und gefährlich bleibt". Während im Entwurf die Lage in Deutschland dahingehend charakterisiert wurde, daß der revanchistischen Regierung der BRD nur zwei „Friedenskräfte" – die DDR und in der Bundesrepublik selbst die DKP – gegenüberstünden, ist in der „Deklaration" dann nur noch von „verstärkter Aktivität der Kräfte des Revanchismus, Militarismus und Neonazismus in Westdeutschland" die Rede, und ausdrücklich wird festgestellt, daß, außer Ulbricht und der DKP, in der Bundesrepublik auch „diejenigen Kräfte, die gegen Revanchismus und Militarismus, für demokratischen Fortschritt kämpfen", unterstützt werden müßten. In dem Abschnitt über die Verbindlichkeit „gemeinsamer Gesetzmäßigkeit beim Aufbau der sozialistischen Gesellschaftsordnung" erwirkte die KPČ-Delegation die Einfügung eines ganzen Satzes: „Dabei löst jede Bruderpartei die Fragen der weiteren sozialistischen Entfaltung schöpferisch unter Beachtung nationaler Besonderheiten und Bedingungen."
Die „Bratislavaer Deklaration" enthält auch einen Satz, der hinterher von den Vertretern des „Normalisierungskurses" in der KPČ als Rechtfertigung der Intervention ausgelegt wurde, als eine Einlassung, durch die sich Dubček eigentlich selbst verpflichtet habe, die Intervention zu billigen. Mit unbedeutenden Änderungen steht dieser Satz auch im tschechoslowakisch-sowjetischen Vertrag von 1970 und gilt seither als ideologische Untermauerung der sogenannten Breschnjew-Doktrin von der begrenzten Souveränität der Staaten des Warschauer Paktes. Er lautet: „Es ist eine gemeinsame internationale Pflicht aller sozialistischen Länder, diese Errungenschaften, die durch heldenhafte Anstrengungen, durch aufopferungsvolle Arbeit jedes Volkes herbeigeführt wurden, zu unterstützen, zu verankern und zu schützen."
Über diesen Satz wurde in Bratislava tatsächlich lange diskutiert. Ich glaube nicht, daß irgendwer in der tschechoslowakischen Delegation sich träumen ließ, daß er jemals als vorgängige Zustimmung zu einer militärischen Intervention ausgelegt werden könnte, aber er rief Mißtrauen hervor. Am Kontext der „Deklaration" wird nämlich deutlich, daß es den ursprünglichen Verfassern hier nicht lediglich darum ging, noch eine Phrase mehr unterzubringen: Schon gleich der folgende Satz kennzeichnet die außerordentliche Bedeutung seines Vorgängers mit den Worten: „Dies ist die einmütige Ansicht aller Beratungsteilnehmer . . ." Ich hatte sofort den stillen Verdacht, daß ein geheimes Interesse daran bestand, irgendwann auf das ausdrückliche Einverständnis der KPČ mit dieser Formulierung hinweisen zu können. Daher regte ich eine Ergänzung an, die den Wortlaut haben sollte: „unter voller

Wahrung der Souveränität und nationalen Unabhängigkeit jedes einzelnen Staates". Ich schlug vor, diesen Satzteil unter Dazwischenschaltung eines Gedankenstrichs an die im Entwurf vorgeschlagene Formulierung anzuhängen und erst nach ihm den Punkt zu setzen, der das Satzende bezeichnet.

Nun schaltete sich Breschnjew selbst in die Diskussion ein, und zwar mit einem fast unglaublichen Einwand: ein Gedankenstrich widerspräche in diesem Fall dem Geist der russischen Sprache. Im Geiste der russischen Sprache wurden dann noch Komma und Semikolon verworfen – kurz, einfach alles, was die Einschränkung zum festen Bestandteil des ursprünglichen, strittigen Satzes gemacht hätte. Über Souveränität und nationale Unabhängigkeit würde ja ausdrücklich zwei Absätze weiter gesprochen, ebenso über Gleichberechtigung, Unverletzlichkeit des Territoriums und brüderliche Zusammenarbeit. Warum also in jedem Satz über alles sprechen? Andere, ebenso unabdingbare Prinzipien würden ja auch nicht wiederholt. Der Text müsse kurz gehalten werden, und ähnliches mehr.

Die Reaktion Breschnjews verstärkte selbstverständlich meinen Verdacht, daß jener Satz eine unlautere, hinterhältige Bedeutung haben müsse. Aber es ging hier um eine gemeinsame Erklärung; und weder Ulbricht noch Gomulka noch Schiwkoff hatten Bedenken gegen die strittige Stelle des Entwurfs; sie alle unterstützten Breschnjews Bemühungen um Sprachreinheit ausgerechnet in einem Text, der von Anfang bis Ende der Abklatsch eines Parteijargons war, welcher sich im Russischen nicht anders anhört als etwa im Polnischen. Nebenbei bemerkt: Meiner Erinnerung nach unterstützte Kádár Breschnjew in dieser Frage nicht ausdrücklich, ja, verschiedentlich unterstützte er sogar die Anträge der tschechoslowakischen Delegation auf Textänderungen. Rechnete Breschnjew damals schon damit, daß dieser umstrittene Satz einmal zur Rechtfertigung einer militärischen Intervention dienen würde? Vielleicht – aber ich glaube, allenfalls für einen vage angenommenen Bedarfsfall; konkret war er noch nicht entschlossen, siebzehn Tage nach der Zusammenkunft in Bratislava in der Tschechoslowakei einzumarschieren.

Dubček ging es in Bratislava unter anderem darum, Zeit zu gewinnen und die Skala der Meinungen zu seinen Gunsten zu erweitern. Er wies deshalb darauf hin, daß die „Deklaration" viel größeres internationales Gewicht erhielte, wenn auch Vertreter Rumäniens, Jugoslawiens und möglicherweise sogar Albaniens mitunterzeichneten, und erbot sich, bei seinen bevorstehenden Zusammenkünften mit Ceauşescu und Tito in diesem Sinne zu vermitteln. Bis dahin könne die „Deklara-

tion" vielleicht zurückgestellt werden. Die Reaktion der Anwesenden glich derjenigen nach dem sprichwörtlichen Stich ins Wespennest, und der Erfolg dieser von vornherein zum Scheitern verurteilten Initiative war gleich Null.
Und so endete alles nach einem verspäteten gemeinsamen Mittagessen am Nachmittag mit der feierlichen Unterzeichnung und den üblichen Umarmungen und Küssen auf dem Bahnsteig. Es war meine erste Erfahrung von einem „Gipfeltreffen" im Sowjetblock, und sie war niederschmetternd.
Walter Ulbricht und Wladyslaw Gomulka waren in erster Linie zornige alte Männer in fortgeschrittenen Stadien der Senilität und von entsprechend eitler Gebarung. Es war offensichtlich, daß diese beiden den Entwicklungsproblemen ihrer eigenen und erst recht benachbarter Länder nicht nur absolut verständnislos gegenüberstanden, sondern es einfach kategorisch ablehnten, sich überhaupt mit ihnen zu befassen. Sie strahlten ein unübersehbar selbstgefälliges Bewußtsein der eigenen mythischen Rolle und der damit einhergehenden Macht aus. Ich war Zeuge eines Gesprächs zwischen Dubček und Ulbricht, in dessen Verlauf Ulbricht sagte: „Ich dachte, daß ich auf Besuch zu euch gekommen bin – aber am Flugplatz hörte ich immer nur ‚Dubček, Dubček'. Liegt das vielleicht daran, daß ich kein Tschechisch verstehe?" Aus seiner Sicht bedeutete dies wohl bereits den definitiven Bruch der Tschechoslowakei mit dem Internationalismus. Er empfand nicht die geringste Peinlichkeit bei dem Verlangen nach Ovationen für seine Person, sondern hätte es vielmehr als Beweis der Freundschaft „zum Volk der DDR" betrachtet, wenn Dubček den Schulkindern den Ruf „Ulbricht, Ulbricht" hätte einbleuen lassen.
Auch in die konventionelle Höflichkeitskonversation flochten Gomulka und Ulbricht immer wieder gallige Anspielungen auf die Situation in der Tschechoslowakei mit ein. Darin offenbarte sich nicht nur politische Gegnerschaft, sondern auch persönliche Gehässigkeit sowie Wut und Haß angesichts von Entwicklungstendenzen, die sie auch bei sich zu Hause vor Probleme stellten, Tendenzen, die ihnen Angst machten und denen gegenüber sie sich trotz aller diktatorischen Machtvollkommenheit gelegentlich machtlos fühlten.
Todor Schiwkoff mit seinen 55 Jahren war damals noch jung zu nennen, zeichnete sich aber bereits durch außerordentlichen Stumpfsinn aus. Nach langjährigem Umgang mit vielen hochgestellten Funktionären hegte ich in bezug auf deren Geistesgaben keine allzu hohen Erwartungen mehr, aber den leibhaftigen Schiwkoff aus nächster Nähe zu beobachten, war für mich dennoch ein nichtalltägliches Erlebnis.

Wenn er die Worte eines anderen verfolgte, tat er dies mit der augenfälligen Spannung und Konzentration eines Menschen, der aus Erfahrung weiß, daß er anders nicht begreift, wovon die Rede ist. Im Verlauf der Beratungen griff er zweimal in die Diskussion ein, beide Male gegen Breschnjew, aber in dem gutgemeinten Bestreben, ihm zu Hilfe zu kommen. Schiwkoff hatte nicht begriffen, daß Breschnjew von einem gewissen Zeitpunkt an seine Taktik geändert hatte und bereit war, Entgegenkommen zu zeigen; also verfocht Schiwkoff weiterhin die ursprüngliche harte Linie und erschwerte dadurch Breschnjews Rolle. Ich bemerkte, daß Breschnjew Wortmeldungen Schiwkoffs zwei- oder dreimal geflissentlich übersah und ihm bei anderer Gelegenheit mit einer versteckten Handbewegung bedeutete, er möge nicht in die Debatte eingreifen.
In dieser Gesellschaft ragte Janos Kádár sowohl in politischer wie menschlicher Hinsicht über alle empor. Aufgrund verschiedener Informationen wußte ich, daß zwischen Kádárs Einstellung zum „Prager Frühling" und derjenigen der übrigen Führer des Sowjetblocks prinzipielle Unterschiede bestanden. Der persönliche Eindruck, den ich von ihm in Bratislava gewann, zeigte dies nicht nur in aller Deutlichkeit, sondern belehrte mich gleichzeitig darüber, daß Kádár auch vom rein Menschlichen her eine ausgesprochen interessante Persönlichkeit ist und daß außerdem die Erlebnisse des Jahres 1956 für ihn eine Bedeutung behalten haben, der er nicht nur in seiner Politik, sondern auch in seinem Gewissen Rechnung trägt.
Nach dem Mittagessen blieb Kádár bei Dubček und mir am Tisch sitzen, und legte uns über eine halbe Stunde lang seine Ansichten zur Situation dar. Seiner Einschätzung nach standen die tschechoslowakischen Politiker vor der Alternative, entweder gegen einige Tendenzen der Entwicklung selber hart durchzugreifen oder aber Gefahr zu laufen, daß die Gewalt von anderer Seite käme. Er benutzte nicht ein einziges Mal eine Formulierung, aus der ein böswilliger Zuhörer den Vorwurf hätte ableiten können, er habe konkret von einer sowjetischen Intervention gesprochen – aber durch Analogien zu Budapest 1956 machte er unmißverständlich klar, was er meinte. Er sagte, ein Erfolg der tschechoslowakischen Reformen würde zweifellos neue Hoffnungen für die Entwicklung in Ungarn bedeuten. Er erzählte von den persönlichen Schwierigkeiten, Gefühlen und Gewissenskonflikten, die er hatte, als er nach der sowjetischen Intervention in Ungarn die Macht übernahm. Er redete Dubček dringend zu, sich doch vorzustellen, wie unvergleichlich schwieriger diese seine Situation gewesen sei, als selbst das Schlimmste, was ihm, Dubček, begegnen könne, so-

lange er noch Herr der Lage sei. Ich erfuhr bei diesem Gespräch, daß Kádár ein ganz anderer Mensch und Politiker ist als etwa ein Gomulka (oder ein Husák im heutigen Prag): einer, der selbst in scheinbar aussichtsloser Position für die Rettung eines Minimums an nationalen Interessen zu kämpfen bereit ist, den die Macht nicht korrumpiert hat, der seinen Standpunkt beharrlich vertritt und der sein Ziel nie aus den Augen verliert. Gewiß, er ist der Politiker dieses Minimums, und möglicherweise würde er in einer Situation, in der man weitergehen könnte, durch allzu große Bedachtsamkeit hemmend wirken. Aber die Entwicklung der ungarischen Innenpolitik in den zehn Jahren seit unserer Begegnung scheint doch eher zu bestätigen, daß Kádár auch dieses Minimum schrittweise und unauffällig zu erweitern versteht.

Auf Kádárs Initiative hin kam es dann am 17. August in dem Grenzstädtchen Komárno zur neuerlichen Begegnung zwischen ihm und Dubček. Aufgrund meines persönlichen Eindrucks von dem ungarischen Parteichef und nach dem, was ich von Dubček über das Treffen erfuhr, kam ich zu dem Schluß, daß Kádár, der zum fraglichen Zeitpunkt die konkreten Interventionspläne Moskaus bereits kennen mußte, Dubček bei dieser Gelegenheit eine letzte Warnung geben wollte. Dabei war es ihm natürlich nach wie vor unmöglich, auf die Absichten der Sowjets unverhüllt zu sprechen zu kommen, aber er ließ sie zum wenigsten indirekt durchblicken.

Nach der Intervention gestand Dubček, daß einige von Kádárs Äußerungen so zu interpretieren gewesen waren, und auch, daß Kádár ihn noch ganz zum Schluß, beim Abschied auf dem Bahnsteig, beinahe verzweifelt gefragt habe: „Wißt ihr denn wirklich nicht, mit wem ihr es zu tun habt?“

Nach dem 20. August 1968 wurde unzählige Male die Frage aufgeworfen, ob Dubček und seine Parteiführung die Intervention auf irgendeine Art hätten verhindern können, genauer gesagt, ob irgendwelche Maßnahmen eine Situation hätten herbeiführen können, in der Moskau den militärischen Eingriff nicht als das letzte Mittel zur Aufrechterhaltung seiner Hegemonie betrachtet hätte. Diejenigen in der Parteiführung, die bereits im August 1968 unmittelbare Agenten Moskaus waren und die Intervention zur Stärkung ihrer eigenen Machtpositionen benutzen wollten, behaupteten – und später schlossen sich ihnen die Verfechter der „Normalisierung“ darin an –, es habe diese Möglichkeit gegeben. Sie beschuldigten Dubček, er habe die Parteiführung über die Gespräche in Dresden und Moskau ungenügend informiert, den letzten Brief Breschnjews „geheimgehalten“, und ähnliches mehr. Derlei Beschuldigungen sind absurd und dienen nur den persönlichen Interessen der „Normalisierer". Eine ernsthafte Antwort auf die erwähnte Frage setzt zuallererst die Kenntnis der Beweggründe für das militärische Eingreifen der Sowjets voraus.

Diese Beweggründe ergaben sich aus einer bestimmten Interessenkonstellation in der sowjetischen Politik, einer Konstellation, die gekennzeichnet war durch die traditionellen Großmachtinteressen der Außenpolitik einerseits sowie andererseits Interessen unterschiedlicher Gruppen innerhalb der Führung, die zur fraglichen Zeit um die Vorherrschaft kämpften. Das Zusammenwirken von beiderlei Interessen hatte im Oktober 1964 zum Sturz Chruschtschows geführt; der Kampf um die Grundorientierungen der gesamten Politik, der daraufhin in Moskau entbrannte, gipfelte 1968 in der Intervention in der Tschechoslowakei.

Die Ergebnisse der Politik Chruschtschows kann man unter großmachtpolitischem Aspekt unterschiedlich, ja gegensätzlich bewerten, je nachdem, worin man die Vorteile für die Sicherung der sowjetischen Interessen in der Welt sieht. Die Ära Chruschtschow bedeutete das Ende des „Kalten Krieges", verringerte die Gefahr einer militärischen Konfrontation mit dem Westen, eröffnete der Sowjetunion Gelegenheiten zu vorteilhafter wirtschaftlicher Zusammenarbeit mit der Welt und erschloß der UdSSR neue, während der Stalinära unbekannte Wege, ihren weltpolitischen Einfluß weiter auszudehnen und insbesondere in die Entwicklungsländer hineinzutragen: diplomatische, wirtschaftliche und schließlich auch militärische Wege. Von daher gesehen hatte Chruschtschow ohne Zweifel die Position der Sowjetunion als neuer Supermacht in der vom Krieg veränderten Welt gestärkt. Gleichzeitig aber hatte er sich China und Albanien zu ideologischen Gegnern gemacht, ohne Jugoslawien so recht auf seine Seite ziehen zu können; und die sowjetischen Besatzungstruppen hatten Österreich verlassen. Chruschtschows antistalinistische politische Orientierung hatte die innenpolitischen Verhältnisse in Polen, Ungarn und schließlich auch in der Tschechoslowakei erschüttert; Rumänien begann sich der Disziplin des Sowjetblocks zu entziehen. In der kommunistischen Bewegung außerhalb des Sowjetblocks wuchs unübersehbar die Tendenz, der Rolle einer Agentur von Moskaus Großmachtinteressen zu entschlüpfen. In dieser Hinsicht hatte Chruschtschow die Stellung der UdSSR als Supermacht fühlbar geschwächt.

Was aber wog schwerer? Daß sich die Beziehungen zu den USA entspannt hatten, oder daß China eine antisowjetische Macht geworden war? Daß der sowjetische Einfluß in Staaten Afrikas und Lateinamerikas, weit außerhalb der Grenzen des eigenen Imperiums, verstärkt werden konnte, oder daß sich die Verhältnisse innerhalb des Imperiums, in Ost- und Mitteleuropa, im Hinblick auf den sowjetischen Hegemonieanspruch um einiges komplizierter gestalteten? Die Entscheidung hing jeweils davon ab, welche Prioritäten in Fragen der allgemeinen politischen und militärischen Strategien gelten sollten. Und gerade hier überschnitten sich die außenpolitischen Großmachtprobleme mit der innenpolitischen Machtfrage, wie sie durch die Kämpfe rivalisierender Gruppen innerhalb des sowjetischen Machtapparats aufgeworfen worden war: denn diese Gruppen verfochten unterschiedliche politische Linien und Prioriäten.

Nach dem Zweiten Weltkrieg wurde die Armee wichtigstes Instrument der Großmachtinteressen der UdSSR, während davor eher die Diplomatie und die Komintern diese Funktion wahrgenommen hatten. Gegen Ende der Ära Chruschtschow waren es immer noch die Marschälle der Kriegsgeneration, die in der Armee den Ton angaben. Ihr strategisches Konzept entsprach den Bedingungen des Zweiten Weltkriegs und der Stalinära: Vereinfachend könnte man sagen, daß es auf Besitzstandssicherung abzielte. Letztlich hatte es seinen Ursprung in grundsätzlichen Auffassungen Stalins, die ihren ideologischen Ausdruck in der Theorie vom Sieg des Sozialismus in einem Land und von der kapitalistischen Umzingelung gefunden hatten. Stalin erblickte die wichtigste politische Aufgabe darin, in Moskaus unmittelbarer Einflußsphäre, d. h. in jenen Gebieten, die seiner direkten militärischen und politischen Kontrolle unterlagen, ein möglichst großes Wirtschafts- und Militärpotential aufzubauen. Diese Sphäre verkörperte dann den „Sozialismus in einem Land" (wobei es keine Rolle spielte, daß diesem „einen Land" noch eine Reihe formell selbständiger Satellitenstaaten angegliedert war). In den Beziehungen zur übrigen Welt, zur „kapitalistischen Umzingelung", verfolgte der „Sozialismus in einem Land" eine isolationistische Politik; seine Präsenz im Ausland beruhte auf jenen ideologischen und politischen Statthaltern, zu welchen er die moskauhörigen kommunistischen Bewegungen degradiert hatte.

Von dieser Strategie (und den ihr zugrunde liegenden Großmachtinteressen) her gesehen, bot sich die Ära Chruschtschow als eine Serie von Niederlagen dar – der „Sozialismus in einem Land" befand sich praktisch auf dem Weg der Zersetzung. In China war der Sowjetunion überdies ein Feind erwachsen, der eine uralte Angst in der russischen Volksseele wiedererweckte, die Angst vor dem Eroberer aus dem Osten, aus Asien, in der das Gespenst des Dschingis Khan, das Schreckbild vergangener Unterwerfungen, zu neuem Leben auferstand.

Den sowjetischen Marschällen der älteren Generation, die noch in den Kategorien konventioneller Waffen und Kriege dachten, mußte diese Bedrohung viel furchtbarer erscheinen als der „amerikanische Imperialismus" jenseits des Ozeans, der ja „bloß" mit dem Arsenal des technologischen Kriegs der Zukunft aufwarten konnte.
Meiner Ansicht nach war die Philosophie der Marschälle eine treibende Kraft sowohl beim Sturz Chruschtschows wie bei der Entscheidung für die Intervention in der Tschechoslowakei 1968. Mit den Marschällen eng verbunden fühlten sich überdies starke Gruppierungen im Zivilbereich des sowjetischen Machtapparats – in der Partei, der Staatsverwaltung, bei den Sicherheitskräften –, da auch sie ihre Prägung unter Stalin erfahren hatten und jetzt in der Politik Chruschtschows nichts weiter als den Verfall der stalinistischen Disziplin in den Ländern des Imperiums und in Rußland selbst zu sehen vermochten. Chruschtschow machte jedoch selbstverständlich keine Einmannpolitik: auch er hatte einflußreiche Anhänger im Apparat. Zu ihnen zählten die Anwälte und Organisatoren der modernen Rüstungsindustrie, modern eingestellte Marschälle und Gruppen der Generalität (Raketeneinheiten u. ä.) sowie die Repräsentanten der Außenpolitik und des Außenhandels. Deren Bewertung der sowjetischen Großmachtinteressen war gewiß weltoffener und zeitgemäßer als die Philosophie der alten Marschälle und der ihnen nahestehenden Politbürokraten. Die Interessen der UdSSR als Supermacht bestehen aus dieser Sicht vor allem darin, im Wettbewerb mit den Vereinigten Staaten in den vom Konkurrenten vorgegebenen Bereichen auf internationaler Ebene Schritt halten zu können, d. h. auf dem Sektor der modernen Rüstung, des wirtschaftlichen, politischen und militärischen Durchsetzungsvermögens in entfernten, aber strategisch wichtigen Weltteilen und nicht zuletzt auch auf dem der diplomatischen Offensiven, die ihrem Träger den nötigen Aktionsraum im Kräftespiel der Weltmächte sichern. Für die Anhänger dieser Form der Großmachtpolitik war die Ära Chruschtschow beileibe nicht erfolglos, sondern im Gegenteil gekennzeichnet durch ein offensives Vordringen in den strategisch wichtigen Richtungen. Chruschtschow selbst war aber für diese Gruppe gegen Ende seiner Herrschaft bereits nicht mehr der beste politische Repräsentant: er war zu impulsiv, traf unbedachte Entscheidungen, die ungewollte Folgen nach sich zogen, und provozierte in der sowjetischen Bürokratie wachsenden Widerstand gegen seine Person. Die damit verbundene Stärkung der orthodoxen stalinistischen Kräfte bedrohte die Handlungsfreiheit der Gruppen, die sich zu einer nichtstalinistischen Auffassung der Großmachtinteressen der UdSSR bekann-

ten (und die ihrerseits ebenfalls nicht umhin konnten, Chruschtschow eine Reihe von Mißerfolgen anzulasten, darunter als gravierendsten den Abfall Chinas).

Ebenso wie die alten Marschälle fanden auch die Träger der modernen Großmachtkonzeption einflußreiche Anhänger im innenpolitischen Machtapparat, insbesondere in der Partei; es handelte sich um Gruppen, die gewisse Reformen – meist technokratischer, aber in einem gewissen, spezifisch sowjetischen Sinne auch demokratischer Natur – anstrebten.

Der Konflikt zwischen diesen unterschiedlichen Tendenzen drang schließlich auch ins Politbüro ein und hatte dort im Oktober 1964 den Sturz Chruschtschows und die Wahl Breschnjews zum Generalsekretär der Partei zur Folge. Im Verlauf der nächsten drei Jahre – bis zum Sturz Novotnýs in Prag – kam es in diesem Konflikt in Moskau zu keiner Entscheidung. Wie in solchen Situationen nicht unüblich, war der scheinbar mächtigste Mann, Leonid Breschnjew, nur im Zuge einer Notlösung zum Zaren gekürt worden: keine der beiden Gruppen war stark genug, ihre Vorherrschaft eindeutig durchzusetzen, und so stützten sie gemeinsam Breschnjew an der Spitze der Machtpyramide. Breschnjew hatte noch kein „eigenes Politbüro" – nicht er hatte diesen und jenen unter den Mitgliedern, sondern sie hatten ihn in seine Funktion eingesetzt. Erst nach 1970 ersetzt Breschnjew nach und nach die Mehrheit der Parteiführung durch seine Paladine.

Wie sah der „Prager Frühling" vor dem Hintergrund dieser konfliktträchtigen Verhältnisse im Kreml aus?

Schon die Ablösung Novotnýs stand im Zusammenhang mit diesen Spannungen. Novotný gehörte im Jahr 1967 zu den Personen, für die Breschnjew keine besondere Sympathien hegte. Dafür gab es zwei Gründe: Zum einen war Novotný in Breschnjews Augen ein Relikt aus der Chruschtschow-Ära, zum anderen orientierte sich der tschechoslowakische Parteichef (insbesondere seit dem Sommer 1967) immer mehr nach der Gruppe der alten Marschälle hin. Aber auch diese Beziehungen waren nicht problemlos: Novotný sperrte sich gegen eine dauernde Stationierung sowjetischer Truppen in der Tschechoslowakei, wie sie von den Sowjets seit 1966 gefordert wurde. Er stimmte zwar der Stationierung strategischer Waffen und ihres spezialisierten Bedienungspersonals (etwa 8000 Mann) zu, jedoch nicht der Einrichtung von Garnisonen für konventionell ausgerüstete Mannschaften größerer Stärke.

Es wurde auch die Vermutung geäußert, mit seiner Annäherung an die „Falken" habe Novotný den Druck auf die ČSSR abbauen wollen, der

von sowjetischer Seite in der Frage der Truppenstationierung ausgeübt wurde. Mit seinem harten politischen Kurs und seinem Ja zur Stationierung strategischer Waffen meinte – dieser Auffassung zufolge – Novotný sich das Wohlwollen der Moskauer „Falken" erkaufen zu können, ohne sich um sein Verhältnis zu Breschnjew kümmern zu müssen. Demnach hätte also auch er Breschnjew als Übergangslösung betrachtet und nicht als einen stabilen Faktor, mit dem man das eigene politische Schicksal unbesorgt hätte verknüpfen können.
Von der Ablösung Novotnýs versprach sich Breschnjew in bezug auf die Tschechoslowakei eine Stärkung seiner eigenen Position und eine Schwächung des Einflusses der Marschälle. Deshalb betrachtete die Gruppe der „Falken" bereits Novotnýs Sturz als ihre eigene Niederlage, und den bald darauf einsetzenden Demokratisierungsprozeß stellte sie als unmittelbares Verschulden Breschnjews hin. Mit den „Falken" standen damals bereits Ulbricht und Gomulka in Verbindung, und gemeinsam koordinierten sie von Anfang an alle Aktionen gegen den „Prager Frühling". Beide, sowohl Gomulka wie auch Ulbricht, hatten dafür schwerwiegende innenpolitische Gründe: ihre persönlich-autoritären Regime steckten ebensosehr, wenn nicht tiefer in einer Krise wie das Novotnýsche, und aus einem unmittelbar benachbarten Staat drohte demokratische Ansteckungsgefahr. Die Anwälte der sowjetischen Interessen im politischen Apparat der Tschechoslowakei (in Partei, Staatssicherheitsdienst, Armee und anderen Organen) standen in der Regel ebenfalls in Kontakt mit der Gruppe der „Falken" in Moskau, „Falken" waren auch die Männer, die damals die sowjetische Botschaft in Prag beherrschten (Tscherwonjenko, Udalzow). Alle Informationen, die durch ihre Vermittlung nach Moskau gelangten, waren von Anfang an tendenziös verfälscht im Sinne der „Falken". Beim Kampf um den Einfluß in der Tschechoslowakei – und das heißt auch beim Kampf darum, wie die Entwicklung in diesem Land offiziell interpretiert und bewertet werden sollte – ging es in Moskau von Anfang an nicht um Positionen politischer Orthodoxie, sondern diese Auseinandersetzung stand im Zusammenhang mit den inneren Machtkämpfen zwischen rivalisierenden Gruppen im sowjetischen Machtsystem. Und von Anfang an spielten hier auch die persönlichen Interessen Breschnjews eine entscheidende Rolle.
Bei den Gesprächen im Kreml am 26. August erwähnte Breschnjew eher beiläufig, daß man die Möglichkeit einer militärischen Intervention im Mai 1968 in den Kreis der denkbaren „Lösungen" einbezogen habe – also nicht unmittelbar nach Verabschiedung des Aktionsprogramms der KPČ und den personellen Veränderungen vom 5. April

1968; aber auch nicht erst nach der Einberufung des außerordentlichen Parteitags oder der Veröffentlichung des Manifests „2000 Worte", sondern noch vor diesen Ereignissen. Diese Entscheidung, ein militärisches Eingreifen als mögliche (wenngleich nicht als einzige und bereits beschlossene) Alternative anzusehen, fiel anscheinend noch vor der Plenarsitzung des Zentralkomitees der KPČ (vom 29. Mai bis 1. Juni 1968), denn kaum daß Breschnjew den Maitermin erwähnt hatte, fügte er hinzu: „Dann schien es, als ob dies nicht notwendig sein würde; es erschien die erste Schwalbe, die Plenarsitzung des ZK der KPČ." Am 4. Mai war eine Delegation, bestehend aus Dubček, Černík, Smrkovský und Bilak, in Moskau. Die Vorwürfe, die sie zu hören bekam, waren zwar noch schärfer als die vom Ende März in Dresden, trotzdem war zu diesem Zeitpunkt noch nicht über die grundsätzliche Bereitschaft zu einer militärischen Intervention beschlossen worden. Der Verlauf dieser Konferenz deutet ebenso wie die damalige ideologische Kampagne in der Presse darauf hin, daß der Kreml politischen und wirtschaftlichen Druck noch als ausreichendes Gängelungswerkzeug betrachtete.

Freilich muß schon bald darauf die Intervention als mögliche Alternative beschlossen worden sein – irgendwann zwischen dem 5. und dem 29. Mai. Am wahrscheinlichsten ist, daß die Entscheidung der sowjetischen Führung nach Marschall Gretschkos (er hielt sich mit einer Militärdelegation vom 17. bis 22. Mai in der Tschechoslowakei auf) und Alexej Kossygins (er weilte vom 17. bis 25. Mai in Karlsbad „zur Kur") Rückkehr nach Moskau fiel. Kurz zuvor, am 8. Mai, war es in Moskau zu einem Geheimtreffen von fünf Parteichefs gekommen; die KPČ war nicht nur nicht vertreten, sondern gar nicht erst eingeladen worden (ebensowenig wie die rumänische KP). Offensichtlich war hier der Druck Gomulkas und Ulbrichts bereits so stark, daß die Möglichkeit einer militärischen Intervention immerhin schon einmal als Frage formuliert wurde. Der prinzipiellen Entscheidung des sowjetischen Politbüros ging jedoch noch eine „Inspektionsreise" von Vertretern beider Gruppen voraus: der Marschälle sowohl wie der Technokraten bzw. Politiker. Das Ergebnis war ein Kompromiß: Intervention ja – aber nur als äußerste Eventualität; in der Praxis soll man vorerst noch die Steuerung der Entwicklung durch andere Methoden anstreben.

Was hinderte die Vertreter der zurückhaltenderen – eigentlich Chruschtschowschen – Linie zunächst daran, mit den „Falken" in der Frage einer militärischen Intervention in der Tschechoslowakei übereinzustimmen? Doch wohl kaum die Überzeugung, daß der „Prager Frühling", der Demokratisierungsprozeß und die weiteren beabsich-

tigten Reformen eine Hoffnung für den Sozialismus in der Sowjetunion darstellten. Die tschechoslowakische Entwicklung betrachteten sie vom Standpunkt der Interessen der sowjetischen Bürokratie und ihrer Herrschaft über die Gesellschaft der UdSSR wie des gesamten Sowjetblocks, im Prinzip also genau wie die „Falken". Die Intervention lehnten sie nur deshalb ab, weil sie fürchteten, daß ein solcher Schritt alle – in ihrer Sicht positiven – Ergebnisse der internationalen Politik Chruschtschows in Frage stellen könnte: die Perspektiven der Entfaltung politischer und wirtschaftlicher Beziehungen der UdSSR in der Welt überhaupt. Sie fürchteten, daß auch zu Hause, in der Sowjetunion, ihre Positionen geschwächt würden.
Die Fraktion im sowjetischen Politbüro, die den tschechoslowakischen Reformen in gewissem Sinne aufgeschlossen gegenüberstand, hatte sich also nicht erst aufgrund dieser Reformen selbst gebildet. Keine tschechoslowakische Parteiführung hätte ihr Wesen beeinflussen können; das alles existierte gänzlich unabhängig von der tschechoslowakischen Entwicklung als unmittelbares Produkt der außen- und innenpolitischen Interessenkonflikte in der Sowjetunion selbst. Dasselbe gilt für die der tschechoslowakischen Entwicklung feindlich gesinnte Fraktion: die „Falken" und ihr Konzept existierten im Kreml bereits lange vor und unabhängig von der Reformpolitik der KPČ.
Eine Reform – die wahrscheinlich noch zurückhaltender ausgefallen wäre, als das Aktionsprogramm der KPČ es vorsah – hätte 1968 auch nur dann verwirklicht werden können, wenn die Pattsituation der gegnerischen Gruppierungen im Kreml erhalten geblieben und es nicht gerade in der Frage des Vorgehens gegen die Tschechoslowakei zu einer Allianz gekommen wäre, in der man sich über die Notwendigkeit einer militärischen Intervention einig war. Allenfalls auf dieser Ebene hätte die Politik der KPČ-Führung eine gewisse Wirkung entfalten können – sonst nirgends. Und auch hier wirkten die Politik der tschechoslowakischen Führung und die Entwicklung in der Tschechoslowakei nicht allein, sondern es spielte gleichzeitig noch eine Reihe weiterer Faktoren außen- und innenpolitischer Art eine Rolle.
Im November 1968 sagte Breschnjew in einem persönlichen und unter den gegebenen Umständen durchaus freundschaftlichen Gespräch zu Bohumil Šimon, der an der Spitze einer Delegation der KPČ zu den Feiern des Jahrestags der Oktoverrevolution nach Moskau gekommen war: „Ihr habt gedacht, daß man als Besitzer der Macht tun kann, was man will. Aber das war ein grundlegender Irrtum. Auch ich kann nicht machen, was ich will – vielleicht kann ich ein Drittel von dem, was ich tun möchte, auch tatsächlich realisieren. Wenn ich damals im Polit-

büro nicht für das militärische Eingreifen gestimmt hätte – was wäre geschehen? Du würdest jetzt ganz gewiß nicht hier sitzen. Und vielleicht würde auch ich nicht hier sitzen!"

Diese Worte Breschnjews sind ernst zu nehmen. Und sie bestätigen die hier vorgetragene Einschätzung der damaligen Situation. Den „Falken" im Kreml war es zum fraglichen Zeitpunkt gelungen, die Frage des Vorgehens gegen die Demokratisierung in der Tschechoslowakei zum Schlüsselthema der inneren Machtkämpfe in Moskau hochzuspielen. Dahinter steckte die wohlkalkulierte Überlegung, daß die Erfolgschancen in dieser Sache für sie selbst äußerst günstig, für die andere Seite, die Vertreter der rationelleren (Chruschtschowschen) Tendenz, dagegen ziemlich ungünstig standen. Im Hinblick auf das Kräfteverhältnis innerhalb des sowjetischen Machtsystems hatten sie damit völlig recht.

Als Marschall Gretschko Ende Mai nach Moskau zurückkehrte, brachte er gewiß eine Menge Argumente für das Konzept der Marschälle mit. Was aber brachte wohl Kossygin zurück? Wohl nicht mehr als eine einzige, sehr ernste Erkenntnis: Das Schicksal der Gruppe, die die rationellere Politik Chruschtschows fortführen wollte, bedingungslos an die Verteidigung Dubčeks und seiner Reformen zu knüpfen, wäre über jedes vertretbare Maß hinaus riskant und gefährlich. Es könnte die Vertreter dieser Richtung um ihre Machtpositionen bringen; wenn sie nicht für die „Argumente" der Falken die „Hand heben" – damals war ja noch nicht entschieden, wann die Militärs in Aktion treten sollten –, würden sie vielleicht bald nicht mehr im Politbüro sitzen.

Warum? Weil in der Tschechoslowakei der „Sozialismus bedroht" war, weil ein „Bürgerkrieg drohte" und „reale Kräfte die Rückkehr zum Kapitalismus" anstrebten? Weil die Führung der KPČ die ČSSR aus dem Sowjetblock herauslösen wollte? Keinesfalls – dies alles war, wie Kossygin selbst sehr wohl wußte, ideologisches und propagandistisches Geschwätz, der unvermeidliche ideologische Schleier, in den die Realität bei Debatten innerhalb der kommunistischen Bewegung gehüllt werden muß. Rationaler denkende Parteikommunisten sind jedoch durchaus zu unterscheiden in der Lage, worum es dabei eigentlich geht, und so verhindert auch dieser Schleier nicht unbedingt, daß es zu richtigen Entscheidungen kommt.

Obzwar Kossygin den „Prager Frühling" nicht gerade aus der Sicht der alten sowjetischen Marschälle und ihrer Bundesgenossen beurteilte, betrachtete doch auch er ihn ganz gewiß vom Standpunkt der Großmachtinteressen der Sowjetunion. Viele Informationen hatte er be-

reits in Moskau erhalten, weitere sammelte er vor Ort in der Tschechoslowakei. Er sprach hier und dort mit Mitgliedern von Dubčeks Parteiführung, auch mit solchen, die man in Moskau nicht kannte, wie Čestmír Císař. Einige Tage atmete er sogar die lebendige Atmosphäre des „Prager Frühlings", wenn auch in exklusiver Umgebung, wie etwa unter den Kolonnaden von Karlsbad. Aufgrund von allem, was er erfuhr und erlebte, mußte er als – wenn auch nicht mehr ganz stalinistisch eingestellter – Exponent der sowjetischen Hegemonialinteressen zu Schlußfolgerungen kommen, die ihn nolens volens den Erwägungen der „Falken" nahebrachten.
Er sah, daß das System der totalitären Diktatur in der Tschechoslowakei nicht nur in eine tiefe Krise geraten war, sondern von unten wie von oben geändert wurde, sah auch, daß gewisse Mechanismen, die in den Augen der gesamten sowjetischen Bürokratie – und er selbst bildete hier durchaus keine Ausnahme – zu den unabdingbaren Garantien ihrer Herrschaft gehörten, in der Tschechoslowakei nicht mehr funktionierten. Die Macht erschien ihm notwendigerweise und mit Recht als nicht stabil; außerdem teilte er ganz gewiß nicht Dubčeks Glauben an gewisse gewaltlose Applikationen des „Marxismus-Leninismus" und an die demokratischen und humanistischen Regungen der Völker der Tschechoslowakei, und schon gar nicht vermochte er sich vorzustellen, daß eine kommunistische Partei auf einer solchen Basis regieren und noch dazu in ihrem Lande auch die Interessen Moskaus wahrnehmen könnte. Er glaubte nicht an die Richtigkeit der Voraussetzungen, auf denen das Reformkonzept und das Aktionsprogramm der KPČ aufgebaut waren, noch daran, daß solch ein demokratisches Experiment unter ausreichender Wahrung und Sicherung der Hegemonialinteressen Moskaus ablaufen könnte. Die gesamte sowjetische Bürokratie war wie ein Mann über Chruschtschow hergefallen, als dieser viel weniger waghalsige und für das Imperium weniger riskante Experimente durchführen wollte.
Einige persönliche Erlebnisse müssen Kossygin bei seinem Besuch zusätzlich irritiert haben. Gelang es doch den Machthabern dieses Landes nicht, ihn, den zweitwichtigsten Repräsentanten des Imperiums gleich nach dem Zaren, vor lästigen Journalisten zu schützen: Einmal, als er mit einem Becher Sprudel in der Hand, unter den Karlsbader Kolonnaden auf und gab ging, wurde er von einer neugierigen Journalistin überfallen und gefilmt, und hinterher war sogar im Fernsehen zu sehen, wie er sich wand und den unbequemen Fragen auswich. Auch ein persönliches Gespräch mit Čestmír Císař, einem der Sekretäre des ZK der KPČ, bei dem Kossygin seinem Partner einige Formulierungen

über den Leninismus und seine allumfassende Bedeutung für die Welt, welche dieser in einer Rede zu einer Karl-Marx-Feier benutzt hatte, als abweichend von der Moskauer Auffassung ankreidete, mußte die Zweifel im sowjetischen Regierungschef schüren. Císař trat – mit den Augen des erfahrenen Kremlherrschers gesehen – wie ein kleiner Moritz auf, der überhaupt nicht wußte, worum es wirklich ging: Verteidigte er doch seine ideologische Überzeugung, obgleich er hätte begreifen müssen, daß der allerhöchste Revisor ihn gerade überprüfte, ob er denn für seinen Posten in einem so wichtigen Gubernium überhaupt geeignet war. Císař begriff das erst im nachhinein – und hätte das Resultat dieser Unterhaltung dann gern zum Mißverständnis erklärt; als dessen Wurzel nannte er mir gegenüber eine bestimmte Formulierung, die er im Verlauf des Gesprächs unbeabsichtigt hätte fallenlassen – und für die er seine mangelhaften Russischkenntnisse verantwortlich machte. Er bemühte sich später, diese Scharte bei Kossygin wieder auszuwetzen, besonders im August 1968. Aber es war alles vergebens. Lassen wir Císařs Kenntnis der russischen Sprache einmal auf sich beruhen, so zeigte er sich jedenfalls als schlechter Kenner der russischen Literatur: Ist doch schon aus Tschechows Erzählung „Der Tod eines Beamten“ der Fall bekannt, daß ein Subalterner sich in Anwesenheit irgendeines hohen Tiers ungebührlich beträgt, sich dann bewußt wird, daß er möglicherweise seiner Karriere geschadet hat, und zum schlechten Ende durch störende Entschuldigungen seine Karriere erst recht ruiniert.

Während seines Aufenthalts in der Tschechoslowakei konnte sich Kossygin auch unmittelbar davon überzeugen, daß Dubčeks Führungsgarnitur in sich zerspalten und mit Exponenten des harten Kurses der Moskauer „Falken“ durchsetzt war. Das spielte gewiß keine kleine Rolle bei den nachfolgenden Entscheidungen. Denn unter diesen Umständen war ja nicht auszuschließen, daß die „Falken“ ihren Kurs in der Tschechoslowakei auch ohne die Unterstützung der gemäßigten Elemente im Kreml würden durchsetzen können, was natürlich ganz allgemein eine Stärkung und möglicherweise sogar die anhaltende Überlegenheit ihrer Position zur Folge gehabt hätte. Das alles zusammengenommen war es wohl, was innerhalb der sowjetischen Führungsspitze dazu führte, daß man irgendwann in den letzten Maitagen das militärische Eingreifen in der Tschechoslowakei in den Kreis der ernsthaft erwägenswerten „Lösungen“ mit einbezog. Um dies zu verhindern, hätte zuvor irgendeine Entwicklung eintreten müssen, aus welcher die gemäßigte Gruppe im Kreml so gestärkt hervorgegangen wäre, daß sie einem Konflikt mit den „Falken“ um die Tschechoslowakei unbesorgt und mit Gelassenheit hätte entgegensehen können. Aber nichts derartiges geschah – weder in der Tschechoslowakei selbst noch in der Sowjetunion noch in der übrigen Welt. Ganz im Gegenteil, überall kam es zu Entwicklungen, die der Intervention Vorschub leisteten, insbesondere nach der Sitzung des Zentralkomitees der KPČ im Mai, auf der eine wichtige politische Resolution gebilligt und der Termin für den außerordentlichen Parteitag auf den 9. September 1968 festgesetzt wurde. Diese politische und zeitliche Konkretisierung in der Auseinandersetzung mit den Widersachern der Reform trieb diese allem Anschein nach in die Offensive. Der Auftakt dazu fand Mitte Juni statt.

Bis heute herrscht in den Darstellungen des „Prager Frühlings" die Meinung vor, die Resolution des ZK der KPČ vom Mai 1968 verkörpere einen Erfolg der Konservativen und einen Angriff gegen die Reform. Man behauptet allgemein, als hauptsächliche Gefahr seien dort die „Rechtskräfte" genannt. Wer jedoch den Text der Resolution selbst heranzieht, wird feststellen, daß dies einfach nicht zutrifft. Ich selber bin der Verfasser dieser Resolution, und ich erinnere mich, wie vorsichtig ich formulierte, um die Abwehrbereitschaft gegen extremistische Neigungen auf der Linken wie der Rechten nicht durch einseitige Formulierungen zu schwächen; wörtlich heißt es dort: „Die Partei betrachtet es in der gegenwärtigen Situation als eine Angelegenheit prinzipieller Art, daß der sozialistische Charakter der Macht und der Gesellschaftsordnung von keiner Seite – weder durch rechtsgerichtete, antikommunistische Tendenzen, noch durch konservative Kräfte, denen eine Rückkehr zu jenen Verhältnissen der Zeit vor dem Januar 1968 wünschenswert wäre, die die Entfaltung des Sozialismus nicht gewährleisten konnten – bedroht werden darf." In ihrem sonstigen Inhalt bewegte sich die Resolution im politischen Rahmen des Aktionsprogramms, den sie in keiner Weise einzuschränken suchte; viel konkreter als im Aktionsprogramm wird überdies das System der Selbstverwaltung als aktuelle praktische Aufgabe dargestellt und über die Verhältnisse in der Nationalen Front sowie die Tätigkeit der Presse und der anderen Medien gesprochen. Die letzten beiden Punkte stießen auf die Ablehnung des radikalen Flügels der Reformkommunisten; in dieser politischen Gruppierung war man jedoch bemüht, den Rahmen des Aktionsprogramms zu sprengen und radikalere Eingriffe in das politische System herbeizuführen, und nur aus diesem Grund konnte die Mai-Resolution dort als ein Sieg des Konservativismus erscheinen. In Wirklichkeit war sie ein typisches Beispiel für jene Orientierung, die die Radikalen „Zentrismus" nannten: Sie verfocht die

Verbindlichkeit des Aktionsprogramms gegenüber den Tendenzen sowohl der Konservativen wie der Radikalen.

Wahr ist, daß die konservativen Kräfte einschließlich der Exponenten des Moskauer harten Kurses in der KPČ sich bemühten, die Resolution als eindeutige Kritik an den Radikalen hinzustellen, und sie gegen diese ins Feld führten, wo immer der Text es zuließ. Die Radikalen ihrerseits bauten ihre Verteidigungsposition nicht auf dem Aktionsprogramm auf, sondern antworteten mit darüber hinauszielenden Ausfällen, etwa im Sinne des Manifests „2000 Worte". Verschärfter Kampf zwischen den extremen Flügeln statt weitgehender Sammlung aller politischen Kräfte auf der Basis der Mai-Resolution – dieser im Juni vorherrschende Zustand war die gemeinsame Leistung von Radikalen und Konservativen. Da der Einfluß des radikalen Flügels der Reformkommunisten in Presse, Rundfunk und Fernsehen dominierte, beherrschte die Agitation dieser Seite die öffentliche Szene und erweckte dort den Anschein, als bringe sie die entscheidende Tendenz der Entwicklung zum Ausdruck. In Wirklichkeit jedoch überwog innerhalb der Partei die „zentristische" Richtung: zu ihren Anhängern zählten ungefähr 80 Prozent der Ende Juni/Anfang Juli gewählten Delegierten zum Parteitag. Die antireformistischen Kräfte einschließlich der sowjetischen „Falken" sahen aber offenbar auch hierin eine Bedrohung, denn nicht nur das massive Auftreten der Radikalen in der Öffentlichkeit, sondern auch der überwältigende Sieg der „Zentristen" in der Partei reizte sie zu einer scharfen Offensive. Als vorteilhafteste Ziele boten sich zwar die öffentlichen Auftritte der Radikalen dar, in Wirklichkeit jedoch richtete sich der Angriff gegen die Reformisten überhaupt und vor allem gegen die „Zentristen" in der KPČ. Im Brief der fünf späteren Interventionsmächte sind es noch die Unterzeichner der „2000 Worte", die als Verfechter einer „konterrevolutionären Plattform" bezeichnet werden; aber am 21. August suchen weder die sowjetischen Militärs noch die Sicherheitsbeamten Šalgovičs nach Ludvík Vaculík und anderen Unterzeichnern des anrüchigen Dokuments, sondern es werden Dubček, Černík, Smrkovský, Kriegel, Špaček und Šimon im Gebäude des Zentralkomitees festgenommen.

Im gleichen Augenblick, als den Moskauer „Falken" (den Marschällen im Bunde mit einem Teil der Bürokratie und hautpsächlich mit Gomulka und Ulbricht) die militärische Intervention als reale Alternative in Aussicht gestellt worden war – noch vor der Verabschiedung der Mai-Resolution des Zentralkomitees der KPC – stand für sie fest, daß eine derartige Chance nicht ungenutzt verstreichen dürfe. Kurze Zeit lang schien ihre Offensive in Frage gestellt durch eben diese

Mai-Resolution, die Breschnjew später als „erste Schwalbe" einer möglichen Neuentwicklung bezeichnen sollte, welche eine Intervention überflüssig gemacht hätte. So argumentierten gewiß alle gemäßigten Mitglieder des sowjetischen Politbüros. Aber längstens nach zwei bis drei Wochen hatten die „Falken" wieder die Oberhand, denn der Kampf zwischen Radikalen und Konservativen in Prag lieferte ihnen ausreichend Munition. Den Gemäßigten blieb als Argument nur der Text einer Resolution, die „Falken" konnten demgegenüber auf die harten Tatsachen eines Kampfes verweisen, den sie mit demagogischem Geschick zu einer Spaltung der Kommunistischen Partei so großen Ausmaßes stilisierten, daß die politische Macht der Tschechoslowakei – und damit natürlich auch die sowjetischen Interessen – durch sie bedroht seien. Mit verstärktem Druck arbeiteten sie auf das Ziel der Intervention hin; ein sichtbarer Erfolg auf diesem Weg war die Konferenz in Warschau, zu der die tschechoslowakische Seite bewußt in einer Weise „eingeladen" wurde, die es ihr unmöglich machen sollte, der Einladung zu folgen, womit wiederum die offene Zurschaustellung des Konflikts auf höchster Ebene bezweckt war.
Hätte die Parteiführung unter Dubček diese „Einladung" zu einer angeblichen Diskussion dennoch annehmen können? Gewiß hätte sie das – aber um den Preis von schwerwiegenden innenpolitischen Konflikten, aus welchen die Parteigänger der Intervention eine Unzahl neuer Argumente bezogen hätten. Denn in Wirklichkeit handelte es sich, wie bereits vorher zu erkennen war, nicht um eine Diskussion zum Zweck einer möglichen Übereinkunft, sondern um ein Tribunal, das sein Urteil, welches anschließend in Form eines Briefes veröffentlicht wurde, bereits vor Eröffnung der Verhandlung fix und fertig vorbereitet hatte. Eine derartige Wertung der innenpolitischen Situation in der Tschechoslowakei durch Teilnahme an der Konferenz zu akzeptieren, hätte für die Parteiführung nicht nur ein Abrücken vom Reformkurs bedeutet, sondern das Abrücken in einer Form, die im eigenen Land eine ungeheure Welle der Unzufriedenheit, des Mißtrauens und des Widerstands hervorgerufen hätte. Nach Warschau zu fahren und das vorbereitete Urteil abzulehnen, hätte dagegen den offenen und unwiderruflichen Bruch mit Moskau und den anderen Teilnehmerstaaten der Konferenz bedeutet, also den Anwälten der militärischen Intervention ebenfalls neue Argumente geliefert.
Die gewählte Lösung – sich an der Zusammenkunft nicht zu beteiligen und gleichzeitig jedem der fünf Teilnehmerstaaten bilaterale Verhandlungen anzubieten – war offensichtlich die einzig gangbare Alternative. Sie brachte jedoch nur eine kurze Unterbrechung in der Offen-

sive der „Falken“, für deren effektivere Abwehr war es bereits zu spät, und zwar aus Gründen, auf welche Dubček überhaupt keinen Einfluß mehr hatte.

Mit der Konferenz der Fünf in Warschau hatten die „Falken“ einen Punkt erreicht, von dem es kein Zurück mehr gab, denn jedwedes Nachgeben hätte fortan für sie keinen ehrenhaften Rückzug mehr, sondern die endgültige politische Niederlage bedeutet. Wenn sie ihre gegenwärtige Machtposition nicht völlig aufgeben wollten, blieb ihnen also nichts anderes übrig, als den angetretenen Weg weiter zu verfolgen und früher oder später die militärische Intervention zu verwirklichen. Nach einigen kurzen Zwischenspielen im Anschluß an die Verhandlungen in Čierná an der Theiß und Bratislava stiegen die „Falken“ – vermutlich um den 10. August – in die letzte Runde ihrer Offensive ein.

Nach dem Treffen in Bratislava Anfang August fuhr das sowjetische Politbüro in Urlaub. Abwesenheit des Herrschers gilt seit eh und je als günstige Voraussetzung für die Vorbereitung und Durchführung einer Palastrevolution. Ich habe zwar keine faktischen Beweise, doch gehe ich davon aus, daß irgendwann um den 10. August eine neue Koalition zustande kam zwischen den „Falken“ und einem Teil der immer noch Wankelmütigen, die sich bisher weder für die radikale noch eine gemäßigte Lösung hatten entscheiden können. Der Preis für diese Koalition muß hoch gewesen sein; er bestand mit größter Wahrscheinlichkeit in dem Versprechen, daß eine bestimmte Person anstelle von Breschnjew in das Amt des Generalsekretärs aufrücken werde. Kandidaten für derartige Geschäfte findet man immer und fand sie damals sicher ohne Mühe. Ich weiß nicht, wer es konkret gewesen ist, möglicherweise Scheljepin, aber ich bin überzeugt, daß nichts Geringeres im Einsatz war. Und wer waren die mutmaßlichen Verschwörer? Wohl diejenigen, die Breschnjew später einen nach dem andern aus dem Politbüro und der Parteiführung entfernte.

Die Marschälle bereiteten den militärischen Teil des Handstreichs vor: Zum Generalstabschef des Warschauer Paktes wurde überraschend General Schtschemenko ernannt, ein eindeutiger Repräsentant der stalinistischen Garnitur. Bis Mitte August herrschte eine fieberhafte Tätigkeit: Die rangobersten Marschälle flogen in die Ukraine, von dort nach Polen und in die DDR, große Armee-Einheiten wurden in Bewegung gesetzt. Um den 15. August unterbrachen die Politbüromitglieder ihren Urlaub und kehrten nach Moskau zurück. Kurz darauf, am 17. und 18. August, fanden zwei Sitzungen statt, an denen möglicherweise auch Nichtmitglieder des Politbüros teilnah-

men und in deren Verlauf dann die Intervention beschlossen wurde. Ich halte es für wahrscheinlich, daß Breschnjew und die übrigen gemäßigten Mitglieder des sowjetischen Politbüros der aufkeimenden Verschwörung den Wind aus den Segeln nahmen, indem sie selbst die Initiative ergriffen und gemeinsam mit den „Falken" die militärische Intervention in der Tschechoslowakei beschlossen. Dadurch wurde die Argumentation der Gegner Breschnjews gegenstandslos. Unter diesen Umständen waren aber sämtliche Maßnahmen, die Dubček in Prag nach der Zusammenkunft in Bratislava traf oder noch hätte treffen können, von vornherein zwecklos, denn sie konnten die Intervention nicht mehr aufhalten.
Das einzige, was diese Entscheidung in den Augusttagen vielleicht noch hätte verhindern können, wäre die Drohung eines größeren militärischen Konflikts als Folge der Intervention gewesen. Drohender Widerstand der tschechoslowakischen Armee allein konnte es freilich nicht zu dieser abschreckenden Wirkung bringen. Es hätte das Risiko eines Konflikts mit dem Westen mit im Spiel sein müssen – und ein derartiges Risiko bestand für die Sowjetunion nicht. Die Entwicklung in der Tschechoslowakei konnte in den Augen der westeuropäischen Staaten und der USA den Status quo der Machtverhältnisse nicht verändern. Was die Vereinigten Staaten anbelangt, so erhielt Breschnjew am 18. August in diesem Punkt absolute Gewißheit.
Wen trifft denn nun aber die Schuld an der Invasion in der Tschechoslowakei im August 1968? Ohne allen Zweifel denjenigen, der sich damals in der Rolle des Angreifers befand: die Sowjetunion. In der Verfolgung ihrer eigenen Interessen scheute die sowjetische Führung auch vor dem militärischen Eingreifen auf fremdem staatlichen Territorium nicht zurück. Die bestehenden Konflikte zwischen rivalisierenden Gruppen und Einzelpersonen im sowjetischen Machtapparat wurden auf Kosten der demokratischen Reform in der Tschechoslowakei zeitweilig bereinigt oder wenigstens überspielt. Wie sich die Schuld auf die einzelnen Parteiungen innerhalb der Sowjetführung verteilt, bleibt unerheblich gegenüber der Tatsache, daß die Schuld als ganze ausschließlich auf ihr gemeinsames Konto geht: denn gemeinsam repräsentieren sie eine Macht, die durch nichts als direkte Unterjochung und Knebelung ihrer „Verbündeten" in der Lage ist, ihre – im Prinzip herrschsüchtigen und einseitig hegemonialen – Interessen innerhalb eines völkisch und zivilisatorisch heterogenen Imperiums aufrechtzuerhalten. Sowohl vom politischen als auch vom moralischen Standpunkt gibt es auf die Frage nach der Schuld für den August 1968 keine andere Antwort.

Aber die Frage der Schuld ist nicht die einzige Frage, die sich in diesem Zusammenhang stellt. Fraglich ist auch, ob es unabwendbar war, daß die Herrscher im Kreml zur militärischen Intervention ihre Zuflucht nahmen. Oder war es möglich, daß sie einen derartigen Schritt unter Umständen verworfen hätten – etwa, wenn sie sich selbst über seine Unumgänglichkeit nicht hätten einigen können oder Angst vor einem derartigen Schritt gehabt hätten (d. h. selbstverständlich: Angst vom Gesichtspunkt der eigenen Interessen)? Die Antwort auf diese Frage ist nicht einfach, und meiner Meinung nach kann sie auch nicht eindeutig gegeben werden. Jede derartige Antwort hat nur hypothetischen Wert, bleibt nur im Bereich von Überlegungen, die im nachhinein nicht mehr praktisch überprüft werden können. Im vollen Bewußtsein dieser eingeschränkten Bedeutung meiner Überlegungen bin ich doch der Ansicht, daß die tschechoslowakischen Reformkommunisten hätten mehr tun können – und tun müssen –, um die Einmütigkeit der sowjetischen Führung zu verhindern und die Furcht vor diesem Schritt zu erhöhen.

Ich betrachte, wie bereits im vorigen Kapitel erwähnt, die Zeit von Januar bis Mai als entscheidend. Es scheint, daß sie auch für den ersten Sieg der „Falken" in Moskau von Bedeutung war. Wenn die Stabilisierung der Verhältnisse nicht aufgeschoben worden wäre, wenn der außerordentliche Parteitag der KPČ bereits im Mai stattgefunden hätte, dann hätte es vielleicht auch eine Chance gegeben, zu verhindern, daß sich die sowjetische Führung auf eine Lösung durch militärische Intervention einigte. Das hätte allerdings bedeutet, daß der „Prager Frühling" nicht zu einer demokratischen und humanistischen nationalen Bewegung geworden wäre, sondern nur zu einer langsam und in kleinen Schritten vorwiegend von oben durchgeführten institutionellen Reform, die das System der totalitären politischen Diktatur nur zögernd aufgelöst hätte. Es hätte nicht soviel Hoffnung und Begeisterung gegeben, aber auch nicht soviel Hoffnungslosigkeit, Enttäuschung und Apathie. Es ist auch wahrscheinlich, daß von seiten Moskaus trotzdem ein starker antireformistischer Druck ausgeübt worden wäre und daß auch das Aktionsprogramm nicht schnell und restlos hätte verwirklicht werden können.

In der Zeit von Juni bis August war die innenpolitische Entwicklung in der Tschechoslowakei für die Entscheidung über die militärische Intervention von geringerer und dabei stets noch schwindender Bedeutung, denn man plante jetzt bereits unter dem Einfluß von Faktoren, die kaum noch in Beziehung zu den Reformkommunisten in der Tschechoslowakei standen. Die offizielle ideologisch-propagandisti-

sche Zielrichtung war bereits ausschließlich durch die innere Entwicklung in der UdSSR bedingt. Da der Verlauf dieser Entwicklung eigenen Gesetzen folgte, ist kaum daran zu zweifeln, daß die interventionslüstigen Elemente ihre Argumente auch dann gefunden hätten, wenn sie ihnen nicht – wie beispielsweise mit dem Manifest „2000 Worte" – gebrauchsfertig angeliefert worden wären.
Zu dieser Zeit stellten nämlich sowjetische Agenten in der Tschechoslowakei (gemeinsam mit Diensten der DDR) bereits ihre eigenen „Argumente" her. Bekannt sind einige nachgewiesene Provokationen: der Fund „amerikanischer Waffen" auf einer Landstraße in der Nähe von Sokolov, die Verbreitung verschiedener Flugblätter und dergleichen mehr. Auch die Unterschriftensammlung für die Auflösung der Arbeitermilizen war eine Provokation. Ich sprach damals persönlich mit Innenminister Pavel, und wir kamen überein, das Publikum, das um diese Aktion in der Prager Innenstadt „Na příkopě" Tumult machte, überprüfen zu lassen. Die Polizeistreifen des Innenministers stellten fest, daß von den Agitatoren für die Auflösung der Arbeitermilizen mehr als 50 Prozent Agenten des Staatssicherheitsdienstes waren; es ging ganz offensichtlich um eine Provokation, organisiert von der prosowjetischen Gruppe im Staatssicherheitsdienst. Auch der bekannte „Brief der 99 Praga-Arbeiter" (den die Sowjets als Aufforderung zum Eingreifen deuten konnten – d. Ü.) war von sowjetischen Agenten bestellt worden. Alle Ereignisse dieser Art wurden von der sowjetischen Presse unverzüglich demagogisch aufgebauscht und mißbraucht.
Seit der Zusammenkunft der künftigen Interventen in Warschau konnte man zudem in der Führung der KPČ beobachten, daß die gesamte prosowjetische Gruppe – Bilak, Indra, Jakeš, Kolder, Švestka – sich ganz bewußt auch von all den Aktionen distanzierte, die im Prinzip von Moskau positiv gewertet werden mußten. Vor der Zusammenkunft in Čierná an der Theiß unterbreitete ich selbst dem Parteipräsidium zwei konkrete Vorschläge: einen Antrag auf Ermächtigung der Regierung zum befristeten Verbot von Presseorganen, die Beiträge veröffentlichten, durch welche außenpolitische Interessen des Staates geschädigt wurden, sowie den Vorschlag für ein Gesetz, mit dem die Nationale Front zur einzigen legalen Plattform für alle neuen Organisationen gemacht wurde, welche Aufgaben und Funktionen einer politischen Partei erfüllten. Ich ging dabei von der Voraussetzung aus, daß in Čierná auf die tschechoslowakische Delegation ohnehin Druck in Richtung derartiger Verordnungen ausgeübt würde und daß es im Interesse der Reformen wäre, dem durch eigene Maßnahmen zuvorzu-

kommen. Von der Sache her fügten sich beide Vorschläge in den Rahmen des Aktionsprogramms.

Beide Vorschläge wurden vom Präsidium abgelehnt. Als erste brachten die radikalen Reformkommunisten ihr Veto zum Ausdruck. Unter ihrem Einfluß zogen sich auch Smrkovský und Černík, mit denen ich – ebenso wie mit Dubček – mein Vorgehen abgesprochen hatte, von den ursprünglichen Vereinbarungen zurück und unterstützten die Anträge nicht; daraufhin entzog ihnen auch Dubček seine Unterstützung. Interessant ist jedoch, daß keiner aus der prosowjetischen Gruppe sich hinter die Anträge stellte, obwohl sie alle seit über einem Vierteljahr bei den Präsidiumssitzungen keine Gelegenheit versäumt hatten, diese oder jene Presseveröffentlichung oder die Tätigkeit bestimmter Organisationen außerhalb der Nationalen Front als Bedrohung des Sozialismus anzuprangern. Ich bin überzeugt, daß dies vor dem Warschauer Treffen noch anders ausgesehen hätte. Es konnte nur eine Ursache für diese Verhaltensänderung geben: Die moskautreue Gruppe in der Führung der KPČ war bereits bewußt und unwiderruflich auf den Kurs der Moskauer „Falken" und eine militärische Intervention der Sowjets ausgerichtet und hatte gar kein Interesse daran, die Ansammlung neuen Konfliktstoffs vor der Zusammenkunft in Čierná zu verhindern.

Wenngleich ich nach dem Bisherigen den radikalen Reformkommunisten den Vorwurf nicht ersparen kann, daß sie durch Kurzsichtigkeit und gelegentliche unbedachte Schritte mit dazu beitrugen, die Situation in einem für die Reform ungünstigen Sinn zu beeinflussen, so bedeutet dies doch keineswegs, daß ich die antireformistische Rolle der militanten Konservativen und Moskautreuen in der Tschechoslowakei in ihrer überragenden Bedeutung unterschätze. Seit Juli spielten diese Kräfte in der innenpolitischen Entwicklung bereits eindeutig die Rolle der bewußten Wegbereiter der Intervention. Ich betrachte diese Menschen aber nicht als Anhänger der demokratischen Reform und kann ihnen daher nur schwer entgegenhalten, daß sie gegen diese Reform vorgingen. An ihrer eigenen Zielsetzung gemssen war ihr Verhalten konsequent und richtig – was man von den radikalen Reformkommunisten nicht unbedingt behaupten kann.

Der radikale Flügel der Reformkommunisten war der Führungsmannschaft Dubčeks immerhin darin voraus, daß man sich in seinen Reihen in bezug auf die Drohung einer militärischen Intervention keinen Illusionen hingab; ungefähr vom Mai an warnten die radikalen Reformer in der Öffentlichkeit wiederholt vor der Gefahr, daß Moskau den Demokratisierungsprozeß in der Tschechoslowakei unter Umständen

auch mit Militärgewalt unterdrücken könnte. Sie stellten sich daher schon um einiges früher die Frage, wie man die Reform vor dieser Gefahr schützen könnte; zu diesem Zweck plädierten sie dafür, Verbündete in den kommunistischen und Linksparteien außerhalb des Sowjetblocks zu suchen und sich in ähnlicher Weise gegen den Block zur Wehr zu setzen wie Titos Jugoslawien 1948.
Da der radikale Flügel seine wichtigsten Bastionen während des „Prager Frühlings“ in den Reihen der Intellektuellen bei der Presse und den übrigen Massenmedien hatte, fanden solche Erwägungen zuweilen auch den Weg in die Öffentlichkeit. Das brachte die Dubček-Führung in sehr unangenehme Situationen, denn in Moskau registrierte man diese Erscheinungen als Beweise des „Antisowjetismus“ und Ausdruck von Bemühungen, „die Einheit der sozialistischen Staaten zu sprengen“, und als Bedrohung des gesamten Sowjetblocks. Die Parteiführung trat deshalb den Ansichten der radikalen Reformer wiederholt sehr scharf entgegen. So hieß es zum Beispiel schon in der erwähnten ZK-Resolution vom Mai wörtlich:
„Es ist unzulässig für Kommunisten, zu vergessen, daß das Entstellen und Übertreiben gewisser Meinungsunterschiede bis zur Verbreitung falscher Gerüchte über ‚die Gefahr einer militärischen Intervention‘ (z. B. in Verbindung mit den Manövern der Warschauer-Pakt-Truppen usw.) den Kurs unserer gegenwärtigen Politik ernstlich bedroht und gewissen Gruppen in den kapitalistischen Ländern in die Hände arbeitet, deren Bemühen darauf abzielt, die Einheit der sozialistischen Staaten zu zerschlagen. Das ZK der KPČ erklärt, daß alle Verhandlungen, die mit den Repräsentanten der UdSSR auf Partei- und Regierungsebene geführt werden, zu positiven Ergebnissen führen und Möglichkeiten einer Vertiefung der Zusammenarbeit und Unterstützung eröffnen, die für die Regelung einiger unserer gegenwärtigen wirtschaftlichen Schwierigkeiten von außerordentlicher Bedeutung sind, und daß die sowjetischen Genossen den guten Willen zeigen, in dieser Beziehung Hilfe zu gewähren.“
Die Dubček-Führung verschwieg hier im Interesse Moskaus wissentlich den wahren Sachverhalt, weil sie der Ansicht war, daß diese Lüge auch ihrem eigenen Interesse diene. Mit Blick auf die spätere Entwicklung kann man jedoch nicht leugnen, daß in dieser Frage diejenigen recht hatten, die vor der Gefahr einer militärischen Intervention warnten und in der sich steigernden Kontroverse mit den Repräsentanten Moskaus eine Bedrohung der Reformpolitik sahen. Dagegen erwiesen sich die politischen Erwägungen der damaligen Parteiführung, mit denen sie die Verschleierung der Tatsachen rechtfertigte, als illusorisch.

Ich halte es für völlig ausgeschlossen, daß die Dubček-Führung den Bruch mit Moskau und dem ganzen Block als politische Alternative je ernstlich ins Auge gefaßt hätte; die einzige Vorgehensweise, auf die sie sich einigen konnte, um innenpolitische Konflikte (in der Gesellschaft und innerhalb der Partei selbst) zu vermeiden, die sie der Herrschaft über die Situation beraubt hätten, war die, die schließlich auch wirklich akzeptiert wurde und die auf der fundamentalen Überzeugung beruhte, daß die Reform nur dann durchführbar wäre, wenn alle Verpflichtungen gegenüber der UdSSR und dem Warschauer Pakt eingehalten und die dazugehörigen Beziehungen im bisherigen Sinne aufrechterhalten würden. Allerdings bin ich der Ansicht, daß die Haltung der Parteiführung in dieser Frage weniger auf rationellem politischen Kalkül beruhte, sondern in hohem, wenn nicht entscheidendem Maße durch ideologische Illusionen der Reformkommunisten in der Führung bestimmt war. Weil es immer schwierig ist, in solch heiklen Fragen für andere zu sprechen, und weil ich auch die mir bekannten Ansichten von Mitgliedern der damaligen Führung nicht in die Welt hinausposaunen will, werde ich hier nur für meine Person sprechen. Ich gab mich zur Zeit des „Prager Frühlings" bestimmt keinen Illusionen von der Art hin, daß die Parteiführung in Moskau in unserer Reform ein nachahmenswertes Muster sähe oder daß sie ihrerseits keinen sehnlicheren Wunsch kennte als den nach demokratischen Verhältnissen im Geist des Aktionsprogramms, und zwar sowohl für die Tschechoslowakei wie für das eigene Land, die Sowjetunion. Im Hinblick auf die Sowjetunion war – und bin – ich vielmehr der Meinung, daß dort die Voraussetzungen für eine ähnliche politische Reform einfach nicht gegeben sind und daß eine Demokratisierung des öffentlichen Lebens dort allenfalls in einem langwierigen und komplizierten Prozeß stattfinden könnte. Ich war auch nicht etwa der Täuschung verfallen, daß die Außenpolitik der UdSSR keine Großmachtpolitik wäre, für die die eigenen Großmachtinteressen in den übrigen Staaten des Blocks weit über den öffentlich deklarierten Prinzipien der Unabhängigkeit und Souveränität rangierten. Ich befand mich auch nicht in dem Glauben, das meiste Kopfzerbrechen bereite dem sowjetischen Politbüro die Sorge, auf welche Weise sich der Sozialismus wohl am besten gemäß den humanistischen und demokratischen Grundsätzen entfalten könne, wie sie europäischer sozialistischer Tradition und letztlich ja auch den ursprünglichen Hypothesen von Karl Marx entsprechen. Und dennoch hatte ich noch viele Illusionen, die erst die militärische Intervention vom August 1968 beseitigte.

Vor dieser Intervention dachte ich, dem Moskauer Politbüro liege noch an einer Entfaltung des Sozialismus, und sei es auch nur in seiner verstümmelten Fassung gemäß sowjetischer Vulgärtheorie; ich dachte, das Moskauer Politbüro ließe sich wenigstens noch in einem gewissen Mindestmaß – sagen wir: im gleichen Umfang wie das Politbüro Antonín Novotnýs – von sozialistischen Ideen leiten. Schon dies war eine Illusion. Für das Moskauer Politbüro deckt sich der Begriff Sozialismus einfach mit der Vorstellung von der eigenen Macht und der Gesellschaftsordnung im eigenen Land, die es beide mit allen Mitteln aufrechtzuerhalten gilt. Selbst ein Minimum theoretischer Visionen von einer besseren und vollkommeneren, freieren und demokratischeren Ordnung, als sie in der „realsozialistischen" verkörpert ist – ein Minimum, das selbst Novotný noch anerkannt hatte –, gibt es für das Politbüro Breschnjews nicht mehr. Für mich war die kommunistische Ideologie seinerzeit noch ein Programm politischer und gesellschaftlicher Veränderungen, so wie ich sie in diesem Buch beschrieben habe. Für das Moskauer Politbüro bedeutet sie schon seit langem in keiner Hinsicht mehr ein Korrektiv der eigenen, rein machtbezogenen Interessen.

Vor dem August 1968 hatte ich angenommen, nach 1956 habe die UdSSR zumindest in den elementarsten Grundsätzen gelernt, eine Politik zu machen, die, wenn auch immer noch Großmachtpolitik, sich doch etwas mehr an den Eigenheiten der beherrschten Länder orientiere. Nach den Erfahrungen mit Jugoslawien und China, aber auch mit Polen und Ungarn, so dachte ich mir, würde der Kreml in der Wahl der Mittel, die zur ökonomischen, politischen und militärischen Abhängigkeit anderer Länder führen sollten, fortan wenigstens soviel Einsicht beweisen, daß sie nicht zum Gegenteil dessen führten, was sie eigentlich bewirken sollten. Es ist nicht auszuschließen, daß auch einige Mitglieder des sowjetischen Politbüros (diejenigen, die in der Frage der Intervention gemäßigter und länger unentschieden waren) ähnliche Überlegungen anstellten. Aber schließlich hat dieses Politbüro als ganzes doch bewiesen, daß die Sowjetunion es dort, wo keine Gegenmacht zu befürchten ist, mit den primitivsten Methoden der Vorherrschaft und Großmachthegemonie hält, auch gegenüber den eigenen Verbündeten, und daß ihr an einer Allianz mit wenigstens teilweise selbständigen Nationalstaaten gar nicht gelegen ist, wenn sie ohne Risiken in der Größenordnung eines Weltkriegs unmittelbare Beherrschung an deren Stelle setzen und andere Staaten ihrem uneingeschränkten Diktat unterwerfen kann.

Meine aus Ideologie geborenen kommunistischen Illusionen hinderten mich daran, das volle Ausmaß der reaktionären Unterdrückung zu

erkennen, die die Sowjetunion gegenüber sozialistischen demokratischen Kräften anwandte, die sie in den Grenzen ihres Imperiums unter ihrer Gewalt hatte. Ich hatte auch die Bedeutung der Veränderungen, zu denen es nach dem Sturz Chruschtschows gekommen war, nicht richtig begriffen. Weil in der Tschechoslowakei gerade in den Jahren 1964–1967 die reformkommunistische Entwicklung bedeutende Fortschritte machte, entging mir – und ich nehme an, auch vielen anderen tschechoslowakischen Kommunisten –, daß die Entwicklung in der Sowjetunion sich gerade in entgegengesetzter Richtung bewegte. Man kann Chruschtschow selbst gewiß nur mit großen Vorbehalten zu den Reformkommunisten zählen, aber seine Politik zielte trotz allem auf einen konsequenten Abbau zahlreicher Mechanismen des stalinistischen Regierungssystems; nach seinem Sturz wurden nicht wenige davon wieder restauriert.
Die militärische Intervention in Ungarn 1956 fiel freilich noch in die Ära Chruschtschows. Bis zum August 1968 hatte ich jedoch auch für diesen Widerspruch eine kommunistisch-ideologische Auflösung parat. Ich nahm an, daß den Anstoß zur Intervention erst die bewaffneten Angriffe gegen gewisse Einheiten der totalitären Diktatur aus der Zeit Rákosis gegeben hätten. Ich dachte auch, daß die allgemeine Unsicherheit der Führung Chruschtschows in der damaligen Zeit, knapp nach dem XX. Parteitag der KPdSU, eine Rolle gespielt habe. Was die Tschechoslowakei des Jahres 1968 anging, so war ich mir sicher, daß diese beiden Motive hier fehlten und eine militärische Intervention daher auszuschließen sei. Das war eine Illusion, denn offensichtlich handelte es sich auch in Budapest bei den ersten Schießereien auf den Straßen um das Ergebnis sowjetischer Provokationen, die das militärische Eingreifen legitimieren sollten. Ebenso illusorisch war meine Vorstellung, irgendein sowjetisches Politbüro würde nicht unsicher werden, sobald sich an irgendeiner Stelle des Imperiums das Bemühen um demokratische Reformen und nationale Unabhängigkeit bemerkbar machte. Solange in der Sowjetunion selbst ein Regime der totalitären Diktatur besteht, wird sich die Führung im Kreml in jedem Augenblick der Tatsache voll bewußt bleiben, daß der „untrennbare Verbund freier Völker“ nur eine Phrase aus der sowjetischen Nationalhymne ist, während in Wirklichkeit jede nationale und demokratische Bewegung innerhalb des Imperiums für die UdSSR selbst einen gefährlichen Ansteckungsherd darstellt.
Ich glaube, daß ähnliche kommunistisch-ideologische Illusionen der Hauptgrund waren, warum die KP-Führung unter Dubček in ihrer Gesamtheit nicht von Anfang an bemüht war, der demokratischen Re-

form Verbündete im Ausland zu gewinnen und so eine politische Situation herbeizuführen, durch die das sowjetische Politbüro vor das Risiko internationaler Konflikte gestellt und damit zu größerer Zurückhaltung gezwungen worden wäre. Dubčeks Parteiführung hatte sich von Anfang an für die genau entgegengesetzte Politik entschieden: Die Reform wurde immer wieder als rein innertschechoslowakische Angelegenheit hingestellt. Das Motiv dafür war, Moskau nicht zu reizen. Auch als Ende März klar wurde, daß der Kreml (flankiert von Ulbricht und Gomulka) von seiner Seite eine Offensive starten würde, blieb die Position der KPČ unverändert: Sie wiederholte immer aufs neue, daß es sich um eine rein innere Angelegenheit handle, daß wir nicht daran dächten, uns in die Angelegenheiten der anderen einzumischen, und sie sich daher auch nicht in die unseren einmischen sollten. Man wählte eine Taktik der Befriedigung Moskaus mittels des dauernd wiederholten Versprechens, die Tschechoslowakei würde nie von den Interessen abweichen, die Moskau im Rahmen des Bündnisses vertrete, und der Beteuerung, man wünsche nichts mehr, als die eigenen inneren Probleme allein und auf eigene Weise lösen zu dürfen. Als daher die Sowjetunion in der Nacht des 20. August in die Tschechoslowakei einmarschierte, konnte sie dies in der beruhigenden Gewißheit tun, daß sie auf keinerlei wirksamen militärischen Widerstand stoßen würde; und mit gleicher Sicherheit stand fest, daß die Tschechoslowakei keine durchdachte politische Verteidigung auf internationaler Ebene bereit hatte.

Es existierten natürlich Sympathien auf seiten der demokratischen Weltöffentlichkeit; auch einige kommunistische Parteien unterstützten die tschechoslowakische Reformpolitik; aber es fehlte ein planmäßig angelegtes System außenpolitischer Beziehungen, mit dessen Bedrohung durch eine militärische Intervention der Kreml zugleich Gefahren für die eigenen machtpolitischen Interessen heraufbeschworen hätte. Wie das Beispiel Rumäniens zeigt, ist es sehr wohl möglich, ein derartiges System aufzubauen. Es ist fraglich, ob sich derartiges im Lauf eines halben Jahres hätte bewerkstelligen lassen; Tatsache bleibt jedoch, daß die damalige Führung sich gar nicht erst darum bemühte; Tatsache bleibt ferner, daß solch ein Versuch vom Beginn der Reform an möglich gewesen wäre.

Wenn also Prag überhaupt reale politische Möglichkeiten hatte, den zur Intervention tendierenden Trend in Moskau zu beeinflussen, so reduzierten sich diese konkret auf zweierlei, nämlich erstens: durch einen außerordentlichen Parteitag und Parlamentswahlen im Juni 1968 unverzüglich einen Austausch der Kader im gesamten Partei-

und Staatssystem vorzunehmen und so das politische System zu stabilisieren (und dadurch allerdings die freie Entfaltung der demokratischen Volksbewegung, die den „Prager Frühling“ ja ausmachte, beachtlich einzuschränken), und zweitens: parallel dazu – eine offensive Außenpolitik zu betreiben (in der kommunistischen Bewegung, gegenüber Jugoslawien, Rumänien und China sowie bedeutenden Ländern der „Dritten Welt“, aber auch im Verhältnis zu demokratischen politischen Kräften und Staaten im Westen), wie sie dem Geist der tschechoslowakischen Reform entsprochen hätte.

Ich selbst habe mich während des „Prager Frühlings“ für die erste Komponente eingesetzt, nicht aber für die zweite. Unter dem Einfluß kommunistisch-ideologischer Illusionen über den Charakter der Moskauer Machtpolitik, beurteilte ich den internationalen Kontext des „Prager Frühlings“ ebenso falsch wie die übrigen Reformkommunisten in der Parteiführung. Das ist einer der Hauptgründe, warum ich heute nicht überzeugt bin, daß die Intervention bereits hätte vermieden werden können, wenn die innenpolitische Entwicklung meinen Vorstellungen nach gelaufen wäre.

Ich kann demnach nicht bestreiten, daß die KP-Führung unter Dubček historische Verantwortung dafür trägt, daß sie sich um eine derart weitgehende Absicherung des Reformversuchs des „Prager Frühlings“ nicht bemühte. Jedoch scheint mir der Vorwurf nicht berechtigt, daß sie dadurch die militärische Intervention unmittelbar verschuldet (oder mitverschuldet) habe. Denn solch ein Vorwurf geht von der Logik aus, derzufolge jemand, der sich nicht genügend bewaffnet und absichert, die Schuld daran trägt, daß er von Räubern überfallen wird. Vielleicht hätte er tatsächlich vorsorglich sein, sich vorsichtiger und weniger naiv verhalten sollen, wissen sollen, daß derjenige, den er als Freund betrachtet, doch nur ein Räuber ist – aber das alles kann nie bedeuten, daß die Schuld am Überfall jemand anderen trifft als den Räuber selbst.

Die Vertreter der moskautreuen „Normalisierungspolitik“ werfen der Dubčekschen Führung in ihrer seit 1968 immer wieder lautstark verkündeten Kritik jedoch etwas ganz anderes vor. Ihrer Meinung nach hätte man von Anfang an eine „Normalisierungspolitik“ durchführen sollen – dann wäre es zu keiner Intervention gekommen. Das ist zwar richtig, bedeutet aber auch, daß es dann ebensowenig zu einer politischen Reform gekommen wäre – weder in Gestalt des wirklichen „Prager Frühlings“, noch bloß in der eines beschränkten Aktionsprogramms. Diese Kritik liefert keine Alternativen zur Reform, sondern sie entsagt jedweder Reform als solcher. Wenn im Januar 1968 keine

Reformkommunisten in die Parteiführung gekommen wären, sondern nur Leute wie Bilak, Indra, Jakeš und Kapek, wäre es tatsächlich zu keiner militärischen Intervention gekommen. Auf heutige Umstände bezogen hätte das jedoch nur *einen* Vorteil gebracht: Es hätte sich dann mit Sicherheit niemals das Bedürfnis ergeben, einen Gustáv Husák in führende Funktionen einzusetzen.

Nachdem Alexander Dubček in der Nacht vom 20. zum 21. August die Sitzung des Parteipräsidiums formell beendigt hatte, ging es auf den Korridoren vor dem Sitzungssaal wie in einem Bienenstock zu. Dutzende von Parteifunktionären und Journalisten standen und liefen herum, unterhielten sich und warteten auf Anweisungen. Trotzdem kam es durch Improvisation noch zu einigen wichtigen Ereignissen. Der damalige Minister für das Post- und Fernmeldewesen, der prosowjetische Agent Karel Hoffmann – in Zusammenarbeit mit den Parteigängern der Sowjets in der Staatssicherheit (V. Šalgovič) und in der amtlichen Presseagentur ČTK (Sulek) – ging jetzt nach einem vorher abgesprochenen Plan daran, Rundfunk- und Fernsehsendungen zu unterbinden. Nach dem ersten Satz der Erklärung des Parteipräsidiums verstummten die Rundfunksender und strahlen nur unheilverkündendes Schweigen aus. In ähnlicher Weise verbot der Chefredakteur von „Rudé právo", die Erklärung zu setzen, und bereitete seinen eigenen Text vor. Durch den entschlossenen Einsatz Josef Smrkovskýs und dank der Reaktionsfähigkeit der Mitarbeiter des Rundfunks konnte unverzüglich ein Ersatzsendekreis eingeschaltet werden, und knapp nach zwei Uhr nachts erklang die Erklärung der Dubčekschen Parteiführung durch den Äther und kam schließlich auch in die Rotationsmaschinen von „Rudé právo".
Eine ernste Frage, die gleichfalls improvisiert behandelt wurde, war die Einberufung des außerordentlichen XIV. Parteitags. Die Initiative dazu ging vom Stadtkomitee der KPČ in Prag aus, dessen Leitender Sekretär Bohumil Šimon war. Er griff noch in der Nacht im Gespräch mit Dubček die Frage auf, ob der Parteitag unverzüglich einberufen werden sollte. Dubček war, soviel ich weiß, unentschlossen; ich persönlich bin der Ansicht, daß er vor allem fürchtete, die versammelten Delegierten könnten von den Militärs massakriert werden, und einfach nicht glaubte, daß überhaupt irgendeine Möglichkeit bestand, den Parteitag unter zweckentsprechenden Bedingungen zu realisieren. Schließlich hatte er jedoch nichts dagegen, daß das Stadtkomitee sich im Rahmen der Möglichkeiten bemühte, die gewählten Delegierten einzuberufen. Und so liefen die Vorbereitungen für die Einberu-

fung des Parteitags noch in derselben Nacht an und schon nach kurzer Zeit auf vollen Touren; am Morgen des 22. August 1968 versammelten sich dann die Delegierten in der Kantine eines der Betriebe des ČKD-Konzerns im Industrieviertel Vysočany.

Militärflugzeuge, die Panzer und Soldaten zum Prager Zivilflugplatz Ruzyně transportierten, dröhnten in immer kürzer werdenden Abständen über das ZK-Gebäude hinweg, das sich allmählich leerte: Die Funktionäre aus den Bezirkssekretariaten und Betrieben und die Journalisten eilten an ihre Arbeitsplätze. Zurück blieben einige Mitglieder der Parteiführung und ihre Mitarbeiter, dazu die Verwaltungsangestellten, denen es nach der Ausstrahlung der Erklärung über den Rundfunk noch gelungen war, sich Zutritt zum Sekretariatsgebäude zu verschaffen. Gegen vier Uhr morgens saß ich in Dubčeks Büro, wo sich außer Dubček noch Smrkovský, Kriegel, Špaček, Šimon, Sádovský, Slavík, Jakeš und Kapek aufhielten. Soweit kann ich mich an die Zusammensetzung der Gruppe genau erinnern. Nicht anwesend waren Piller, Bilak, Švestka, Indra, Voleník und Erban. Erban war vielleicht schon auf der Nachmittagssitzung am 20. August nicht zugegen gewesen; zumindest kann ich mich keiner Aktivität seinerseits entsinnen.

Kurz nach vier Uhr morgens fuhr vor dem Gebäude des ZK ein schwarzer „Wolga“ der sowjetischen Botschaft vor, gefolgt von Panzerwagen und Panzern. Aus den Fahrzeugen sprangen mit schußbereiten Maschinenpistolen in den Händen sowjetische Soldaten in der Uniform der Fallschirmjäger, mit weinroten Baretts und Matrosenhemden unter dem Overall. Panzer und Soldaten umringten das Gebäude, ein dichter Kordon von Soldaten sperrte den Zugang von allen Seiten. Einige Offiziere und eine Rotte Fallschirmjäger liefen ins Haus. Gemeinsam mit den übrigen beobachtete ich das alles vom Fenster aus und hatte dabei das Gefühl, einer Filmszene beizuwohnen. Aber mein Bewußtsein sagte mir ganz klar: Diese Soldaten in sowjetischen Uniformen, die du am 9. Mai 1945 zum erstenmal gesehen und mit Jubel und Umarmungen begrüßt hast, die dann später fünf Jahre lang deine Freunde, Kameraden, Saufkumpane waren, sind keine Gestalten aus einem Spielfilm, sie werden mit ihren Maschinenpistolen weder auf zaristische Kadetten vor dem Winterpalast, noch auf die letzten Verteidiger des Reichstags zielen, sondern auf dich persönlich. Obgleich mir dies deutlich bewußt war, flüsterte mir eine innere Stimme immer wieder zu, daß alles nur ein großes Mißverständnis sein könnte: Ich spreche ihre Sprache, weiß, wie sie denken, kenne ihre militärischen Ränge und Befehle, kann mir vorstellen, worüber sie sich nach Dienstschluß unterhalten, was sie von ihren Offizieren halten, ja selbst von Breschnjew; es ist doch nicht möglich, daß sie mich einfach abknallen.

Aber war es denn tatsächlich nicht möglich? Wieso denn eigentlich nicht? Hatte ich denn die Vorfälle vergessen, die mir meine Zimmergenossen im Studentenheim Stromynka, die ehemaligen Frontsoldaten erzählten? Hatten sie denn nie jemanden erschossen, den sie gar nicht kannten und von dem ihnen im Moment keine Gefahr drohte, weil er unbewaffnet war? Und doch durchlebte ich diese Minuten anders als jene ähnliche Situation damals in der Nacht nach dem Attentat auf Heydrich. Die gesamte Okkupationsmacht, so schien es, war in die Fahndung nach den Attentätern eingeschaltet, Polizei- und Militärstreifen durchkämmten alle Prager Straßen – ganz ähnliche Maschinenpistolen in Händen. Sie kamen auch in die Gasse, in der ich damals mit meinen Eltern lebte. Ich sah sie durchs Fenster, graue Gespenster, die ein Haus nach dem anderen, eine Wohnung nach der anderen durchsuchten. Ich wußte, daß im Schrank die Uniform meines Vaters hing, der vor dem Krieg Offizier gewesen war, und daß irgendwo in der Wohnung eine Waffe versteckt war. Ich hatte ganz gewöhnliche, große Angst vor dem Feind und wußte: Wenn die Soldaten in unsere Wohnung kämen, würde dies das Ende bedeuten. Sie kamen nicht – zufällig nicht.

Vor denen, die heute ganz bestimmt kommen würden, hatte ich diese gewöhnliche, animalische Angst nicht. Ich war natürlich nicht mehr der kleine Junge ohne irgendwelche Bedeutung für die, die gleich kommen würden. Ich wußte, daß sie Befehle hatten – und die lauteten bestimmt nicht, die Tür zu Dubčeks Büro aufzustoßen und Maschinenpistolensalven zu streuen. Viel wahrscheinlicher war, daß wir erst einmal verhaftet, irgendwohin weggeführt und später vielleicht vor ein Tribunal gestellt würden, aber bestimmt war noch nicht alles zu Ende, und wie es wirklich enden würde, dafür gab es noch mehrere Möglichkeiten. Aber das waren keine klaren Erwägungen, sondern unterbewußte Gefühle und Sicherheiten. Aber worauf gründeten sie sich? Ich glaube, auf meinen kommunistischen Glauben und meine langjährige Zugehörigkeit zu den Privilegierten und Regierenden im System der kommunistischen Macht.

Meine Gefühle waren von der gleichen Art wie die jener KPČ-Funktionäre, die vor dem Slánský-Prozeß von Angehörigen des Staatssicherheitsdienstes abgeholt wurden, die sie persönlich kannten und denen sie vorher vielleicht selbst schon manche Verhaftung aufgetragen hatten: Auch sie hatten anfangs ein unterbewußtes Gefühl der Sicherheit, daß es sich um einen Irrtum handeln müsse, daß diese Macht sich doch nicht wirklich gegen sie richten könne. Das war die falsche Sicherheit der kommunistischen Gläubigen und Privilegienbesitzer, die sich immer noch an der Macht glaubten. Es ist wahrscheinlich ein Gefühl, das viel älter ist als der spezifisch kommunistische Glaube, die spezifisch kommunistische Macht; ich nehme an, daß kirchliche Würdenträger, die vor die Inquisition gerufen wurden, anfangs auch dieses Gefühl hatten – bis sie es in der Folterkammer und vollends auf dem Scheiterhaufen verloren. Waren also durch die bloße Tatsache der sowjetischen Invasion schon alle meine Illusionen zerstreut? Offenbar nicht.

Und wieder ist es schwer, für andere zu sprechen, aber es schien mir damals, daß diese geheimen, unterbewußten Gefühle von anderen geteilt wurden. Zumindest schien das Verhalten aller Anwesenden – die doch nur wenig später für lange Stunden unter der Drohung sowjetischer Maschinenpistolen in Gefangenschaft gehalten werden sollten – darauf hinzudeuten. Josef Smrkovský berichtet in postum veröffentlichten Erinnerungen, daß er unmittelbar nach einem Zwischenfall, bei dem ein sowjetischer Soldat unter den Fenstern von Dubčeks Arbeitszimmer unbeabsichtigt einen jungen Mann an der Spitze einer friedlichen Demonstration erschoß, den sowjetischen Botschafter Tscherwonjenko anrief und ihn für diesen Toten verantwortlich machte. So konnte nur jemand reagieren, der sich selbst mit dem Maschinenpistolenlauf im Nacken noch als Partner der Okkupationsmacht fühlte, als einer von den Regierenden, zu denen auch Tscherwonjenko und Breschnjew gehörten. Ich glaube aber, daß diese Gefühle nicht einseitig waren, sondern daß auch die Soldaten mit den Maschinenpistolen und ihre Offiziere sie teilten. Plötzlich flog die Türe zu Dubčeks Arbeitszimmer auf und etwa acht Soldaten und niedere Offiziere mit Maschinenpistolen stürmten herein, nahmen Aufstellung hinter dem großen Tisch und zielten auf unsere Nacken. Hinter ihnen traten zwei höhere Offiziere ein; der ranghöhere, ein Oberst, war kleingewachsen, beinahe ein Zwerg. Dafür trug er eine Menge Orden an der Brust – darunter, glaube ich, auch den Goldenen Stern eines „Helden der UdSSR" – und ein selbstsicheres, soldatisches Auftreten zur Schau. Er kündigte an, daß er uns „unter seinen Schutz" nehme und begann Befehle zu erteilen. Jemand – ich glaube Dubček – wollte etwas sagen, aber der zwergenhafte Oberst fing an zu schreien: „Nicht sprechen, ruhig sitzen! Nicht tschechisch sprechen!"

Wenn er den zweiten Satz – „Nicht tschechisch sprechen!" – nicht hinzugefügt hätte, hätte ich ihn vielleicht ignoriert. Aber dieser Zusatz

brachte mich so auf, daß ich mein Gefühl der Wut, der Erniedrigung, der Angst – Angst gepaart zugleich mit dieser sonderbaren Sicherheit der Regierenden – nicht mehr beherrschen konnte und mit erhobener Kommandostimme auf Russisch sagte: „Benehmen Sie sich gefälligst so, wie man Sie geheißen hat! Wo glauben Sie, daß Sie sich befinden? Sie sind im Büro des Ersten Sekretärs der Kommunistischen Partei. Haben Sie den Befehl, uns zum Schweigen zu bringen? Den haben sie nicht. Also halten sie sich an ihre Befehle!“ Dem Oberst verschlug es den Atem, er wollte erst etwas entgegnen, ließ es aber schließlich bleiben. Er blickte stumm in die Runde und verließ dann den Raum. Nach einer Weile kam er in Begleitung zurück, trat immer noch selbstbewußt auf, über das Sprechverbot fiel jedoch kein Wort mehr. Er fertigte eine Namensliste von allen Anwesenden an: Seine Vorgesetzten hatten wahrscheinlich noch nicht den rechten Überblick, wer sich an welchem Ort aufhielt, und wußten wohl auch noch nicht, wo sie die Mitglieder der „Revolutionären Regierung“ und des „Revolutionstribunals“, deren Bildung ihnen avisiert worden war, antreffen würden. Die Soldaten rissen die Telefondrähte aus den Wänden, schlossen die Fenster, um zu verhindern, daß wir die Rufe der Menschen hörten, die sich hinter dem Militärkordon versammelt hatten, die Nationalhymne und wechselnde Sprechgesänge anstimmten und dazwischen immer wieder Dubčeks Namen riefen. Aber auch durch die verschlossenen Fenster konnten wir sie hören und daneben in der Ferne zeitweilig Schüsse. Wir saßen nun schweigend um den Tisch, die Läufe der Maschinenpistolen im Nacken. Bohumil Šimon griff hinter sich in ein Bücherregal und zog wahllos ein Buch heraus; es war eine Geschichte des antiken Griechenland.
„Sehen wir mal nach, was wir zu erwarten haben“, sagte er wie in dem bekannten Gesellschaftsspiel und öffnete das Buch, tippte mit dem Finger auf den erstbesten Satz und las laut vor. Der Satz gab eine Überlegung – ich glaube von Plato – wieder, in der es hieß, daß die Demokratie nicht die beste Gesellschaftsordnung sei, daß es zu einem allgemeinen Rückgang der Disziplin käme, ja selbst Tiere liefen frei auf den Straßen umher. „So, Genossen, jetzt wissen wir, warum sie gekommen sind“, sagte Šimon und klappte das Buch zu. Damit war die bedrückende Atmosphäre gelockert, und wir begannen uns miteinander zu unterhalten.
František Kriegel sah auf die Uhr. Es war kurz nach fünf am Morgen des 21. August 1968. „Ich nehme an“, sagte er, „daß jetzt bis acht Uhr nichts mehr los sein wird; so lange werden sie brauchen, bis sie sich zurechtgefunden haben. Wir sind alle unausgeschlafen, und ich rate je-

dem, sich noch etwas Schlaf zu holen. Wir werden alle einen klaren Kopf brauchen.“ Nach diesen Worten stand er vom Tisch auf, ging zu einer freien Stelle hinter Dubčeks Vorstandsstuhl, legte sich der Länge nach auf den Teppich und schob sich seine Aktentasche unter den Kopf. Er hatte tatsächlich vor, zu schlafen.

Neben Smrkovský war Kriegel der einzige Repräsentant der alten, der Vorkriegsgeneration von Kommunisten in der Parteiführung unter Dubček. In die Tschechoslowakei war er Anfang der zwanziger Jahre gekommen, aus dem ukrainisch-polnischen Grenzgebiet, wo die verschiedensten Bürgerkriegsarmeen einander ablösten, die aber alle eines gemeinsam hatten – einen Hang zu antijüdischen Pogromen. Für Schelest war Kriegel deshalb ein „galizischer Jude“. Er war jedoch ein Kommunist, der den Spanischen und unmittelbar darauf den Chinesischen Bürgerkrieg mitgemacht hatte, beide als Arzt (er hatte nach seiner Übersiedlung nach Prag Medizin studiert). Menschen, die etwas davon verstehen, halten Kriegel für einen guten Arzt. Er gehört nicht zu den Medizinern, die auf dem Weg über die Politik Karriere gemacht haben.

Ich kannte Kriegel schon seit 1947, als er noch Stellvertreter Novotnýs im Bezirkssekretariat der KPČ war. Er war für mich immer einer der intelligentesten unter den Parteifunktionären: gebildet und kultiviert, eine herausragende Persönlichkeit mit Organisationstalent, mit ebenso bedeutender politischer wie Lebenserfahrung, mit einer Weite des Blicks, die über den provinziellen Horizont der meisten Parteifunktionäre immens hinausreichte. Aber gerade diese Eigenschaften waren es, die zusammen mit dem Umstand, daß er Jude und ehemaliger Interbrigadist war, in den fünziger Jahren seinen politischen Fall bewirkten. Er überlebte die Zeit, während derer er sich im Stand der politischen Ungnade befand, anfangs als Funktionär im Gesundheitswesen, später als praktischer Arzt. Gemeinsam mit Smrkovský reihte ihn dann Novotný unter die Menschen ein, an denen er demonstrieren wollte, wie sehr ihm daran lag, das in den fünziger Jahren geschehene Unrecht wieder gutzumachen – Kriegel wurde Mitglied des Zentralkomitees, Abgeordneter der Nationalversammlung und eine Persönlichkeit des öffentlichen Lebens.

Er war in den sechziger Jahren kein „Mann des Parteiapparats“, gehörte zu keinem Klüngel und war im Apparat überhaupt nicht beliebt. Auch im Jahr 1968 kam er, wie bereits erwähnt, nicht als persönlicher Freund Dubčeks, Černíks oder gar Kolders in die KPČ-Führung, wo er meistenteils Positionen einnahm, die ihn noch am ehesten dem radikalen Flügel der Reformkommunisten hätten zuordnen können. Seine

Überlegungen waren jedoch immer politisch rational; ich glaube sogar, daß in der gesamten Dubček-Führung Kriegel der Mann war, der am wenigsten an kommunistisch-ideologischen Illusionen litt, einschließlich solcher über den Charakter der sowjetischen Großmachtpolitik; tatsächlich hatte er wohl in mancher Beziehung überhaupt keine Illusionen mehr. Unser persönliches Verhältnis war jedoch lange – bis Mitte der siebziger Jahre, als wir bereits beide im Getto der aus der Partei Ausgestoßenen lebten – nicht freundschaftlicher und vertraulicher Natur. Ich glaube, außer unseren im Jahr 1968 auseinandergehenden Ansichten über gewisse Möglichkeiten der Reform – ihr Tempo, gewisse Methoden und politische Einschränkungen – trugen auch persönliche Eigenheiten dazu bei. Kriegel ist ein politisch rational denkender Mensch, aber äußerst selbstbewußt, der seine Ansichten und Konzeptionen autoritativ durchsetzte und Leuten, die anderer Meinung waren, mit Mißtrauen begegnete, wenn auch absolut nicht unfreundlich oder unaufgeschlossen. Ich selbst finde in meinem politischen Handeln ähnliche Züge, und diese Ähnlichkeit hat offensichtlich unser gegenseitiges Verhältnis beeinträchtigt, solange wir in der Welt der Politik und an der Macht waren.
František Kriegel gehörte zu den Funktionären der KPČ, für die sich Politik noch nicht auf die Probleme des Herrschens und der Machtkämpfe in den Mechanismen der totalitären Diktatur reduzierte. Politik war für ihn Bewegung und Geschehen innerhalb der Gesellschaft, in der Tschechoslowakei und in der Welt. Er war deshalb auch dazu prädestiniert, im Jahr 1968 den Kräften, die die demokratische Volksbewegung repräsentierten, größere Bedeutung beizumessen als den Kräften innerhalb der unmittelbaren Machtstruktur. Das heißt aber nicht, daß sich Kriegel in den Dschungelkämpfen hinter den Kulissen und zwischen den einzelnen Gruppen nicht ausgekannt hätte oder ihnen ausgewichen wäre. Ganz im Gegenteil, er verstand es auch hier, mittels geschickter Schachzüge seine eigenen Konzeptionen durchzusetzen. Sein Hauptaugenmerk war aber immer auf die Entwicklung in der Gesellschaft selbst gerichtet, und deshalb wurde er als erster zur Zielscheibe der Stalinisten; daß er außerdem „galizischer Jude" war und einen in den Augen des KGB verdächtigen Lebenslauf hatte, trug noch ein übriges dazu bei.
Privat ist Kriegel das, was man einen guten Menschen nennt. Ich habe selten jemanden kennengelernt, der es verstand, seinen Mitmenschen in Situationen äußerster Bedrückung, Gefahr und Spannung mit solch einer Selbstverständlichkeit und Unmittelbarkeit Mut, Hoffnung und Selbstvertrauen zuzusprechen wie er. Arzt sein ist bei ihm nicht nur

Beruf, sondern Berufung. Aber weil auch ein Arzt kein Engel ist, ist Kriegel manchmal hartnäckig, mißtrauisch und voreingenommen gegen Menschen, bei denen er Grund zum Mißtrauen zu haben meint. Damals im Morgengrauen auf Dubčeks Teppich schlief Kriegel tatsächlich ein. Etwa zehn Minuten, nachdem er sich hingelegt hatte, ertönte aus seiner Ecke so lautes Schnarchen, daß die acht Fallschirmjäger im ersten Moment erstarrten und instinktiv ihre Maschinenpistolen auf den Schlafenden richteten. Ich dachte zuerst, Kriegel tue das absichtlich. Er schnarchte aber so friedlich und melodisch weiter, daß bald alle, einschließlich der Bewacher, erkannten, daß er tatsächlich schlief. Und so richteten sich die Läufe der Maschinenpistolen wieder auf unsere Nacken.

Wie Kriegel richtig vorausgesehen hatte, geschah während der folgenden drei Stunden überhaupt nichts. Den größten Teil der Zeit saßen wir jeder in seine Gedanken vertieft da, hin und wieder kam ein Zwiegespräch auf, einige lasen. Dubčeks Arbeitszimmer hatte ein eigenes Bad mit Toilette. Wer immer von uns sich dorthin begab, wurde von einem Fallschirmjäger gefolgt, der offenbar die Weisung hatte, sobald der Benutzer wieder hervorkam, Bad und Toilette peinlichst genau zu untersuchen. Er tat dies allem Anschein nach sehr gründlich, denn einer seiner Arme war jedesmal naß bis zum Ellbogen; wahrscheinlich mußte er den Spülkasten und möglicherweise sogar das Abflußrohr sondieren.

Etwa um neun Uhr, kurz nachdem Kriegel aufgewacht war und sichtlich erfrischt wieder bei uns am Tisch Platz genommen hatte, trat unser Zwergoberst wieder ein, begleitet von zwei sowjetischen Offizieren und drei Zivilisten, in denen wir, noch bevor sie den Mund aufgemacht hatten, Angehörige der tschechoslowakischen Sicherheitsorgane erkannten. Einer von den Zivilisten, ein großer, dunkelhaariger Mann, forderte Dubček, Smrkovský, Kriegel und Špaček auf, ihm zu folgen. Jemand – ich glaube, es war Dubček – fragte nach dem Grund. Daraufhin sagte der Dunkelhaarige einen Spruch auf, etwa des Sinnes: Im Namen des Revolutionstribunals unter Führung des Genossen Alois Indra. Smrkovský fragte, was denn das für ein Organ wäre, von dem selbst er als Vorsitzender der Nationalversammlung noch nie gehört habe und das auch in der Verfassung nicht erwähnt sei. Dubček verhinderte jedoch mit den Worten „Laß das sein, Josef, es hat ohnehin keinen Sinn“ eine weitere Debatte. Dann forderte der Sicherheitsbeamte die vier auf, ihm ihre Waffen auszuhändigen. Smrkvoský lachte, begann sich demonstrativ selbst zu durchsuchen, die Taschen nach außen zu kehren, und legte schließlich ein kleines Taschenmesser auf den

Tisch mit den Worten: „Wir haben beim Umgang mit dem eigenen Volk keine Waffen benötigt.“ Die verunsicherten Beamten, die an Dubček herangetreten waren, hielten plötzlich inne. Dubček breitete die Arme aus, und mit seinem entwaffnenden Lächeln forderte er den nächststehenden auf: „Bitte durchsuchen Sie mich. Na, suchen Sie doch!“ Der sowjetische Oberst konnte zwar nicht verstehen, was gesprochen wurde, begriff aber offenbar die Absurdität der ganzen Szene und forderte alle auf, den Raum zu verlassen. Smrkovský nahm noch ein paar Würfel Zucker vom Tisch und steckte sie in die Tasche, wobei er zu uns übrigen gewandt meinte: „Nehmt euch auch, das kann noch gelegen kommen, ich habe Erfahrungen aus Ruzyně.“ Dann wurde er zusammen mit den drei anderen abgeführt.

Uns Zurückbleibenden wurde nun klar, in welche Richtung sich die Ereignisse wandten. „Es wird brenzlig“, sagte jemand. Dann herrschte lange Zeit angespanntes Schweigen. Sich im Geist die Szenen vor dem „Revolutionstribunal“ vorzustellen, war schon viel konkreter und rational akzeptabler, als die frühere Vorstellung, daß durch die Ankunft der Fallschirmjäger mit ihren Maschinenpistolen bereits der letzte Akt angebrochen wäre.

Die Zeit, die mit nichts erfüllt war, verlief ohne Kontur, und ich kann mich weder an das Wann noch die genaue Reihenfolge der weiteren Ereignisse erinnern. Die sowjetischen Offiziere kamen noch einmal zurück, diesmal ohne tschechische Begleitung, riefen Šimon, Jakeš und Kapek auf und führten sie aus dem Raum. Es war eine seltsame Zusammenstellung, und wir unterhielten uns darüber, was sie wohl bedeuten könnte; es war klar, daß Šimon nicht zu den beiden übrigen gerechnet werden konnte, ebenso auch, daß man diese Gruppierung kaum vor ein „Revolutionstribunal“ zitieren würde. Wie sich später herausstellte, war Šimon zu den vier ursprünglich Festgenommenen gebracht worden, während man die beiden anderen wahrscheinlich zu einer Beratung mit sowjetischen Stellen geführt hatte.

Dann bekamen die Posten neue Instruktionen, woraufhin sich ihr Verhalten änderte. Sie setzten sich auf die freigewordenen Stühle, zielten nicht mehr in unsere Nacken, sondern legten die Maschinenpistolen auf ihre Knie. Um die Mittagsstunde ertönten plötzlich die Sirenen aller Prager Betriebe. Zuerst sprangen die Soldaten auf und nahmen wieder ihre vorherige Position ein, bald beruhigten sie sich jedoch wieder.

„Was ist das? Was bedeutet das?“ fragte mich der Leutnant, der die Aufsicht über mich führte. Er trug nicht die Uniform der Fallschirmjäger, sondern eine gewöhnliche Infanterieuniform. Er behandelte uns von Anfang an anständig. Es handelte sich um den Offizier, der in einem Filmdokument aus jener Zeit zu sehen ist, wie er aus dem Fenster von Dubčeks Arbeitszimmer schaut. Es war auch derselbe Leutnant, mit dem Smrkovský gemeinsam aus dem Fenster sah, als der junge Tscheche erschossen wurde; Smrkovský sagte über ihn: „Er war so ein netter Junge.“ Ich selbst konnte beobachten, wie erschüttert der junge Leutnant nach der Schießerei war und daß er mit den Tränen zu kämpfen hatte.

„Was das war? Fabriksirenen“ antwortete ich. „Aber warum?“ fragte er weiter. „Das weiß ich nicht, lassen Sie mich hinaus, und ich stelle es fest. Es würde mich auch interessieren.“ „Dazu habe ich kein Recht“, antwortete der Leutnant. Ich fügte hinzu, meiner Vermutung nach seien die Arbeiter in Streik getreten und wollten das mit dem Sirenengeheul bekanntgeben.

„Die Arbeiter sollen die Sirenen angestellt haben?“ fragte er argwöhnisch. „Erzählen sie mir doch keine Märchen. Die kommen doch an die Sirenen gar nicht heran. Irgend jemand von der Direktion hat es angeordnet, und deshalb heulen die Sirenen.“

Und damit begann meine Diskussion mit dem Offizier, der den Auftrag hatte, mich zu bewachen. Zuerst debattierten wir darüber, ob die Dinge bei uns anders stünden, ob er selbst sehen müßte, daß eine außerordentliche Situation herrsche, und ob die Menschen aus eigenem Antrieb so reagierten, wie sie reagierten. Er schien nicht überzeugt. Dann fragte ich ihn, warum er wohl seinem Dafürhalten nach hergeschickt worden sei. Mehr oder weniger zusammenhängend und etwa auf dem gleichen Niveau wie Breschnjew in seinem Brief begann er über die „konterrevolutionäre Situation“ in der Tschechoslowakei zu sprechen. Er kannte Zitate aus den Zeitschriften „Literární listy“ und „Reportér“, auch die genauen Titel und Nummern der Zeitschriften. Er sprach ein sehr kultiviertes Russisch, drückte sich jedoch mit einer gewissen ideologischen Befangenheit aus. Ich fragte ihn, wieso gerade er sich durch Artikel in unseren literarischen Zeitschriften bedroht fühle. Seine Antwort erschütterte mich: Er sei Absolvent des Moskauer Instituts für Literatur! Weil er aber keine Anstellung habe finden können, sei er zur Armee gegangen.

Zwischen den übrigen Bewachern und Bewachten kamen ebenfalls Gespräche in Gang, je nach den Russischkenntnissen der Bewachten. Václav Slavík debattierte mit seinem Fallschirmjäger sogar auf Französisch, denn auch der war Akademiker.

Am Nachmittag brachte uns der persönliche Fahrer Dubčeks, Jožko Brinzík, Essen aus dem parteieigenen Hotel. Er hatte auch mit unseren Familien telefoniert und sie über unser Schicksal informiert; jeder von uns fand unter seiner Serviette einen Zettel mit Grüßen von zu Hause. Brinzíks Bekanntschaft mit Dubček datierte aus der Zeit der gemeinsamen Partisanenkämpfe, und von damals her war Brinzík auch mit der Mentalität der sowjetischen Soldaten und Offiziere und mit der russischen Sprache vertraut. Wie ich später erfuhr, hatte er sich den Zutritt zu dem besetzten Gebäude auf denkbar einfache Weise verschafft; selbstbewußt sagte er den Wachhabenden einen einzigen Satz: „Euch bin ich nicht unterstellt, ich habe meine eigenen Anweisungen und Vorgesetzten!" Dank der Verwirrung in den militärischen, polizeilichen und politischen Zuständigkeiten kam er damit überall durch.

Nachdem wir gegessen hatten, merkten wir, wie sehnsüchtig unsere Bewacher die Reste von Fleisch, Wurst, Brot und Bier betrachteten, und jemand erkundigte sich bei ihnen, ob sie Hunger hätten. Daraufhin verrieten sie ein Militärgeheimnis: Sie hatten zuletzt am vergangenen Abend gegessen. Gierig verzehrten sie die übriggebliebenen Speisen, und damit war der Rest des Diensteifers dahin. Mein Leutnant zerlegte bereitwillig auf dem Tisch seine Maschinenpistole, nachdem ich ihm erklärt hatte, ich hätte während meiner militärischen Ausbildung als Unterleutnant der sowjetischen Armee in Moskau ein ganz anderes Modell gehabt. Er erläuterte mir die Unterschiede zwischen dem alten und dem neuen Modell und lobte seine Waffe: Auf sie sei Verlaß in der tropischen Hitze Mittelasiens so gut wie nördlich vom Polarkreis. Erst als ich ihm sagte, daß es dann wohl das Beste wäre, sie zögen sich mit ihren hervorragenden Waffen allesamt hinter den Polarkreis zurück, wurde er sich des Unangemessenen in der Situation bewußt, baute seine Maschinenpistole wieder zusammen und schob sie beiseite.

Mit diesem Leutnant bräuchte ich nur eine Woche lang zusammen zu wohnen und zu trinken, dachte ich bei mir, und er würde die Unsinnigkeit der ganzen Intervention von selbst eingestehen. Möglicherweise gab es unter den Interventen nicht wenige solcher Menschen. Nicht nur wir hier, im exklusiven Milieu des Gebäudes des ZK der KPČ, diskutierten mit Angehörigen der Interventionstruppen. Auf den Straßen Prags und anderer Städte entspannen sich zu dieser Zeit Tausende ähnlicher Diskussionen zwischen tschechoslowakischen Bürgern und sowjetischen Soldaten. Es waren keine Elitetruppen wie die Besatzer des ZK-Gebäudes, die sich aus der berühmten Tamansker Division rekrutierten, und daher wußten sie oft nicht anzugeben, welchem Zweck ihr Einmarsch dienen sollte, ja ahnten mitunter nicht einmal,

wo sie sich überhaupt befanden. Wie hinterher bekannt wurde, trat gar nicht so selten der Fall auf, daß die Soldaten meinten, in Westdeutschland oder selbst in Israel zu sein.
Fünf Tage später erwähnte ich Marschall Gretschko gegenüber meine Erfahrungen, wobei ich anmerkte, daß sich seine Armee meiner Meinung nach in der Tschechoslowakei ideologisch zersetzt hätte. „Schon möglich", erwiderte Gretschko, „aber das macht nichts. Wenn sie sich zersetzt, werden wir sie austauschen. Ich kann sie zehnmal austauschen!" Er sagte das so selbstsicher, daß mich sein Ton zu der Frage provozierte: „Nur?" Er warf mir einen martialisch-wütenden Blick zu, würdigte mich jedoch keiner weiteren Antwort, sondern drehte sich abrupt um und ging weg.
Etwa um zehn Uhr abends trat wieder der Zwergoberst ein, mit veränderter Miene. Lächelnd teilte er uns mit, daß Beratungen auf höchster Ebene stattfänden und daß von unserer Seite Genosse Dubček und die übrigen Genossen daran teilnähmen. Wir könnten jetzt gehen, wohin wir wollten, wir seien absolut frei, und am nächsten Morgen könnten wir normal zur Arbeit ins ZK-Gebäude kommen. Er fügte sogar hinzu, er persönlich sei sehr froh, daß sich alles so geregelt habe; er schickte die Wachen fort, schüttelte jedem von uns die Hand und ließ sich dann bei einem aus der Gruppe – ich glaube, es war Sádovský – am Tisch zum Gespräch nieder. Ich selbst stand auf und machte mich auf den Heimweg.
Meine Wohnung lag nicht weit vom ZK-Gebäude entfernt, und daher ging ich zu Fuß nach Hause. Hinter dem Kordon der Fallschirmjäger wartete eine Menschenmenge darauf, was weiter würde. Wer aus dem Gebäude kam und von den Wachen respektvoll durchgelassen wurde, den betrachtete man mit Mißtrauen. Jemand aus der Menge erkannte mich und rief meinen Namen. Sofort bildete sich um mich eine Traube von Menschen, die vor allem wissen wollten, was mit Dubček sei. Ich sagte ihnen wahrheitsgemäß, daß sich kein Mitglied der Parteiführung mehr in dem Gebäude aufhielte und daß möglicherweise politische Verhandlungen vorbereitet würden, an denen Dubček teilnehmen sollte. Ich hielt es nämlich für völlig ausgeschlossen, daß der Zwergoberst sich etwas derartiges hätte aus den Fingern saugen und auf eigene Verantwortung in Umlauf bringen können. Er hatte es sich wahrscheinlich auch nicht aus den Fingern gesogen, sondern es war ihm wohl von seinen Vorgesetzten so berichtet worden. Ob aber damals wirklich schon jemand aus der sowjetischen Führung zu der Auffassung gelangt war, daß man in Moskau auch mit Dubček würde sprechen müssen, ist schwer zu sagen. Erst 24 Stunden später sollte diese

Frage in Prag – in der sowjetischen Botschaft und auf der Burg – geklärt werden, und erst 48 Stunden später war Dubček tatsächlich im Kreml. Den ganzen nächsten Tag – 22. August 1968 – über wies noch nichts auf einen solchen Schritt im Gang der Ereignisse hin. Ganz im Gegenteil, für diesen Tag war die Konstitution der „Revolutionären Arbeiter- und Bauernregierung“ mit Alois Indra als Vorsitzendem vorgesehen.

Am Morgen des 22. August mußte ich mich entscheiden, ob ich mich den Delegierten des XIV. Parteitags, die sich in Vysočany versammelten, anschließen oder ins ZK-Gebäude gehen sollte, um zu beobachten, wie sich die Situation weiterentwickelte. Noch in der Nacht hatte ich erfahren, daß am gestrigen Tag – während wir im Arbeitszimmer Dubčeks festgehalten wurden – die moskautreue Gruppe vertreten durch Bilak, Indra, Jakeš und Kolder, im Parteihotel „Praha“ mit etwa fünfzig Mitgliedern des Zentralkomitees konferiert hatte. Ich wußte auch, daß – nach einigen Auftritten in dieser Versammlung zu schließen – eine Fraktion des Zentralkomitees bereit war, den Weg der Kollaboration mit der sowjetischen Armee zu gehen, und daß eine gewisse Gruppe gewählt worden war, die unter der Leitung von Bilak mit den Besatzungstruppen verhandeln sollte. Das widersprach zwar den Worten des sowjetischen Obersten über Verhandlungen, an denen Dubček teilnehmen sollte, deckte sich jedoch mit Gedanken, die mir kamen, als Dubček und die übrigen Mitglieder der Parteiführung im Namen eines „Revolutionstribunals“ unter Vorsitz Alois Indras festgenommen wurden. Es war anzunehmen, daß die moskautreue Gruppe irgendwelche neuen, zur Kollaboration entschlossenen Führungsorgane der Partei und des Staates ins Leben zu rufen suchte. Darüber genaueres zu erfahren, betrachtete ich als vorrangig; ich verabredete deshalb Möglichkeiten der Kommunikation mit den Delegierten auf dem außerordentlichen Parteitag in Vysočany und fuhr zum Gebäude des Zentralkomitees.
Vor dem Gebäude standen immer noch Panzer, auch der Militärkordon war noch da, aber als ich meinen Dienstausweis vorzeigte, wurde mir der Eintritt gestattet; aus dem Innern des Hauses hatten die Besatzer sich zurückgezogen, unsere Büros waren frei. Folgende Mitglieder der Parteiführung kamen zusammen: Bilak, Indra, Kolder, Voleník, Lenárt, Švestka, Piller, Barbírek, Rigo, Sádovský und ich – insgesamt also 11 der 22 Mitglieder der Parteiführung. Es fehlten die am Vortag festgenommenen Präsidiumsmitglieder Dubček, Černík, Smrkovský, Kriegel, Špaček und Šimon, weiterhin die Mitglieder des Parteisekre-

tariats Císař, Slavík und Erban. Antonín Kapek war nicht anwesend, und Jakeš stellte sich erst später ein. Zur Sitzung der übriggebliebenen Parteiführung erschienen jedoch zwei ZK-Mitglieder, die gar nicht zur Führung gehörten: General Rytíř, der ehemalige Chef des Generalstabs unter Novotný, und Pavlovský, der Binnenhandelsminister der Regierung Černík.

Die Leitung der Sitzung übernahm Bilak. Er rechtfertigte die Anwesenheit Rytířs und Pavlovskýs damit, daß beide auf der gestrigen Versammlung von ZK-Mitgliedern zusammen mit ihm und Genossen Lenárt in die Abordnung gewählt worden waren, welche die Unterhandlungen mit dem Oberkommando der sowjetischen Truppen und der sowjetischen Botschaft führte. Dann ging Bilak auf die Ergebnisse dieser Verhandlungen ein, die seiner Auffassung gemäß die hauptsächlichen Voraussetzungen für eine Regelung der Situation darstellten. Er forderte den anwesenden Führungstorso auf, entsprechende Weisungen an die Bezirksorgane und den Staatsapparat weiterzugeben und sich selbst als Gremium zu konstituieren, das Verhandlungen „auf höchster Ebene" zu führen in der Lage wäre.

Gemeinsam mit Sadovský trug ich die Frage vor, wie es um Dubček und die übrigen stehe. Bilak konnte darüber keine konkrete Auskunft geben, er sagte nur, ihm sei versichert worden, sie befänden sich unter sowjetischen Schutz auf tschechoslowakischem Territorium. In der Diskussion schlossen sich auch andere Teilnehmer – Kolder, Piller, Barbírek, Rigo (ob auch Švestka und Lenárt, dessen bin ich nicht sicher) – dem Vorschlag an, daß alle Verhandlungen in erster Linie auf die Kontaktaufnahme mit den verhafteten Mitgliedern der Parteiführung abzielen müßten. Gegen Bilaks Antrag, wieder eine Deputation zu wählen, setzte sich der Gegenantrag durch, daß der gesamte Rest der Parteiführung geschlossen die weiteren Verhandlungen führen solle, und zwar nicht mit dem Militärkommando, sondern mit dem sowjetischen Botschafter. Die erste Forderung an Tscherwonjenko sollte eine Kontaktaufnahme mit Breschnjew sein, und von ihm sollte verlangt werden, die sechs festgenommenen Parteiführer freizulassen und alle weiteren Verhandlungen nur mit der gesamten Parteiführung vorzunehmen. Diesen von verschiedener Seite vorgebrachten Anträgen widersetzten sich selbst Bilak, Indra und andere nicht. Im Gegenteil, alles wurde akzeptiert, und Bilak ging Tscherwonjenko anrufen. Etwa um die Mittagstunde wurde mit Tscherwonjenko vereinbart, alle elf Mitglieder der Parteiführung sollten in die sowjetische Botschaft kommen, wo eine Verbindung zum Kreml zugesagt war (die direkte Telefonleitung aus dem Gebäude des Zentralkomitees war durch das

Vorgehen der Soldaten am Vortag zerstört worden). Gleichzeitig teilte Bilak mit, daß die sowjetischen Militärs uns mit ihren Fahrzeugen zur Botschaft bringen würden. Mit Ausnahme von Bilak und Indra lehnten alle Anwesenden diese Art der Beförderung ab. Bilak und Indra gingen auf den Hof, wo sowjetische Panzerwagen bereitstanden, alle übrigen fuhren mit Wagen des ZK zur sowjetischen Botschaft.
Der Bereich der Botschaft war selbstverständlich durch einen mehrfachen Kordon von Panzern, Militärfahrzeugen und Soldaten gesichert. Auf den Treppen und Korridoren des Gebäudes sah es wie in einem Heerlager aus: Soldaten und KGB-Leute in Uniform oder Zivil standen, saßen oder lagen in voller Rüstung auf den Stufen, dem Fußboden, vor jeder Tür und jedem Fenster. Wir wurden in einen Raum neben Tscherwonjenkos Arbeitszimmer geführt, wo es Tische voll Wodka, Cognac, Wein, belegter Brote und Kaviar gab – aber niemanden, der hätte mit uns verhandeln wollen. Der Genosse Botschafter ließ sich entschuldigen und bat um Geduld.
Wir warteten also, aber nichts geschah. Nach etwa einer halben Stunde trat ein mir unbekannter Zivilist, wahrscheinlich ein KGB-Mann, an mich heran und bat mich um eine Unterredung. Wir traten vor die Tür, und er teilte mir mit, er solle mir Grüße von einem ehemaligen Kommilitonen aus Moskau überbringen, von dem ich wußte, daß er Oberstleutnant des KGB war; gleichzeitig bot mir der Unbekannte seine Hilfe an. Ich antwortete, daß ich nicht wüßte, wie er mir in der gegenwärtigen Situation helfen könnte, es sei denn, er könnte veranlassen, daß Tscherwonjenko endlich erschiene und wir mit Breschnjew sprechen könnten. Er lachte und meinte, dafür fehle ihm der nötige Einfluß. In diesem Augenblick fiel mir ein, daß ich ja mit meinen Kontaktpersonen zum außerordentlichen Parteitag Verbindung aufnehmen müsse und daß dies aus dem Botschaftsgebäude nicht einfach sein dürfte. Ich sagte ihm daher, daß ich noch einen anderen, viel anspruchsloseren Wunsch hätte: zu telefonieren, und das, wenn möglich, von einem Apparat des Sondernetzes aus (das höheren Funktionären abhörsicher unter Geheimnummern zur Verfügung stand – d. Ü.). In diesem Punkt konnte er mir helfen: Er zeigte mir den Raum, wo dieser Apparat stand. Von dort konnte ich dann im Lauf der nächsten Stunden insgesamt dreimal über den Gang der Unterhandlungen berichten, und diese Berichte wurden (wenn auch geringfügig entstellt) direkt an die Delegierten des Parteitags weitergegeben.
Das führte schließlich zu einer komischen Situation. In dem Raum, wo wir zunächst gewartet hatten, und später dann mit Tscherwonjenko verhandelten, gab es ein Rundfunkgerät, an dem wir ausführliche Be-

richte über den Verlauf des Parteitags und auch Nachrichten hören konnten. Und plötzlich kam da die Meldung, daß die moskautreue Gruppe der Parteiführung in der sowjetischen Botschaft über die Bildung einer Kollaborationsregierung verhandle; die Namen derer wurden genannt, die in diese Regierung einzutreten bereit waren, sowie derer, die es ablehnten. Unter den Anwesenden breitete sich Panik aus; Drahomír Kolder rief mehrmals laut: „Hurensöhne, woher können sie das wissen?" Niemand antwortete ihm. Es war zu sehen, wie deprimierend das auch auf die übrigen wirkte. Konnte man sich denn nicht einmal hier sicher fühlen? Daß die Nachricht über Tscherwonjenkos Telefon übermittelt worden war – darauf kam niemand.
Auf Tscherwonjenko mußten wir mehrere Stunden warten. Über eine Stunde warteten wir auch auf Bilak und Indra, die sich entschieden hatten, mit einem sowjetischen Panzerwagen zu fahren. Als sie endlich eintrafen, zeigte sich, daß gerade dieses Verkehrsmittel die Ursache ihrer Verspätung war. Der Panzerwagen fuhr vom ZK-Gebäude über die Moldaubrücke, an deren anderem Ende eine Straßenbahn mit sowjetischen Militärfahrzeugen in einen Unfall verwickelt war, und blieb dort im Verkehrsstau stecken. Er konnte weder vor noch zurück. Der Kommandant bot Bilak und Indra an, sie mit einem anderen Fahrzeug zur Botschaft zu bringen. Inzwischen hatten sich aber zahlreiche Neugierige versammelt, und die beiden scheuten sich, in aller Öffentlichkeit aus einem Panzerwagen der Okkupanten zu kriechen. So saßen sie fast eine geschlagene Stunde lang in dem unbequemen Gefährt, auf dessen Panzerung obendrein die heiße Augustsonne brannte. In desolatem Zustand und schlechter Laune kamen sie an.
Am Nachmittag traf endlich auch Tscherwonjenko ein. Er ließ sich unsere Forderung nach Kontakt mit Breschnjew vortragen und ging wieder. Nach etwa einer Stunde kam er zurück, um uns mitzuteilen, daß die Fernsprechverbindung mit Moskau leider gestört sei. Ich schlug vor, sich doch der Leitung zu bedienen, die der Befehlshaber der Truppen, General Pawlowski, benutzte. Auch die funktioniere nicht, erklärte Tscherwonjenko unverfroren. Ich bemerkte, das müsse ja eine furchtbare Situation sein, wenn niemand in der ganzen Armee imstande wäre, beispielsweise Marschall Gretschko anzurufen. „Jawohl", erklärte der Botschafter vollkommen ruhig, „eine sehr unangenehme Situation." Und dann kam Tscherwonjenko direkt zur Sache: Weiteres Warten wäre reiner Zeitverlust, die Verbindung würde früher oder später hergestellt werden, dann sei immer noch Zeit, sich mit Dubček, Černík und den übrigen Politbüromitgliedern abzusprechen. Er selbst schlage jedoch vor, bis dahin konkret daran zu arbei-

ten, mit Rücksicht auf die obwaltenden außerordentlichen Umstände ein außerordentliches Organ zu bilden, das die Funktion der Parteiführung wie der Staatsführung in sich vereinige: eine Revolutionäre Arbeiter- und Bauernregierung. Er persönlich sei der Ansicht, daß gerade die anwesenden Genossen den Grundstock dieser Regierung bilden könnten, da sie zum einen noch legale Funktionen innehätten und zum anderen das Vertrauen der sowjetischen Genossen besäßen. Er empfahl uns, über seinen Vorschlag nachzudenken, und entfernte sich wieder.

Die Situation war also ziemlich klar, und die Debatte konnte beginnen. Zu dieser Zeit waren die bereits genannten Mitglieder der Parteiführung anwesend, des weiteren Minister Pavlovský, sowie Viliam Šalgovič, den wir bei unserer Ankunft schon vorgefunden hatten. General Rytíř war, soweit ich mich erinnere, bei den Verhandlungen in der Botschaft nicht mehr dabei.

Die Debatte kam nur zögernd in Gang, niemand wollte etwas Konkretes vorschlagen. Dann umriß Vasil Bilak den Rahmen der Debatte: Es gehe eigentlich um nichts anderes, als was wir am Vormittag beschlossen hatten. Die Zeit, die es dauern würde, die Verbindung mit Moskau herzustellen, könnte man ja zur Ausarbeitung eines Projekts nutzen in dem Sinne, wie Genosse Tscherwonjenko dies angedeutet habe. Er selbst halte das für richtig. Definitiv wolle er sich aber erst nach den Gesprächen mit den zunächst nicht anwesenden Genossen entscheiden.

Für Jan Piller war die Situation viel zu überspitzt, er hätte sich wohl am liebsten herausgehalten, außerdem ging es ihm wohl auch darum, in diesem peinlichen Moment Sádovský und mich loszuwerden, denn aus unseren bisherigen Äußerungen war zu schließen, daß wir uns diesem Unternehmen nicht anschließen würden. Piller schlug also vor, daß er, Sádovský und ich als Delegation des Parteivorstands nach Vysočany fahren sollten, um dort zu helfen, den Parteitag in die gewünchte Bahn zu lenken. Aus dem Rundfunk hatten wir erfahren, daß die Delegierten sich für beschlußfähig befunden und den Parteitag für eröffnet erklärt hatten. Auf der Tagesordnung stand auch die Wahl eines neuen Zentralkomitees. Ich für meine Person lehnte den Vorschlag Pillers ab mit der Begründung, daß diese Führung, die sich mit dem Projekt einer revolutionären Regierung zu befassen vorhabe, mit dem Parteitag in Vysočany nichts gemeinsam haben könne und daß ich es ablehnen müsse, den Vermittler zu spielen. Außerdem sei heute morgen beschlossen worden, daß die gesamte Führung mit Tscherwonjenko unterhandeln solle, und daher würde mein Weggang eine Unterbrechung

der Sitzung bewirken. Auch Sádovský lehnte es ab, zu fahren. Dadurch entstand ein unlösbares Dilemma: Niemand von den anderen konnte sich erlauben, mit Piller vor den Parteitag in Vysočany zu treten, Piller allein konnte ebensowenig als „Delegation" auftreten – und so wurde der Antrag fallengelassen.
Und damit begann eine etwa zweistündige Debatte über die Zusammensetzung der Revolutionären Arbeiter- und Bauernregierung, die gleichzeitig Parteiführung sein sollte. Mit dieser halsbrecherischen Konstruktion würde man übrigens – wie einige in der Diskussion erklärten – in Übereinstimmung mit dem Beschluß des Parteipräsidiums aus der vorvorigen Nacht handeln, demzufolge alle in ihren legalen Funktionen ausharren sollten. Weil es aber Sinn der Sache war, eine neue Führung zu installieren, mußten doch auch neue Chefs ernannt werden. Es wurde vorgeschlagen, mit der Leitung von Parteiangelegenheiten Vasil Bilak und mit den Regierungsgeschäften Alois Indra zu betrauen.
In dieser Diskussion traten die folgenden Figuren wie eine gut eingespielte Truppe mit vorher vereinbarter Rollenverteilung auf: Bilak, Indra, Kolder, Jakeš, Lenárt, Švestka und Pavlovský. Möglicherweise gehörte auch Piller zu ihnen, aber sein Auftreten wirkte manchmal wankelmütig – allerdings konnte auch das verabredet sein. Barbírek und Rigo waren meiner Meinung nach nicht eingeweiht und trugen manchmal dazu bei, das Drehbuch durcheinanderzubringen. Šalgovič war während der Debatte über die Zusammensetzung der revolutionären Regierung, soweit ich mich erinnern kann, die meiste Zeit nicht anwesend. Für Sádovský und mich war kein Platz auf der Besetzungsliste vorgesehen.
Vasil Bilak nahm schließlich mit gespieltem Zögern das Amt des neuen Parteischefs an; er begleitete sein Einverständnis mit Phrasen etwa der Art: Da ihm die Genossen schon einmal dieses große Vertrauen entgegenbringen, wird er sich nach besten Kräften darum bemühen, die Partei in einer so schweren Zeit nicht zum Spielball des Schicksals werden zu lassen. Im Fall Indras kam es freilich zu einer Panne; während er sich nach außen hin noch zierte, stimmte ihm jemand aus der Runde zu und sagte, daß es vielleicht wirklich gut für ihn wäre, ein solches Amt nicht anzunehmen. Ich glaube, der erste, der das sagte, war Sádovský. Ich unterstützte diese Meinung und schlug vor, daß sich Lenárt zu dieser Frage äußern solle: Er war bereits unter Novotný Regierungschef, warum könnte er es nicht heute wieder sein? Der Antrag fand Unterstützung bei Barbírek. Daraufhin meldete sich Lenárt zu Wort und lehnte ab mit dem Hinweis, daß er gemäß dem Be-

schluß des Parteipräsidiums seine bisherige Funktion weiter ausüben solle. Was für Bilak und Indra offenbar nicht gegolten hatte.
Es war dennoch in dieser historisch so bedeutsamen Angelegenheit zu einer merklichen Stockung gekommen, und Vasil Bilak ließ sich sogar so weit herab, daß er zu mir kam und mir ins Ohr flüsterte: „Indra wird schon noch annehmen – er ist jetzt nur müde, und es ist ihm schon alles egal." Indra schien zu dieser Zeit tatsächlich alles gleich zu sein, er brachte überhaupt keine Eigeninitiative auf, um den toten Punkt überwinden zu helfen, und so ging man zur Verteilung der einzelnen Ressorts im Staats- und Parteiapparat über, ohne die Frage des Regierungschefs der revolutionären Arbeiter und Bauern abzuschließen.
Oldřich Pavlovský schlug vor, ich solle in Staat und Partei die Verantwortung für den Bereich Kulturpolitik und Presse übernehmen. Auch wenn ich die ganze Angelegenheit ernst genommen hätte, hätte ich darüber betroffen sein müssen: Eine undankbarere Aufgabe konnte man sich in dieser Situation überhaupt nicht vorstellen. Der Vorschlag brachte mich allerdings insofern in eine Zwangslage, als ich eigentlich hätte deutlich Stellung zu ihm beziehen müssen, während mir jedoch nicht das geringste daran lag, schon im gegebenen Zeitpunkt kundzutun, daß ich mit dem neuen Organ überhaupt nichts zu tun haben wollte: denn aus den laufenden Verhandlungen schon im jetzigen Stadium auszuscheiden und die Botschaft zu verlassen – die unausweichliche Folge einer derart deutlichen Erklärung –, wäre kurzsichtig gewesen. Ich erwiderte also, daß es wohl vordringlicher sei, erst die wichtigeren Ressorts zu besetzen, wie zum Beispiel das Innenministerium. Erstaunlicherweise wollte keiner der Anwesenden diese Funktion übernehmen. Ich erinnere mich, wie Jakeš sich heftig sträubte, als sein Name in diesem Zusammenhang genannt wurde.
Da griff plötzlich und auf unerwartete Weise Emil Rigo in die Diskussion ein, indem er erklärte, er habe überhaupt nicht die Absicht Minister zu werden, weder in dieser noch in einer anderen Regierung, und da dies so sei, könne er auch nicht länger in der Parteiführung bleiben. Auch Barbírek besann sich nun, daß er Funktionär des Slowakischen Nationalrates sei, in Bratislava bleiben wolle und deshalb nicht Minister in Prag werden könne. Das waren unvorhergesehene Pannen, hervorgerufen zweifellos durch die unbedeutendsten Mitglieder des Parteipräsidiums, aber durchaus dazu angetan, das Regiekonzept durcheinanderzubringen. Bilak, Kolder, Lenárt und andere nahmen jetzt Rigo eindringlich ins Gebet, um ihn von seiner Haltung abzubringen.
Emil Rigo ist in der Geschichte der kommunistischen Bewegung der

erste und vielleicht auch der letzte Zigeuner, der bis in ein Parteipräsidium aufstieg. Er offenbarte zuzeiten den ungezügelten, schwer zu beeinflussenden Charakter seines Volkes, und so auch in diesem Fall: Sein Widerwille gegen einen Ministerposten war einfach unerschütterlich. Erst dem sowjetischen Botschafter, der später wieder auf der Bildfläche erschien, sollte es gelingen, das Problem Rigo zu bewältigen. „Aber gewiß, Genosse Rigo, Sie müssen nicht Minister werden. Sie bleiben in ihrem Betrieb, den Ostslowakischen Stahlwerken, aber sie werden Mitglied der Arbeiter- und Bauernregierung, genauso wie sie jetzt Mitglied des Parteipräsidiums sind." So redete Tscherwonjenko Rigo liebenswürdig zu, und der willigte beruhigt ein. Ja, so ginge es, warum denn nicht?

Die Zeit verrann, aber die Debatte erbrachte keine konkreten Ergebnisse, und als nach einiger Zeit Tscherwonjenko wieder erschien, mußte er verdrießlich feststellen, daß er noch immer keine Revolutionäre Regierung hatte, ja nicht einmal einen Ministerpräsidenten. Es war spät am Abend, und planmäßig hätte wohl alles bereits erledigt sein sollen. Und so blieb dem sowjetischen Botschafter nichts anderes übrig, als selbst einzugreifen. Er teilte mit, er habe soeben mit Präsident Svoboda gesprochen und ihn dahingehend informiert, daß die Parteiführung ihm aus dieser Sitzung in Kürze ihren Beschluß und Vorschläge für das weitere Vorgehen bekanntgeben werde – man müsse also endlich zum Schluß kommen.

Es wurde nun offensichtlich, daß eine Klärung nicht länger hinausgeschoben werden konnte. Ich beriet mich im Flüsterton mit Sádovský, und wir vereinbarten, das ganze Konzept und weitere Verhandlungen darüber abzulehnen und auf der ursprünglichen Forderung zu bestehen: mit Dubček und den übrigen zusammenzutreffen und erst dann weiter zu verhandeln. Gleichzeitig machte ich mir klar, daß es jetzt darauf ankäme, mit heiler Haut aus diesem Haus hinauszugelangen und mit Dubček auf keinen Fall an dem Ort zusammenzutreffen, wo er jetzt festgehalten wurde. Wir wußten nicht, wo das war. Tscherwonjenko hatte gelogen, als er uns versicherte, Dubček und die anderen befänden sich auf tschechoslowakischem Boden; das hätte nur dann der Wahrheit entsprochen, wenn man die Vorkriegsgrenzen der Tschechoslowakei anerkannt hätte, denn alle Festgenommenen befanden sich zu der Zeit in der Karpatenukraine, wo sie in zwei Baracken des KGB untergebracht waren.

Tscherwonjenko selbst brachte mich durch seinen Hinweis auf das Gespräch mit Präsident Svoboda auf einen Ausweg aus der Situation. Ich meldete mich zu Wort mit einem Antrag betreffend den Fortgang un-

serer Beratung. Ich machte darauf aufmerksam, daß gemäß der Verfassung der ČSSR der Präsident der Republik berechtigt ist, Regierungssitzungen zu leiten, wenn der Regierungschef selbst verhindert ist. Während wir hier berieten, existiere immerhin noch eine Regierung dieser Republik, wenn auch gegenwärtig ohne verfügbaren Regierungspräsidenten. Genosse Indra hätte hier selbst erklärt, er könne diese Funktion nicht ausüben. Es sei auch zu keiner Übereinkunft bezüglich der einzelnen Ressorts gekommen, die ja noch in den Händen von Ministern seien. Ich schlüge also vor, alle Anwesenden sollten auf die Burg zum Präsidenten der Republik fahren, um dort weiter zu verhandeln. Ich für meine Person lehnte es ab, in einem Organ, das als Revolutionäre Arbeiter- und Bauernregierung bezeichnet wurde, irgendwelche Funktion anzunehmen, weil dies nämlich bedeuten würde, existierende verfassungsmäßige Gremien zu ersetzen, und dies wiederum stünde im Widerspruch zu einer ausdrücklichen Entschließung des Parteipräsidiums und, soweit mir bekannt, auch zur Auffassung des Präsidenten, der an den Verhandlungen in der vorletzten Nacht teilgenommen hätte. Die Lage bleibe ausweglos, solange nicht über die Tatsache der militärischen Intervention und den Abzug der Truppen verhandelt werde.
Im gleichen Sinne äußerte sich auch Sádovský. Tscherwonjenko blieb nach außen hin ruhig, es war ihm jedoch anzusehen, daß er sich klar darüber wurde, daß der Plan, eine Revolutionäre Arbeiter- und Bauernregierung aufzustellen, gescheitert war. Dazu hatte bereits sein Gespräch mit Svoboda beigetragen, der – wie ich später erfuhr – schon die bloße Andeutung eines derartigen Planes abgewehrt und statt dessen gefordert hatte, daß man ihn mit einer Regierungsdelegation nach Moskau fliegen lassen solle. Zur Zeit fand – auch das erfuhr ich später – unter dem Vorsitz von Lubomír Štrougal auf der Burg eine Regierungssitzung statt.
Tscherwonjenko wandte sich an mich und versuchte mir klarzumachen, daß es ein Fehler sei, die Beteiligung in der neuen Führung abzulehnen. Seiner Meinung nach sei ich ein fähiger Mensch, und er sähe keinen Grund für meine ablehnende Haltung. Er selbst könne begreifen, daß mir gerade jetzt alles ausweglos erschiene und es für mich so aussehe, als sei alles zusammengebrochen. Dahinter versteckten sich jedoch kurzsichtige Überlegungen; man müsse die Dinge in viel weiterer Perspektive sehen. In fünf Jahren werde – ähnlich wie in Ungarn – alles anders aussehen, und was heute noch unheilbar erscheine, sei dann längst geheilt. Ich solle an die Zukunft denken – an die des Volkes, der Partei und an meine eigene Zukunft – und mich nicht augen-

blicklichen Emotionen hingeben. Ich könne doch nicht im Ernst glauben, daß die Soldaten, die gerade erst gekommen seien, sofort wieder abziehen würden. Wie sollte es denn dann weitergehen in diesem Land?

Ich sagte, ich glaubte in der Tat nicht daran, daß die Truppen heute oder morgen das Land verlassen würden. Der Fehler liege jedoch darin, daß sie überhaupt gekommen waren. Das sei ein Schritt, der so nachhaltige Wirkungen zeitigen müsse, daß er in fünf Jahren noch lange nicht vergessen sei. Auch in Ungarn sei das nicht so gewesen. Was einmal geschehen ist, könne nicht ungeschehen gemacht werden. Auf jeden Fall bestünde ich darauf, daß alle weiteren Verhandlungen auf höchster Ebene geführt würden, und fordere erneut, daß wir unverzüglich auf die Burg gebracht würden und unserer ursprünglichen Forderung nach Kontakt mit Dubček und den anderen stattgegeben werde.

Erneut flackerte die Diskussion auf, doch diesmal nur kurz, denn verwunderlicherweise wandte sich niemand gegen den Antrag, die weiteren Verhandlungen auf der Burg zu führen. Der sowjetische Botschafter erbat sich noch nähere Erläuterungen über die Möglichkeiten einer verfassungsmäßigen Lösung unter Mitwirkung des Präsidenten – und akzeptierte dann ebenfalls den Antrag.

Es war spätabends gegen elf, als wir unter dem Geleitschutz sowjetischer Offiziere und Panzerfahrzeuge auf der Prager Burg eintrafen. Tscherwonjenko hatte Svoboda inzwischen unseren Antrag offensichtlich so dargestellt, als solle er, Svoboda, selbst das Amt des Ministerpräsidenten übernehmen. Die Regierung Černík unter dem Vorsitz von Štrougal tagte zur selben Zeit in nahezu voller Besetzung in einem benachbarten Saal. Wir saßen, warteten und diskutierten darüber, wer im Namen des verbliebenen Rumpfs der Parteiführung dem Präsidenten das Ergebnis der Beratung in der sowjetischen Botschaft mitteilen sollte. Schließlich wurde Piller damit beauftragt – weder Bilak noch Indra hatten Lust dazu.

Plötzlich öffnete sich die Tür zu Svobodas Amtszimmer. Heraus kam ein erregter Tscherwonjenko, durchquerte den Saal und verschwand. Nach einer Weile erschien Ludvík Svoboda; auch er war erregt, beherrschte sich jedoch und nahm eine stärker als üblich ausgeprägte militärische Haltung an. Nachdem er uns begrüßt hatte, schlug er vor, daß an den weiteren Verhandlungen Vertreter der nebenan tagenden Regierung teilnehmen sollten. Er ging in den Nebenraum und kehrte mit drei Regierungsmitgliedern zurück: Štrougal, Božena Machačová und Bohuslav Kučera.

Štrougal setzte sich mir gegenüber und flüsterte mir zu: „Worum geht es?“ Ich schrieb auf einen Zettel: „Um die Klärung der Frage, ob du in die Revolutionäre Arbeiter- und Bauernregierung eintrittst.“ Ich schob ihm das Papier zu, er las es, schüttelte verwundert den Kopf, schrieb etwas hinzu und schickte mir den Zettel zurück. Darauf stand: „Was ist das?“ Ehe ich ihm antworten konnte, begann Piller die Ergebnisse der Verhandlungen in der sowjetischen Botschaft vorzutragen.

Als Piller zu Ende gesprochen hatte, meldeten sich Sádovský und ich zu Wort und wiederholten unseren Entschluß, uns nicht an dieser Regierung zu beteiligen, mit derselben Begründung, die wir bereits Tscherwonjenko vorgetragen hatten. Svoboda fragte dann, ob die anderen dem Antrag Pillers zustimmten. Štrougal lehnte im Namen der Regierung resolut ab. Und dann erklärte Ludvík Svoboda: „Was ihr mir hier vorschlagt, kann und werde ich niemals tun. Wenn ich etwas derartiges täte, müßte mich das Volk wie einen räudigen Hund aus dieser Burg jagen!“

Er trug uns dann sein Konzept vor: Er wolle in Moskau mit Breschnjew über die Rückkehr Dubčeks, Černíks, Smrkovskýs und der übrigen sprechen. Er habe Tscherwonjenko bereits früher mitgeteilt, daß er nichts anderes akzeptieren würde. Die Sache sei bereits abgemacht, er fliege morgen früh. Drei Mitglieder der Regierung sollten ihn begleiten: Gustáv Husák, der Verteidigungsminister Martin Dzúr und der Justizminister Kučera, der kein Kommunist war und die nichtkommunistischen Teile der Nationalen Front vertrat. Er schlage nun vor, der verbliebene Rumpf des Parteipräsidiums solle drei Mitglieder delegieren, die ihn nach Moskau begleiten würden. Er kenne den Genossen Breschnjew, auch die sowjetischen Marschälle, und es sei ihm einfach unvorstellbar, daß dieses tragische Mißverständnis nicht aufgeklärt würde. Er sei überzeugt, daß direkte Verhandlungen in Moskau alles regeln würden. Zum Schluß erklärte Svoboda: „Und ihr werdet sehen, daß unsere Bürger die sowjetischen Soldaten, wenn sie von hier wegziehen, wieder mit Blumen überschütten werden wie 1945!“

Der Widerspruch zwischen dem ersten und dem letzten Satz von Svobodas Ansprache verblüffte mich; aber es sollte nicht die letzte Überraschung sein, die Svoboda mir bereitete. Damals, in der Nacht des 22. August, war das Entscheidende, daß Svoboda die Bildung einer Kollaborantenregierung definitiv und unwiderruflich vereitelt hatte. Politisch gesehen spielten dabei der inzwischen schon seit zwei Tagen ungebrochen andauernde Widerstand nahezu der gesamten Bevölke-

rung und das Zustandekommen des außerordentlichen Parteitages der KPČ in Vysočany eine wichtige Rolle. Tatsache bleibt jedoch, daß Svobodas persönliches Engagement bei der Vereitelung dieses sowjetischen Planes von großer Bedeutung war, und man sollte das trotz seiner Wandlungen und späteren unheilvollen politischen Rolle nicht vergessen.
Svobodas Worte wirkten auf den verbliebenen Rumpf der Parteiführung wie eine Tracht Prügel. Vasil Bilak saß tatsächlich wie ein geprügelter Hund da; auf einmal war ihm anzusehen, daß er doch nur ein halbgelernter Schneider war, voller Ambitionen und Machtgier, in diesem Augenblick auch erfüllt von Groll und – vor allen Dingen – Angst. Geduckt saß er am Tisch, wich allen Blicken aus, rieb mit zukkenden Bewegungen die Hände gegeneinander – und wer seinen Blick einfangen konnte, sah in ihm ungeheure animalische Angst vor dem Scheitern in dieser Schicksalsstunde. Das geprügelte Rumpfpräsidium mußte aus seiner Mitte noch die drei Begleiter Svobodas wählen; es waren Bilak, Indra und Piller.
In derselben Nacht konnte ich mit Ludvík Svoboda etwa eine halbe Stunde lang unter vier Augen sprechen. Er erzählte mir, daß ihn irgendeine Frau angerufen und aufgefordert habe, sich aus Protest gegen die Okkupation zu erschießen, und wie er ihr auseinandergelegt habe, warum er dies nicht tun wolle: Er fühle sich verpflichtet, einen Ausweg aus der Situation zu finden. Die Frau habe ihm daraufhin gesagt: „Ach, Herr Präsident, aber es wäre doch so schön, wenn sie sich erschießen würden." Ich konnte mir nicht erklären, wie eine wildfremde Frau so einfach Telefonverbindung zum Präsidenten der Republik bekommen konnte – aber schließlich war in diesen Tagen alles möglich. Vielleicht hatte sich der Vorfall auch nur in Svobodas Phantasie zugetragen; ich begegnete später mehreren Menschen, denen Svoboda jeweils eine etwas anders lautende Version erzählt hatte. Aber auch weitere Aussprüche dieser Nacht zeugten von seltsamen Gedankengängen des Präsidenten. Mit überzeugenden Worten legte er mir dar, daß das Hauptziel seiner Reise die Rückkehr Dubčeks, Černíks und Smrkovskýs sei. Er sei ganz sicher, daß Breschnjew und die Marschälle seine Wünsche erfüllen würden. „Und dann tritt Genosse Dubček zurück", sagte er ohne Übergang, „und alles wird in Ordnung sein."
Bevor wir uns voneinander verabschiedeten, beteuerte Svoboda noch, daß er bis zu seinem Tod keinen vergessen werde, der in dieser schweren Stunde zu ihm stehe; was auch immer kommen möge, darauf könnten wir uns alle, die wir ihm jetzt beistünden, verlassen.

Ich fuhr nach Hause mit dem Gefühl, den ganzen Tag in einer Traumwelt verbracht zu haben. Ich hatte schon drei Nächte nicht mehr geschlafen, und die Nervenanspannung dauerte schon über 48 Stunden. Ich nahm ein Schlafmittel, aber kaum wollte der Schlaf kommen, klingelte das Telefon. Es war Věněk Šilhán, der vom neu gewählten Zentralkomitee in Vysočany ins Parteipräsidium gewählt und bis zur Rückkehr Dubčeks mit der Führung von dessen Amtsgeschäften betraut worden war. Das neue Präsidium, so teilte er mir mit, hatte beschlossen, mich zum ZK-Sekretär zu berufen, und ich möge darum nach Vysočany hinauskommen. Wir einigten uns darauf, daß dies am nächsten Morgen geschehen solle und auf welchem Weg ich kommen würde.
Auf der Fahrt nach Vysočany am Morgen des Freitag, den 23. August sah ich Straßen und Menschen im besetzten Prag eigentlich zum erstenmal bei Tageslicht. Der kurze Weg zur sowjetischen Botschaft am Vortag hatte durch Straßen geführt, die voll von sowjetischen Militärs besetzt waren, und durch das Villenviertel, wo die sowjetische Botschaft lag und die einfache Prager Bevölkerung kaum je hinkam. Der Weg aus der Innenstadt hinaus führte jetzt ganz im Gegenteil durch die Arbeiterviertel – über Karlín und Libeň nach Vysočany. Die Konzentration von Panzern und Soldaten war hier geringer als in der Innenstadt, aber um so anschaulicher und überzeugender war das Bild des Widerstands der Bevölkerung gegen die Okkupation.
Überall an Mauern und Häuserwänden waren Losungen aufgemalt und selbstgefertigte Plakate aufgeklebt. Die Menschen lasen Zeitungen und Flugblätter, die trotz aller Unterbindungsversuche der Okkupationstruppen aus den Druckereien in die Stadt strömten. Es bot sich das Bild einer Stadt, deren Bewohner geeinigt sind im unbewaffneten, passiven Widerstand gegen die fremden Eindringlinge. Fahnen und das Staatswappen in unterschiedlichster Ausführung schmückten Straßen, Schaufenster und Rockaufschläge. An Stellen, wo das Vorgehen der Eindringlinge bereits zu Opfern an Menschenleben geführt hatte, sah man improvisierte Denkmäler, Blumen und Fahnen in den Nationalfarben. Viele Straßenschilder waren entweder abgerissen, vertauscht oder durch neue ersetzt (Dubčekstraße u.ä.) worden. Die Richtungsschilder für den Verkehr hatte man beseitigt, verkehrt aufgestellt oder überklebt mit Angaben wie „Moskau – 2000 km“ und ähnlichen. Manche Häuserwände und Ladenauslagen waren durch Geschosse beschädigt. Die Schaufenster waren zu Galerien einer Volkskunst geworden, die einfallsreich gegen die Besetzung aufbegehrte.

Die Losungen betonten vorwiegend die Souveränität und die Selbständigkeit des Landes, brachten aber häufig auch die Forderung nach einem demokratischen Sozialismus zum Ausdruck. Es erschienen Lenin-Zitate oder aber auch Sprüche wie „Lenin erwache – Breschnjew hat den Verstand verloren!“ Die Namen Dubčeks und Svobodas leuchteten von allen Mauern und Zäunen. Das Vertrauen in Dubček, Svoboda, Černík und Smrkovský artikulierte sich auf vielfältige Weise. Aufschriften wie „Zieht ab“ wechselten mit Losungen, die aus der jahrelangen Propagandatradition schöpften, die Präsenz amerikanischer Truppen in westeuropäischen Ländern als imperialistische Okkupation auszugeben. Die von der offiziellen Propaganda so gern gesehene Losung „Ami – go home“ wurde in „Iwan – go home“ umgewandelt, ober man schrieb „Die Amerikaner in Vietnam – die Sowjets bei uns“ und ähnliches. Die tschechische Abkürzung für UdSSR (SSSR) wurde mit SS-Runen am Anfang wiedergegeben, Hammer und Sichel wurden zum Hakenkreuz verformt. Sehr typisch waren jene ironischen Aufschriften, Parolen und Karikaturen, in welchen die Angehörigen der Okkupationstruppen ganz einfach der Lächerlichkeit preisgegeben wurden – als mißbrauchte Dummköpfe. Viele Aufschriften waren in russischer Sprache und kyrillischen Buchstaben abgefaßt – im Ausdruck jedoch häufig ungewollt tschechisiert.
Diese Aufschriften und ebenso die Ansammlungen von Menschen, die mit den Soldaten auf ihren Panzern diskutierten, zeugten von dem Bestreben der Bevölkerung, durch Argumente auf die Besatzungstruppen einzuwirken. Dergleichen wäre nach dem Einmarsch der nationalsozialistischen Truppen im März 1939 undenkbar gewesen. Die Menschen waren überzeugt, daß die meisten „Iwans“ von ihrer Regierung mißbrauchte Dummköpfe waren, die gar nicht wußten, was sie taten, und wollten ihnen das klarmachen. Auch im Volk wirkten also ähnliche Gefühle, wie ich sie selbst bereits kennengelernt hatte: der Glaube, daß es sich hier um einen Irrtum handeln müsse, daß dies alles doch nicht wahr sein könne.
Das neue Parteipräsidium, das auf dem außerordentlichen Parteitag gewählt worden war, hatte seinen Sitz innerhalb eines riesigen Gebäudekomplexes der ČKD-Werke in Vysočany. Der Zutritt zu den Büros war von bewaffneten Arbeitermilizen bewacht. Die Dokumente des XIV. Parteitags sowie Berichte über seine ersten politischen Maßnahmen wurden auch im Ausland veröffentlicht und sind weithin bekannt. Deshalb beschränke ich mich hier auf einige wenige Eindrücke, die ich während meiner zweitägigen Arbeit in Vysočany gewann.
Ich glaube, daß die Zusammenkunft des XIV. Parteitags der KPČ am

22. August 1968 sich aus mehreren Gründen positiv auf die weitere Entwicklung auswirkte. Vor allem half sie den entscheidenden politischen Einfluß der KPČ als politischer Kraft im Bewußtsein der Bevölkerung erhalten. Der Parteitag tat auch den in der eingetretenen Situation unumgänglich notwendigen Schritt: In seinen Entschließungen und Proklamationen konkretisierte er durch einige einfache politische Forderungen die prinzipielle Verurteilung der Aggression, wie sie seitens der Parteiführung Dubčeks in der Nacht zum 21. August formuliert worden war. Gefordert wurden vor allem der Abzug der Besatzungstruppen, die Rückkehr aller verfassungsmäßigen Repräsentanten in ihre Funktionen und die Einhaltung sowohl der allgemeinen Normen des Völkerrechts wie bestehender zwischenstaatlicher Abkommen, einschließlich des Warschauer Vertrags. Der Parteitag – offensichtlich belehrt durch die ungarischen Erfahrungen von 1956 – versagte den Forderungen nach Austritt aus diesem Pakt und Ausrufung der Neutralität seine Unterstützung. Gleichzeitig wandte er sich an die internationale kommunistische Bewegung um Hilfe. Der moskautreuen, konservativen Gruppierung innerhalb der KPČ sprach er jegliche Kompetenz ab, und ihre Mitglieder erhielten in den neuen Parteigremien keine Funktionen. Verstärkt durch die Stellungnahme der Nationalversammlung und der Regierung, die den XIV. Parteitag offen anerkannten, entstand aus all dem im nationalen Bewußtsein der Eindruck, als ob die KPČ als führende politische Kraft ganz im Sinne des „Prager Frühlings“ weiter funktionierte. Der Parteitag rief für die Dauer einiger Tage den Eindruck eines Sieges der Politik des „Frühlings“ hervor – und dies in einer Situation, in der die Reformpolitik in Wirklichkeit bereits total geschlagen war.

Das alles war nicht nur innenpolitisch, sondern auch für den weiteren Handlungsspielraum Moskaus von außerordentlicher Bedeutung. Durch den XIV. Parteitag der KPČ entstand für das Moskauer Politbüro eine gänzlich unerwartete und äußerst schwierige Situation. Das gesamte Konzept der militärischen Intervention war zwar mit dürftiger Logik und maximaler Demagogie aufgebaut, verriet aber dennoch auch das Bestreben, der ganzen Aktion eine gewisse politische Legalität zu sichern. Aus den Veröffentlichungen der sowjetischen Presse während der ersten Tage nach dem Einmarsch, aus dem, was sich vom 20. bis zum 22. August innerhalb der Führung der KPČ abspielte, und aus Informationen, die mir später zugänglich wurden, schließe ich, daß der politische Plan für die Intervention etwa folgendermaßen aussah:

Eine Gruppe in der Führung der KPČ – eine Gruppe, deren Hauptfiguren Bilak, Indra, Kolder und Jakeš waren, zu der aber auch Švestka, Piller, Lenárt und Kapek gehörten (und die weiter mit Rigo, Barbírek und möglicherweise auch Volenik rechnete) – hatte dem Kreml zugesagt, die innenpolitische Rechtfertigung der Intervention und ihre Legalisierung in irgendeiner Form sicherzustellen. Die letzte vorbereitende Beratung dieser Gruppe fand am Vormittag des 20. August im Büro Alois Indras im ZK-Gebäude statt. Auf der Sitzung des Parteipräsidiums, die um 14.00 Uhr begann, sollte als erster Punkt die Anträge Indras und Kolders zu einem Situationsbericht behandelt werden. Diesen Bericht hatte bereits eine Woche zuvor ein Informationsteam des Parteiapparats (geleitet von J. Kašpar) ausgearbeitet; er stellte ein Durcheinander von objektiven und tendenziös entstellten Tatsachen zur wirtschaftlichen und politischen Lage des Landes dar. Die Anträge Kolders und Indras, die sich auf diesen Bericht stützten, sollten einseitig und ganz im Sinne der Argumentation Moskaus die Situation so schildern, als ob die Gefahr einer antisozialistischen Aktion der „konterrevolutionären Kräfte" noch vor dem Zusammentreten des Parteitags bestünde.

Die mit den Interventen verbundene Gruppe rechnete damit, daß sich im Präsidium eine Mehrheit für die Anträge Kolders und Indras finden würde. Die entscheidende Rolle war den Stimmen Rigos, Barbíreks und Pillers zugedacht. Es ist richtig, daß Barbírek und Piller sich später gegen die Rechtmäßigkeit der Okkupation aussprachen. Aber über diese Frage sollte ja nach den Vorstellungen der moskautreuen Gruppe am 20. August auch gar nicht abgestimmt werden; wenn es tatsächlich zur Abstimmung über die Anträge Kolders und Indras gekommen wäre, so hätten sich ihnen meiner Überzeugung nach damals auch Barbírek und Piller nicht widersetzt. Damit hätte sich eine knappe Mehrheit von sechs zu fünf gegen Dubček ergeben. Von den Präsidiumsmitgliedern hätten sich dieser Mehrheit vermutlich noch Lenárt und Kapek angeschlossen, wohingegen auf Dubčeks Seite nur noch Šimon stand. Von den Mitgliedern der Parteiführung, die nicht dem Präsidium angehörten, zählten zur moskautreuen Gruppe Jakeš, Indra und wahrscheinlich Voleník, zu den Anhängern Dubčeks Císař, Sádovský, Slavík und ich. Rein arithmetisch war das Verhältnis drei zu vier, faktisch jedoch waren die Machtpositionen der drei bedeutender als die der vier: Sie beherrschten den Teil des Parteiapparats, der sich mit innerparteilichen Beziehungen befaßte, sowie einen der mächtigsten Bezirke, Ostrau. Císař und Slavík betreuten ideologische Ressorts, Sádovský war für die Landwirtschaft und die Geschäftsführung im Parteiapparat zuständig; vom Gesichtspunkt der Parteipolitik un-

terstanden mir zwar wichtige Komponenten des Machtsystems – aber gerade dort entschied in kritischen Fragen letztlich das Machtverhältnis zwischen den vorhandenen Cliquen, nicht der Parteisekretär, der die allgemeine politische Linie ihrer Tätigkeit auszuarbeiten hatte.
Im Fall einer Kampfabstimmung über die Anträge Indras und Kolders unter den 21 Mitgliedern der Parteiführung konnte es also zu einer knappen Mehrheit von 11 gegen 10 Stimmen kommen. Das zweiundzwanzigste Mitglied der Führung, ZK-Sekretär und Sekretär der Nationalen Front Evžen Erban, war damals nicht zugegen, wobei hier offenbleiben mag, ob dies ein Zufall war. Erban hätte wohl noch am ehesten versucht, neutral zu bleiben, es ist aber auch nicht auszuschließen, daß er sich auf die Seite der Konservativen geschlagen, und ebensowenig, daß er unter Umständen für Dubček gestimmt hätte.
Für den Fall, daß die Anträge Kolders und Indras mit der geschilderten knappen Mehrheit gebilligt worden wären, darf man annehmen, daß deren Befürworter sofort die Behandlung des Breschnjew-Briefes erzwungen hätten, in der Absicht, eine gemeinsame Antwort zu formulieren – und dies hätte unter Umständen die Möglichkeit eröffnet, „brüderliche Hilfe“ aus Moskau anzufordern. Es ist aber auch denkbar, daß die knappe konservative Mehrheit in der Debatte über den Breschnjew-Brief darauf hingewirkt hätte, die Parteiführung zu spalten, und sich daraufhin mit den sowjetischen Agenten in den staatlichen Organen, mit Leuten wie Šalgovič, Pavlovský, Hoffmann und vielleicht einigen anderen (insbesondere Armeeangehörigen) zusammengetan hätte, um selbständig einen derartigen Brief abzufassen. Sofort nach dem Einmarsch der Truppen wäre die „Revolutionäre Arbeiter- und Bauernregierung“ eingesetzt worden und hätte ihr „Revolutionstribunal“ in Gang gesetzt.
Es steht fest, daß der Text des Schreibens, das am 21. August 1968 in der Moskauer „Prawda“ ohne Unterschriften als Brief „einer Gruppe von Funktionären“ des Zentralkomitees der KPČ, des Parlaments und der Regierung veröffentlicht wurde, damals in Prag tatsächlich existierte. Exemplare davon wurden später im Büro des Direktors der staatlichen Presseagentur ČTK, Sulek, eines sowjetischen Agenten, gefunden, auch sie allerdings ohne Unterschriften. Ich bin überzeugt, daß es zu Unterschriften überhaupt nicht kam, und also schon deshalb bis zum heutigen Tag keine veröffentlicht werden konnten. Der Grund jedoch, warum ein Verzeichnis von Unterzeichnern, selbst wenn es existierte, nicht veröffentlicht werden könnte, ist der, daß Leute wie Husák, Štrougal, Kempný, Colotka und etliche andere führende Repräsentanten des „Normalisierungskurses“ auf das Verdienst würden

verzichten müssen, dort vertreten zu sein; andererseits könnten viele Personen, die als extreme Stalinisten aus der Novotný-Ära jenen heute unbequem sind, ihre damalige Loyalität nachweisen – und daran ist Husák und seiner Führung nicht gelegen. Konkrete Unterschriften existieren jedoch nicht, denn der Plan, eine neue Führung entsprechend dem Konzept einer „Revolutionären Arbeiter- und Bauernregierung" zu bilden, scheiterte, und die war es nämlich, die hätte unterschreiben sollen.

Die Nachmittagssitzung des Präsidiums am 20. August begann mit einer äußerst scharfen Debatte über die Tagesordnung. Schließlich wurde als erster Punkt die Besprechung der Anträge für den vorgesehenen Parteitag aufgenommen und erst an zweiter Stelle die Anträge von Kolder und Indra. Dubček selbst setzte sich sehr vehement für diese Reihenfolge ein. Dabei dürfte er sich freilich weniger von irgendeiner Ahnung der von seinen Gegenspielern angestrebten Funktion dieser Angelegenheit im Hinblick auf kommende Ereignisse haben leiten lassen, sondern es ging ihm wohl viel mehr darum, die Erörterung des Briefes von Leonid Breschnjew bis zum Schluß der Sitzung hinauszuschieben, weil er damit rechnete, daß dieser Brief einen tiefen Konflikt in der Führung hervorrufen würde, und er zuvor die Parteitags-Dokumente unter Dach und Fach haben wollte. Daß nämlich im Zusammenhang mit den Anträgen von Indra und Kolder auch jener Brief würde zur Sprache kommen müssen, war für ihn bereits abzusehen.

So unglaublich es auch scheinen mag – eine reine Routineprozedur verhinderte damals die erste Phase des geplanten Vorgehens der moskautreuen Gruppe. Dafür gibt es zwei Erklärungen: Erstens handelte es sich ja um einen prozeduralen Putsch, und ein derartiger Putsch kann eben auf unüberwindliche prozedurale Hindernisse stoßen; und zweitens hatte die moskautreue Gruppe furchtbare Angst. Als die Tagesordnung geändert wurde, hätten einige Mitglieder dieser Gruppe durch scharfes und resolutes Auftreten den Konflikt hervorrufen und so ihr Vorhaben ohne Rücksicht auf die Tagesordnung durchsetzen können. Das hätte jedoch vorausgesetzt, daß die Führer der Gruppe sofort und ohne lange Absprache geschlossen auf diese Vorgehensweise umschwenken. Ein, zwei Minuten später war es dafür bereits zu spät – da wurde schon über die vorliegenden schriftlichen Unterlagen berichtet. Ich glaube, in diesen Minuten fehlte es den Putschisten an Mut und Entschlossenheit.

Das hatte sich übrigens schon vorher gezeigt und sollte sich bei anderen Gelegenheiten auch nachher wieder erweisen. Auch die Verhandlungen in der sowjetischen Botschaft am 22. August haben das bewiesen. Auch der unkontrollierte Aufschrei Bilaks in der Nacht des 20. August – „Also lyncht mich doch!“ – zeugte von Angst. Jan Svoboda, einer der engsten Vertrauten Novotnýs und zeitweiliger Leiter seines Sekretariats, erzählte lange nach dem August 1968, wie vor der Intervention in Pečky bei Nymburk eine Gruppe von Stalinisten und sowjetischen Agenten zusammentraf, um die Intervention vorzubereiten; an dieser Zusammenkunft sollten bereits Vertreter der moskautreuen Fraktion der Parteiführung teilnehmen. Sie hatten bis zum letzten Moment furchtbare Angst, erzählte Jan Svoboda. Und schließlich erschien allein Bilak. Aber auch er war außer sich vor Angst und konnte kaum sprechen.

Am Nachmittag und in der Nacht des 20. August scheiterte also der Plan einer politischen Unterstützung der Intervention zum erstenmal. Die Regie lief jedoch weiter wie vorgesehen und stützte sich auch weiterhin auf den ursprünglichen Plan. Und am Abend des 22. August, in der sowjetischen Botschaft in Prag, scheiterte seine Realisierung zum zweitenmal. Zu diesem Zeitpunkt war einer der Hauptgründe das Zustandekommen des XIV. Parteitags in Vysočany, welches nun die Oberregisseure in Moskau dazu zwang, den Plan zu ändern und sich mit Unterhandlungen einverstanden zu erklären. Sie zogen hierzu Ludvík Svoboda heran, mußten aber auch diejenigen als Partner akzeptieren, die eigentlich schon von einem „Revolutionstribunal“ hätten abgeurteilt sein sollen: Dubček, Smrkovský, Černík und die anderen. Deren Situation änderte sich am Freitag, dem 23. August, vormittags, als Breschnjew mit dem in einer Baracke des KGB in den Karpaten internierten Dubček telefonierte und dieser anschließend zusammen mit Černík umgehend nach Moskau gebracht wurde.

Am Morgen des 25. August stießen zu den beiden und zu der von Svoboda geführten Prager Delegation die übrigen festgenommenen Parteiführer (mit Ausnahme Kriegels) und schließlich auch noch der Rest der Parteiführung, der auf dem Luftweg aus Prag herbeigeschafft wurde und bei dem auch ich mich befand. Moskau, das schließlich gezwungen war, zu unterhandeln, hatte keinen anderen Partner als die Parteiführung Dubčeks: Seine Handlanger hatten sich unfähig gezeigt, einen Putsch durchzuführen – und die Führung, die vom XIV. Parteitag gewählt worden war, kam für Moskau nicht in Frage.

Trotz der überragenden Bedeutung, die der Parteitag in Vysočany für die weitere Entwicklung der Situation nach dem 22. August hatte, offenbarten sich in seinen Ergebnissen von Anfang an ernsthafte politische Schwächen, insbesondere was die neuen, vom Parteitag gewählten Gremien betraf. Allerdings andere Schwächen als diejenigen, von denen seither und bis heute die Propaganda der „Normalisierer“ spricht. Deren Behauptung, die Verhandlungen des Parteitags und mithin auch die Wahl der neuen Führung seien durch die Parteistatuten nicht gedeckt und folglich illegal gewesen, ist unsinnig. Jede Organisation, die ihren Kongreß als ihr höchstes Organ anerkennt, muß auch einräumen, daß rechtmäßig gewählte Delegierte, wenn sie sich zum Kongreß in statutengemäßer Mehrheit einfinden, auch rechtmäßig als oberstes Gremium handeln können: Sie sind weder an einen festgesetzten Tagungstermin gebunden noch an gewisse Paragraphen der Satzung, denn sie haben das Recht, die Satzung zu ändern oder aufzuheben und ebenso jeden Beschluß, welcher der Tagung etwa vorausging, einschließlich eines solchen über den Termin des Parteitags. Gemäß der Satzung der KPČ leitet sich die gesamte Macht des Zentralkomitees, seines Präsidiums und des Parteiapparats aus der souveränen Macht des Parteitags her: Den Entschluß von zwei Dritteln der Delegierten, ihre Beratungen zum Parteitag zu erklären, als satzungswidrige Usurpation der Macht zu bezeichnen, ist daher Unsinn. Die politischen Blößen der neuen, durch den XIV. Parteitag gewählten Gremien lagen anderswo.

Die Parteiführung, die vom XIV. Parteitag gewählt worden war, betrachtete sich selbst als ein Provisorium und wurde auch von der Öffentlichkeit als solches aufgefaßt. Einen Irrtum in diesem Punkt konnte es den Umständen nach eigentlich nicht geben. Der Parteitag und die von ihm gewählten Gremien mußten in erster Linie alle festgenommenen und über die Grenzen des Landes verschleppten Mitglieder der bisherigen Parteiführung in ihren Funktionen bestätigen: Dubček, Černík, Smrkovský, Kriegel, Špaček und Šimon. Sie wurden allesamt wieder ins Parteipräsidium gewählt – aber sie waren nicht anwesend. Dabei hatten gerade sie in der Parteiführung die höchste Autorität. So wußten nicht nur die Organe und Gremien der Partei, sondern auch die Öffentlichkeit zweifelsfrei, daß erst nach ihrer Rückkehr über die zukünftige Entwicklung entschieden werden könnte und daß man es gegenwärtig mit einem Provisorium zu tun habe, das durch die Rückkehr jener Politiker beendet würde. Alle, die in der Praxis die Funktion der Parteiführung wahrnahmen, waren sich selbst durchaus im klaren darüber, daß sie nur ein zeitweiliges Vakuum ausfüllten. Der XIV. Parteitag etablierte demnach nur scheinbar eine neue Parteiführung: in Wirklichkeit unterstützte er einen bestimmten Teil von Dubčeks Parteiführung, die durch die militärische Intervention gestürzt werden sollte. Das Schicksal der Reform, das der gesamten Partei und

auch sein eigenes Schicksal legte das in Vysočany gewählte Zentralkomitee praktisch in die Hände jenes Teils der Parteiführung Dubčeks. Der jedoch war nicht nur auf dem Parteitag nicht zugegen, sondern hielt sich noch nicht einmal auf dem Territorium der Republik auf. Als das sowjetische Politbüro schließlich mit diesen Repräsentanten in Moskau zu verhandeln begann, befand es sich einem Partner gegenüber, der schon seit einigen Tagen überhaupt nicht wußte, was in der Tschechoslowakei vor sich ging und welche Position er bei den Verhandlungen letztlich beziehen konnte.
Das in Vysočany gewählte Parteipräsidium zählte achtundzwanzig Mitglieder. Von diesen waren achtzehn bereits zuvor Mitglieder des Zentralkomitees der Kommunistischen Partei der Tschechoslowakei oder der Kommunistischen Partei der Slowakei gewesen oder hatten hohe Regierungsämter inne (die stellvertretenden Ministerpräsidenten Husák und Colotka). Fünfzehn Präsidiumsmitglieder (also mehr als die Hälfte) hielten sich zur fraglichen Zeit gar nicht in Prag auf und nahmen daher auch nicht an den Verhandlungen des Parteitags teil. Abwesend waren eigentlich sämtliche höchsten politischen Autoritäten. Außer den sechs Festgenommenen waren dies: Ota Šik (der in Jugoslawien weilte), Gustáv Husák (der sich als Mitglied der Regierungsdelegation in Moskau aufhielt), Čestmír Císař (der sich bis zum 26. August in der Nähe von Prag versteckt hielt) und außerdem die gesamte Vertretung der slowakischen Partei (Colotka, Zrak, Ťažký, Pavlenda u. a.). Die Mitglieder des Vysočaner Parteipräsidiums, das in der Zeit vom 23. bis zum 26. August – d. h. bis zur Rückkehr der Führung aus Moskau – faktisch die Geschäfte führte, waren vorwiegend Parteifunktionäre der Bezirks-, Kreis- oder Betriebsebene (z. B. Hrdinová, J. Litera, V. Kabrna, Z. Moc u. a.), oder sie kamen überhaupt nicht aus dem Parteiapparat und verfügten dort nicht über das notwendige Maß an Unterstützung und Autorität (Věněk Šilhán, Professor der Hochschule für Ökonomie in Prag; Zdeněk Hejzlar, seit Juni 1968 Direktor des Tschechoslowakischen Rundfunks, ehemaliger hoher Parteifunktionär, der aber 1951 kaltgestellt worden war). Zur Hauptstütze des Vysočaner Präsidiums entwickelten sich der Parteiapparat des Prager Stadtkomitees und ein Teil des ZK-Apparats: der aber wurde von Martin Vaculík geleitet, einem ehemaligen Kandidaten des Politbüros unter Novotný, der jedoch nicht Mitglied des neuen Präsidiums war. Ich selbst war auch nicht Mitglied dieses Organs, war aber am 23. und 24. August in Vysočany als Sekretär des Zentralkomitees tätig. Ich führte vor allem die Verhandlungen mit solchen Partnern, die lieber mit jemandem zu tun hatten, der bereits

vor dem Parteitag in Vysočany ZK-Sekretär gewesen war, so zum Beispiel mit der Gewerkschaftsführung über Form und Organisation der Streikaktionen, mit der Führung der Arbeitermilizen, mit Vertretern der Nationalen Front u. a. In den Tagen des Vysočaner Provisoriums bildete sich unter den Funktionären und Mitarbeitern des Apparats eine zahlenmäßig starke Gruppe heraus – sie machte etwa 40–50 Prozent aus –, die in vollem Bewußtsein des eingegangenen Risikos dem XIV. Parteitag aktiv diente und Aktionen, zu denen die Beschlüsse und Instruktionen der vom Parteitag gewählten Gremien aufriefen, in die Tat umsetzte. Nimmt man die Vielzahl von Funktionären und Mitarbeitern hinzu, die zwar ebenfalls die Linie und die Aktionen des Parteitags unterstützten, dies aber mit einer gewissen Zurückhaltung taten, aus Angst vor einem eventuellen Umschwung der Situation, so ergibt sich, daß eine überwiegende Mehrheit – wahrscheinlich rund 90 Prozent – des Parteiaktivs der KPČ hinter Dubček und dem festgenommenen Teil der Parteiführung stand, mit den Zielen der Okkupanten nicht übereinstimmte und nicht zur Kollaboration bereit war.

Nur eine verschwindende Minderheit der Funktionäre und Mitarbeiter des Apparats nahm die entgegengesetzte Position ein. Hier rechnete man mit der definitiven Niederlage der Reform und der Restauration der totalitären Diktatur und war zur Kollaboration bereit. Bis zur Rückkehr der Parteiführung aus Moskau (am 27. August) verhielten sich jedoch die meisten zurückhaltend, warteten passiv das Ende des Provisoriums ab und fürchteten sich, offen mit den sowjetischen Militärs zusammenzuarbeiten oder auch nur die eigene Meinung offen auszusprechen. Nur Einzelgänger aus dem Apparat des Zentralkomitees – nach meiner Schätzung kaum zwanzig von den über fünfhundert Angestellten – arbeiteten auch nach dem 22. August noch in dem besetzten Gebäude des Zentralkomitees, wo Drahomír Kolder „für die Parteiführung" amtierte. Seine Gefühle drückte Kolder kurz und bündig bei Gelegenheit des Anrufs aus, mit dem er mich davon in Kenntnis setzen wollte, daß ich gemeinsam mit dem Rest der Parteiführung nach Moskau fliegen sollte. Ich war nicht zu Hause, und Kolder wurde gesagt, daß nicht bekannt sei, wo ich mich aufhalte. Daraufhin erklärte Kolder: „Ach was – nicht bekannt! Er ist in Vysočany – wo sollte er denn sonst sein? Sie sind ja fast alle da – also vor wem haben Sie Angst? Ich bin hier ganz allein – ich sollte Angst haben."

Von den Handlangern der Sowjets im Apparat der KPČ hielten sich die wichtigsten Kader, soweit sie nicht in Moskau waren, in diesen Tagen auf dem Gebiet der DDR, in Dresden, auf. Dort verarbeiteten sie

fieberhaft alles, was für die Propaganda der Okkupanten geeignet war: die Verleumdungen, Lügen und stalinistischen Propagandaphrasen, die über den Sender „Vltava", in der von den Okkupanten vertriebenen Zeitschrift „Zprávy" und in der Presse der Sowjetunion wie der vier übrigen Interventionsmächte verbreitet wurden, stammten aus ihrer Werkstatt. Die meisten scheuten sich jedoch, offen im Sender „Vltava" aufzutreten, obgleich es dort bitter not getan hätte, Menschen ans Mikrofon zu lassen, die ein korrektes Tschechisch sprachen: Die Sprecher dieses Senders riefen durch ihren Akzent diejenigen in unangenehme Erinnerung, die im März 1939 auf ähnliche Weise zum tschechischen Volk gesprochen hatten. Einer der wenigen, die schließlich doch vors Mikrofon traten, war Pavel Auersperg. Ich sprach mit ihm dann am 31. August auf der ZK-Sitzung nach der Rückkehr aus Moskau. Ohne Beschönigung gab er zu: „Sie hatten mir versprochen, daß sie die Modulation meiner Stimme ändern werden. Aber dann haben die Scheißkerle das nicht gemacht – und meine versoffene Stimme erkennt doch jeder. Was kann ich jetzt anfangen?"
Selbst einige Mitglieder der moskautreuen Gruppe in der Führung der KPČ zogen sich während der Tage des Provisoriums in die Privatsphäre zurück und warteten ab; so zum Beispiel Antonín Kapek. Von den Reformanhängern hielt sich Čestmír Císař die meiste Zeit versteckt. Am 20. August, nachdem Dubček die Präsidiumssitzung beendet hatte, fuhr er als einziger einfach nach Hause. Dort holten ihn am nächsten Morgen Mitglieder der Sicherheitsorgane von Viliam Šalgovič ab und sperrten ihn ein („nahmen ihn in Schutzhaft", wie sie selbst aussagten); nach einigen Stunden wurde er jedoch wieder freigelassen – wahrscheinlich deshalb, weil der Plan für Indras „Revolutionstribunal" bereits am Vormittag des 21. August ersichtlich fehlgeschlagen war. Císař hielt sich dann bis zum vorletzten Tage des Vysočaner Provisoriums im Wochenendhaus eines Bekannten – des Dekans der juristischen Fakultät, O. Průša – in Kersk bei Poděbrady verborgen. Von dort schickte er einen offenen Brief an Rundfunk und Presse, in dem er seine Festnahme schilderte und erklärte, daß er habe „entkommen" können und sich nun bei „guten tschechischen Kommunisten, tschechischen Patrioten" aufhalte und allen „Kampfesgrüße" sende.
Der entscheidende Faktor, der den politischen Erfolg des XIV. Parteitags möglich machte, die Stellung der Nationalversammlung und der Regierung festigte und die Hoffnung auf eine Änderung der Machtstruktur zur Kollaborationsbereitschaft hin zum Scheitern brachte, war die uneingeschränkt ablehnende Haltung des ganzen Volkes zur sowjetischen Intervention. Das war eine Folge dessen, daß der „Pra-

ger Frühling“ von dem Versuch einer institutionellen politischen Reform in eine nationale, demokratische und humanistische Bewegung umgeschlagen und für das Volk zu einer überpolitischen Angelegenheit der Moral und Menschlichkeit geworden war. Neben den Bedenken, von denen ich bereits im Zusammenhang mit den internationalen Beziehungen sprach, basieren gerade auf diesem Umstand meine Zweifel an der Richtigkeit meiner „zentristischen“ Einstellung im Verlauf des Jahres 1968. Wenn es nämlich bei einem Reformversuch geblieben wäre – beschränkt auf die notwendigsten Schritte, um eine institutionelle Reform von oben herbeizuführen – und es dabei trotzdem zu einer militärischen Intervention gekommen wäre, hätte es wahrscheinlich nie diesen überwältigenden, einheitlichen und intensiven Widerstand des gesamten Volkes, verbunden mit einer ungewöhnlichen Disziplin und einem nie dagewesenen politischen Vertrauen in die Führung gegeben, wie wir sie in diesen Augusttagen erleben konnten. Rückblickend kann ich also nur sagen, daß eine derartige politische Entwicklung der Reform, wie ich sie mir gewünscht hatte, nur dann optimal gewesen wäre, wenn sie den militärischen Eingriff der UdSSR hätte vereiteln können. Der Widerstand des gesamten Volkes gegen die Intervention schuf tagtäglich Tausende konkreter Situationen, die das alltägliche Leben in ein System äußerst wirksamer Maßnahmen der passiven Resistenz verwandelten, dem die brutale Maschinerie der Aggressoren macht- und ratlos gegenüberstand. Als politisches Ergebnis erhob sich die Frage, vor der alsbald das Moskauer Politbüro stand und die zur Grundfrage wurde: Was nun weiter? Das ganze Land war unter militärischer Kontrolle, aber diese Kontrolle war machtlos gegenüber dem tatsächlichen Geschehen. Niemand tat ohne Zwang mehr, als wozu man eben nur durch Zwang gebracht werden kann. Und wenn eine Militärmacht nicht zu brutalen Massenaktionen greifen, nicht ganze Teile der Bevölkerung massakrieren, wenn sie nicht eine eigene Gewaltherrschaft zur Verwaltung des ganzen Landes errichten will, ist eigentlich das, wozu man die Menschen zwingen kann, erbärmlich wenig. Der Rundfunk sendete weiter, Zeitungen und Zeitschriften kamen weiter heraus, dazu unzählige Flugblätter – und alles war gegen die Okkupation gerichtet. Die Verwaltungsorgane existierten weiter – von den Nationalausschüssen bis zur Regierung –, und sie ordneten sich der Besatzungsmacht nicht unter, ja sie sprachen und verhandelten mit ihr praktisch überhaupt nicht. Die Menschen dachten nicht nur, was sie wollten, sondern sie handelten auch im alltäglichen Leben so, als wäre die Regierung nicht gestürzt, als wäre das ganze nur eine Episode, die vorübergehen müsse

und nach der alles wieder in die gewohnte Bahn zurückkehren würde.
Es stimmt, daß in gewisser Hinsicht all das bedeutungslos war, gemessen an dem Umstand, daß fremde Truppen das Land besetzt hielten. Es war auch klar, daß der Widerstand nicht ewig dauern konnte, daß es sich nur um ein Provisorium handelte. Aber wie lange konnte dieses Provisorium währen? Bis solch ein Zustand zu Ende geht, ist selbst eine Besatzungsmacht hilflos, wenn sie nicht allen Ernstes zu kriegsähnlichen Maßnahmen gegen die Zivilbevölkerung übergehen will. Und das konnte sich Moskau mit Rücksicht auf eigene internationale Interessen doch nicht erlauben.
In diesem Sinne erwies sich denn ein auf kurze Zeit von einer überwältigenden Übermacht überfallenes kleines Volk als der eigentliche politische Sieger. Das Volk war sich dessen bewußt und um so mehr bestärkt in seinem Widerstand. Der Vergleich, der damals irgendwo in der Presse auftauchte, daß der Elefant eine Nadel nicht zertreten könne, schien der Situation genau zu entsprechen. In beiderlei Hinsicht: in der für das Volk günstigen und für die Besatzer unlösbaren, aber auch in der zweiten: daß der Elefant nämlich groß ist und daß er einmal da ist – und daß aus dieser Situation schließlich und endlich ein Ausweg gefunden werden müsse. Ich glaube, daß auch im Bewußtsein des Volkes Klarheit darüber herrschte, daß die passive Resistenz dieser Tage zwar eine ungewöhnlich wirksame Waffe war, daß sie aber keine endgültige Lösung der ganzen Situation war und sein konnte, daß es sich um ein Provisorium handelte, das eine kurze Periode überbrücken sollte, ehe eine endgültige Lösung gefunden wäre. Und das Mandat für die Lösung legte das Volk, ebenso wie es der außerordentliche Parteitag der Kommunisten getan hatte, in die Hände einiger weniger Menschen – Dubčeks, Svobodas, Černíks und Smrkovskýs –, die in Moskau weilten.
Ich glaube, daß das Gefühl der provisorischen Beschaffenheit der Situation aus der heroischen Atmosphäre dieser Tage vom 21. bis zum 26. August nicht wegzudenken ist, und das gilt für das Bewußtsein sowohl der Massen wie der provisorisch regierenden Reformkommunisten. Etwas davon drang selbstverständlich auch in das Bewußtsein der Okkupanten und ihrer Befehlshaber in Moskau. Mit dem Gefühl, daß mir in der Endphase dieses Provisoriums eine bedeutsame Rolle zugefallen war, bereitete ich mich am Abend des 24. August auf meine Reise nach Moskau vor.
Meine Reise nach Moskau war auf eine Forderung Dubčeks zurückzuführen, der meine Anwesenheit bei den Verhandlungen verlangte.

Außerdem war ich auch vom Vysočaner Präsidium beauftragt. Ich flog jedoch gemeinsam mit dem Rest der alten Parteiführung – mit Švestka, Lenárt, Jakeš, Barbírek und Rigo. Kolder blieb in Prag, in dem besetzten ZK-Gebäude, Antonín Kapek hielt sich offensichtlich irgendwo außerhalb Prags versteckt. Die Sekretäre Císař, Sádovský, Slavík, Erban und Voleník waren nicht nach Moskau eingeladen worden, und der Rest der Parteiführung Dubčeks war bereits im Kreml, teils als Begleitung Ludvík Svobodas, teils wurden aus den Gefangenen, die gewaltsam in Militärflugzeugen aus der Tschechoslowakei entführt und unter KGB-Aufsicht in den Karpaten festgehalten worden waren, Mitglieder einer Parteidelegation.
Aus Prag flogen wir mit einem Militärflugzeug, das außer uns nur einige Offiziere beförderte sowie mehrere Kisten Filmmatierial, das sowjetische Kameraleute während der ersten Tage der Okkupation in Prag gedreht hatten. Wir flogen schweigend, denn nach allem, was wir über unser jeweiliges Verhalten in den letzten Tagen wußten, hatten wir uns nichts zu sagen. Ungefähr um 9 Uhr morgens Moskauer Zeit landete das Flugzeug auf dem Flughafen Vnukovo bei Moskau. Pompöse Staatskarossen der Marke „Tschajka“ brachten uns zu den Gästevillen der Regierung auf den Leninbergen, nur wenige hundert Meter von dem Gebäude der Moskauer Universität entfernt.
Und so blickte ich nun nach dreizehn Jahren wieder auf das Panorama Moskaus, das ich einstmals täglich als Student gesehen hatte. Ein intim empfundener Anblick, der in der Erinnerung eher mit angenehmen Assoziationen aus dem Studentenleben verbunden war, wurde abermals Wirklichkeit. Aber nur wenige Stunden trennten mich von der jüngsten Wirklichkeit, die das besetzte Prag darstellte. In der Morgensonne lag Moskau da wie damals vor dreizehn Jahren – aber die Aussicht wurde überlagert von den Bildern aus den Gassen Prags, wo ich noch im Morgengrauen die drohenden Kanonenrohre der Panzer und die nebelhaften Gestalten der sowjetischen Soldaten mit den Maschinenpistolen im Anschlag gesehen hatte. Ich war nicht im Moskau meiner Jugendzeit, sondern in der Hauptstadt der Okkupationsmacht. Anstelle der Studienkollegen umgaben mich – zwar ehrerbietig, aber doch mit dienstlichem Eifer – Wachhabende des KGB in Zivil und in Uniform. Die Absurdität dieser Stunde war das Konzentrat der Absurdität meines ganzen bisherigen Lebens, und ich hatte plötzlich den angelegentlichen Wunsch, überhaupt nicht zu sein.
Aber ich war nicht nur, sondern ich war auch hier, an diesem speziellen Ort, und ich mußte einen klaren Kopf behalten, denn in Kürze würde ich darüber mitverhandeln müssen, wie es nun weitergehen sollte, was

für eine neue Absurdität auf alle die vorhergegangenen gehäuft werden sollte.

Im Kreml wurden wir in einen Saal geführt, wo bereits Svoboda mit seiner Begleitung anwesend war, auch Černík stand da, wieder als Ministerpräsident, und auch Smrkovský, Špaček und Šimon sah ich. Es fehlten jedoch Dubček, Kriegel und auch Indra. Ich hatte eine vollgepfropfte Aktentasche mit Unterlagen aus Prag – Zeitungen, Flugblättern, Berichten der Parteiführung aus Vysočany –, und ich hatte für alle ursprünglich Festgenommenen persönliche Briefe von ihren Mitarbeitern und für einige auch von ihren Familienangehörigen. Unter anderem hatte ich Briefe des neugewählten Parteipräsidiums für Dubček und Svoboda. Ich wollte zuerst mit Dubček sprechen. Ludvík Svoboda sagte mir, daß Dubček sich hingelegt habe, daß er sich an den Verhandlungen nicht beteiligen könne, daß er mich aber zu ihm führen werde; er lag in einem der Räume, die Svoboda und seiner Begleitung direkt im Kreml zur Verfügung gestellt worden waren. Svoboda führte mich zwei Räume weiter, und dann sah ich Dubček.

Er lag im Bett unter einer Decke, die er jedoch, da es heiß im Zimmer war, zurückgeschlagen hatte; der Oberkörper war nackt, und er lag leblos da, offensichtlich unter dem Einfluß starker Beruhigungsmittel. Auf der Stirn hatte er eine kleine, mit Leukoplast verklebte Wunde, im Gesicht den abwesenden Ausdruck eines unter starker Drogenwirkung stehenden Menschen. Er hatte mich trotzdem kommen gehört, öffnete die Augen und lächelte mir zu. Unwillkürlich sah ich im Geiste Bilder des heiligen Stephan, der auf der Folter lächelt: Dubček hatte das gleiche Dulderlächeln, und die Falten, die auf dem weißen Kissen strahlenförmig von seinem Kopf ausgingen, ersetzten den Heiligenschein. Ich ging zu ihm und berührte seine Wange. Er sprach stockend und ohne inhaltlichen Zusammenhang; er sagte, daß er jetzt nicht imstande wäre, Briefe zu lesen, ich möge sie ihm unter das Kissen schieben, auf dem er lag. Ich tat es und wollte ihm noch etwas erklären. Sein Zustand ließ jedoch kein sachliches Gespräch zu. Ich blieb noch eine Weile an seinem Bett sitzen und verabschiedete mich dann.

Dubček befand sich damals im Zustand absoluter Erschöpfung und des Nervenzusammenbruchs. Die Wunde an der Stirn hatte er sich zugefügt, als er im Badezimmer gestrauchelt und mit dem Kopf auf das Waschbecken geschlagen war. Er war in Behandlung des persönlichen Arztes des Präsidenten. Nachmittags besserte sich sein Zustand, und er sprach, soviel ich weiß, mit Černík, möglicherweise auch mit Smrkovský. Ich selbst sprach am nächsten Tag wieder mit ihm, kurz bevor wir uns alle zum offiziellen Teil der Verhandlungen einfinden

mußten, bei welcher Gelegenheit bereits das berüchtigte „Moskauer Protokoll“ unterzeichnet werden sollte. In der Zeit, in der der Text dieses Protokolls ausgearbeitet wurde, beteiligte sich Dubček an keiner unserer gemeinsamen Beratungen und Debatten.
An den Verhandlungen nahm auch František Kriegel nicht teil, der überhaupt nicht im Kreml anwesend war. Wie wir am nächsten Tag erfahren sollten, war die sowjetische Führung nicht nur bemüht, Kriegel von den Verhandlungen im Kreml auszuschließen, sondern auch seine Rückkehr nach Prag zu verhindern. Aber darüber später mehr.
Auch Alois Indra fehlte bei den Gesprächen. Er war ebenfalls krank und hielt sich irgendwo außerhalb des Kremls auf, vielleicht im Krankenhaus. Man sagte, daß er an der Menierschen Krankheit litt: Es war für die damalige Situation eine passende Erkrankung, denn zu den Symptomen gehört unter anderem der Verlust des Gleichgewichtssinns. Indra hatte – ganz abgesehen von seiner Erkrankung – allen Grund, unsicher wegen seiner Position zu sein und wirklich nicht zu wissen, ob er oben oder unten war; nur eines war sicher: aus der „Revolutionären Arbeiter- und Bauernregierung“ würde nichts mehr werden.
Zwei Regierungsminister, die Minister Dźur und Kučera, nahmen an den Gesprächen über den Text des Moskauer Protokolls ebenfalls nicht teil. Die Unterhandlungen führte das Parteipräsidium, und von den übrigen griffen nur Ludvík Svoboda und Gustáv Husák ein. Wie aus dem weiteren hervorgeht, kann man nur schwerlich von Verhandlungen sprechen, und das aus zwei Gründen: Auf sowjetischer Seite saß uns – bis zur Unterzeichnung des Protokolls am Abend des 26. August – nie ein Organ als ebenbürtiger Gesprächspartner gegenüber, sondern eine Reihe von Einzelpersonen, die jeweils ultimative Forderungen vorbrachten; auf tschechoslowakischer Seite kann man, abgesehen von der Nachtsitzung am 25. August, von keinem gemeinsamen Standpunkt sprechen. Was die sowjetische Seite betrifft, so lag der Grund dafür auf der Hand; ihre Absicht war nicht, zu unterhandeln, sondern die Annahme der aufgezwungenen Kapitulationsbedingungen zu erzielen. Auch auf der tschechoslowakischen Seite war die Situation klar: Die Parteiführung war offenkundig gespalten in Mitglieder, welche die „Revolutionäre Arbeiter- und Bauernregierung“ bilden wollten, und solche, die von dieser Regierung vor ein Tribunal gestellt werden sollten. Es war von Anfang an klar, daß eine Gruppe, die bereit gewesen war, sich zu so etwas herzugeben, noch eher bereit sein würde, allem zuzustimmen, was das sowjetische Politbüro zur Aufnahme in das „Protokoll“ vorschlug. Interesse an Verhandlungen

hatte also nur der Rest der Gruppe der Dubček-Führung – Černík, Smrkovský, Špaček, Šimon und ich –, allerdings auch Svoboda und Husák, die damals keiner dieser Gruppen eindeutig angehörten.
Als ich am 25. August vormittags in den Kreml kam, war allerdings schon vieles durch Beschlüsse oder Quasi-Beschlüsse aus den vorangegangenen zwei Tagen faktisch geregelt. Wie die Verhandlungen vor meiner Ankuft verliefen, wer daran teilnahm und was für Standpunkte er vertrat, entzieht sich meiner genaueren Kenntnis. Soweit ich also über die Verhandlungen schreibe, beziehe ich mich auf deren Verlauf am 25. und 26. August. Bereits vor meiner Ankuft war über drei wichtige politische Fragen entschieden worden. Die erste Entscheidung fiel zugunsten der Gruppe Dubčeks: Jegliche Lösung, die mit einer anderen Führungsgarnitur als der, die vor dem 20. August an der Spitze der Partei und des Staates gestanden war, rechnete, wurde fallengelassen, d.h. die sowjetische Seite hatte sich in diesem wichtigen Punkt mit einer Niederlage abgefunden. Die anderen beiden Fragen, über die eine Entscheidung ebenfalls schon gefallen war, waren jedoch zugunsten der Interessen Moskaus entschieden: Der XIV. Parteitag in Vysočany war als ungültig erkannt worden, und die tschechoslowakischen Repräsentanten erklärten sich damit einverstanden, daß der Sicherheitsrat der Vereinten Nationen die Behandlung der Situation in der Tschechoslowakei von der Tagesordnung nahm. Ich glaube, daß auch Smrkovský, Špaček und Šimon zu der Delegation stießen, nachdem die Entscheidungen über diese Fragen bereits getroffen waren; diese Lösungen wurden akzeptiert, während Ludvík Svoboda mit seiner Begleitung sowie Dubček und Černík an den Verhandlungen teilnahmen.
Als ich aus dem Zimmer, in dem Dubček lag, zu den übrigen zurückkehrte, informierte ich alle Anwesenden über die Situation in der Tschechoslowakai beziehungsweise über meine Ansichten darüber. Meine Stellungnahme lautete in aller Kürze wie folgt: Die Besatzungsmacht ist infolge des passiven Widerstands der gesamten Bevölkerung in einer Krise und hat keine Mittel, um mit dieser Situation erfolgreich fertigzuwerden, wenn sie nicht mit Militärgewalt gegen die Zivilbevölkerung vorgehen will. Der Parteitag in Vysočany hat die Autorität der Partei bei der Bevölkerung gefestigt, das Parlament und die Regierung haben den Parteitag anerkannt und nehmen gegenüber der Okkupation eine unerschüttert feste Haltung ein. Durch all dies ist die Machtstruktur gestärkt, und den Okkupanten ist es nicht gelungen, eine Bresche zu schlagen. Im Prinzip muß diese Situation jedoch als Provisorium betrachtet werden, das auch gefährlich sein kann: Es ge-

nügen einige unwesentliche Provokationen, und der Konflikt kann zum Ausbruch kommen, die Okkupationstruppen können die Nerven und beide Seiten die Kontrolle über die Situation verlieren. Die Öffentlichkeit erwartet eine Lösung von dieser unserer Konferenz mit dem Kreml. Dubček, Smrkovský, Svoboda und Černík haben eine ungeheure Autorität, und wenn sie gemeinsam eine Lösung befürworten, auf die man sich in Moskau einigt, wird die überwiegende Mehrheit der Bevölkerung zu Hause diese Lösung akzeptieren. Bestandteil des Kompromisses müßten jedoch zwei Garantien sein: daß die fremden Truppen zu einem festgesetzten Termin das Territorium der Tschechoslowakei verlassen und daß die Linie der künftigen Politik den Zielen des Aktionsprogramms der KPČ entspricht. Eingehend berichtete ich dann über die Arbeit und die Arbeitsbedingungen von Rundfunk, Fernsehen und Presse. Zur Ergänzung meiner Ausführungen verteilte ich eine Tasche voll Zeitungen und Flugblätter.

Es folgten viele gezielte Fragen, und es entspann sich eine Debatte über die verschiedenen Aspekte der Situation. Von den Neuangekommenen sprachen, soweit ich mich erinnere, vor allem Švestka und Lenárt: Sie betonten weniger den einheitlichen Widerstand der Bevölkerung, als vielmehr die Gefahr, die ein weiterer Verzug der Lösung mit sich brächte; sie sprachen über die Notwendigkeit der Zusammenarbeit der Staatsorgane und der Okkupationsmacht in praktischen Fragen, da es sonst zu unerwünschten Konflikten mit der Bevölkerung kommen könnte usw. Im Prinzip schlugen sie jedoch keine andere politische Lösung vor und waren nicht dagegen, daß der Abzug der fremden Truppen und die Bestätigung der politischen Linie des Aktionsprogramms Voraussetzungen für alle weiteren Verhandlungen hier in Moskau sein sollten. Über die Dringlichkeit der „brüderlichen Hilfe gegen die Konterrevolution", oder daß selbst die Politik des Aktionsprogrammes „rechtsopportunistisch" wäre, fiel hier noch kein Wort.

In einem privaten Gespräch mit Černík, Smrkovský, Špaček und Šimon informierte ich diese kurz über den Versuch Bilaks, Indras und der übrigen, in der sowjetischen Botschaft eine Regierung zusammenzustellen, und wie alles geendet hatte. Sie erzählten mir ihrerseits, was ihnen widerfahren war, seit wir uns am 21. August in Dubček Arbeitszimmer zuletzt gesehen hatten. Wir einigten uns darauf, daß wir fünf bei den künftigen Verhandlungen hier in Moskau unter allen Umständen geschlossen vorgehen wollten – und selbstverständlich einvernehmlich mit Dubček, sobald dieser wieder an den Unterhandlungen würde teilnehmen können.

Dann sagte mir Černík, daß es notwendig wäre, einen Antrag für die Abschlußverhandlungen auszuarbeiten und so bald wie möglich dem sowjetischen Politbüro zu unterbreiten. Er hatte bereits ein eigenes Konzept, über das wir debattierten, und gemeinsam mit Bohumil Šimon arbeitete ich dann die endgültige Fassung des Textes aus. Am Nachmittag diktierte ich in der Schreibstube des Kremls den Text unseres Antrags einer russischen Stenotypistin.

Inhaltlich entsprach dieser Antrag mit nur geringfügigen Modifikationen dem Standpunkt, den das Präsidium des ZK der KPČ im Juli zu dem Brief der fünf späteren Interventionsmächte aus Warschau eingenommen hatte. Einige Argumente und verständlicherweise der ganze Ton des Dokuments waren der neuen Situation angepaßt: Die negativen Tendenzen der Entwicklung in der Tschechoslowakei wurden mehr hervorgehoben, insbesondere wurde anerkannt, daß starke politische Pressionen über die politischen Ziele der Führung hinausgingen und außer Kontrolle geraten waren. Wir lehnten es jedoch weiterhin ab, die Situation als „konterrevolutionär" zu charakterisieren, und betonten, daß die positive sozialistische und demokratische Strömung in der Volksbewegung die weitaus vorherrschende war. Wir räumten ein, daß die Situation in der Tschechoslowakei Unruhe in den fünf Nachbarstaaten hervorrufen könnte und daß die Führung der Kommunistischen Partei der Tschechoslowakei diesen Umstand unterschätzt hatte. Die Intervention wurde jedoch als ein Schritt gewertet, der nicht zur Lösung der Situation beitragen konnte, sondern einen tragischen Irrtum darstellte; deshalb müßten zuallererst die Truppen der fünf Staaten aus der Tschechoslowakei zurückgezogen werden. Von dieser Basis müßte man ausgehen, um – kurz gesagt – die Reformentwicklung in der Tschechoslowakei den gemeinsamen Interessen aller sozialistischen Staaten anzupassen; in diesem Zusammenhang wurden die Beschlüsse von Bratislava als mögliche Ausgangsposition erwähnt. Für die tschechoslowakische Innenpolitik würde das Aktionsprogramm der KPČ auch weiterhin als Grundlinie der künftigen Entwicklung angesehen werden müssen. Diesen Text überreichte Oldřich Černík dem sowjetischen Politbüro.

Der Antrag brachte das sowjetische Politbüro in Harnisch. Er wurde mit der Bemerkung zurückgewiesen, daß er einem Ultimatum gleichkomme und daß sich unsere Delegation ins Bewußtsein rufen solle, daß sie nicht in der Position sei, Ultimaten zu stellen. Und offenbar um uns das auch deutlich vor Augen zu führen, fügte die sowjetische Seite gleich ihren eigenen Antrag bei, der tatsächlich die Form eines Ultimatums hatte und der auch die Grundlage für den später unterzeich-

neten Text des „Moskauer Protokolls" bildete. Dieses sowjetische Ultimatum lehnten ursprünglich alle Mitglieder der tschechoslowakischen Delegation ab; selbst die Mitglieder der moskautreuen Fraktion unterstützten es nicht. Die abschlägige Stellungnahme überreichte Smrkovský dem sowjetischen Politbüro.
Ich kann mich nicht mehr erinnern, wie oft und mit welchen Begründungen die verschiedenen Versionen der Anträge hin und her gereicht und neu formuliert wurden. Zwei oder drei Mitglieder unserer Delegation überreichten von Fall zu Fall Papiere mit Textvorschlägen oder Ergänzungen einem oder zwei Vertretern der sowjetischen Seite. Die waren dann entweder zur unmittelbaren Stellungnahme bevollmächtigt oder auch nicht, und so wurde das Papier entweder sofort oder erst nach einiger Zeit zurückgegeben, meist mit einer Ablehnung unserer Anträge oder Gegenvorschläge. Von unserer Seite verhandelten bei diesen Gelegenheiten Černík, Smrkovský, Švestka, Lenárt, Šimon und ich; unsere sowjetischen Partner waren Kossygin, Suslow, Ponomarjow.
Mein und Šimons Gegenspieler war Ponomarjow.
Während dieser Papierkrieg vor sich ging, beschäftigten sich die anderen auf verschiedene Weise. Während des Tages führten Breschnjew und Kossygin separate Gespräche mit einzelnen Mitgliedern unserer Delegation. Darüber, was die Angehörigen der moskautreuen Gruppe unserer Führung – Bilak, Jakeš und die übrigen – machten, hatte ich keine Übersicht, und es interessierte mich unter den gegebenen Umständen auch nicht mehr. Weil ich verschiedene Anträge und Gegenanträge verfassen mußte, war ich nur wenig in dem Raum anwesend, wo die gemeinsame Sitzung stattfinden sollte. Meist war nur ein Teil der Delegation anwesend, man stand in kleinen Gruppen herum und diskutierte über die verschiedensten Angelegenheiten.
Am späten Nachmittag, als unser Antrag als „unzulässiges Ultimatum" endgültig abgelehnt worden war, unterhielt man sich in dieser Weise über den sowjetischen Antrag. In drei Punkten unterschied sich dieser Text von dem später schließlich unterzeichneten Dokument: Er enthielt die These, daß die militärische Intervention gerechtfertigt war; er berührte in keiner Weise die Frage des Abzugs der sowjetischen Truppen; er enthielt auch nicht die ausdrückliche Anerkennung der Richtigkeit der Linie der Politik der KPČ, sondern im Gegenteil eine Formulierung, die dazu verpflichtete, den XIV. Parteitag zu annullieren und einige Funktionäre auszuwechseln (konkret handelte es sich um Kriegel, Císař, Ota Šik, den Innenminister Pavel und den Außenminister Hájek), und die einer politischen Anklage der Reformpo-

litik der KPČ überhaupt gleichkam. Auf Textänderungen in diesen konkreten Fällen konzentrierten sich daher auch die langwierigen Unterhandlungen.
Die moskautreue Gruppe der Dubček-Führung verhielt sich im Prinzip passiv. Von ihrem Standpunkt aus war das auch vernünftig. Sie wußte, daß Worte nur wenig bedeuten. Keines ihrer Mitglieder befürwortete daher den ursprünglichen sowjetischen Antrag, aber es protestierte auch keiner, als unsere Delegation einen Gegenantrag vorbereitete. Sie selbst brachten keine Anträge vor und warteten geduldig, wie das Wortduell am Ende ausgehen würde. Aktiv unterstützten die sowjetischen Ansichten aber zwei Mitglieder unserer Delegation, die damals nicht zur Parteiführung gehörten: Ludvík Svoboda und Gustáv Husák. Svoboda ging dabei – wenn auch in einseitiger Perspektive – von der Tatsache aus, daß sich mit jeder Stunde, um die sich die Lösung verzögerte, die Gefahr eines Konflikts zwischen der Zivilbevölkerung und den Besatzungstruppen in der Tschechoslowakei erhöhte. Demgegenüber unterstützte Husák die sowjetischen Anträge einfach dadurch, daß er jede Debatte über den XIV. Parteitag der KPČ in Vysočany auf das Argument reduzierte: Der Parteitag muß für ungültig erklärt werden, weil er ohne Delegierte aus der Slowakei stattfand.
Ich glaube, daß Ludvík Svoboda seinen Standpunkt zur Situation bereits in der Nacht zum 21. August festgelegt hatte und an ihm seither festhielt. Svoboda war nicht nur kein Reformpolitiker, sondern überhaupt kein Politiker. Er war Soldat, Offizier bereits in der Armee der ersten Tschechoslowakischen Republik zwischen den beiden Weltkriegen, und durch eine Fügung des Schicksals Oberbefehlshaber der tschechoslowakischen Militäreinheiten geworden, die während des Zweiten Weltkriegs in der UdSSR an der Seite der sowjetischen Armee kämpften. Schon damals, während des Krieges, machte er sich offenbar eine Konzeption zu eigen, welche die bedingungslose Anlehnung der Tschechoslowakei an die Sowjetunion mit einschloß. Als Verteidigungsminister der ersten Nachkriegsregierung bis 1948 war er zwar nominell parteilos, in Wirklichkeit jedoch nicht nur eindeutig auf der Seite der KPČ, sondern auch vorbehaltlos auf die politische Linie der Sowjetunion eingeschworen, wobei die Frage der staatlichen Souveränität der Tschechoslowakei für ihn eine untergeordnete Rolle spielte. Ich glaube, daß sein Denken nur eindimensional ausgerichtet war, wobei es für alle Dinge nur einen militärischen Maßstab gab: entweder mit der sowjetischen Armee oder gegen sie. Vielleicht war er sogar mehr Exponent sowjetischer militärischer Interessen als Kommunist; die Dogmen der kommunistischen Ideologie sagten ihm nicht

viel, innerlich war ihm die totalitäre Ideologie der Kommunisten eher fremd, aber von der Notwendigkeit einer eindeutig prosowjetischen Orientierung der Tschechoslowakei war er überzeugt.

Von diesem Standpunkt aus betrachtete er offensichtlich auch die Situation im August 1968. Deshalb identifizierte er sich immer mehr mit den Überlegungen der sowjetischen Marschälle, die an Problemen der Demokratie nur insoweit interessiert waren, als sie ihre Bestrebungen nach militärischer Beherrschung der geographischen Region, in der die Tschechoslowakei lag, berührten. Ludvík Svoboda hatte keine Einwendungen dagegen, daß sie diese Region beherrschten – und darin liegt der Schlüssel zum Verständnis seiner politischen Haltung. Nach seiner Wahl zum Präsidenten im März 1968 hatte er zwar am Grab des ersten Präsidenten der Republik, T. G. Masaryk, in Lány einen Kranz niedergelegt, wahrscheinlich sogar mit einer gewissen inneren Verbundenheit zum Gründer des tschechoslowakischen Staates. Ich glaube auch nicht, daß er Novotný höher einschätzte als Masaryk – eher umgekehrt. Als er selbst zum Präsidenten gewählt wurde, wollte er wohl eher seinen Vorgängern aus der Vorkriegszeit nacheifern als Novotný. Und wenn die Entwicklung nicht zur militärischen Intervention geführt hätte, wäre Svoboda auch weiterhin für die Entfaltung der Demokratie in der Tschechoslowakei gewesen. Als er sich jedoch entscheiden mußte, ob alles den Normen und Richtlinien der Sowjetunion unterzuordnen sei oder nicht, da fiel seine Entscheidung eindeutig und soldatisch schlicht für Moskau aus.

Als er mir in der Nacht zum 22. August sagte, daß er nach Moskau reisen wolle, um Dubčeks Rückkehr zu erreichen, und gleich darauf hinzufügte, daß Dubček dann abdanken würde und damit alles in Ordnung wäre, sah ich in dieser Erklärung noch einen unverständlichen Widerspruch. Als ich nun aber Svoboda im Kreml erlebte, schien mir dieser Widerspruch schon nicht mehr so unerklärlich. Von Svobodas Standpunkt aus gesehen gab es vielleicht überhaupt keinen Widerspruch; einen solchen konnte ja nur derjenige entdecken, der die Interessen der demokratischen Reform in der Tschechoslowakei den Überlegungen der sowjetischen Marschälle überordnete. Wenn also für Svoboda die demokratische Reform nur nach Maßgabe ihrer Übereinstimmung mit dem militärischen Konzept der sowjetischen Marschälle tragbar war, existierte bereits kein Widerspruch mehr. Er hatte lediglich etwas dagegen, die Dinge nach Tatarenart zu regeln: durch Entführung oder gar Ermordung verfassungsmäßig eingesetzter Führer. Aber er war nicht dagegen, Funktionäre, die Moskau nicht akzeptabel schienen, auf kultivierte Weise – also eventuell durch Demission – von der Macht zu entfernen. Er war auch kein Befürworter der Intervention, aber da es nun einmal zu ihr gekommen war, akzeptierte er ihre machtpolitischen Folgen ohne Einschränkung und bemühte sich lediglich zu verhindern, daß Form und Durchführung des Umsturzes barbarische Züge annähmen und es dabei womöglich zu Blutvergießen käme.

Während der Gespräche im Kreml brüllte Svoboda einmal die versammelte Dubček-Führung an: „Wieder nur schwätzen und schwätzen! Genügt euch nicht, daß ihr bereits die Besetzung eures Landes herbeigeschwätzt habt? Also benehmt euch danach und handelt! Ich habe in meinem Leben schon Berge von Toten gesehen, und ich lasse nicht zu, daß wegen eurem Gequassel Tausende Menschen umkommen!"

Die Gefahr des Blutvergießens war keine Erfindung Svobodas. Selbst in dem Brief, den das neue, in Vysočany gewählte Parteipräsidium, das Präsidium der Nationalversammlung und die Regierung durch meine Vermittlung nach Moskau gesandt hatten, hieß es: „Ein Gefahrenmoment ist die wachsende Müdigkeit und Nervenanspannung der Besatzungstruppen und unserer Bevölkerung." Die Absender dieses Briefes sahen jedoch in der Fortsetzung der demokratischen Entwicklung in der Tschechoslowakei ihr höchstes Ziel und forderten deshalb Svoboda gleichzeitig auf, die Unterhandlungen in Moskau zu unterbrechen, gemeinsam mit Dubček und Černík nach Prag zurückzukommen, um die Situation beruhigen zu helfen, zu Hause Konsultationen durchzuführen und erst dann mit den Unterhandlungen fortzufahren.

Ludvík Svoboda sah die Sache jedoch anders: Er wollte zwar selbst so schnell wie möglich zurückkehren, aber schon mit einem Abkommen in der Tasche, um das Provisorium zu beenden. In Moskau sprach er nicht nur mit Breschnjew sondern auch mit den Marschällen. Ich glaube, er selbst hegte nicht so viele Illusionen über seine eigene Position wie diejenigen, die ihm aus Prag Ratschläge schickten. Er wußte, daß er – auch wenn er gewollt hätte – nicht nach Prag zurück konnte, ohne vorher ein Abkommen, das heißt das Diktat des Kremls, unterzeichnet zu haben. Er wehrte sich auch innerlich gar nicht dagegen, er war bereits mit dem klaren Bewußtsein aus Prag gekommen, daß er das würde tun müssen. Aus seiner Sicht war jeder Widerstand bloß sinnloses, unnützes Gequassel von Politikern.

Was die Überzeugung Svobodas betrifft, daß in der gegebenen Situation Opfer an Menschenleben unverantwortlich wären, so habe ich bereits am Anfang dieses Kapitels zum Ausdruck gebracht, daß ich diese

Auffassung teilte. Mit diesen Tausenden von möglichen Toten drohte Svoboda unserer Delegation während der Unterhandlungen im Kreml unaufhörlich und übte dadurch Druck auf das Tempo der Verhandlungen aus, wobei ihm völlig gleichgültig schien, wie groß der politische Spielraum ausfiel, der der KPČ durch zumindest verbale Zugeständnisse im „Protokoll“ noch verbleiben würde. Er diente damit zweifellos den sowjetischen Interessen. Ich für meine Person lehne es trotzdem ab, Ludvík Svoboda auf die gleiche Stufe zu stellen wie Bilak, Indra, Jakeš und Konsorten, die als Vertreter der totalitären Diktatur die militärische Intervention heimlich mit vorbereitet hatten, oder wie Husák und seinesgleichen, die sich den Interventen im Interesse ihrer eigenen Machtansprüche schnell anschlossen. Ich glaube, Svobodas Motive waren anders geartet. Ich kann mit diesen Motiven nicht übereinstimmen, ich vertrat sie weder damals, noch befürworte ich sie heute – ich bemühe mich bloß, sie zu verstehen, nicht sie zu rechtfertigen.

Das Problematische im Fall des Ludvík Svoboda bestand meiner Meinung nach nicht darin, daß er im entscheidenden Augenblick die demokratische Reform des „Prager Frühlings“ verriet. In Wirklichkeit hatte vielmehr der „Prager Frühling“ sich ein Staatsoberhaupt erkoren, das nie ein demokratischer Politiker gewesen war. Man setzte sozusagen einen eigenen, tschechoslowakischen Alten Marschall ein, dessen Gedankengänge in manchem denen der Alten Marschälle in Moskau ähnelten. Wir sind keine Großmacht, und so hatte unser Marschall keine aggressiven Großmachtgelüste: Im Gegenteil, als kleiner Marschall ordnete er sich den großen Marschällen unter, mit denen er außerdem schon vor langer Zeit sein Schicksal für immer verbunden hatte.

Im August 1968 bediente sich Moskau Ludvík Svobodas. In den darauffolgenden Jahren mißbrauchte es ihn – gemeinsam mit Husáks Führung der KPČ – auf schändlichste Weise. Er geriet gänzlich ins Fahrwasser der reformfeindlichen „Normalisierungspolitik“ und diente ihr als peinliche Staffage. Möglich wurde das durch seine prosowjetische Einstellung, seine wachsende Senilität und nicht zuletzt auch durch eine persönliche Eitelkeit, von der nur wenige verschont bleiben, die nicht nur berufs-, sondern auch veranlagungsmäßig Soldaten sind. Er wurde schließlich zu einer für das Volk peinlichen und für die Regierenden unbequemen Figur und deshalb im Jahr 1975 aus dem Verkehr gezogen.

Gustáv Husák eröffnete ganz gewiß bereits damals im Kreml die erste Runde in seinem Spiel um die höchste Machtstellung in der KPČ. Es

Bei einer Fernseh-Diskussion über Möglichkeiten der Demokratie in der ČSSR (etwa Februar 1968).

Z. M., Černík und Dubček als Parteivertreter auf der gesamtstaatlichen Gewerkschaftskonferenz (Juni 1968).

Z. M. im Gespräch mit Absolventen der Militärakademie.

Z. M. und Dubček in einer Besprechung mit Funktionären des Jugendverbands.

27. August 1968: Die tschechoslowakische Delegation trifft, aus Moskau zurückkehrend, auf dem Prager Flugplatz ein, das „Moskauer Protokoll" in der Tasche. Die Bilder zeigen (v. l.): Smrkovský, Špaček, Z. M., Dubček.

Husák (l.), Dubček (3. v. l.) und Černík (7. v. l.) vor dem Abflug nach Moskau, wo sie am 3./4. Okt. 1968 über „Normalisierung" verhandeln.

ZK-Sitzung vom 14.–16. Nov. 1968, auf der Z. M. seinen Rücktritt bekanntgibt.

stimmt allerdings, daß er damals die beiden grundlegenden Forderungen des Reformflügels der Parteiführung unterstützte: daß im Schlußprotokoll Garantien für den Abzug der fremden Truppen vom Territorium der Tschechoslowakei gegeben und daß die Linie des Aktionsprogramms der KPČ bestätigt würde. Gleichzeitig verteidigte er jedoch konsequent und unnachgiebig den sowjetischen Standpunkt, daß der XIV. Parteitag der KPČ für ungültig erklärt werden müsse. Diese Frage war zwar, wie ich bereits bemerkte, schon vor meiner Ankunft in Moskau mehr oder weniger entschieden. Trotzdem wurde sie erneut zur Debatte gestellt, und es wurden Möglichkeiten gesucht, eine politisch tragbare Kompromißlösung zu finden.

Ich selbst hatte ein gewichtiges Interesse daran, einen derartigen Ausweg zu finden. Aus meiner persönlichen Sicht der Dinge war es schlechthin undenkbar, daß der XIV. Parteitag, der eine so bedeutende innenpolitische Rolle gespielt hatte – und das sowohl für die Wahrung des Ansehens der Kommunistischen Partei bei der Bevölkerung als auch für die Rettung des Lebens und der Funktionen der festgenommenen Mitglieder der Dubčekschen Parteiführung –, durch irgendein Übereinkommen mit dem sowjetischen Politbüro einfach ungeschehen gemacht werden könnte. Schließlich war ich nach Moskau auch im Namen der auf diesem Parteitag gewählten Parteiführung gekommen, und mit ihr fühlte ich mich auch persönlich verbunden. Ich war zwar nicht Mitglied des Parteipräsidiums, welches das neue Zentralkomitee in Vysočany gewählt hatte; seine Mitglieder waren vielmehr Dubček, Černík, Smrkovský, Špaček, Šimon und Husák. Sie wären also, rein formell gesehen, kompetenter gewesen, die Legitimität des Parteitags von Vysočany zu verteidigen. Sie selbst waren aber in Vysočany nicht dabei gewesen, sie hatten keine Vorstellung davon, wie die Situation dort aussah, wie es um die politische Arbeit und die Hoffnung derjenigen stand, die dort die KPČ repräsentierten; ich dagegen sah dauernd die Menschen dort im Betrieb von ČKD vor mir, und ich konnte die Frage nicht loswerden, wie sie auf einen Beschluß reagieren würden, der ihre Arbeit während der ersten Tage der Okkupation einfach für „ungültig" erklärte.

Auch Smrkovský, Špaček und Šimon, die ebenfalls erst im Kreml eingetroffen waren, als die tschechoslowakische Delegation bereits ihr Einverständnis zur Ungültigkeit des XIV. Parteitags gegeben hatte, bemühten sich, die Frage erneut aufzurollen. Auch sie hielten es für unvertretbar, die Ergebnisse des Parteitags, der auch sie persönlich gerettet hatte, ohne weiteres preiszugeben. Deshalb wurde immer wieder über dieses Problem debattiert und eine neue Kompromißlösung

gesucht. Einen möglichen Kompromiß sahen wir schließlich in folgendem Verfahren: Die Wahl des neuen Zentralkomitees wurde als ungültig angesehen (darum ging es dem Moskauer Politbüro in erster Linie). Wir gingen dabei von dem aus, was der XIV. Parteitag selbst konstatiert hatte: Diese Wahl ist nicht definitiv, der Parteitag als solcher ist nicht abgeschlossen worden. In allernächster Zeit – wir rechneten damals mit etwa zwei Monaten – nach dem Abzug eines Großteils der sowjetischen Streitkräfte vom Territorium der Tschechoslowakei würde der Parteitag erneut einberufen werden, um einige seiner Beschlüsse zu korrigieren und das neue Zentralkomitee zu wählen. Bis dahin würde das alte Zentralkomitee durch Kooptation solcher Mitglieder des neugewählten Vysočaner ZK so erweitert, daß die Reformkommunisten in den Parteigremien die Mehrzahl gewännen. Im Schlußprotokoll müßte daher die Ungültigkeit des Parteikongresses in Vysočany so formuliert werden, daß in der Praxis einer derartigen Lösung nichts im Wege stünde. – Das gelang schließlich auch, und die Kompromißlösung wurde auf der Plenarsitzung des Zentralkomitees am 31. August 1968, nach der Rückkehr der Dubčekschen Parteiführung nach Prag vorerst im vollen hier dargelegten Umfang realisiert.
In Gesprächen hinter den Kulissen hatte Husák der sowjetischen Führung anscheinend versprochen, daß er die Forderung nach Ungültigkeit des XIV. Parteitags bei der Delegation der KPČ durchsetzen würde – und das tat er auch. Durch sein Verhalten wurde eine Kompromißlösung erschwert. Der am Ende doch noch durchgesetzte Kompromiß kam aber auch mit Husáks Zustimmung zustande, denn er hatte ein schwerwiegendes persönliches Motiv: Er war früher nicht einmal Mitglied des Zentralkomitees gewesen, aber der Vysočaner Parteitag hatte ihn sogar ins Präsidium gewählt. Der Kompromiß eröffnete ihm jetzt die Möglichkeit, durch Kooptation in dieses Organ zu gelangen. Ursprünglich hatte Husák, auch im Hinblick auf die eigene Karriere, mit einer ganz anderen Variante gerechnet: Er hoffte, auf dem Parteitag der Kommunistischen Partei der Slowakei zum Ersten Sekretär der slowakischen Partei gewählt und dadurch gänzlich unabhängig vom Parteitag in Vysočany zu werden. Er telefonierte deshalb von Moskau nach Bratislava und verlangte den Aufschub des slowakischen Parteitags – der für den 26. August einberufen war – bis zur Rückkehr der Delegation aus Moskau. Seine Leute versprachen ihm das, und als ich nach Moskau kam, lebte er in der Überzeugung, daß der Parteitag in Bratislava nicht stattfinden würde.
Ich sagte ihm, daß er im Irrtum sei und ich die Gewißheit hätte, daß der Parteitag in Bratislava im Beisein einer Delegation aus Vysočany am

nächsten Tag eröffnet und dem Vysočaner Parteitag seine ausdrückliche Billigung erteilen werde. Ich nannte ihm sogar die persönliche Zusammensetzung der Vysočaner Delegation, über die noch vor meiner Abreise aus Prag entschieden worden war. Husák hörte sich alles mit einem selbstbewußten, überlegenen Lächeln an, musterte mich wie einen Dummkopf, der nicht weiß, wie Politik gemacht wird, und erklärte dann meine Worte für baren Unsinn: Der Parteitag in Bratislava werde nicht stattfinden, das wisse er genau, denn von ihm sei das schließlich abhängig.
Gegen Abend stellte Husák dann fest, daß der Parteitag in Bratislava doch schon am nächsten Tag beginnen würde – in seiner Abwesenheit. Das gab seiner Selbstsicherheit einen Knick, und er war nun eher einem Kompromiß um den XIV. Parteitag in Vysočany zugänglich, der es ermöglichen würde, einige der dort gewählten Persönlichkeiten in hohe Parteifunktionen zu kooptieren: denn auch für ihn selbst konnte das schließlich der Nebeneingang zur Macht sein. Zum Schluß gelang es Husák aber doch, seinen ursprünglichen Plan mehr oder weniger zu verwirklichen: Der Parteitag der KPS wurde zwar am 26. August eröffnet, aber bereits am 27. August erschien Husák in Bratislava. Er setzte dort die Aberkennung der Gültigkeit des XIV. Parteitags durch und erfüllte damit seine Verpflichtungen gegenüber Moskau – und gleichzeitig wurde er zum Ersten Sekretär der KPS gewählt, und so öffnete sich ihm die Tür zum Parteipräsidium unabhängig vom Parteitag in Vysočany. Am ersten Tag des Parteikongresses, noch vor dem Eintreffen Husáks, billigte der slowakische Parteitag allerdings eine Entschließung gegen die Intervention, im gleichen Geist wie der Parteitag in Prag; dagegen konnte Husák nichts mehr machen, und so trat er kämpferisch im selben Sinne auf.
In seinem persönlichen Auftreten im Kreml ließ es sich Husák angelegen sein, als Freund und Verbündeter Dubčeks, Svobodas und Černíks zu erscheinen. Insbesondere unterstützte er immer direkt oder indirekt Svoboda. Meinem Eindruck nach war schon damals seinem Benehmen gegenüber Smrkovský eine gewisse, wenn auch schwer definierbare, Zurückhaltung und Reserviertheit anzumerken. Leute wie Špaček, Šimon oder ich waren in der Machtstruktur viel zu unbedeutende Figuren, als daß er ihnen gegenüber eine persönliche Einstellung welcher Art auch immer zu erkennen gegeben hätte. Aber er trat damals auch nicht gemeinsam mit der moskautreuen Gruppe, seinen heutigen Spießgesellen Bilak, Indra, Jakeš usw., auf. Einen guten persönlichen Eindruck machte er aber auf die Mitglieder des sowjetischen Politbüros. Vor dem Rückflug nach Prag sagte mir Kossygin: „Und

Genosse Husák ist ein so fähiger Genosse, ein guter Kommunist; wir kannten ihn persönlich ja gar nicht, aber er hat auf uns einen sehr guten Eindruck gemacht."

Ich gehöre nicht zu den Leuten, die jemals Illusionen über Gustáv Husák hegten. Ich lernte ihn erst sehr spät kennen – im März 1968 –, als wir beide Mitarbeiter der Akademie der Wissenschaften waren, er in Bratislava, ich in Prag. Auf einer Sitzung des Forschungsteams, das ich leitete und das sich mit der Problematik der Entwicklung des politischen Systems in der Tschechoslowakei befaßte, stand damals die Frage der staatsrechtlichen Regelung des Verhältnisses zwischen Tschechen und Slowaken auf dem Programm; an dieser Sitzung nahm auch Gustáv Husák teil.

Ich hatte damals schon allerhand Information über ihn, sowohl von seinen Freunden wie von seinen Feinden; ich erwartete einen ehrgeizigen Politiker, der bemüht war, in die Welt der Macht zurückzukehren – aber die Realität übertraf alle meine Erwartungen. Husák sprach auf dieser Sitzung eines Teams, dessen Mitglieder gewohnt waren, sachlich, offen und tolerant gegenüber abweichenden Meinungen zu diskutieren, wie ein Volkstribun, der Anweisungen erteilt und minderwertigen Menschen wohlwollend die richtige „Linie" erklärt. Inhaltlich war sein Beitrag ausgesprochen konservativ: Er wiederholte banale Phrasen aus Lenins „Staat und Revolution", vor allem solche, die durch die Entwicklung in der Sowjetunion und anderen Staaten des Sowjetblocks längst ihre Gültigkeit verloren hatten, und wehrte jeden Gedanken ab, der auch nur im entferntesten eine pluralistisch-demokratische Auffassung des politischen Systems des Sozialismus angedeutet hätte. Als Lösung der Nationalitätenfrage forderte er die Föderalisierung des Staats. Im ganzen war sein Auftreten apodiktisch, stellenweise arrogant und demagogisch.

Bei der Zusammenfassung der Diskussion sagte ich ihm, daß sein Auftritt als Volksredner gut gewesen wäre, er jedoch keine neuen Gedanken gebracht hätte. Husák war vom damaligen slowakischen Milieu her gewohnt, mehr oder weniger kritiklos verehrt zu werden, und man sah ihm an, daß er nur mit Mühe seinen Zorn unterdrückte: Mir war klar, daß ich ihn mir in diesem Augenblick zum Feind gemacht hatte. Der Eindruck, den er damals auf mich machte, war aber so eindeutig negativ, daß ich keinen sonderlichen Wert auf seine Freundschaft legte, und seine Feindschaft war mir ziemlich gleichgültig.

Husák ist Jurist und gehörte bereits vor dem Krieg zum Kreis der kommunistischen Intellektuellen in der Slowakei; später arbeitete er im Untergrund in der Führung des slowakischen Nationalaufstands

vom August 1944 mit. Mit dem slowakischen Aufstand begann jene wechselvolle politische persönliche Karriere Gustáv Husáks, die man in Teilen getrost als eine private Tragödie bezeichnen kann. Wichtiger erscheint mir freilich, daß zum Schluß noch eine Tragödie für das Volk daraus wurde: denn Husák regiert mit sowjetischer Hilfe jetzt schon seit fast zehn Jahren. Der Grundwiderspruch in seiner Persönlichkeit zeigte sich schon früh darin, daß er einerseits zu den Verfechtern der Stalin-Gottwald-Linie in der KPČ gehörte und zur Durchsetzung dieser Linie und der mit ihr gekoppelten Methoden beitrug, während er andererseits die Mehrzahl seiner Parteifreunde sowohl an Einsicht wie auch an Konsequenz (vor allem in bezug auf die Probleme der Slowakei) weit überragte – was ihn unweigerlich in Konflikte mit der Gottwald-Führung stürzen mußte. Solche Widersprüchlichkeiten wiederholen sich dann in der gesamten politischen Tätigkeit Gustáv Husáks. Während des Krieges trat Husák im slowakischen Untergrund als Sachwalter der offiziellen Komintern-Linie auf. Dem im Moskauer Exil weilenden Gottwald schlug er damals vor, die Slowakei nach dem Krieg an die UdSSR anzugliedern, weil dies angeblich der geheime Wunsch des größten Teils des slowakischen Volkes sei. Ebenfalls Gottwald gegenüber verdächtigte er die Tschechen, die unter dem faschistischen Tiso-Regime in der Slowakei blieben, der Kollaboration mit den Deutschen und denunzierte die Juden als unzuverlässige Spießgesellen, die man am besten kollektiv aus dem Widerstand ausschließe. Die stalinistische Denkgewohnheit, bestimmte Menschengruppen allein aufgrund der Klassen-, Volks- oder Glaubenszugehörigkeit zu verteufeln und zur Liquidation freizugeben, war für Husák stets genauso kennzeichnend wie für die anderen Mitglieder der stalinistischen Gottwald-Gruppe in der KPČ.
In der Zeit nach Kriegsende bis zu seiner Verhaftung 1951 gehörte Husák zu den aktiven Vorkämpfern stalinistischer Politik. Nach den Wahlen des Jahres 1946 avancierte er zum Vorsitzenden des Gremiums der Volksbeauftragten (einer Art Landesparlament – d. Übs.), obwohl der Stimmenanteil der Kommunistischen Partei im slowakischen Landesteil nur 30,4 Prozent betrug. Er bediente sich in dieser Situation bereits der Methoden, wie sie im Zuge der kommunistischen Machtübernahme 1948 dann allgemeiner Landesbrauch wurden, um ohne Rücksicht auf Wahlergebnisse das Regierungsmonopol zu usurpieren. Husák verfolgte seine politischen Gegner mit entehrenden Unterstellungen; insbesondere auf die demokratischen Parteien und die katholische Kirche richtete sich sein „Klassenhaß". Als Vorsitzender des Gremiums der Volksbeauftragten wirkte er an den von der

Staatssicherheit inszenierten Provokationen von Ministern und politischen Parteien mit. Bei manchen der Betroffenen handelte es sich zweifellos um Exponenten jener Kräfte, die während des Krieges mit dem Faschismus sympathisiert hatten, aber Husák versuchte mit diesen Provokationen den Eindruck zu verbreiten, als seien alle nichtkommunistischen politischen Kräfte ohne Ausnahme faschistischer Neigungen verdächtig, als drohe dem Land akute Gefahr von allen außer den Kommunisten. Bei seinem Streben nach Machtpositionen verließ er sich also schon von früh an nicht auf das Mittel demokratischer Wahlen, sondern bediente sich lieber der Kabinettspolitik, die auch den Einsatz von agents provocateurs mit umfaßte.
Trotzdem bestanden schon immer fundamentale Gegensätze zwischen dem Stalinisten Husák und den anderen Stalinisten in Bratislava und in Prag. Sie gingen einesteils darauf zurück, daß Husák sich konsequent gegen die Unterdrückung der slowakischen Interessen durch den Prager Zentralismus sträubte. Zum andern tat er sich von jeher schwer mit den Vertretern der Apparate, deren Wesen plumpe Mediokrität und Anonymität ist, die aber den Schlüssel zur diktatorischen Macht in den Händen halten. Husák ist viel eher ein Mann der fein gesponnenen Manipulationen, zu der es Ingelligenz, Kenntnisse, Spürsinn, Einfallsreichtum, Geschick und noch eine ganze Reihe weiterer Elitequalitäten braucht. Die Gruppen, die Husák zur Macht verhalfen – die Apparate von Partei, Staat und Staatssicherheit –, haben ihn nie als „ihren Mann“ angesehen; er war für sie immer der ehrgeizige Individualist, der Mißtrauen, wenn nicht Befürchtungen erregte. Im Apparat galt er als Kommunist mit Herrenallüren, und dieser Punkt wurde von der offiziellen Propaganda während Husáks Gefängnisjahren und noch lange hinterher weidlich ausgeschlachtet. In Husák wurde einer, der viel getan hatte, um dem Stalinismus in der Tschechoslowakei zum Sieg zu verhelfen, selber zum Opfer des Stalinismus, weil er bei den Stalinisten von gröberem Schrot mit seiner persönlichen Eigenart und vor allem seinen Fähigkeiten Verdacht erregte und weil er sich ferner als Wahrer der slowakischen Interessen das Mißfallen der Prager Zentralisten zuzog.
So war also Husák zunächst auf ganzer Linie gescheitert. Nach den erwähnten Träumereien vom Anschluß an die Sowjetunion hatte er im Volksaufstand 1944 dafür mitgekämpft, die Slowakei wieder in den Staatsverband mit den böhmischen und mährischen Ländern zurückzubringen. Das geschah in der Hoffnung, daß es in der neuen Tschechoslowakei Raum für die Entfaltung der slowakischen Interessen geben werde und Raum für ihn als slowakischen Politiker, sich dieser In-

teressen anzunehmen. In Wirklichkeit entstand dann ein diktatorisches Regime, das im Zuge seiner Unterdrückung der Interessen breitester Volkskreise natürlich auch auf die Slowaken keine besondere Rücksicht nahm. 1945–1951 kämpfte Husák mit allen ihm zu Gebote stehenden Mitteln erst für die Errichtung eines Machtmonopols der KPČ und dann für dessen Sicherung und Ausbau, nur um dann schließlich verhaftet und zu lebenslänglicher Gefängnisstrafe verurteilt zu werden. Verhaftet und verurteilt von einem diktatorischen System, das aufzubauen er mitgeholfen hatte, kaltgestellt von einer Kamarilla, die einen gefährlichen Gegner und Konkurrenten in ihm witterte.
Husáks Verhaftung war nicht zuletzt auch das Ergebnis der persönlichen Gegensätze zwischem ihm und Viliam Široký, der im Politbüro Gottwalds als Sprecher jener Gruppe von Slowaken saß, die bereit war, die Interessen des slowakischen Landesteils dem diktatorischen Entscheidungsstil der zentralistischen Führung in Prag zum Opfer zu bringen. Husák und Široký waren zu jener Zeit Konkurrenten im Kampf um politischen Einfluß. Meiner Überzeugung nach hätte Husák, wenn er damals die Oberhand behalten hätte, Široký ebenfalls ins Gefängnis stecken lassen und nicht den geringsten Zweifel gehabt, damit das Richtige zu tun. Das ändert jedoch nichts an der Tatsache, daß Husák für Verbrechen verurteilt wurde, die er nicht begangen hatte, und fast zehn Jahre in den grauenhaften Kerkern Gottwalds und Novotnýs verbrachte.
Als Husák 1963 rehabilitiert wurde, bot Novotný ihm – nach der Methode, die er auch im Fall Smrkovskýs anwandte – die Rückkehr ins politische Leben an, und zwar in der Funktion eines stellvertretenden Finanzministers. Aber Husák lehnte ab. Ich kannte ihn damals noch nicht persönlich, doch glaube ich, daß es vor allem zwei Gründe waren, die dabei den Ausschlag gaben. Husák hatte richtig erkannt, daß Novotný ihn aus der Slowakei entfernen wollte, um ihn von seinem politischen Nährboden zu isolieren. Und außerdem entsprach die Funktion eines stellvertretenden Finanzministers durchaus nicht seinen Ambitionen. Meiner Ansicht nach rechnete Husák schon damals mit größeren Veränderungen der politischen Landschaft, in deren Gefolge er eine sehr viel einflußreichere Position einzunehmen gedachte.
Der begabte und ambitionierte Husák hatte während seiner Gefängniszeit manche Wandlung durchlaufen. In manchem jedoch war er sich gleichgeblieben. Er hatte am eigenen Leib erfahren, was es bedeutet, wenn die kommunistische Diktatur einen der ihren radikal verstößt. Aber er selbst zählte sich nie zu den mit Recht und für immer Versto-

ßenen. Und als er dann wirklich das Gefängnis verließ, tat er es mit der Überzeugung, daß ihm nun, gewissermaßen als „Wiedergutmachung", eine Position „ganz oben" zustehe: denn er hält es ja nach wie vor mit dem Kommunismus und mit den „Interessen der Arbeiterklasse" – und er ist weitaus fähiger als die, die jetzt am Ruder sind. Seit damals lebte er auf das Ziel hin, daß dieses bestehende Regime verändert werden müsse. Seine Vorstellungen von der Natur dieser unumgänglichen Veränderungen waren einesteils durch die Linie bedingt, die er schon früher in der Politik vertreten hatte, zum anderen wurzelten sie in seiner Isolation während der jahrelangen Gefängnishaft. Weniger als je zuvor ähnelte Husák jetzt einem demokratischen Politiker; er verließ das Gefängnis mit dem Bewußtsein einer messianischen Sendung, die darin bestand, Dummköpfe und Scharlatane von der Macht zu entfernen, um dann selber zeigen zu können, wie richtige Politik gemacht wird. Meiner Ansicht nach ist Husák ein Mensch, den es zur politischen Macht vor allem aus Gründen der Selbstverwirklichung drängt. Tief in seinem Innern ist er davon überzeugt, daß just er dazu berufen ist, dem Volk den rechten Weg zu zeigen. Miroslav Kusý, einer der führenden slowakischen Reformkommunisten, erzählte mir, wie er am 21. August 1968 bei Sonnenaufgang vor dem Gebäude des ZK der KPS in Bratislava Gustáv Husák begegnete. Auf der Straße rollten Panzer vorbei: seit einigen Stunden hatte die Okkupation begonnen. Der erste Satz, den Husák Kusý durch das Dröhnen der Panzerketten und -motoren zurief, war: „Ich werde unser Volk aus dieser Katastrophe herausführen." Solche Worte spricht nur jemand, der sich seiner messianischen Sendung sicher ist.

Nach seiner Entlassung aus der Haft 1963 knüpfte Husák aus eigener Initiative Kontakt mit zahlreichen Reformkommunisten in Prag und Bratislava an, insbesondere mit solchen aus dem Kreis der radikalen Intellektuellen. Er trat dann über Jahre hin als prinzipieller Gegner Antonín Novotnýs auf und brachte dabei umsichtig einen großen Teil der oppositionellen Kräfte hinter sich. Es gelangt ihm in der Tat, viele einflußreiche Reformkommunisten zu der Überzeugung zu bringen, daß er ein guter Kandidat für höchste Parteiämter, möglicherweise sogar eine Alternative zu Novotný sei. Novotný selbst begann Husák zu fürchten und bemühte sich, dessen Handlungsspielraum möglichst einzuengen. Da er ihn jedoch nicht wieder ins Gefängnis schicken konnte, blieben seine Verdächtigungen ohne Wirkung, ja trugen im Grunde nur dazu bei, Husáks Popularität zu vermehren. Husák verstand es natürlich, die Situation geschickt zu nutzen.

Als Dubček, Černík und Kolder nach Novotnyś Sturz die neue Führung zusammenstellten, sah sich Husák abermals um die Früchte seiner Bemühungen geprellt. Keiner in der Troika verspürte Neigung, ihn in die Führungsmannschaft mit aufzunehmen. Erster Sekretär der slowakischen KP wurde im Januar 1968 Dubčeks damaliger Freund Vasil Bilak, und so zerschlugen sich Husáks Hoffnungen selbst für Bratislava. Auch das Trostpflaster, das er mit der Funktion des stellvertretenden Ministerpräsidenten erhielt, konnte seinen erneuten Mißerfolg nicht verdecken. So kann es nicht wundernehmen, daß Husák den „Prager Frühling" von vornherein als ein Provisorium betrachtete, nach dessen Ablauf erst wirklich über das politische Kräfteverhältnis wie über die Verteilung der politischen Positionen entschieden sein würde. Er war innerlich zutiefst überzeugt von der grundsätzlichen Verfehltheit und praktischen Undurchführbarkeit der radikalen Reformbemühungen mit Tendenz zum politischen Pluralismus. In privaten Gesprächen bezeichnete er die radikalen Reformer aus den Kreisen der Intelligenz als Totengräber des „Erneuerungsprozesses". Dubček und seine ganze Führung hielt er für politische Dilettanten, die er mit seiner eigenen politischen Begabung und seinem Realismus weit in den Schatten zu stellen glaubte. In bezug auf die Großmachtpolitik der Sowjetunion machte er sich meiner Meinung nach keinerlei Illusionen. Schließlich hatte er die Lehre gezogen aus seinen Erfahrungen im slowakischen Aufstand, der ja niedergeschlagen werden konnte, weil er nicht in Stalins strategisches Konzept paßte und die sowjetische Armee deshalb auf ein direktes Eingreifen zugunsten der Aufständischen verzichtete. Daher stand es für ihn außer Frage, daß die Entwicklung nie in den Konflikt mit Moskau treiben dürfe – diese Möglichkeit überhaupt in Erwägung zu ziehen, verbot ihm sowohl sein kommunistischer Glaube wie auch seine „realistische" Einstellung. Und im Fall eines unerwartet eintretenden Konflikts durfte man bei ihm die sichere Bereitschaft voraussetzen, nach einem Kompromiß unter Federführung Moskaus zu suchen. Mit solchen Ansichten konnte er allerdings nicht die Unterstützung finden, die ihn in die höchste Machtposition hinaufgetragen hätte. Der prosowjetische, stalinistische Flügel der KPČ war an einer Allianz mit ihm nicht interessiert, und deshalb mußte Husák sich mit den Radikalen verbünden, die nach weitergehenden personellen Veränderungen im Apparat riefen. Und diesen Bundesgenossen gegenüber mußte er seine wahren Überzeugungen verheimlichen und sich in Anpassung und Verstellung üben.

In den sechziger Jahren und während des „Prager Frühlings" betrachteten darum viele Reformkommunisten Husák als ihren Verbündeten

oder gar Freund. Er selbst jedoch hielt diese seine „Freunde" lediglich für das unerläßliche, wenn auch nicht gerade das beste Mittel zur Verwirklichung seiner messianischen Sendung, deren erster Schritt die Machtergreifung war. Diese bittere Wahrheit haben manche seiner damaligen „Freunde" erst zu spät, d. h. erst nach 1968 begriffen, als Husák schon zur Macht gelangt war. Am aufschlußreichsten ist der Fall des Historikers Milan Hübl, im Jahr 1968 Rektor der Politischen Hochschule des Zentralkomitees der KPČ. Hübl gehörte zu den Menschen, die bereits während der letzten Jahre der Regierung Novotnýs alles unternahmen, um Husak über die erfolgte Rehabilitation hinaus auch in politische Funktionen zurückzubringen. Er arbeitete mit Husák in oppositionellen Aktionen gegen Novotný zusammen, und das war mit ein Grund, warum Novotný Hübl 1964 aus seiner Dozentenstelle an der Parteihochschule entfernte. Noch im April 1969, als Husák an Dubčeks Stelle zum Generalsekretär gewählt wurde, half Hübl sehr aktiv mit, bei den Reformkommunisten im Zentralkomitee Stimmen für Husák zu gewinnen, und war überzeugt, daß Husák der beste Politiker für die Übergangsperiode der „Kadarisierung" sei, um die Reste der Reformpolitik des Jahres 1968 zu retten. Bereits 1972 jedoch wurde Hübl verhaftet, und Husák ließ ihn wegen „Unterwühlung der Republik" zu sechseinhalb Jahren Gefängnis verurteilen. Hübl hatte aber nichts anderes getan als vorher – er befürwortete die Bewahrung der Reste der Reformpolitik, sammelte Reformkommunisten um sich, die ähnliche Ansichten hatten, und suchte Unterstützung bei den Kommunistischen Parteien Italiens und Frankreichs. Husák, selbst einmal zu unrecht inhaftiert, beließ Hübl bis Ende 1976 im Gefängnis, obwohl ihm die Ungerechtigkeit der Verurteilung wohl bekannt war und er wußte, unter welch unwürdigen Bedingungen, die seine Gesundheit ernsthaft bedrohten, Hübl dort gehalten wurde.
Nach 1969 liquidierte Husák die Mehrheit gerade jener Menschen, die ihm zur Rückkehr ins politische Leben verholfen und später sein Bestreben, die höchste Parteifunktion zu gewinnen, unterstützt hatten. Andererseits verbündete er sich mit Leuten, die er früher einfach ignoriert und als absolut unfähige Handlanger des Novotný-Regimes betrachtet hatte: Vasil Bilak an erster Stelle. Zugegeben, zu beidem wurde Husák durch die Umstände gezwungen: Er wurde in dem Augenblick zum ersten Mann der KPČ, als die einzige Möglichkeit, sich in dieser Funktion zu behaupten, darin bestand, uneingeschränkt den Zielen des Kremls zu dienen. Und der Kreml wünschte, daß seine ehemaligen politischen Freunde liquidiert und seine langjährigen Feinde zur Macht erhoben wurden. Das müßte Husák jedoch gewußt

haben, als er das höchste Amt in der KPČ übernahm – und er wußte es wohl auch, denn er ist nicht dumm und überragt an Intelligenz die meisten seiner gegenwärtigen Kumpane im Politbüro. Er übernahm die höchste Parteifunktion in dem Wissen, was dieses für ihn bedeutete und wie er sich würde verhalten müssen. Aber sein ganzes Leben lang hatte er von der höchsten Sprosse der Macht geträumt, und als sich nun die Gelegenheit ergab, den Gipfel der Macht zu erreichen – wenn auch um den Preis der Verleugnung vieler eigener früherer Vorstellungen und der Liquidierung zahlreicher Menschen, mit denen er sich früher verbunden gefühlt hatte –, da konnte er nicht widerstehen, und trotz dieses hohen Preises ließ er sich von Moskau als oberster Machthaber des besetzten Landes inthronisieren.

Durch die Einsetzung Gustáv Husáks in das Amt des Ersten Sekretärs des ZK der KPČ schuf das sowjetische Politbüro anfangs eine für die sowjetischen Ziele sehr günstige Situation. Gerade weil Husák bisher nicht der sowjetischen Equipe in der KPČ angehörte, sondern in den sechziger Jahren enge Verbindungen zu Reformkommunisten gehabt hatte, ließ er lange die Hoffnung überdauern, daß er „das Schlimmste verhindern", daß er eine gewisse „zentristische" politische Strömung repräsentieren würde. Daran glaubten lange Zeit viele Menschen in der Tschechoslowakei, und im Westen verbreiten es bis heute zahlreiche Journalisten, die über Husák immer wieder schreiben, daß er der Mann sei, der Extreme verhindere. Für derartige Behauptungen gibt es jedoch überhaupt keine Beweise. Husák macht ausschließlich Politik, wie sie vom Kreml verlangt wird: Wenn das manchmal zur Folge hat, daß sich gewisse extreme Ansichten nicht durchsetzen können, bedeutet das bloß, daß auch der Kreml nicht wünscht, daß eine derartige Richtung eingeschlagen wird.

In den verschiedenen Machtstrukturen und in den heimlichen Gruppierungen in der Partei verfügte Husák nie über eine eigene Hausmacht – und hat sie auch heute nicht. Er gehört aber auch nicht zur Gruppe des sogenannten „gesunden Kerns" der KPČ, d. h. zu denen, die 1968 an der Vorbereitung der sowjetischen Intervention mitgewirkt haben, und ebensowenig gehört er zu den pragmatischeren Elementen in den politischen und wirtschaftlichen Apparaten. Er ist eine Figur, die außerhalb all dieser Gruppen steht und vom Kreml über sie gesetzt wurde. Das ist seine Stärke – aber auch seine Schwäche. Er ist nicht mehr und wird nie mehr sein als der sowjetische Statthalter in der Tschechoslowakei, den seine Beschützer im Kreml im Bedarfsfall gnadenlos fallenlassen können.

Es ist wahrscheinlich, daß damals, im August 1968, im Kreml Husák selbst nicht voraussah, was für eine Art von Regime unter seiner Führung in der Tschechoslowakei entstehen würde. Ich glaube nicht, daß er zu denjenigen gehörte, die bereits damals ein Drittel aller Parteimitglieder als „Helfershelfer der Konterrevolution" liquidieren wollten, und er stellte sich gewiß auch nicht vor, daß Vasil Bilak, den er verachtete und geflissentlich übersah, einmal seine wichtigste Stütze sein würde. Doch auf jeden Fall schlug er damals ganz zielbewußt den Weg zur höchsten Machtposition in Partei und Staat ein und war prinzipiell bereit, die Reformpolitik des „Prager Frühlings" seinen persönlichen Ambitionen zu opfern.

Am späten Abend des 25. August standen sich im Kreml, in Abwesenheit von Dubček und Kriegel, fünf Verfechter der demokratischen Reform (Černík, Smrkovský, Špaček, Šimon und ich) und sieben Vertreter der moskautreuen Gruppe (Bilak, Jakeš, Švestka, Piller, Lenárt, Barbírek, Rigo; ihr achtes Mitglied, Alois Indra, war ebenfalls abwesend) gegenüber. Es wurde immer noch um irgendwelche Änderungen im sowjetischen Vorschlag für das Schlußdokument gerungen, um den Spielraum für eine Reformpolitik der KPČ noch um ein weniges offen zu halten. Mit lautstarken Ermahnungen trieb Ludvík Svoboda immer wieder zur Eile an, häufig von Gustáv Husák sekundiert. Diesem Theater sahen die beiden Minister Dzúr und Kučera sowie der tschechoslowakische Botschafter in Moskau, Vladimír Koucký, schweigend zu; sie griffen praktisch überhaupt nicht in die Debatte ein, gaben jedoch zu erkennen, daß sie den sowjetischen Antrag ohne Bedenken unterzeichnen würden.

Das sowjetische Politbüro übte mittlerweile ebenfalls steten Druck auf die Gespräche aus. Dies geschah mittels individueller Gespräche mit einzelnen Mitgliedern unserer Delegation, bei welchen Drohungen mit Liebenswürdigkeiten und Versprechungen abwechselten, um bei einzelnen Delegationsmitgliedern die Hoffnung zu erwecken, sie könnten für ihre Person die Gunst der Sowjets gewinnen. Es geschah aber auch durch die Schaffung einer allgemeinen Atmosphäre, die hauptsächlich von zwei ernsten Drohungen beherrscht war.

Die erste Drohung war das Bewußtsein, daß wir den Kreml nicht verlassen würden, ehe das sowjetische Ultimatum, wie auch immer abgeändert, unterzeichnet sein würde. Das versuchte die sowjetische Seite nicht nur nicht zu verbergen, sondern sie brachte es sogar wiederholt unmißverständlich zum Ausdruck: Wird es nicht heute, so wird es morgen – oder in einer Woche. Daß die sowjetische Seite eine derartige Drohung wahrmachen könnte, daran zweifelte niemand. Die sechs ursprünglich festgenommenen Mitglieder des Parteipräsidiums hatten sogar sehr konkrete Vorstellungen davon. Sie waren bereits in der Situation von Menschen, die den zweiten Grad der Inquisitionsverhöre hinter sich haben: Sie hatten schon die Marterwerkzeuge gesehen. Das gilt wortwörtlich, nicht nur bildlich; ich weiß, daß alle bereits vom Leben Abschied genommen hatten. Das gibt zwar einerseits Kraft, denn die Angst vor dem Tod weicht der Aussöhnung mit dem Schicksal; andererseits jedoch ändert sich die Situation in psychologischer Hinsicht entscheidend, wenn die Aussicht auf das unabwendbare Ende einer neuen Perspektive weicht, die den Weg ins Leben zurückweist. Ein Selbstmörder, der zufällig gerettet wird, wiederholt seinen Versuch meist auch nicht sofort; in solchen Situationen wirken im Menschen Kräfte von außerhalb seines Bewußtseins und Willens.

Es handelte sich aber nicht allein darum, daß die Situation einiger Mitglieder der Parteiführung Dubčeks eher der von Gangstern erpreßter Geiseln glich als der Position von Mitgliedern einer staatlichen Delegation bei politischen Verhandlungen. Sondern wesentlich war auch der Umstand, daß wir alle wußten, daß der Kreml in einigen ernsten Fragen selbst unter dem Risiko eines großen und politisch unverantwortlichen Blutvergießens in der Tschechoslowakei nicht zum Nachgeben bereit war. Und das war die zweite Drohung, die nicht nur in den Vorhaltungen Svobodas, sondern auch in den unmittelbaren Äußerungen der sowjetischen Repräsentanten bei ihren individuellen Gesprächen mit einzelnen Mitgliedern unserer Delegation immer zugegen war: Wenn es zu Konflikten mit der Bevölkerung käme, so hätten die Truppen Befehl, von der Waffe Gebrauch zu machen; wir müßten doch begreifen, daß sie nicht zurückweichen könnten, solange nicht einmal ein politisches Rahmenabkommen zustande gekommen war. Daß dies dauernd aufgeschoben werde und sich derart in die Länge ziehe, sei einzig und allein unsere Schuld, und nur wir trügen die Verantwortung für das Leben der Zivilbevölkerung in der Tschechoslowakei.

Es ist verhältnismäßig einfach, bei nachträglichen Überlegungen über die damalige Situation zu behaupten, einen derartigen Schritt hätte Moskau nie getan, und wenn doch, dann hätte er katastrophale internationale Folgen gehabt. Für das tschechoslowakische Volk hätte sich daraus zudem ein bedeutender historischer und moralischer Sieg ergeben, die Serie von Kapitulationen in seiner Geschichte wäre durch den heldenhaften Widerstand gegen einen übermächtigen Aggressor aufgewogen worden, und das hätte dem Volk das Rückgrat gestärkt. Es war jedoch nicht einfach, selbst mit solchen Beweggründen im Bewußtsein – und ich glaube, daß wir alle sie in Erwägung zogen –, die Verantwortung für eine Entscheidung auf sich zu nehmen, die praktisch zu einem blutigen Massaker hätte führen können. Darauf zu vertrauen, daß es zu so einem Blutvergießen nicht kommen würde, solange der Kreml um ein Abkommen feilschte, war illusorisch: Der Verzicht auf die ursprüngliche Absicht und eine Notlösung, bei der der Kreml mit denjenigen über ein Abkommen verhandeln mußte, die eigentlich vor ein „Revolutionstribunal" gestellt werden sollten, war das Maximum, das kraft der passiven Resistenz der Bevölkerung in der Tschechoslowakei erreicht werden konnte. Wenn auch diese Alternative versagen sollte, hatte der Kreml keine andere Wahl, als zum ursprünglichen Konzept zurückzukehren, allerdings in einer unvergleichlich blutigen Abart. Es ist eine Illusion, zu glauben, daß ein Räuber, der zwar mit der Waffe nur droht, solange man ihm auch ohne Gewalt willfährig ist, diese Waffe auch dann nicht benutzen wird, wenn er in Not gerät und keinen anderen Ausweg sieht. Und das sowjetische Politbüro war kein unerfahrener Neuling: Die reichhaltige Stalinsche Tradition von Massenverbrechen ebenso wie Budapest 1956 ließen in dieser Hinsicht keine Zweifel aufkommen.

Es ist selbstverständlich, daß eine derartige Lösung für Moskau nicht wünschenswert war, denn sie bedeutete, daß in der Tschechoslowakei zumindest vorübergehend eine offene militärische Besatzungsverwaltung würde errichtet werden und die Aggression mit allen charakteristischen Kennzeichen einer Kriegsoperation würde zu Ende geführt werden müssen. Aber Kräfte, die sich bereits zu einer militärischen Besetzung entschlossen hatten, könnten, ja unter gewissen Umständen müßten sie sogar eine derartige Entscheidung treffen. Diesen Beschluß mußte ja gar nicht einmal das Politbüro in Moskau fassen: Es genügte, wenn sich die „Falken" unter den Marschällen für eine derartige Alternative entschieden. Es lag durchaus in ihrer Macht, ein Massaker vom Zaun zu brechen und die Schuld dafür der „Konterrevolution" und irgendwelchen „Unruhen" unter der tschechoslowakischen Bevölkerung anzulasten.

Wir wußten, daß die sowjetische Führung, die nur durch die Umstände gezwungen mit Dubček verhandelte, ihn wie andere Reformpolitiker dazu benutzen wollte, das durchzuführen, was sie mit der Hilfe von Bilak und Indra nicht geschafft hatte. Das Gelingen dieses Vorhabens hing aber nicht allein vom sowjetischen Politbüro ab, sondern ebensosehr von den Reformpolitikern, die zu Erfüllungsgehilfen gemacht werden sollten. Das Werkzeug, dessen sich Moskau bedienen wollte, war zweischneidig, und es eröffneten sich wieder gewisse politische

Möglichkeiten. Allgemein konnte man feststellen, daß der Kompromiß eine neue Chance erhalten hatte und daß es nun in gewissem Maße an uns selbst lag, wie weit wir davon würden konkreten Gebrauch machen können. So gering die Hoffnung auch war, so erschienen die politischen Perspektiven, die sich boten, dennoch im Interesse der Reformpolitik und im Interesse des Volkes relativ vorteilhaft, wenn man bedachte, daß die Alternative in einem blutigen militärischen Eingriff bestand.

Es war kein Geheimnis, daß das sowjetische Politbüro in der Frage, wie der tschechoslowakischen Entwicklung zu begegnen sei, nicht einig war; insbesondere war es um die Frage gegangen, ob die militärische Intervention das richtige Mittel sei, diese Entwicklung aufzuhalten. Wir rechneten deshalb auch damit, daß der Mißerfolg des militärischen Vorgehens wieder die Positionen derjenigen gestärkt hatte, die sich ursprünglich gegen derartige Maßnahmen ausgesprochen hatten. Ein politischer Kompromiß in Moskau müßte natürlich unter allen Umständen vorteilhaft für den Kreml ausfallen, aber er müßte andererseits die Reformpolitik der KPČ nicht unbedingt restlos begraben: Die Forderungen der „Falken" könnten durch die Stationierung nicht allzu zahlreicher sowjetischer Truppen (insbesondere strategischer Waffeneinheiten) erfüllt und eine – viel bescheidenere – Reformpolitik könnte dann ungehindert fortgesetzt werden. Mit anderen Worten, erreichbar schien eine Art „Kadarisierung" unter besseren Voraussetzungen – ohne Blutvergießen, Deportationen und Polizeimaßnahmen –, und dies zumal, da wir uns auf eine Stimmung in der Partei und im ganzen Volk berufen konnten, die sich ebenso nachdrücklich gegen die Abdrosselung oder gar Liquidierung der Reformpolitik richtete, wie sie sich zweifellos auch gegen die Restauration einer totalitären Diktatur ohne Perspektive der inneren Entwicklung wenden würde. Ich glaube, so ungefähr sahen die Überlegungen von uns fünf – Černík, Smrkovský, Špaček, Šimon und mir – aus. Außerdem hatte jeder von uns seine eigenen Gedanken, die im Einzelfall ihre ganz spezifische Rolle spielten. So schien mir bereits damals, daß wir den Optimismus in bezug auf die künftige Entwicklung nicht alle mit gleicher Intensität teilten. Daß unsere Erwägungen nicht unwiderlegbar untermauert waren, daß es sich weitgehend nur um Hypothesen handelte, bei denen der Wunsch der Vater des Gedankens war, daß wir bemüht waren, immer die günstigere Alternative im Vordergrund zu sehen – das war, glaube ich, uns allen klar. Das ging auch aus unseren gemeinsamen Debatten hervor. Wir drückten unsere Zweifel offen aus, ironisierten oft den eigenen Glauben und verfielen auch, mal der eine, mal der an-

dere, in Mutlosigkeit. Ich erinnere mich genau, wie mich öfters ganz unvermutet und ohne logischen Zusammenhang der Gedanke durchfuhr, daß alle unsere Überlegungen letztlich völlig sinnlos seien, daß wir uns selbst belögen und daß die ganze Veranstaltung in Wahrheit nur den einen Sinn habe: Wir unterzeichnen die Kapitulation, wir geben alles auf, und das Volk zu Hause kann es als nichts anderes auffassen denn als Verrat. In einem solchen Moment sagte ich zu Smrkovský – und andere mögen die Bemerkung mitgehört haben –, daß mir persönlich die Verhandlungen eine unerwartete Erkenntnis gebracht hätten: Ich könne nun Emil Hácha verstehen. (Hácha war Präsident der tschechoslowakischen Rumpfrepublik nach dem Münchner Abkommen und unterzeichnete im März 1939 in Berlin das Abkommen über das „Protektorat Böhmen und Mähren" – d. Ü.) Niemand wies mich dafür zurecht, anscheinend hatten auch die anderen an Hácha gedacht. Manche konnten sich allerdings ihrer Zweifel schneller und gründlicher entledigen als andere. Ich glaube, der erste, der zu der Überzeugung kam, daß das sowjetische Ultimatum unter allen Umständen unterzeichnet werden müsse, war Černík.
Dadurch änderten sich aber die Voraussetzungen für verschiedene politische Kalkulationen und Erwägungen. Es war gewiß, daß die moskautreue Mehrheit der Delegation und gemeinsam mit ihr die Minister Dzúr und Kučera sowie der Botschafter in Moskau, Koucký, ein sowjetisches Ultimatum in jeder beliebigen Form unterzeichnen würden. Falls jedoch Černík mit unterzeichnete, war klar, daß vom Standpunkt des politischen Erfolgs des sowjetischen Vorgehens nun nur mehr Dubček den Ausschlag geben würde. Ohne die Unterschrift Smrkovskýs wäre die Situation zwar etwas komplizierter, hätte aber schließlich doch politisch bewältigt werden können. Die Unterschriften von Špaček, Šimon, Kriegel und mir hatten nicht das entscheidende politische Gewicht, sie konnten die Waagschale der politischen Werte nicht in ausschlaggebendem Maße beeinflussen.
Dubčeks Haltung blieb jedoch bis zum 26. August ungewiß, bis zur feierlichen Sitzung, auf der das Protokoll unterzeichnet werden sollte, und auch dann änderte sie sich noch mehrmals. In der Nacht des 25. August nahm Dubček an den Sitzungen noch nicht teil. Wir besuchten ihn wiederholt, und Dubček unterstützte alle von uns vorgeschlagenen Änderungen, wollte, daß wir weiter an Textänderungen arbeiteten und darüber verhandelten; seine Zustimmung, das Dokument zu unterzeichnen, hatte er jedoch noch nicht gegeben, und er wollte sie auch nicht geben, solange es seine definitive Form nicht erhalten hätte.

Spät in der Nacht des 25. August fand sich die gesamte tschechoslowakische Delegation außer Dubček und Indra unter dem Vorsitz von Oldřich Černík am großen Verhandlungstisch ein, und jeder einzelne sollte sich dazu äußern, ob er am nächsten Tag das Protokoll unterzeichnen würde oder nicht. Das Protokoll selbst hatte noch keine definitive Fassung, über die sollte erst noch am nächsten Tag auf einer gemeinsamen Sitzung mit dem sowjetischen Politbüro Übereinkunft erzielt werden. Es bestand also die Möglichkeit, noch etliches zu ändern. Bisher hatte die sowjetische Seite noch nicht einmal die Formulierung über den Abzug der Truppen akzeptiert (die schließlich doch noch ins Protokoll aufgenommen wurde). Ich hielt es daher für verfrüht, eine verbindliche Zustimmung zu verlangen, auch wenn sie nur prinzipiell gelten und die Möglichkeit nicht ausschließen sollte, weitere Änderungen anzustreben. Das war die Sitzung, auf der Svoboda die Anwesenden anschrie, sie hätten die Besetzung herbeigeschwätzt und schwätzten immer noch. Auch Husák bestand darauf, daß sich jeder äußern müsse. Die Atmosphäre war bedrückend, gespannt bis hysterisch. Ich lehnte es auf dieser Sitzung noch ab, mein „Ja" zur Unterschrift zu geben, und verschob den Zeitpunkt meiner Entscheidung auf den nächsten Tag, bis zum Vorliegen des Ergebnisses der Abschlußverhandlungen. Alle übrigen hatten bereits ihr „Ja" ausgesprochen. Was die Abwesenden betraf, so bestand kein Zweifel über den Standpunkt Alois Indras. (Über Kriegels Position wußten wir so wenig wie über seinen Verbleib.) Und Dubček wollte sich ebenfalls erst am nächsten Tag verbindlich äußern. Seine Entscheidung allein konnte damals die Situation noch wesentlich beeinflussen.
Die Sitzung endete irgendwann zwischen zwei und drei Uhr früh am 26. August. In der Villa auf den Leninbergen kam ich kurz nach drei Uhr an. In der Halle standen wie im Kreml Tische mit Wodka, Cognac, Kaviar, Stör und anderen Delikatessen. Ich ging in mein Zimmer und fiel von Müdigkeit übermannt aufs Bett. Nach einer Weile klopfte es leise an die Tür. Ich öffnete, und vor mir stand ein Mädchen, das außer einem schicken Schlafrock offensichtlich nichts anhatte. „Haben sie noch einen Wunsch, Genosse?" flüsterte das Geschöpf und lächelte verführerisch. Ich wußte nicht, was für Dienste ich damals als Regierungsgast des Kremls hätte in Anspruch nehmen können, aber ich hatte auch nicht die Absicht, es herauszufinden. Unwirsch antwortete ich, mein einziger Wunsch sei, in Ruhe gelassen zu werden, und schloß die Tür.
Seit der Schicksalsnacht des 20. August hatte ich insgesamt dreimal geschlafen, und das jeweils kaum vier Stunden. Ich hatte Hunderte Zi-

garetten geraucht und Dutzende Tassen Kaffee getrunken. In den Stunden des Wachseins hatte die Spannung nie nachgelassen, ganz gleich ob in Dubčeks Arbeitszimmer mit der Maschinenpistole im Nacken oder in der sowjetischen Botschaft in Prag oder in Vysočany oder jetzt hier im Kreml. Ich war ungeheuer müde, aber der Schlaf wollte nicht kommen. In meinem Kopf konnten sich keine zusammenhängenden Gedanken formen, dort jagten sich vielmehr Vorstellungen und Gefühle und Chimären in einer jeder Logik entbehrenden Folge. Nur in kurzen Pausen tauchten dann und wann ganz plötzlich ungewöhnlich klare Erkenntnisse auf, verblüffende und hellseherische Wahrheiten.

Ich öffnete das Fenster und sah in den Garten hinaus. Die kühle Morgenluft brachte mir allmählich Beruhigung, und die Trugbilder wichen klarem Denken. Erst jetzt begann mein Gehirn die Situation global zu verarbeiten und das Wesentliche auszusondern. Solange ich im ununterbrochenen Strom des Geschehens gewesen war – Gespräche, Beratungen, Entscheidungen über Dutzende konkreter Angelegenheiten, Schreiben von Anträgen und Einwänden, Übersetzungen ins Russische, Überlegungen über konkrete politische Möglichkeiten im gegebenen Moment –, agierte ich wie ein programmierter Computer. Alles, was außerhalb meiner Person vorging, war entweder bloß Kulisse, oder es war ein Geschehen, aus dem ich nur Signale empfing, die Anregungen für ein zweckmäßiges Handeln lieferten. Was in mir vorging, wurde gespeichert, das Gehirn hatte aber keine Zeit, es zu verarbeiten. Aus dieser Ablage von Erlebnissen, Eindrücken, Gefühlen und unausgesprochenen Fragen drängten zahlreiche Fragen nun in mein Bewußtsein und forderten Antwort. Alle Antworten zusammen komprimierten sich in eine einzige Antwort auf die Kardinalfrage, was überhaupt geschehen war und was für eine Rolle ich selbst in all dem spielte.

Daß ich jetzt in Moskau saß, teils als Geisel, teils als Staatsgast, war eine logische Folge meines ganzen Lebens, meiner eigenen politischen Tätigkeit. Ich hatte mich selbst in diese Situation gebracht. Entscheidend dafür war eigentlich nicht der 20. August 1968, sondern der 25. Februar 1948. Denn damals schloß ich mich aus eigenem Entschluß und eigener Überzeugung denjenigen an, die ebenfalls aus eigener Entscheidung sich Moskau und seinen Zielen „auf ewige Zeiten" untergeordnet hatten. Es war gegenwärtig unwesentlich, warum ich es und warum es die anderen getan hatten, ob die Ansichten und Ideale, die dahinter standen, gut gemeint waren oder nicht. Es war geschehen, und aus meinem eigenen freien Entschluß. Allerdings wußte ich jetzt seit über zehn Jahren, daß Moskau der Sitz des Verbrechens war und daß ich dem nicht mehr dienen wollte. Was tat ich aber? Ich wollte das bei uns, in der Tschechoslowakei, durch Reformen ändern und hoffte zugleich, daß auch in Moskau der aufrichtige Wille bestand, mit dem Verbrechen Schluß zu machen, und daß sie mir deshalb meine Reformen hier erlauben würden. Ich hatte gewiß auch Gründe dafür, aber gleichzeitig gab es bereits seit Jahren schwerwiegende Gründe für eine ganz entgegengesetzte Auffassung; ich unterschätzte oder übersah sie jedoch, denn sie paßten nicht in mein reformkommunistisches Konzept.

Was vor einer Woche geschehen war, entbehrte im Grunde keineswegs der Logik: Moskau hatte sich lediglich entschlossen, reformkommunistische Experimente nicht mehr zuzulassen, weil sie aus sowjetischer Sicht für die eigenen Interessen zu bedrohlich schienen. Und aus sowjetischer Sicht war es nur logisch, daß ich jetzt vor dem Gericht des Kremls stand und gefragt wurde: Gehst du nun mit uns „auf ewige Zeiten" oder nicht? Zwanzig Jahre lang hast du das doch immer versprochen! Und man wollte nur JA oder NEIN hören. Details interessierten nicht. Das galt für mich wie für alle anderen, die in der Doppelrolle als Geiseln und Staatsgäste hier anwesend waren.

Der alte General Svoboda hatte im Grunde recht, wenn er uns beschimpfte und verlangte, daß wir uns unserer Situation bewußt werden sollten. Er hatte sie begriffen und bekundete gegenüber Moskau sein eindeutiges JA; und dasselbe verlangte er von allen übrigen. Und wer das nicht wollte, sollte wenigstens NEIN sagen, aber die Sache um Himmels willen nicht länger hinauszögern. Wir fühlten uns überrumpelt, weil das sowjetische Politbüro wie eine Gangsterbande vorging. Aber auch das war unsere Schuld; Kádár hatte Dubček doch nicht ohne Grund gefragt: „Wißt ihr denn wirklich nicht, mit wem ihr es zu tun habt?" Es schien ihm nicht möglich, daß Dubček es nicht wußte. Im Grunde genommen waren wir Dummköpfe, und unsere Dummheit war die Ideologie des Reformkommunismus.

Wie ich so ans Fensterbrett gelehnt da stand, schlief mir das eine Bein ein, ich kletterte auf das Brett, um mich bequem ins Fenster zu setzen. Sofort trat aus dem Schatten einer Zypresse ein Zivilist, über dessen Funktion ich keine Zweifel hegte, und stellte die gleiche Frage wie das Mädchen vor der Zimmertür: „Wünschen sie etwas, Genosse?" Ich sagte nein, stieg vom Fenster herunter und legte mich wieder aufs Bett. Auch an diesem Mann im Garten erkannte ich, daß Moskau alles viel besser durchdacht hatte als wir. Vielleicht stand er nur da, um zu verhindern, daß ich mich der Unterschriftleistung durch einen Sturz aus

dem Fenster zu entziehen versuchte. Wahrscheinlich hatte er eine Trillerpfeife, auf deren Signal hin zwei weitere KGB-Genossen herbeieilen würden: Das Fenster war nicht hoch, sie würden mich ohne Mühe auffangen, nicht einmal ein Bein würde ich mir brechen.
Es war bereits gegen sechs Uhr morgens, um neun Uhr sollten die Verhandlungen im Kreml fortgesetzt werden. Ich dachte über die Unterzeichnung des sowjetischen Ultimatums nach. Ich wußte, es würde unterzeichnet werden, und die Unterschriften würden ebenfalls nur die logische Folge des ganzen Lebens des jeweiligen Unterzeichners sein. Die Unterschrift zu verweigern, das hieße, ein neues und ganz anderes Leben zu beginnen. Konnte ich das? Ich fühlte, daß ich wollte. Die realen Ergebnisse all meiner politischen Bemühungen – einschließlich derjenigen aus der letzten, reformistischen Phase – waren doch eigentlich schrecklich. Gute Absichten zählten dabei wenig. Ich faßte den Entschluß, das Protokoll nicht zu unterschreiben. Müdigkeit übermannte mich, und ich schlief ein.

Nach neun Uhr trafen wir alle wieder im Kreml zusammen. Ich teilte meinen Entschluß, das Protokoll nicht zu unterschreiben, Černík mit und auch Bilak als Repräsentanten der moskautreuen Gruppe: Mochten es alle wissen. Ich schlug eine akzeptable Form vor, wie ich es durchzuführen gedachte: Ich werde den Arzt des Präsidenten aufsuchen, den ich kenne, und mich krankschreiben lassen, dann lege ich mich ins Bett und erscheine überhaupt nicht mehr zu den gemeinsamen Beratungen der Parteipräsidien. Teilzunehmen und am Ende doch nicht zu unterschreiben würde unweigerlich einen folgenschweren Skandal heraufbeschwören. Das lag nicht in meiner Absicht, und ebensowenig wollte ich die anderen beeinflussen, die sich bereits entschlossen hatten, zu unterschreiben – nur ich selbst wollte auf keinen Fall unterschreiben. Bilak entgegnete etwas in dem Sinne, ich solle doch tun, was ich wolle, war aber gar nicht begeistert und gebärdete sich mißbilligend und unfreundlich. Černík holte Špaček herbei, und wir begannen über meinen Entschluß zu diskutieren. Ich sprach dann noch einzeln mit Smrkovský und Šimon. Das Ergebnis war, daß ich meinen Entschluß änderte. Warum? Alle vier sagten mir, sie hätten in ihren Überlegungen die gleichen Phasen durchgemacht wie ich und seien zum gleichen Schluß gekommen: in Moskau nichts zu unterschreiben; in ihrem Fall sei dies schon früher eingetreten, und zwar als sie die Metamorphose vom Gefangenen zum Regierungsrepräsentanten durchliefen. Sie wurden von dem Gefühl beschlichen, daß sie nicht mehr imstande seien, verantwortlich zu entscheiden. Und trotzdem änderten sie zum Schluß ihren Standpunkt: Sie sahen ein, daß dies nur eine private Lösung sein würde und keine Lösung für die Probleme der politischen Situation, für deren Entstehen sie Mitverantwortung trugen, eine Verantwortung, der sie sich nicht entziehen konnten. Meine Argumente vom Vortag hatten sie überdies noch in dem Glauben bestärkt, daß ein Kompromiß nicht völlig ausgeschlossen sein müßte, sondern daß es unter Umständen möglich wäre, in der Tschechoslowakei eine bessere und aussichtsreichere Situation zu schaffen als nach der Intervention in Ungarn 1956. Die Entscheidung blieb natürlich mir überlassen, aber ich mußte mir darüber im klaren sein, daß die Lösung, die ich wählte, nur für meine Person und mein Gewissen gültig war und keinerlei Einfluß auf die politische Perspektive haben würde. Wenn ich jetzt die Parteiführung im Stich ließ, erschwerte das ihre Situation und gefährdete vieles, was anders vielleicht noch zu retten war. Außerdem mußte ein solches Verhalten den Eindruck erwecken, als sei die Frage der Unterschrift eine Sache der persönlichen Ehrenhaftigkeit und des individuellen Gewissens – dergestalt, daß es den Unterzeichnern an diesen Dingen mangelte –, nicht aber Sache eines politischen Verantwortungsbewußtseins, das sich angelegen sein ließ, einen Ausweg aus der Situation zu suchen, für die wir alle Mitverantwortung trugen. Gleichzeitig erfuhr ich, daß Dubček sich an den Schlußverhandlungen beteiligen und nur auf einigen bisher noch nicht vollständig ausgehandelten Ergänzungen des Texts bestehen würde, insbesondere auf einer Regelung, die den Abzug der Truppen aus der Tschechoslowakei betraf.

Dies war nicht mehr die Nacht, in der ich mit mir allein war, allein mit meinem bisherigen Leben; dies war ein neuer Tag: Ich war zurück bei den anderen, ich steckte wieder in meiner alten Rolle, mein Hirn arbeitete wieder wie ein programmierter Computer. Und ein grundlegendes Argument mußte ich unabhängig davon im Grunde meiner Seele anerkennen: Auch ich bin politisch mitverantwortlich für alles, was geschehen ist, und auf die Suche nach einem politischen Ausweg zu verzichten, würde soviel bedeuten, wie vor dieser Verantwortung davonzulaufen. Ich diskutierte also erneut mit den Vieren über die Möglichkeit einer politischen Lösung.

Als ich schließlich meine Ansicht änderte und zustimmte, das Protokoll gemeinsam mit den anderen zu unterschreiben, hatte ich die folgenden Vorstellungen über zukünftige politische Möglichkeiten:

Wie immer auch das Protokoll noch geändert wird, es wird Moskau das Sagen geben, ihm einseitige politische Vorteile und die Möglichkeit einräumen, konstanten Druck gegen die Reformpolitik der KPČ auszuüben. Gleichzeitig wird es jedoch auch bestimmte Möglichkeiten eröffnen, dieser Politik einen gewissen Spielraum zu erhalten. Über das manifeste Ergebnis entscheiden am Ende nicht die Worte des Protokolls, sondern das Kräfteverhältnis sowohl in der Tschechoslowakei als auch in Moskau. Nach der Rückkehr nach Prag verbleiben die entscheidenden politischen und Machtpositionen in den Händen der Reformanhänger. Die im ganzen Volk lebendige, ungeheure Kraft des Widerstands gegen die Okkupation ermöglicht es sogar, die Positionen der moskautreuen Gruppen auf allen Ebenen der Machtstruktur faktisch zu schwächen, und dies ungeachtet der Tatsache, daß das Protokoll diesen Kräften ausdrücklich Hilfestellung gewährt: Es wird möglich sein, sie auf weniger bedeutsame Positionen abzuschieben, als sie gegenwärtig innehaben. Von entscheidender Bedeutung würde es sein, bis spätestens Ende des Jahres zu erreichen, daß die sowjetischen Truppen das Land verlassen, mit Ausnahme eines geringen Kontingents, um dessen Stationierung – die jetzt einfach nicht mehr zu vermeiden wäre – Moskau sich seit zwei Jahren bemüht. Innerhalb des gleichen Zeitraums muß der XIV. Parteitag einberufen und ein neues Zentralkomitee gewählt werden. Beides könnte gelingen, denn in Anbetracht des gewaltigen Echos von Stimmen aus aller Welt, die die Okkupation verurteilten, hat Moskau bestimmt Interesse daran, daß sich die Situation beruhigt. Im Prinzip sollte man davon ausgehen können, daß im sowjetischen Politbüro die „Falken" nun in die Defensive gedrängt sind. – All das ist möglich, aber dennoch ungewiß. Sollte es sich bis zum Jahresende zeigen, daß die Entwicklung einen anderen Verlauf nimmt und daß die Positionen der Reformpolitik auf diese Weise nicht zu halten sind, bleibt eine letzte Möglichkeit: Die reformpolitische Führungsgarnitur muß abtreten, und dies auf solche Weise, daß sie selbst noch ihre Nachfolger bestimmen kann, um zu verhindern, daß sich schließlich doch noch die Garnitur der „Revolutionären Arbeiter- und Bauernregierung" durchsetzt, d. h. daß die Parteiführung der KPČ zum unmittelbaren Exponenten der sowjetischen Interessen wird. Mit einem derartigen Wechsel könnte auch Moskau übereinstimmen: Man hätte dort auf jeden Fall Dubčeks Entfernung von der Macht erreicht, und da Bilak und Indra sich im entscheidenden Moment als solche Enttäuschungen entpuppt haben, wird Moskau zweifellos eine „dritte Garnitur" akzeptieren. Die kann dann durch eine Art „Kadarisierung" eine mehrjährige Periode überbrücken, bis man wieder zu wirklichen Reformen übergehen kann. Voraussetzung ist, daß die KPČ mit ihren gegenwärtigen Kadern, die jahrelang in der reformkommunistischen Orientierung herangewachsen waren, erhal-

ten bleibt, daß verhindert wird, daß eine sektiererische Clique sowjetischer Agenten sich der Parteiführung bemächtigt und die künftigen Möglichkeiten einer demokratischen Entwicklung innerhalb der KPČ selbst zunichte macht.
Der Erfolg derartiger Erwägungen hing meiner Meinung nach in erster Linie von der unverbrüchlichen Einigkeit der Reformgruppe um Dubček ab. Und gerade die hatten wir uns damals versprochen. Ich hatte nie Illusionen in bezug auf die Bedeutung menschlicher Beziehungen in der Führung der KPČ: Vor nicht allzu langer Zeit hatte man dort gemordet; es gab immer Intrigen; und vor kaum einer Woche war wieder ein Teil der Führung im Namen des anderen Teils festgenommen worden. Nur ging es jetzt nicht um diesen anderen Teil, und es ging auch nicht um einen Klan im bürokratischen Apparat. Der mit Dubček verbundene Teil der Parteiführung hatte in diesen Tagen soviel durchlebt, daß ich an die Möglichkeit glaubte, auch in der Politik etwas Dauerhaftes zu schaffen, gegründet auf persönliches Vertrauen, Ehrgefühl und Gewissen, gebunden durch Versprechen und Ehrenwort. Binnen zwei Monaten sollte sich zeigen, daß dies bloß eine weitere Illusion war. Und als ebenso illusorisch erwies sich die Hoffnung, daß der Kreml etwas anderes versuchen könnte als die konsequente, wenn auch allmähliche Durchsetzung seiner ursprünglichen Ziele.
Wie war es möglich, daß wir selbst unter Umständen, in denen wir uns als Geiseln in der Hand von Gangstern fühlten, noch glauben konnten, der Kreml habe auf späterhin ein Interesse an einer Beruhigung der Situation statt an der vollständigen Liquidierungen aller ihm unbequemen politischen Kräfte in der Tschechoslowakei? Ich glaube, es gibt darauf nur zwei Antworten: So entsprach es unseren Wünschen, und deshalb haben wir selbst es uns so eingeredet. Und: im Grunde waren wir immer noch Kommunisten, wenn auch Reformkommunisten. Das ist nur ein Erklärungsversuch. Eine Rechtfertigung gibt es nicht, weder eine politische noch eine moralische.
Als ich irgendwann um die Mittagszeit erklärte, daß ich meinen Standpunkt geändert hätte und das Protokoll mit allen übrigen unterzeichnen würde, umarmte mich Oldřich Černík mit unverhohlener, aufrichtiger Freude. Die Freude war aber im Grunde genommen wahrscheinlich doch nur eigennütziger Natur: Er war froh, daß sich niemand von ihm unterscheiden würde, daß niemand später einmal würde sagen können: Und ich habe doch nicht unterschrieben. Die Freude war aber vorzeitig, sie wurde bald darauf von František Kriegel getrübt.
Darüber, warum Kriegel nicht unter uns weilte, war bereits am Vortag gesprochen worden. Die sowjetische Seite brachte unterschiedliche

Ausflüchte vor, und in Gesprächen mit einzelnen Mitgliedern der Delegation bemühte sie sich, Kriegel den übrigen zu entfremden. Als es aber nun zur Unterzeichnung kommen sollte, konnte die Angelegenheit nicht weiter verzögert werden, und schließlich wurde Kriegel in den Kreml gebracht. Zuerst sprach Smrkovský allein mit ihm in einem besonderen Raum, und nachmittags erschien er schließlich bei uns. Die Situation war für ihn erniedrigend und für uns beschämend. Welche Gründe und Ausflüchte es auch immer dafür gegeben haben mochte, Tatsache blieb, daß wir alle ohne Kriegel verhandelt hatten, und der wurde nun vor vollendete Tatsachen gestellt und vor die Forderung: Unterschreibe das Protokoll! František Kriegel lehnt unmißverständlich ab. Ursprünglich hatten wir ja alle so reagiert – und er stand jetzt am Anfang, da, wo wir gestern gestanden waren. Kriegel lenkte jedoch nicht wie wir in der nächsten Phase ein, sondern blieb bei seiner ablehnenden Haltung.

Wir alle versuchten ihn zu überreden. Ludvík Svoboda wiederholte für ihn als Solopublikum seinen gestrigen Auftritt und schrie Kriegel dabei so heftig an, daß der sich scharf verwahrte und Svoboda sogar zum Schweigen brachte. Ich erinnere mich, wie Kriegel sagte: „Was können sie mit mir machen? Entweder schicken sie mich nach Sibirien oder sie erschießen mich. Damit rechne ich, und deshalb werde ich doch nicht unterschreiben." Reden über politische Beweggründe und die Perspektiven eines Kompromisses hörte er sich gar nicht erst an und lehnte es ab, darüber zu debattieren. Er machte auch überhaupt nicht den Eindruck eines Politikers: In diesem Moment war er einfach ein Mensch, den Räuber mit dem Tod bedrohen, und als Lösegeld fordern sie nicht Geld, sondern seine Ehre, seine Kinder oder seine Frau. Und dieser Mensch sagte: Nein – dann erschlagt mich eben! Ich glaube, daß Kriegel, der auch die vergangenen drei Tage als Gefangener in der Isolation gehalten worden war, bereits zu dem Schluß gekommen war, daß er zum Tod verurteilt sei, und sich damit abgefunden hatte. Er sah keinen Grund, warum er in den letzten Stunden seines Lebens alles durch eine Handlung verderben sollte, die er gegen sein Gewissen ausführen müßte.

Ich sage das nicht etwa, um die politische Bedeutung der Weigerung Kriegels zu schmälern, sondern weil ich glaube, daß es wahr ist, daß Kriegel damals vor allem als Mensch und weniger als Politiker gehandelt hat. Wie die spätere Entwicklung zeigen sollte, war diese Haltung der damaligen Situation viel angemessener als unsere: Wir waren nämlich tatsächlich eher in der Situation von Menschen, die von Gangstern erpreßt werden, aber wir hielten die Illusion aufrecht, als ob wir

als Politiker mit anderen Politikern über politische Probleme verhandelten.
František Kriegel erklärte dann von sich aus, daß er an keiner Sitzung mit dem sowjetischen Politbüro teilnehmen würde, und ließ sich in seine Isolation zurückführen. Die sowjetische Seite forderte daraufhin nun, daß Kriegel sich an den weiteren Verhandlungen beteiligen solle. Die Regie wollte auf diese Weise anscheinend erreichen, daß es vor den Augen des sowjetischen Politbüros zu einem Streit und schließlich zum Bruch zwischen Kriegel und den übrigen käme. Dubček lehnte die sowjetische Forderung jedoch resolut ab, und die Sitzung wurde ohne Kriegels Anwesenheit fortgesetzt. Als wollte er die Symmetrie wahren, blieb auch Indra weiter den Unterhandlungen fern. Alle übrigen, unter ihnen diesmal auch Dubček, nahmen auf einer Seite des großen Tisches Platz, das gesamte sowjetische Politbüro auf der anderen.
Die Sitzung begann am späten Nachmittag und wurde von Breschnjew eröffnet. Ohne Hemmungen und in jovialem Ton trug er Phrasen über brüderliche Beziehungen und gemeinsame Interessen vor, von denen man nun ausgehen wolle, um zu einer Übereinkunft über das weitere Vorgehen in einer komplizierten und ernsten Situation zu gelangen. Er sprach darüber, mit welchem Bedauern und welchem Schmerz die sowjetische Führung über den militärischen Eingriff entschieden hatte, wie sie sich aber nicht anders helfen konnte, denn die Interessen des Sozialismus gingen ihr über alles. Er lobte den staatsmännischen Verstand Ludvík Svobodas, eines treuen Freundes der Sowjetunion und Helden des Weltkriegs, er schilderte seine Liebe zur Tschechoslowakei und geriet zusehends in Rührung über seine eigenen Phrasen.
Plangemäß hätte ein Vertreter der tschechoslowakischen Seite mit einigen entsprechenden Floskeln antworten sollen, und dann wollte man über die einzelnen Absätze des Protokolls diskutieren. Dubček war immer noch in sehr schlechter psychischer Verfassung: Zur Teilnahme an der Konferenz hatten ihn die Ärzte mit Spritzen stärken müssen, und so trug Černík die einleitenden Worte vor. Er sprach im ganzen sachlich, vermied das Geschwätz über brüderliche Beziehungen und ewige Freundschaft zur Sowjetunion. Nüchtern und sehr umsichtig verteidigte er die Linie des Aktionsprogramms der KPČ, und zwischen den Zeilen ließ er die Weigerung erkennen, die militärische Intervention als einen Akt anzusehen, der den Interessen des Sozialismus diene.
Darauf reagierte ein Mitglied des sowjetischen Politbüros mit einer

Bemerkung, woraufhin die Atmosphäre an Spannung zunahm. In die Debatte griff dann Breschnjew selbst ein, indem er eine von Černíks Thesen zurückwies. Es folgte eine Pause gespannter Stille, woraufhin schließlich Černík seine Rede zu Ende führte. Darauf meldete sich Dubček zu Wort (es ist aber auch möglich, daß er zu sprechen begann, ohne die prozeduralen Regeln zu beachten). Anfangs sprach er stokkend, hatte Schwierigkeiten mit der Aussprache, allmählich gewann er aber seine Fassung und trug seine Rede in fließendem Russisch vor. Es war eine enthusiastische, von Emotionen getragene Verteidigung des Reformprozesses in der Tschechoslowakei, die allmählich in eine immer deutlichere Polemik gegen die Beschuldigungen der Interventen überging. Dubčeks Rede war improvisiert – er sprach einfach aus, was er sich dachte –, und um so eindrucksvoller fiel sie aus, sowohl inhaltlich als auch in ihrer Form.

Gegen Dubček trat sofort – ebenfalls improvisiert – Breschnjew auf. Dieser Auftritt war vielleicht der einzige wirklich interessante Beitrag von sowjetischer Seite im Verlauf der gesamten damaligen Unterhandlungen: Auch Breschnjew sagte nämlich, was er tatsächlich dachte. Er antwortete kurz und verständlich auf drei grundlegende Fragen: Was Moskau am „Prager Frühling" am meisten gestört hatte, wie der Kreml die Souveränität der Staaten in seinem Machtbereich sah, und was er in der internationalen Politik für wichtig hielt.

Breschnjew führte damals keine langen offiziellen Reden über „konterrevolutionäre Kräfte" und „die Interessen des Sozialismus", sondern warf Dubček kurz und bündig vor, er habe seine Innenpolitik gemacht, ohne zuvor Breschnjews Einverständnis und Billigung einzuholen, ja er habe sogar dessen Weisungen und Ratschläge demonstrativ in den Wind geschlagen. „Ich wollte dir doch von Anfang an gegen Novotný helfen", sagte Breschnjew zu Dubček, „und habe dich gleich im Januar gefragt: Bedrohen dich seine Leute nicht? Willst du sie austauschen? Willst du den Innenminister ablösen? Du hast damals behauptet, daß das nicht nötig sei, daß das gute Genossen seien. Und dann muß ich plötzlich erfahren, daß du den Innenminister, den Verteidigungsminister und auch andere Minister austauschst und Sekretäre des Zentralkomitees durch neue ersetzt.

Bereits im Februar habe ich dir meine Einwände zu deinem Referat mitgeteilt", fuhr Breschnjew fort, „ich habe dich darauf aufmerksam gemacht, daß einige Formulierungen nicht richtig sind. Aber du hast sie trotzdem nicht geändert. Bei uns muß selbst ich, wenn ich ein Referat vorbereite, den Text den übrigen Mitgliedern des Politbüros zur Beurteilung vorlegen. Stimmt das, Genossen?" – damit wandte sich

Breschnjew in rhetorischer Attitüde an die Mitglieder des Politbüros, die in einer Reihe neben ihm saßen und durch Kopfnicken und zustimmendes Gemurmel die Richtigkeit der Worte ihres Chefs bestätigten. „Bei uns existiert nämlich eine kollektive Führung – und das heißt, daß man seine Ansichten den anderen unterordnen muß."
Breschnjew war persönlich aufrichtig entrüstet darüber, daß Dubček sein Vertrauen enttäuscht hatte und nicht jeden seiner Schritte vom Kreml billigen ließ. „Ich habe dir geglaubt und habe dich gegenüber den anderen verteidigt", hielt er Dubček vor. „Ich sagte, unser Sascha ist doch ein guter Genosse. Und du hast uns alle so furchtbar enttäuscht!" Bei solchen Passagen klang Wehmut aus seiner brechenden Stimme, er stockte und unterdrückte ein Schluchzen. Er wirkte wie ein tief gebrochener Patriarch, der es tatsächlich für nur selbstverständlich und einzig richtig hält, daß seine Stellung als Familienoberhaupt bedingungslose Unterwerfung und Gehorsam aller anderen Familienmitglieder mit einschließt, da doch seine Meinung und sein Wille von Natur aus die höchste Autorität verkörpern und er es ja nur gut meint mit allen Familienmitgliedern. Die Vorstellung, daß es anders sein könnte oder gar sollte, war Breschnjew in seinem tiefsten Wesen fremd, und es war dann nur eine notwendige Folge, daß er jede Abweichung als einen Ausdruck der Feindschaft, des Verrats betrachten mußte. Allein von dieser Todsünde – daß man nämlich in Prag nicht immer rechtzeitig die Zustimmung des Kremls eingeholt hatte – leitete Breschnjew alle anderen Sünden ab: „antisozialistische Tendenzen" nehmen überhand, die Presse schreibt, was sie will, es entstehen „konterrevolutionäre Organisationen", welche auf die Parteiführung wachsenden Druck ausüben, dem diese ständig nachgibt. Wenn Dubček nicht ohne Billigung und Ratschlag Breschnjews gehandelt hätte, wenn er in seinen Reden die Worte gestrichen hätte, die ihm Breschnjew zu streichen riet, und wenn er nur solche Minister und Parteisekretäre ernannt hätte, die von Breschnjew genehmigt waren, hätte es zu all diesen schrecklichen Dingen nicht kommen müssen. Das war, in aller Kürze, die Ansicht Breschnjews zum „Prager Frühling".
Dann teilte Breschnjew Dubček mit, daß aufgrund all dessen Moskau schließlich zur Überzeugung gelangt war, daß auf seine Führung der KPČ kein Verlaß mehr sei. Auch er, Breschnjew selbst, der „unseren Sascha" so lange in Schutz genommen hatte, mußte das eingestehen. Und hier kamen dann ganz andere, für die Sowjets aber allerfundamentalste Argumente ins Gespräch – die Ergebnisse des Zweiten Weltkriegs.
Breschnjew sprach ausführlich über die Opfer der Sowjetunion im

Zweiten Weltkrieg, die gefallenen Soldaten, die dahingemordete Zivilbevölkerung, die ungeheuren materiellen Verluste, die Entbehrungen des Sowjetvolks während des Krieges. Diesen Preis mußte die Sowjetunion für ihre Sicherheit bezahlen, und eine der Garantien für diese Sicherheit ist die Teilung Europas nach dem Krieg, und dazu gehört auch, daß die Tschechoslowakei „für ewige Zeiten" mit der Sowjetunion verbunden ist. Breschnjews Ansicht nach ist das eine natürliche und gerechte Folge des Umstands, daß auch für unsere Befreiung Tausende von sowjetischen Soldaten ihr Leben gelassen haben, deren Gräber die tschechoslowakische Bevölkerung in Ehren halten und nicht schänden sollte. Unsere Westgrenze ist nicht allein unsere Grenze, sondern Teil der Grenze des „sozialistischen Lagers" insgesamt. Auch das betrachtete Breschnjew als natürlich und selbstverständlich: Es ist ein Ergebnis des Zweiten Weltkriegs, für das die Sowjetunion einen hohen Preis zahlen mußte. Das sowjetische Politbüro hat nicht das Recht, die Ergebnisse dieses Krieges zu gefährden, denn es hat nicht das Recht, die Opfer des sowjetischen Volkes geringzuschätzen.

Er, Breschnjew, begreife, daß die Situation in der Tschechoslowakei jetzt, nach der Intervention, schwierig sei. Die Menschen betrachten das Geschehen emotional. Auch der Parteiführung Dubčeks kann man verzeihen, daß sie jetzt noch nicht alles richtig sieht. Es scheint heute noch nicht möglich, das alles zu akzeptieren, meint Breschnjew. Aber seht einmal Gomulka an. 1956 war er dagegen, daß sowjetische Einheiten in Polen helfend eingreifen. Würde man ihm aber heute sagen, die sowjetischen Truppen sollen aus Polen abgezogen werden, würde er mit einem Sonderflugzeug nach Moskau kommen und bitten, das nicht zu tun.

Breschnjew berief sich nicht auf Beweise, die hätten bestätigen können, daß die Tschechoslowakei tatsächlich von den „westlichen Imperialisten" bedroht war. Er zitierte keine der offiziellen Lügen, die von der Sowjetpresse damals massenweise verbreitet wurden: daß die „westdeutschen Revanchisten" einen militärischen Überfall vorbereiteten, daß amerikanische Offiziere, als Touristen getarnt, die Straßen Prags überfluteten, usw. Seine Logik war einfach: Wir sind im Kreml zu der Einsicht gekommen, daß auf euch kein Verlaß mehr ist; ihr macht in eurer Innenpolitik, was ihr wollt, auch vieles, was uns nicht gefällt, und wollt euch im Guten nichts sagen lassen. Euer Land liegt aber in dem Bereich, in den im Zweiten Weltkrieg sowjetische Soldaten ihren Fuß gesetzt haben; wir haben das mit großen Opfern bezahlt, und von dort gehen wir nicht mehr fort. Eure Grenzen sind auch un-

sere Grenzen. Und weil ihr uns nicht gehorcht, fühlen wir uns bedroht. Im Namen unserer Toten aus dem Zweiten Weltkrieg, die ihr Leben auch für eure Freiheit geopfert haben, sind wir vollauf berechtigt, unsere Soldaten zu euch zu schicken, um uns innerhalb unserer Grenzen wirklich sicher fühlen zu können. Ob uns unmittelbar jemand bedroht ist nebensächlich, es handelt sich um eine prinzipielle, von äußeren Umständen unabhängige Angelegenheit. Und so wird es vom Zweiten Weltkrieg an „für ewige Zeiten" sein.
Breschnjew schien sich tatsächlich zu wundern: Das ist doch alles so einfach, wieso wollt ihr das nicht verstehen? Begriffe wie Souveränität, staatliche und nationale Unabhängigkeit oder ähnliches kamen in seiner Rede überhaupt nicht vor. Ebensowenig enthielt sie die sonstigen Phrasen, mit welchen üblicherweise die „gemeinsamen Interessen der sozialistischen Staaten" begründet werden. Sie drückte nur einen einzigen, einfachen Gedanken aus: Unsere Soldaten kamen im Krieg bis an die Elbe – und dort ist seither auch unsere, die sowjetische Grenze.
Die Ergebnisse des Zweiten Weltkriegs – so Breschnjew – sind für die UdSSR unantastbar, und darum werden sie auch auf die Gefahr eines neuen Krieges hin verteidigt werden. Auch unter diesem Risiko hätte die Sowjetunion die Intervention in der Tschechoslowakei verwirklicht. Die Gefahr eines derartigen Konflikts droht jedoch gegenwärtig nicht. Er, Breschnjew, hat bei Präsident Johnson angefragt, ob die amerikanische Regierung auch heute noch die Ergebnisse der Konferenz von Jalta und Potsdam voll anerkennt. Und am 18. August hat er folgende Antwort erhalten: In bezug auf die Tschechoslowakei und Rumänien gilt die vorbehaltlose Anerkennung, was Jugoslawien angeht, müsse man noch verhandeln. „Was glaubt ihr, wird nun zu euren Gunsten geschehen? Gar nichts wird geschehen. Ein Krieg wird nicht ausbrechen, Genosse Tito und Ceauşescu werden Reden halten, auch Genosse Berlinguer. Na und? Ihr verlaßt euch auf die kommunistische Bewegung in Westeuropa – aber die hat bereits seit fünfzig Jahren keine Bedeutung mehr!"
Auch das waren einfache und klare Worte. Man mußte zugeben, daß Breschnjew uns Reformkommunisten eine wertvolle Schulung zuteil werden ließ: Wir Dummköpfe suchten nach einem Modell des Sozialismus, das für ganz Europa, einschließlich Westeuropas, attraktiv wäre; aber er, der Realist, wußte, daß dieses Westeuropa bereits seit fünfzig Jahren bedeutungslos ist. Warum wohl? Doch deshalb, weil die Grenze des Sozialismus, d. h. die Grenze der Sowjetunion, bis auf weiteres an der Elbe liegt. Auch der Präsident der Vereinigten Staaten

hatte das anerkannt, also sollte es wohl auch für weitere fünfzig Jahre so bleiben. Und so ein Berlinguer? Hatte der denn überhaupt Panzer? Konnte er vielleicht die Ergebnisse des Zweiten Weltkriegs revidieren?

Breschnjew nahm offensichtlich an, daß nach diesen klaren und verständlichen Ausführungen wohl auch Dubček endlich begreifen würde, wie es um ihn stand – und daß man endlich über den Text des Protokolls, das feierlich unterzeichnet werden sollte, würde sprechen können. Aber es kam anders, denn Dubček begann zu widersprechen. Ich weiß nicht mehr, worum es im einzelnen ging und was er sagte. Aber er sagte etwas, das Breschnjew aus dem Häuschen brachte. Er unterbrach ihn, begann zu schreien, wurde rot im Gesicht und erklärte zum Schluß wütend, daß die ganzen bisherigen Verhandlungen, wie sich zeige, keinen Sinn gehabt hätten. Alles wiederhole sich, wie in Čierná an der Theiß. Alles sei nutzlos, es führe zu nichts, und deshalb unterbreche er die Verhandlungen.

Breschnjew, mit dem gesamten sowjetischen Politbüro im Gefolge, erhob sich und schickte sich an, den Saal zu verlassen. In das ausbrechende Chaos hinein ließ Ludvík Svoboda sich hören in dem Bemühen, die Wogen wieder zu glätten. Breschnjew blieb stehen, hörte ihn an, aber dann wandte er sich zum Ausgang. Er sagte lediglich noch, daß man sich über das weitere Verfahren würde einigen müssen, und verließ den Raum, gefolgt vom Gänsemarsch der sowjetischen „kollektiven Führung“.

Ich weiß heute nicht, ob dieser Vorgang ein Zufall war. Zum Zeitpunkt der Ereignisse selbst hatte ich jedoch den Eindruck, als sei das Ganze ein abgekartetes Schauspiel. Breschnjews Reaktion und sein Befehl zum Verlassen der Sitzung waren nämlich der Situation nicht angemessen. Ich kann mich wirklich nicht mehr an die Worte erinnern, die den Anstoß dazu gaben, und ich glaube deshalb, daß Dubček nichts dermaßen Aufregendes gesagt haben kann, zum mindesten nichts, was er nicht schon früher vorgebracht hatte. Auch der weitere Verlauf der Verhandlungen deutet eher darauf hin, daß es sich um einen vorbedachten Schritt des sowjetischen Politbüros handelte, der für die Verabschiedung des Protokolltextes eine Atmosphäre schaffen sollte, in der die tschechoslowakischen Reformpolitiker noch vorsichtiger zu Werk gehen und ihre unbequemen Einwände auf ein Minimum reduzieren würden. Wie auch immer, ob die Szene nun vorbereitet war oder nicht, sie rief im Saal eine ausgesprochene Panik hervor.

Dubček war erneut einem Zusammenbruch nahe. Er zitterte nervös und sprach unzusammenhängend. Schließlich erschienen Ärzte mit irgendwelchen Spritzen. Dubček wies sie ab mit den Worten, er wünsche keine weiteren Spritzen, und erklärte schließlich zum allgemeinen Entsetzen: „Dann unterschreibe ich eben nicht! Sollen sie machen, was sie wollen – ich unterschreibe nicht!“ Einige Leute – unter ihnen Černík, Svoboda und Smrkovský – stürzten zu ihm und begannen alle gleichzeitig auf ihn einzureden, das sei jetzt nicht mehr möglich, jetzt gebe es keine andere Wahl mehr. Auch ich war der Ansicht, daß dies kein Ausweg mehr wäre; außerdem war ich überzeugt, daß wir es nur mit einer vorübergehenden Manifestation von Dubčeks augenblicklicher psychischer Verfassung zu tun hätten und er in Kürze seine Meinung wieder ändern würde. Das sagte ich ihm auch, als ich nach einer Weile mit ihm sprechen konnte; wir wechselten uns alle bei ihm ab, um ihn zu überzeugen und zu erreichen, daß die Verhandlungen wieder aufgenommen werden könnten. Dubček hörte uns alle an, widersprach nicht, war aber nicht bereit, seine Einstellung zu revidieren. „Siehst du sie denn nicht – die haben ja überhaupt nicht kapiert, was sie angerichtet haben“, antwortete er auf alle meine Argumente und wiederholte: „Ich unterschreibe das nicht!“

Es war dies Dubčeks Stunde der Erleuchtung. Wenn er in der vergangenen Nacht an unseren Gesprächen teilgenommen und eine ähnliche Position bezogen hätte, wäre der ganze Verlauf vielleicht anders gewesen. Er ließ sich schließlich eine Beruhigungsspritze geben, und nach der zweiten Runde, in der alle übrigen Druck auf ihn ausübten, brach sein Widerstand.

Bevor es aber so weit war, entwickelten beide Seiten fieberhafte Aktivitäten, um die Gespräche wieder in Gang zu bringen. Sowohl Svoboda und Černík und einige andere Repräsentanten des Reformflügels als auch Bilak und Jakeš verließen mehrmals den Saal und trafen in verschiedenen Vorräumen mit Suslow, Ponomarjow und vielleicht noch anderen sowjetischen Vertretern zusammen. Breschnjew empfing schließlich Svoboda, und die beiden verabredeten irgend etwas. Die Unterbrechung der Sitzung dauerte etwa eine Stunde. Als die nächste Verhandlungsrunde eröffnet wurde, war es bereits später Abend.

Die neu aufgenommenen Gespräche verliefen ohne dramatische Effekte. Man nahm den Text des Protokolls durch, einen Absatz nach dem anderen. Die sowjetische Seite schien zugänglicher als bisher. Zwei bedeutsame Formulierungen wurden neu aufgenommen: Vom Abzug der sowjetischen Truppen nach ihrem „zeitweiligen“ Aufenthalt war jetzt die Rede und davon, daß dieser Abzug vom Fortschritt der „Normalisierung“ abhinge; und der zweiten neuen Formulierung

gemäß unterstützte die sowjetische Seite die politische Linie der Plenarsitzungen des Zentralkomitees der KPČ vom Januar und Mai. In diesem Zusammenhang kam es zu einer Debatte über das Aprilplenum, auf dem das Aktionsprogramm der KPČ verabschiedet worden war. Ähnlich wie in Bratislava begründete Breschnjew seine ablehnende Haltung, das Januar- vom Maiplenum durch einen Gedankenstrich zu trennen, so daß das Aprilplenum hätte miteinbezogen werden können, mit stilistischen Bedenken. Schließlich müsse auch uns selbst jetzt klar sein, daß dieses Programm gewisser Korrekturen bedürfe. Das sowjetische Politbüro unterstütze jedoch ausdrücklich die Mairesolution, die ja aus dem Aktionsprogramm abgeleitet sei; andererseits würde in der Mairesolution aber auch auf die dem Sozialismus feindlichen Kräfte hingewiesen. Dabei blieb es bis zum Schluß, und somit enthält das „Moskauer Protokoll“ keine Billigung des Aktionsprogramms der KPČ.
Kurz vor Mitternacht war alles fertig, der Moment der Unterzeichnung war gekommen. Plötzlich öffneten sich die riesigen Flügeltüren des Saales, und etwa zehn Fotografen und Kameramänner stürzten im buchstäblichen Sinn des Wortes in den Raum. Wie auf Befehl erhob sich in diesem Augenblick das gesamte sowjetische Politbüro, und jedes Mitglied beugte sich mit offenen Armen zu seinem tschechoslowakischen Gegenüber hin, bereit zur rituellen Umarmung. Es war eine absurde Szene, von den Blitzen der Fotografen erhellt: Dutzende von Armen streckten sich über den Tisch nach uns aus, und es erschien mir plötzlich, als ob die klebrigen Fangarme einer fleischfressenden Pflanze nach uns griffen. Statt aufzustehen und mich meinem Gegenüber zuzuneigen, stieß ich mich mit dem Fuß vom Fuß des Verhandlungstisches ab, so daß der Stuhl, auf dem ich saß, über das gebohnerte Parkett bis zu der etwa drei Meter entfernten Wand schlitterte. Ich landete neben Botschafter Koucký, der mit den übrigen, die am Tisch keinen Platz gefunden hatten, an der Wand saß. Aus Kouckýs Augen leuchtete unverhohlenes Entsetzen; er flüsterte mir zu: „Du bist verrückt geworden.“ Ich gab das zu, meinte jedoch, daß ich mich vor allem nicht gern umarmen lassen möchte, daß ich einfach nicht könne. Das Umarmungszeremoniell am Tisch hatte inzwischen seinen Höhepunkt erreicht und wurde von Film- und Fotokameras verewigt.
Dann wurden noch die prominentesten Repräsentanten beider Seiten bei der Unterzeichnung des Protokolls im Bild festgehalten. Und gleich darauf wurden die Fotografen und Kameraleute ebenso plötzlich, wie sie hereingestürmt waren, aus dem Saal entfernt, und die hohen Flügeltüren schlossen sich wieder. Vom Tisch her hörte ich auf

einmal Podgorny sagen: „Und Genosse Mlynář wird nicht unterzeichnen?“ Er hatte meinen Rückzug also entdeckt, und eigentlich konnte er ihn ja auch gar nicht übersehen, denn er saß mir genau gegenüber, und wahrscheinlich war es gerade seine Umarmung gewesen, der ich ausgewichen war. Die übrigen, die bis dahin nichts gemerkt hatten, begannen sich nun umzusehen, was eigentlich mit mir los wäre. Ich sagte, ich käme ja schon, stand auf und setzte meine Unterschrift unter das Todesurteil für die demokratische kommunistische Reform in der Tschechoslowakei.

Die Entspannung, die das Ende jeder aufreizenden Episode – möge sie tragisch oder komisch sein – stets mit sich bringt, setzte auch nach dem Zeremoniell des Unterzeichnens ein. Sie wurde jedoch umgehend von einer neuen Spannung abgelöst, die uns die Realität ohne jede Illusionen vor Augen brachte. Hervorgerufen wurde sie durch eine Episode, die mit dem Abflug František Kriegels zusammenhing: Sie würde zwar eher in einen Kriminalroman aus dem Gangstermilieu passen, ereignete sich jedoch im Kreml bei Verhandlungen, die, wie es im Kommuniqué heißt, „in brüderlicher und freundschaftlicher Atmosphäre“ verliefen.

Als man über die technische Seite des Rückflugs nach Prag sprach, erwähnte jemand, daß František Kriegel in den Kreml gebracht werden müsse, um gemeinsam mit der Delegation nach Prag fliegen zu können. Darauf entgegnete Breschnjew persönlich, daß es wohl besser wäre, Kriegel würde nicht mit der Delegation zurückfliegen. „Laßt ihn so lange hier“, meinte Breschnjew. „Er hat das Protokoll nicht unterschrieben und wird euch Unannehmlichkeiten machen.“ Dubček und, wie ich glaube, auch Svoboda, reagierten darauf heftig und erklärten, daß die Delegation komplett zurückkehren würde und ohne Kriegel nicht abfliegen könne. Breschnjew beharrte auf seinem Standpunkt und malte uns aus, wie Kriegel das Protokoll sabotieren und sich damit brüsten würde, daß er als einziger nicht unterzeichnet hatte, und eine Opposition gegen die „Konsolodierungsbemühungen“ auf die Beine bringen würde.

Ich glaube, in Wirklichkeit steckte dahinter ein Szenario, das auch Breschnjew selbst seine Rolle vorschrieb. Wir begriffen plötzlich alle, daß Kriegel auch weiterhin in Haft bleiben sollte, daß er bloß eine Geisel war und nicht gleichzeitig noch Delegierter wie wir. Breschnjew sprach von ihm auch wie von einem Gefangenen, der im Grund gar nicht zu uns gehörte. Ludvík Svoboda erklärte, er würde František Kriegel mit seiner Frau in Lány (dem Landsitz des Präsidenten – d. Ü.) unterbringen. Breschnjew faßte das als ein Angebot auf, Kriegel in ei-

nem Prominentengefängnis festzuhalten, und bemerkte: „Der läuft euch weg! Wer von euch kann denn für ihn garantieren?"
Es wurde also kein Lösegeld für die Befreiung der Geisel gefordert, sondern der Gangsterboß forderte persönliche Garantien – wie im Krimi. Spontan – ohne vorherige Übereinkunft – erklärten Špaček, Šimon und ich, daß wir für ihn bürgen würden.
Aber das genügte ohnehin nicht, und über die Freilassung des Gefangenen wurde nun hinter den Kulissen gefeilscht. Dubček, Svoboda, Černík und Smrkovský gingen mit den führenden Vertretern des sowjetischen Politbüros in einen anliegenden Salon, hinter dessen verschlossenen Türen das Problem verhandelt wurde. Soweit ich mich entsinnen kann, bemühte sich Jakeš, mittels eigener Kontakte, wahrscheinlich direkt zu den Sicherheitsbehörden, die Freilassung Kriegels zu erwirken. Das Ergebnis war eine beschämende und für Kriegel wiederum erniedrigende Übereinkunft: Der Gefangene wird sich uns direkt am Flugplatz anschließen, in den Kreml wird er nicht eingelassen.
Daraufhin schlugen die Kremlherren vor, bis zum Abflug unformell, freundschaftlich beisammenzusitzen. Kossygin, dem Jovialität ohnehin nicht zu Gesicht steht, begann zu scherzen und berief sich auf einen alten russischen Brauch, demzufolge nahestehende Gäste das Haus des Gastgebers nicht verlassen dürfen, ohne sich vorher in Ruhe niederzulassen und ein Gläschen zum Abschied zu leeren. Mir fiel ein, daß ich einmal über die Sitte eines mongolischen Stammes gelesen hatte, ihm liebgewordene Gefangene noch gründlicher an seine Jurten zu fesseln: Die Fersen solcher Gefangener werden mit dünnen Bündeln Roßhaar durchstochen, die einwachsen und überhaupt keine Beschwerden verursachen – es sei denn, der Gefangene würde aufspringen und entfliehen wollen. Der von Kossygin vorgeschlagene Modus, liebe Gäste festzuhalten, war viel humaner, und so setzten wir uns denn mit unseren Gastgebern hin.
Das Beisammensein dauerte etwa eine Stunde, und schließlich führte man ungezwungene Gespräche in kleinen Gruppen oder zu zweit, die keineswegs uninteressant waren. Zu mir gesellte sich Kossygin und fragte mich, nach einigen konventionellen Floskeln, ob ich es für möglich hielte, daß die Bedingungen des „Protokolls" erfüllt würden, was ich darin für problematisch hielte und wie meine Ansicht zu der und jener personellen Frage sei. Kossygin drängte dann so darauf, meine Ansichten zu diesen personellen Fragen kennenzulernen, daß ich begriff, daß er auf diese Weise meine tatsächliche Stellungnahme zur ganzen Angelegenheit festzustellen versuchte. Das war verläßlicher

und auch einfacher als politisch-ideologische Gespräche. Meine Ansicht über den „Sozialismus mit menschlichem Antlitz" sagte bei weitem nicht so viel aus wie meine Einstellung zu Černík, Husák oder Indra.

Ich sagte Kossygin offen, daß es meiner Auffassung nach für die Zukunft katastrophal wäre, wenn sich das Moskauer Politbüro als Hauptstützen Leute auswählen würde, die im August eine „Revolutionäre Regierung" hatten bilden sollen, und ich nannte Bilak und Indra. „Ach, diese Leute", sagte Kossygin und wehrte verächtlich mit der Hand ab. Und dann sprach er sich sehr lobend über Husák aus. Er wollte mir dadurch wahrscheinlich die Orientierung erleichtern. Er lehnte meine Erläuterungen nicht ab, daß man nun vor allem vermeiden müsse, die Vorherrschaft extremer Tendenzen zuzulassen; ich sagte ausdrücklich, daß das Ausscheiden Kriegels, Císařs, Pavels, Hájeks und anderer aus ihren Funktionen nur unter der Voraussetzung möglich wäre, daß auch Menschen, die sich im August restlos kompromittiert hatten, ihre Funktionen verlören. Ich hatte damals den Eindruck, daß sich Kossygin für die Zukunft auf eine schnelle Entspannung der Situation einstellte, und das schien mir in Übereinstimmung mit unseren eigenen Vorstellungen von dem möglichen Kompromiß.

Am folgenden Tag in Prag erfuhr ich allerdings von Dubček, daß Breschnjew von ihm als Voraussetzung für gute Beziehungen in der Zukunft die Beibehaltung Vasil Bilaks und Alois Indras in ihren gegenwärtigen Funktionen gefordert hatte.

Breschnjew und weitere Mitglieder des sowjetischen Politbüros begleiteten uns auf den Flugplatz, wo – wiederum von Kameras festgehalten – die offizielle Verabschiedung stattfand. In dem bereitgestellten Flugzeug saß tatsächlich František Kriegel. Am 27. August 1968, gegen zwei Uhr morgens Moskauer Zeit startete das Flugzeug. Wieder flogen wir schweigend, diesmal aber aus anderen Gründen. Jeder einzelne stellte sich im stillen vor, was die Menschen zu Hause zu dem „Moskauer Protokoll" sagen würden. Und ich glaube, daß diese Vorstellung bei keinem allzu rosig ausfiel.

Die Hauptrollen für die Zeit nach der Ankunft waren bereits verteilt: Svoboda wird als erster öffentlich sprechen, nach ihm Dubček. Černík berichtet morgen der Regierung, Smrkovský dem Parlament. Dubček wird gleich nach der Ankunft mit dem in Vysočany gewählten Parteipräsidium zusammentreffen. Da er jedoch möglichst bald nach der Mittagsstunde zum Volke sprechen soll, muß bis dahin seine Rede fertig sein. Und da kehren die Zeiten von vor dem 20. August zurück: be-

auftragt werden Mlynář und Šimon. Wir sitzen also im Flugzeug und schreiben, denn das werden wohl die zwei ruhigsten Stunden sein, mit denen wir heute rechnen können.
Ich glaube, das war die bedeutendste Rede, die ich überhaupt je geschrieben habe. Dubček änderte und ergänzte sie dann noch, sowohl auf dem Papier als auch noch während des Vortrags. Es ist die bekannte Rede, in der neben den Worten die unterdrückten Tränen Dubčeks eine so große politische Rolle spielten.
Mit dieser Rede erreichte Dubček das, was wir in unserem Innersten nicht mehr für möglich gehalten hatten: Das Volk glaubte noch einmal, daß nicht alles verloren wäre, daß noch genügend Hoffnung bliebe und daß Dubček der Mann wäre, sie zu erfüllen.

Epilog

Es dauerte kaum einen Monat, bis mir aufging, daß der tatsächliche Lauf der politischen Ereignisse nicht den Vorstellungen entsprach, die ich mir im Kreml davon gemacht hatte. Bereits Anfang Oktober begann ich zu ahnen, daß diese Vorstellungen illusorisch gewesen waren und die Entwicklung einen ganz anderen Lauf nehmen würde. Die ersten Symptome des unaufhaltsamen Zerfalls der Dubčekschen Führung wurden sichtbar; und das gerade bei jenen Personen, deren Einigkeit für den Erfolg einer Politik, die ohnehin unter den ungünstigen Bedingungen des „Moskauer Protokolls" zustande gekommen war, unerläßliche Voraussetzung war.

Als Erfolg verbuchen konnte man eigentlich nur die Tatsache, daß das Parteipräsidium am 31. August 1968 um eine Reihe neuer Akteure erweitert wurde, unter denen sich auch sieben Mitglieder des auf dem Parteitag in Vysočany gewählten Präsisiums befanden und – mit Ausnahme von František Kriegel – alle, die ursprünglich festgenommen und gewaltsam verschleppt worden waren. Von den vier Mitgliedern, die in der Nacht des 20. August gegen die Verurteilung der sowjetischen Intervention gestimmt hatten, blieb nur einer in seiner Funktion – Vasil Bilak –, und das auf den unmittelbaren Eingriff Breschnjews hin. Aufgrund der gleichen Unterstützung blieb auch Alois Indra weiterhin ZK-Sekretär; er hielt sich jedoch nicht in Prag auf, sondern lag noch krank in Moskau darnieder, und über sein weiteres Schicksal würde wohl erst später entschieden werden. Piller, Lenárt und Barbírek, die am 22. August damit einverstanden gewesen waren, Mitglieder der „Revolutionären Arbeiter- und Bauernregierung" zu werden, blieben ebenfalls in der Parteiführung. Sie bildeten jedoch eine kleine Minderheit in dem nun 24 Mann starken neuen Präsidiums des ZK der KPČ. Neue Präsidiumsmitglieder waren allerdings auch Husák und Svoboda.

Im September kam ein Emissär aus Moskau nach Prag, der damalige stellvertretende Außenminister Kusnjezow. Er war mit bedeutenden

Vollmachten auch parteipolitischer Art ausgestattet und begann unverzüglich mit der Arbeit: Er führte Einzelgespräche mit allen Mitgliedern der Parteiführung, erforschte die Situation, und wo er Konflikte zwischen Mitgliedern der Parteiführung registrierte, verstand er diese geschickt zu schüren. Aus dem Gespräch, das ich selbst mit ihm führte, und aus dem, was ich über seine Gespräche mit anderen Mitgliedern der Führung erfuhr, zog ich den Schluß, daß seine Hauptaufgabe darin bestand, Empfehlungen nach Moskau zu geben, welche Mitglieder der KP-Führung vertrauenswürdig waren und welche so schnell wie möglich aus der Führung entfernt werden sollten.
Er leitete seine Gespräche regelmäßig mit persönlichem Lob für den jeweiligen Partner ein. Mir zum Beispiel richtete er gleich eingangs einen persönlichen Gruß von Leonid Breschnjew aus, der von einem Beitrag, den ich damals in „Rudé právo" veröffentlicht hatte, angeblich sehr beeindruckt war. Josef Špaček wiederum versicherte er, daß seine Festnahme am 20. August ganz und gar auf einem Irrtum beruht habe, daß die Genossen in Moskau das sehr bedauerten und daß er das uneingeschränkte Vertrauen des Kremls hätte. Nach derlei Präliminarien stellte er gewöhnlich in einer freimütig und formlos geführten Debatte fest, wie die Einstellung der einzelnen Gesprächspartner zu konkreten Fragen des „Moskauer Protokolls" war. Viele der Fragen Kusnjezows, aber auch einige von ihm selbst vertretene Ansichten hatten ausgesprochen provokativen Charakter. Zum Schluß lenkte er das Gespräch dann immer unauffällig zu einem Austausch von Meinungen über konkrete Personen hin: Wie man dieses oder jenes Mitglied der Parteiführung zu beurteilen habe – von Dubček bis Indra.
Meine Meinung über Alois Indra war wohl unter anderem der Grund, warum ich im Notizbuch Kusnjezows auf die Liste derjenigen kam, mit denen nicht zu rechnen war. Er fragte mich, was man „mit Indra machen sollte". Ich antwortete, daß Indra ja immer noch in Moskau sei und daß dies daher kein Problem aufwerfen müßte; am besten sei es, wenn er überhaupt nicht nach Prag zurückkäme. Das ohnehin nicht mehr sehr freundliche Gesicht Kusnjezows erstarrte: vielleicht verstand er das als eine Anspielung auf das Schicksal vieler kommunistischer Funktionäre, die zur Zeit Stalins aus dem Krankenhaus des Kremls lebend nicht wieder hinausgelangt waren. Ich fügte daher hinzu, daß mir zum Beispiel als Lösung vorschwebe, Indra könnte unser Vertreter beim Comecon werden. Ich begründete meine Absicht auch: Seine Rolle im August schließe die Rückkehr in eine politische Funktion in Prag aus, darüber hätte ich bereits im Kreml mit Kossygin gesprochen, und der hätte meine Ansicht nicht nur geteilt, sondern

meinen Vorschlag praktisch akzeptiert. Aus dem Gespräch mit Kusnjezow verschwand danach aber bald die vorgetäuschte Herzlichkeit und Jovialität, und es nahm rasch ein Ende.
Ich glaube, bereits bei seinen Gesprächen mit Kusnjezow und weiter bei seinen Solobesuchen in Moskau verletzte als erster Oldřich Černík unsere ursprüngliche Übereinkunft eines gemeinsamen Vorgehens. Die Einigkeit mit Dubček, Smrkovský und den übrigen, die im Kreml einander Unterstützung gelobt hatten, begann Černík für die Hoffnung zu verhökern, daß Moskau ihn auch bei einer neuen Kräftekonstellation unterstützen würde. Für diese Hoffnung verkaufte er natürlich nicht nur mich, sondern auch Smrkovský und schließlich Dubček selbst. Er verbündete sich mit Štrougal, mit dem er persönlich befreundet war, aber auch mit Husák und Svoboda, und ich für meinen Teil bin der Ansicht, daß er damit rechnete, unter Umständen an Dubčeks Stelle Erster Sekretär der KPČ zu werden. Als Dubček im April 1969 auf Druck Moskaus von seiner Funktion zurücktrat, schlug er selber Černík als seinen Nachfolger vor. Dubček wollte auf keinen Fall zulassen, daß diese Funktion an Husák fiel: Er fürchtete – und wie sich zeigen sollte, mit Recht –, daß Husáks grenzenlose Ambitionen, seine Machtbesessenheit und andere persönliche Eigenschaften die Partei in eine noch viel größere Misere hineinstürzen könnten, als die es war, in der sie sich schon befand. Černík bot demgegenüber – so schwach sich sein Charakter auch gezeigt hatte – gewisse Garantien, daß die rationale und pragmatische Auffassung der „Normalisierung" nicht durch ein zügelloses Wüten des stalinistischen Abschaums der KPČ abgelöst würde, der bereits unter Novotný weitgehend aus den Machtpositionen gedrängt worden war.
Bei seinen Verhandlungen in Moskau verletzte Černík vor allem alle Übereinkünfte der Parteiführung, die sich auf den allmählichen Abzug der sowjetischen Truppen aus der Tschechoslowakei bezogen. Ungeachtet dessen, daß auch er sich verpflichtet hatte, auf dem Wortlaut des „Moskauer Protokolls" über den vollständigen Abzug dieser Einheiten zu bestehen, stimmte er in Moskau als erster den Bedingungen zu, die schließlich im Oktober 1969 im Truppenstationierungsvertrag niedergelegt wurden, der den Aufenthalt von etwa 100000 sowjetischen Soldaten auf dem Territorium der Tschechoslowakei auf unbegrenzte Zeit legalisierte.
Mit diesem Vorgehen erreichte Oldřich Černík, daß er sich bis Januar 1970 in seiner Funktion als Regierungsvorsitzender behaupten konnte. So überlebte er nicht nur den Fall Dubčeks um einige Monate, sondern auch den Ausschluß all derer aus dem Zentralkomitee, die er im

August 1968 im Kreml herzlich umarmt und denen er unverbrüchliche Einigkeit und Gemeinsamkeit des politischen Handelns geschworen hatte. Zum Schluß wurde jedoch auch er geopfert, und seine Stelle nahm sein persönlicher Freund Lubomír Štrougal ein. Als einziger von denen, die im August 1968 hätten vor einem „Revolutionstribunal" erscheinen sollen, verleumdete er öffentlich die demokratischen Reformen des Jahres 1968 und seinen persönlichen Anteil an ihrer Realisierung. Erst nach seinem eigenen Ausschluß aus der KPČ im Frühjahr 1970 kam ihm wieder die Erleuchtung, und in einem privaten Gespräch sagte er damals lapidar: „Jetzt ist alles beschissen – meine Karriere und meine Ehre."

Auch Alexander Dubček begann seit September 1968 immer mehr darauf zu bauen, daß er seine Stellung behalten und durch seine Kabinettspolitik und persönliche Übereinkünfte mit Breschnjew schließlich die Unterstützung Moskaus gewinnen könnte. Er hatte nicht begriffen, daß gerade er in Moskau definitiv abgeschrieben war und daß das ganze abgekartete Spiel, bestehend in der Mission Kusnjezows sowie zahllosen weiteren Manövern, nur darauf hinzielte, ihn durch jemand anderen ablösen zu lassen. Zum letztenmal versuchte ich ihn im Januar 1969 davon zu überzeugen. Er wies das zurück und versuchte mir im Gegenteil klarzumachen, daß er in Moskau bereits gewonnen hätte, daß sogar die Truppen abziehen würden, sobald es ihm gelänge, Breschnjew definitiv davon zu überzeugen, daß er, Dubček, die Situation fest in der Hand hätte. Wenn ihm nicht einige Journalisten und einige Menschen, die nicht begreifen wollten, daß sie für Moskau untragbar seien, alles immer wieder verderben würden, wäre bereits alles längst erledigt – meinte Dubček damals. Das war einen Tag, nachdem der Student Jan Palach aus Protest gegen die fortschreitende Kapitulation vor den Okkupanten in Prag öffentlich Selbstmord durch Verbrennen begangen hatte. Dubček aber glaubte ernsthaft, daß seine privaten Gespräche mit Breschnjew in Moskau oder bei der Wildschweinjagd in Kiew von maßgeblicher Bedeutung seien. Etwa eine Woche zuvor war auf Drängen Moskaus, wobei vor allem Husák als Erfüllungsgehilfe aufgetreten war, Josef Smrkovský gezwungen worden, von seiner Funktion als Parlamentsvorsitzender zurückzutreten. Dubček war noch in seiner Funktion, aber in der engeren Führung hatte er nur Černík, Husák, Štrougal und Svoboda um sich. Unter den ZK-Sekretären gab es nur mehr einen Reformpolitiker – Josef Špaček; die übrigen Sekretäre hießen Bilak, Indra, Lenárt, Josef Kempný, und Kempný war damals ganz eindeutig ein Mann Černíks. Moskau mußte tatsächlich nur mehr Dubček absetzen – aber er war in dieser

Situation trotzdem überzeugt, daß er im ganzen gewonnen hätte. Ich konnte das damals nicht verstehen, und ich verstehe es bis heute nicht. Es ist wahrscheinlich, daß jedermann Dubček ins Gesicht log, allen voran Breschnjew. Aber wie konnte er ihnen allen noch glauben?
Mich selbst hatte Dubček bereits viel früher abgeschrieben, und zwar bei Gelegenheit der Gespräche in Moskau am 4. Oktober 1968. Ursprünglich sollte an diesen Gesprächen von tschechoslowakischer Seite eine Viererdelegation teilnehmen: Dubček, Černík, Husák und ich. Ich wurde sogar beauftragt, die Unterlagen für die Verhandlungen vorzubereiten, was ich noch erledigte; kurz vor dem Abflug nach Moskau wurde ich jedoch aus der Delegation ausgeschlossen. Dubček nannte mir damals als Grund den Wunsch Breschnjews, man möge eine Delegation von nur drei Mitgliedern entsenden, da auch auf sowjetischer Seite nur drei Teilnehmer anwesend sein würden. Ich nahm diese Begründung natürlich nicht ernst und wußte, daß ich einfach von den Verhandlungen ferngehalten werden sollte – entweder auf Wunsch Breschnjews oder auf Wunsch Husáks und Černíks oder auch auf Wunsch aller drei. Das Dreigespann Dubček, Černík, Husák kehrte schließlich aus Moskau mit weiteren Kapitulationsbedingungen zurück, die weit über den Rahmen des ursprünglichen „Moskauer Protokolls" hinausgingen. Man akzeptierte den zeitlich unbegrenzten Aufenthalt der sowjetischen Truppen, willigte darein, den Parteitag auf unbestimmte Zeit zu verschieben, und akzeptierte die Auffassung des sowjetischen Politbüros, daß das Aktionsprogramm der KPČ eigentlich ein falsches Programm gewesen sei. Außerdem wurden weitere Personen namentlich abgeschrieben, unter ihnen auch ich.
Daß er mich damals in Moskau verkauft hatte, sagte mir Dubček erst etliche Wochen später. Ich begriff es jedoch unmittelbar nach der Rückkehr der Delegation aus Moskau. Ich sprach mit Dubček unter vier Augen darüber, daß der immer noch wachsende Druck aus Moskau das Ziel habe, nach und nach alle Reformpolitiker aus der Führung zu beseitigen, und daß es daher an der Zeit wäre, unsere zweite Alternative in Erwägung zu ziehen: er und seine Leute sollten aus eigener Initiative abtreten und Nachfolger bestimmen, die gewährleisten würden, daß ein Minimum der reformierten Verhältnisse erhalten bliebe; daß es nicht zu einer Offensive des stalinistischen Abschaums und der sowjetischen Agenten in der Partei käme; daß nicht die gesamte Partei zerschlagen würde und als Organisation, die in der Zukunft vielleicht noch einmal eine Reform einzuleiten fähig wäre, für immer dahin wäre. Bilak erklärte zum Beispiel ganz offen, daß die Partei seiner Meinung nach auf die Hälfte des gegenwärtigen Mitglieder-

stands reduziert werden müßte, um eine wirklich „leninistische Partei“ zu sein. Ich sah schon damals nur noch eine einzige Möglichkeit, zu verhindern, daß am Ende Bilak, Indra, Jakeš und überhaupt die Garnitur, die eine „Revolutionäre Arbeiter- und Bauernregierung“ bilden wollte, die Szene beherrschte: man mußte ihnen eine andere Garnitur entgegenstellen als Dubček, Smrkovský, Špaček, Šimon und mich. Ich dachte konkret an Černík als Parteisekretär und Štrougal als Regierungschef. Sollten diese beiden in die höchsten Funktionen aufsteigen, könnten sie Husák in der Slowakei festbannen, mit der Unterstützung Moskaus rechnen und den stalinistischen Pöbel an die Kandare nehmen, da sie sich mit ihm nicht verbunden fühlten, sondern eher mit den rational denkenden, pragmatischen Kräften im Staats-, Wirtschafts- und Parteiapparat. Die politische Reform wäre vorerst begraben, aber mit der Zeit könnte die Entwicklung im Zuge einer modifizierten „Kadarisierung“ im Prinzip wieder die gleiche Richtung einschlagen. Dubček stimmte mit meinen Ansichten nicht überein. Er sah die Situation nicht so schwarz – weder im allgemeinen, noch in bezug auf seine eigene Person. Er lehnte es ab, eine Demission auch nur ins Auge zu fassen. Er riet mir jedoch nicht ab, meine Funktion niederzulegen. Daraus folgerte ich, daß im Kreml darüber gesprochen worden war. Ich nahm erst einmal vierzehn Tage Urlaub, schlief praktisch einige Tage durch und dachte dann auf Waldspaziergängen in frischer Luft über die Situation nach. Ich konnte aber zu keiner neuen Ansicht von der möglichen politischen Entwicklung kommen. Nach der Unterzeichnung des „Moskauer Protokolls“ hatte die Parteiführung die Möglichkeit verloren, sich auf die freie politische Aktivität des Volkes als hauptsächliche Kraft zu stützen. Dadurch, daß wir die Linie der „Normalisierung der Verhältnisse“ akzeptiert hatten, hatten wir die demokratische Entwicklung in der Form, die sie unter Bedingungen der freien Äußerung des Volkswillens vor dem August 1968 angenommen hatte, aufgegeben. Seit ihrer Rückkehr nach Prag Ende August hatte die Dubčeksche Führung eigentlich nichts anderes getan, als den nationalen Widerstand gegen die Okkupation allmählich zu befrieden, zu besänftigen und in solche Bahnen zu lenken, die nicht wieder zu neuen Unmutsbezeugungen aus Moskau führen würden und zu erneutem Druck, die „Normalisierung“ zu beschleunigen. Man konnte dabei nur auf das schweigende Verständnis des Volkes hoffen: hoffen, daß das Volk begriff, daß sehr viel geopfert wurde, aber doch nur zu dem Zweck, Kräfte für die Zukunft zu gewinnen.

Unter diesen Bedingungen war es aber unumgänglich notwendig, diese Kräfte für die Zukunft auch tatsächlich zu sichern und aufzubau-

en. Und dafür sah ich keine andere Möglichkeit, als die, von der ich Dubček gegenüber gesprochen hatte. Wenn wir das nicht taten, würde Moskau den Angriff weiterführen, bis Dubček und seine Leute trotz allem würden gehen müssen. Dann war es allerdings nicht auszuschließen, daß zu diesem Zweck die Kräfte mobilisiert werden mußten, die die KPČ bereits im Lauf der sechziger Jahre von der Szene entfernt hatte; daß alles, was seit mehr als zehn Jahren in reformerischem Geist entstanden war, völlig liquidiert würde und daß eine Partei nach Vasil Bilaks Vorstellungen entstand. Ich beschloß daher, noch einmal zu versuchen, Dubček und die übrigen umzustimmen. Wenn mir das nicht gelänge, würde ich alle meine Funktionen niederlegen, denn weiter in ihnen zu verweilen hätte keinen Zweck, da ich auf die Entwicklung ohnehin keinen Einfluß mehr nehmen könnte; ein paar Wochen oder vielleicht Monate könnte ich mich vielleicht noch halten, aber dann würden wir alle, die Moskau dazu bestimmt hatte, ohnehin beseitigt. Für eine Reformpolitik hätte das ganz gewiß keinen Sinn mehr, wäre ihr im Gegenteil eher abträglich.
Ich kehrte Ende Oktober nach Prag zurück und sprach mit Smrkovský, Špaček, Šimon und auch nochmals mit Dubček über meine Gedanken. Die drei ersteren stimmten im Prinzip mit mir überein, machten jedoch ihre Entscheidung von der Haltung Dubčeks abhängig: ohne seinen Rücktritt und die Ernennung eines neuen Ersten Sekretärs hätte ihre Demission nicht den angestrebten Sinn. Am ehesten war noch Šimon entschlossen, wenn nötig, eventuell auch allein abzutreten. Dubček beharrte aber auf seinem ursprünglichen Standpunkt. Jetzt, Anfang November, sagte er mir jedoch bereits offen, daß meine Demission die Situation erleichtern würde, man hätte ihm das im Kreml angedeutet. Es sei selbstverständlich, daß ich auch nach meiner Demission nicht aufhören würde, eine politische Rolle zu spielen; er würde mich immer konsultieren, seine Tür stünde mir Tag und Nacht offen, und dasselbe gelte für die übrigen Mitglieder der Parteiführung. Und dann bot er mir die Funktion des Kultusministers an.
Ich sagte ihm darauf, daß mir die gleiche Funktion im August in der sowjetischen Botschaft angetragen worden sei, ich hätte sie damals abgelehnt, und ich lehnte sie auch jetzt ab. Funktionen hätten für mich einen Sinn, solange ich hoffen könne, in ihnen die Praxis der demokratischen Reform fördern zu können. Das sei jetzt nicht mehr der Fall, und so würde ich mein Problem als persönliches Problem lösen, zu meiner Forschungsarbeit zurückkehren und alle politischen Funktionen aufgeben. Dubček hatte keine Einwände, und so kamen wir schnell überein.

Als letzte Aufgabe in meiner Funktion als Sekretär des ZK der KPČ bereitete ich gemeinsam mit Josef Špaček den Text einer Resolution vor, die das Plenum des Zentralkomitees dann im November 1968 verabschiedete. Es war mein letzter Versuch, wenigstens in Worten einen Rahmen abzustecken, in dem sich die politische Linie der Reform noch hätte erhalten können. Ich war innerlich jedoch nicht mehr davon überzeugt, daß dies noch von irgendeiner Bedeutung für die Praxis hätte sein können. Selbst die Resolution wurde schließlich vom ZK nicht in der Form gebilligt, wie Špaček und ich sie vorbereitet hatten. Noch in der Nacht vor dem ZK-Plenum flog Dubček (und in seiner Begleitung wahrscheinlich Černík und Husák) nach Moskau, um Breschnjew zu konsultieren. Aus dem Resolutionsentwurf verschwanden dann Passagen, die verhindern sollten, daß in der Zukunft die militärische Intervention als gerechtfertigt gebilligt werden könnte, und statt dessen wurden Formulierungen über die Gefahr des „Rechtsopportunismus" innerhalb der KPČ eingefügt. Offen gesagt, war mir das damals bereits gleichgültig: Ich hatte die Hoffnung aufgegeben, die weitere Entwicklung noch auf irgendeine Weise beeinflussen zu können.
Die Plenarsitzung des Zentralkomitees der KPČ billigte am 16. November 1968 meinen Rücktritt von allen Funktionen in der Parteiführung. Ich blieb zwar einfaches Mitglied des Zentralkomitees, aber an einer Sitzung dieses Organs nahm ich nur noch einmal teil – im Januar 1969. Diese Sitzung begann am 16. Januar, dem Tag, an dem sich Jan Palach verbrannte. Als die Nachricht davon die Burg erreichte, wo die ZK-Sitzung stattfand, meldete sich eine prominente Ärztin, Dr. Helena Rašková, zu Wort und sagte, daß sie sich schäme, die Reden anzuhören, die hier vorgetragen würden, und daß Jan Palach vielleicht durch solche Reden zu seinem verzweifelten Protest getrieben worden sei. Nach diesen Worten wurde sie durch laute Zurufe aus dem Plenum unterbrochen, die Stalinisten und die sowjetischen Agenten brüllten sie förmlich nieder. Vilém Nový, der sich später als außergewöhnlich charakterloser Liebediener der „Normalisierung" entpuppte, improvisierte unmittelbar darauf eine zynische Rede über Palach. Dieser Tod, der in den folgenden Tagen das Gewissen der ganzen Nation aufrüttelte, ließ die Mehrzahl derer, die hier versammelt waren, kalt – und doch hatten sie ihn uneingeschränkt zu verantworten.
Lange vor diesem Plenum, auf jener Sitzung des Präsidiums und des Sekretariats, zu der sich unverhofft der frisch aus Moskau zurückgelieferte Alois Indra einstellte, war mir schon einmal physisch übel geworden. Alle, über die sein „Revolutionstribunal" das Urteil hätte fällen

sollen, saßen da mit ihm zusammen – außer František Kriegel. Und sie taten, als ob nichts geschehen wäre. Genosse Indra – so schlicht und einfach nahm sich das aus – weilt wieder unter uns. Die gleiche physische Übelkeit überfiel mich auf dieser Plenarsitzung des Zentralkomitees, dessen Mitglieder durch Zurufe und Gebrüll ihre Mißbilligung für Helena Rašková kundtaten. Mir wurde klar, daß diese Leute sich in Kürze wieder gegenseitig verhaften und vielleicht auch umbringen würden. Und wenn es erst so weit war, würde vielleicht auch der Kreml einräumen, daß die Verhältnisse in der KPČ wieder völlig normal wären.

Ich besuchte hinterher nie wieder eine ZK-Sitzung, weder im April, als Gustáv Husák zum neuen Parteichef gewählt wurde, noch im September, als ich aus dem Gremium ausgeschlossen wurde. Und doch waren dies dieselben Menschen, die einst Antonín Novotný gestürzt und Alexander Dubček gewählt, das Aktionsprogramm gebilligt und letzten Endes auch mich gewählt hatten. Wieso hatte ich erwartet, daß gerade die Phase des „Prager Frühlings“ ihren letzten und wirklichen Standpunkt zum Ausdruck brächte? Wußte ich denn nicht seit mehr als zehn Jahren, daß Antonín Zápotocký sowohl die umsichtige Vaterfigur war wie auch der Mensch, der seine Hand für das Todesurteil über seine langjährigen Freunde und Genossen erhoben hatte? Sie machten es ja auch nicht anders, wahrscheinlich war das in dieser Gesellschaft in der Tat „normal“.

Bevor ich im September 1969 aus dem Zentralkomitee der KPČ ausgeschlossen wurde, berief man mich vor eine Kommission des Parteipräsidiums, die aus drei Mitgliedern bestand, mit denen ich die ganze Zeit vorher in der Parteiführung zusammengesessen hatte: Jan Piller, Evžen Erban und Oldřich Voleník. Die Verhandlung begann als freundschaftliches Gespräch alter Bekannter, die sich längere Zeit nicht gesehen haben. Ohne Umschweife und in jovialem Ton trug mir dann Piller den Antrag des – längst husákhörigen – Parteipräsidiums vor: Die Genossen wüßten, daß ich nie zu den Extremisten gehört hätte, sie schätzten dies sogar und seien deshalb überzeugt, daß ich ohne Widerstreben ihre Forderung erfüllen würde. Ich solle auf der vorgesehenen Plenarsitzung des Zentralkomitees in der Diskussion auftreten und zwei Sachen sagen: es sei Juli 1968 nicht richtig gewesen, die Gespräche in Warschau abzulehnen; und ferner: bereits im Sommer 1968 hätte ich zu Smrkovský gesagt, daß er seinen politischen Mantel immer nach dem Wind kehre. Mehr verlange man nicht von mir. Wenn ich diese Bedingungen erfülle, können ich weiter Mitglied des Zentralkomitees bleiben. Auf meine Frage, was geschehen würde, wenn

ich es nicht täte, antwortete Piller: „Dann kannst du nicht mehr Mitglied des ZK bleiben."
Ich sagte ihnen, daß ich das nicht tun würde. Was die Teilnahme in Warschau anbelange, weil es meiner Überzeugung widerspräche. Und was Smrkovský anginge, so sei es zwar richtig, daß ich irgend etwas dieser Art tatsächlich einmal zu ihm gesagt hätte, aber ich sei nicht im geringsten mehr der Überzeugung, daß ein derartiger Ausspruch Smrkovský im Ernst gerecht werden könne. Sollten wir wieder einmal in einem Gremium beisammen sitzen und ich zu der Auffassung kommen, daß er nicht richtig handle, würde ich das gleiche noch einmal sagen – aber ihm unter vier Augen ins Gesicht und nicht hinter seinem Rücken vor Dritten, um deren schmutzigen Zielen zu dienen.
Darauf erwiderte Piller: „Weißt du, ich habe eigentlich von Anfang an gedacht, daß du das nicht tun würdest. Mir gefällt das sogar. Es ist furchtbar, mitansehen zu müssen, wie die Menschen sich winden. Vor dir hatten wir Císař hier, und ich kann dir sagen, es war zum Kotzen!"
Piller gehörte allerdings selbst zu den Leuten, die bereitwillig die Fronten wechselten, wenn auch nicht sehr geschickt. Ich sagte ihm also, mir wiederum gefiele es, daß ihm neuerdings beim Frontenwechseln übel würde, und daß er daher wohl kein leichtes Leben vor sich hätte. Sofort stellte er sein joviales Gebaren ein und beendete das Gespräch. Wie ich später erfuhr, legten die drei dem Zentralkomitee einen schriftlichen Bericht vor, in dem sie meine „rechtsopportunistische Tätigkeit" prinzipiell verurteilten und als ausreichenden Grund für einen Ausschluß aus dem Zentralkomitee bewerteten.
Gemeinsam mit mir wurden aus dem Zentralkomitee alle diejenigen ausgeschlossen, die weiterhin die politische Linie des „Prager Frühlings" vertraten, unter ihnen auch Josef Smrkovský, den ich hatte verleumden sollen, um mir die weitere Mitgliedschaft in diesem Organ zu erkaufen.
Smrkovský, ursprünglich Bäckergeselle, war ein alter kommunistischer Funktionär noch aus der Vorkriegszeit. Er hatte die Leninschule der Komintern in Moskau absolviert und arbeitete während des Krieges im Untergrund, seit 1944 war er Mitglied des illegalen Zentralkomitees der KPČ. Zur Zeit des Prager Aufstands vom 5. Mai 1945 war er stellvertretender Vorsitzender des Tschechischen Nationalrats und nach dem Krieg, bis 1951, Mitglied der Parteiführung und stellvertretender Landwirtschaftsminister. Von 1951 bis 1955 war er, nach Verurteilung zu lebenslänglicher Gefängnisstrafe, gesetzwidrig in Haft. Nach seiner Rehabilitierung im Jahr 1963 wurde er von Novotný ins politische Leben zurückgeholt, wurde Minister, Abgeordneter und

1966 Mitglied des Zentralkomitees. In der Parteiführung Alexander Dubčeks war er neben Kriegel der Repräsentant der alten Garde kommunistischer Funktionäre und verkörperte alle Eigenschaften dieses Typs – die positiven wie die negativen.

Er war der Typ des kämpferischen Politikers und setzte den Standpunkt, den er gerade für richtig hielt, hartnäckig und mit Ausdauer durch, mit einer gewissen Neigung zur Demagogie eines Volksredners und Volkstribuns. Scharfsinnig begriff er stets unmittelbar die politische Bedeutung aller Geschehnisse, und ebenso schnell war er auch in seinen Entschlüssen. Er hatte aber genügend Lebenserfahrung, um Fehlentscheidungen nicht starrköpfig aufrechtzuerhalten, sondern sie rechtzeitig zu ändern. Er verschloß sich niemals einem stichhaltigen Argument, und in der Debatte war es gegebenenfalls verhältnismäßig einfach – einfacher als zum Beispiel im Fall Dubčeks –, ihn zu überzeugen, daß sein Standpunkt nicht richtig sei und er ihn ändern müsse. Wenn Smrkovský seine Position einmal geändert hatte, vertrat er die neue mit ebensoviel Elan und denselben Methoden wie die vorangegangene. Nur in diesem Sinne kann man Smrkovský nachsagen, daß er in manchen Fragen seinen Standpunkt geändert hat – was die Verfechter der „Normalisierung“ heute als Beweis von Charakterlosigkeit hinzustellen versuchen, in einer verleumderischen Broschüre mit dem Titel „Politiker mit zwei Gesichtern“.

Ich bin überzeugt, daß selbst halsbrecherisch erscheinende Wendungen in der politischen Einstellung Josef Smrkovskýs niemals ein Zeichen von Charakterlosigkeit waren. In zahlreichen ernsten Krisensituationen, in denen es nicht immer nur um die Karriere ging, sondern manchmal im buchstäblichen Sinne um den Kopf, erwies sich Smrkovský sein ganzes Leben lang als charaktervoller und unbeugsamer Mensch.

Das gilt sowohl für seine Tätigkeit in der Illegalität während des Krieges als auch für die Zeit seiner Verfolgung in den fünfziger Jahren, als er sich verteidigte wie nur wenige der damals verhafteten Kommunisten, und schließlich auch für die Augusttage des Jahres 1968. In solchen Situationen hielt Smrkovský nicht nur an seiner Auffassung fest, sondern er verteidigte sie so standhaft, wie nur ein überzeugter und gläubiger Mensch die Werte seines eigenen Lebens verteidigen kann.

Der „Prager Frühling“ bedeutete für Smrkovský ganz gewiß die Erfüllung aller Hoffnungen und Sehnsüchte seines ganzen Lebens, und in diesem Bewußtsein war er bereit, sich aufzuopfern. Er bot ihm auch die letzte Möglichkeit, politisch noch eine Rolle zu spielen: Er war 57 Jahre alt und nicht gesund. Es war nur natürlich und menschlich, daß

Smrkovský in dieser Zeit sich auch bemühte, seine Persönlichkeit zur Geltung zu bringen; wenn heute die skrupellosen Karrieristen in der „normalisierten“ KPČ Smrkovský Karrierismus als Motiv unterstellen, so ist das gerade in diesem Fall eine der verabscheuungswürdigsten Verleumdungen.

Wenn es allerdings nicht um Grenzfälle ging, um Krisensituationen, neigte Smrkovský manchmal zu Wankelmut. Das zeigte sich zum Beispiel bei der Behandlung des Manifests „Zweitausend Worte“ durch die Parteiführung im Juni 1968. Auch der Zwischenfall, über den ich Pillers Wunsch zufolge vor dem Zentralkomitee berichten sollte, war ähnlicher Natur. Als ich vor den Gesprächen in Čierná an der Theiß dem Parteipräsidium den Entwurf zu einem Gesetz über die Nationale Front vorlegte, das meiner Absicht nach unsere Position bei den Verhandlungen mit dem sowjetischen Politbüro stärken sollte, hatte mir Smrkovský vorher Unterstützung zugesagt. Im Verlauf der Sitzung änderte er jedoch seine Ansicht: er war von seinen Assistenten und Beratern aus den Kreisen der radikalen kommunistischen Intellektuellen beeinflußt worden. Beim Abendessen, das in einer Sitzungspause stattfand, kam ich neben Smrkovský zu sitzen und sagte zu ihm etwas in dem Sinne, daß er seine politische Einstellung nach dem Wind richte. Smrkovský wußte, daß er mich in der betreffenden Angelegenheit im Stich gelassen hatte, und ich glaube, er schämte sich; zu seiner Verteidigung brachte er dann etwas sehr Peinliches vor: „Sieh dir doch die Popularitätsskala in den heutigen Zeitungen an. Ich bin schon auf die fünfte Stelle abgerutscht!“ Das brachte mich in Harnisch, und ich fragte ihn, wonach er sich richten würde, wenn es den Zeitungen erst einmal wieder verboten wäre, Popularitätsskalen zu veröffentlichen. Smrkovský antwortete nichts mehr, sondern löffelte still seine Suppe. Das Gespräch hatten alle in unserer Nähe mithören können – ich glaube, daß unter ihnen auch Piller war.

Nach 1970 war Smrkovský der erste unter den ausgeschlossenen Mitgliedern der Parteiführung, der seine Stimme gegen die Politik der „Normalisierung“ erhob. Dubček, Kriegel, Špaček, Šimon, Slavík und ich schwiegen damals noch, vielleicht jeder aus anderen Beweggründen, aber wir schwiegen zu all dem. Und doch ging es darum, ob Menschen sich ohne Widerstand, wie Vieh auf dem Weg zum Schlachthof, von der wiederhergestellten totalitären Diktatur unterjochen ließen – oder ob wenigstens einer von denen, die bis vor kurzem die Verantwortung der politischen Führung getragen hatten, seine Stimme zum Widerspruch erheben würde. Im September 1971 tat dies Smrkovský: Die italienische kommunistische Zeitschrift „Vie nuove Giorni“ veröffentlichte ein Interview mit ihm – die erste öffentliche Kritik eines ehemaligen Mitglieds der Dubčekschen Parteiführung an der Politik der „Normalisierung“. Smrkovský zögerte nicht, seine Haut wieder zu Markte zu tragen – wie schon so oft in seinem Leben –, wenn die Situation wirklich ernst war.

Verständlicherweise trug ihm das neue Autorität in den Augen des gesamten Volkes ein sowie Haß und verschärfte Polizeiaufsicht seitens des Husák-Regimes. Beides begleitete ihn bis zu seinem Tod im Jahr 1974. Das Regime rächte sich an ihm noch nach seinem Tod: Bis heute hat er kein Anrecht auf ein Grab in Prag. Kurz nach der Beisetzung in der Familiengruft wurde die Urne mit seiner Asche gestohlen. Der Staatssicherheitsdienst täuschte dann vor, die Urne auf der Toilette (!) im Schnellzug Prag–Wien gefunden zu haben, und verbreitete daraufhin die konstruierte Beschuldigung, Smrkovský hätte „provokativ in Österreich beigesetzt werden sollen“. Die Polizei gab die Urne zwar an die Familie Smrkovskýs zurück, verbot aber gleichzeitig, sie in Prag beizusetzen, da es dort zu einer erneuten „Provokation“ kommen könnte. Bisher war es nur Jan Palach, den das Regime Husáks so sehr fürchtete, daß seine sterblichen Überreste vom Friedhof in Prag-Olšany entfernt werden mußten. Nun verfuhr es ebenso mit Josef Smrkovský. Ein Regime wie das „normalisierte“ in Prag kann einem Toten wohl kaum eine größere Ehre erweisen.

Nach meinem Ausschluß aus dem Zentralkomitee der Partei war ich noch ein halbes Jahr im Besitz meines Parteibuchs. Im März 1970 – als gerade das fünfundzwanzigste Jahr meiner Parteimitgliedschaft anbrach – wurde ich zu Miloš Jakeš vor die Zentrale Kontrollkommission der KPČ geladen. Es fand dies im Zuge der damals beginnenden Säuberung statt, der größten in der gesamten bisherigen Geschichte dieser Partei; sie endete damit, daß etwa ein Drittel aller Mitglieder ihr Parteibuch verlor. Ich gehörte zu den ersten, den exemplarischen Fällen, die den übrigen Parteiorganen und -organisationen als Muster dafür dienen sollten, welche Leute aus welchen Gründen aus der Partei zu entfernen waren. Jakeš selbst vermied es, bei meinem Parteiausschluß persönlich anwesend zu sein, und ließ sich durch den stellvertretenden Vorsitzenden der Kontrollkommission, Oldřich Manďák, vertreten.

Innerhalb einer knappen Stunde fand seinen Abschluß, was zuvor ein Vierteljahrhundert gewährt hatte. Ein neues Parteibuch anzufordern unterließ ich mit dem Bemerken, daß ich mit der militärischen Intervention im August 1968 nicht einverstanden sei und ebensowenig mit der Politik, die die KPČ bereits seit einem Jahr verfolgte, und daß ich deshalb die Pflichten eines Parteimitglieds nicht mit Überzeugung er-

füllen könne. Die Kommunistische Partei der Tschechoslowakei ist jedoch eine Organisation, in die man zwar kraft eigenen Entschlusses eintreten, aus der man aber nicht auf dieselbe Weise austreten kann, wenn es die Führung nicht wünscht. Und Husáks Führung der KPČ wünschte nicht, daß ich kein neues Parteibuch erhielt, weil ich es nicht wollte: Sie wünschte meine exemplarische Bestrafung durch Ausschluß.
Der Text, mit dem mein Ausschluß begründet werden sollte, lag bereits in schriftlicher Ausfertigung vor. Ich lehnte es jedoch ab, Formulierungen zu unterschreiben, die ganz ähnlich klangen wie Passagen in den Reden der Ankläger in den politischen Prozessen der fünfziger Jahre. Bis die Kommission diese Formulierungen gestrichen oder abgeändert hatte und bis ein Protokoll aufgesetzt war, verstrich eine knappe Stunde.
Nach Abschluß der Verhandlung suchte ich im Gebäude des Zentralkomitees die Toilette auf. Nach wenigen Augenblicken öffnete sich die Tür, und mit demselben menschlichen Bedürfnis trat eilig der Vorsitzende des Säuberungstribunals, Manďák, ein. Als er mich erblickte stockte er, konnte aber nicht mehr gut zurück. Er stellte sich also an die Porzellanschüssel neben mir und tat nach Männerart. „Hast du viel Arbeit mit uns?“ erkundigte ich mich. „No, heute noch drei“, sagte Manďák, dann schwiegen wir beide. Ich hätte gehen können, aber ich zögerte meinen Abgang absichtlich hinaus; ich wollte, daß Manďák als erster ging und dadurch gezwungen war, eine Form des Grußes zu wählen. Es interessierte mich, ob er mich, den aus der Partei bereits Ausgestoßenen, des offiziellen Parteigrußes „Ehre der Arbeit!“ noch für würdig erachtete. Manďák eilte, mußte tatsächlich als erster gehen, und wählte einen Kompromiß: „Auf Wiedersehen, Genosse“, sagte er beim Hinausgehen.
Wenn mir vor einem Vierteljahrhundert, als ich mit Begeisterung und voller Ideale in die Kommunistische Partei eintrat, jemand gesagt hätte, wie possenhaft meine Mitgliedschaft in dieser Partei enden würde, hätte er mich zu seinem Todfeind gemacht. Aber jetzt fühlte ich plötzlich ganz klar, daß nur eine bestimmte Etappe meines Lebens zu Ende gegangen war und daß eine neue, vielleicht noch wichtigere gerade begann. Das war mit einem – wenn auch noch nicht ganz ausgeprägten – Gefühl der Befreiung verbunden.
Ich lebte in der Tschechoslowakei noch sieben Jahre, nicht mehr unter den Privilegierten und Regierenden, sondern im Getto der Ausgestoßenen. Die Partei, der ich 25 Jahre meines Lebens geopfert hatte, hatte mich ausgestoßen, aber sie hörte nicht auf, mir auch weiterhin

ihre Aufmerksamkeit zu schenken. Sie betraute damit aber jetzt schon diejenigen, durch deren Vermittlung sie mit jenen Bürgern den Kontakt aufrechterhält, die es ablehnen, ihr totalitäres Regime zu akzeptieren: die Organe der politischen Polizei. Die Erfahrungen dieser sieben Jahre überschreiten jedoch bereits den Stoffkreis dieses Buches und ließen sich allenfalls in eigenständiger Darstellung literarisch bewältigen.

Anhang

A. Die von Zdeněk Mlynář verfaßten Teile des „Aktionsprogramms der Kommunistischen Partei der Tschechoslowakei“ (angenommen auf der Plenartagung des Zentralkomitees der KPČ am 5. April 1968)

Die führende Rolle der Partei – Garant einer fortschrittlichen sozialistischen Entwicklung

Gegenwärtig liegt besonders viel daran, daß die Partei eine Politik durchführt, durch die sie sich die führende Rolle in unserer Gesellschaft voll verdient. Wir sind überzeugt, daß das in der jetzigen Situation die Bedingung für die sozialistische Entwicklung unseres Landes ist.

Die Kommunistische Partei hat als Partei der Arbeiterklasse im Kampf gegen den Kapitalismus und für die Verwirklichung revolutionärer Klassenveränderungen gesiegt; mit dem Sieg des Sozialismus wird sie zum Vortrupp der ganzen sozialistischen Gesellschaft. Ihre Fähigkeit, die Gesellschaft zu leiten, hat die Partei besonders in der gegenwärtigen Zeit bewiesen, als sie aus eigener Initiative den Demokratisierungsprozeß ausgelöst und seinen sozialistischen Charakter gesichert hat. In ihrer politischen Tätigkeit will sich die Partei vor allem auf jene stützen, die Verständnis für die Bedürfnisse der gesamten Gesellschaft haben, die nicht ihre persönlichen oder Gruppeninteressen gegen die Interessen des Sozialismus stellen, die ihre Fähigkeiten zugunsten der Gesamtheit anwenden und entfalten, die Sinn für alles Neue und Fortschrittliche haben und bereit sind, es durchzusetzen.

Die Kommunistische Partei stützt sich auf die freiwillige Unterstützung durch die Menschen. Sie verwirklicht ihre führende Rolle nicht dadurch, daß sie die Gesellschaft beherrscht, sondern dadurch, daß sie der freien, fortschrittlichen und sozialistischen Entwicklung am treuesten dient. Sie kann sich ihre Autorität nicht erzwingen, sondern muß sie immer aufs neue durch ihre Taten gewinnen. Ihre Linie kann sich nicht durch Verordnungen durchsetzen, sondern nur durch die Arbeit ihrer Mitglieder und die Wahrhaftigkeit ihrer Ideale.

Die führende Rolle der Partei wurde in der Vergangenheit oft als Monopol, als Konzentration der Macht in der Hand der Parteiorgane aufgefaßt. Das entsprach der falschen These, daß die Partei das Instrument der Diktatur des Proletariats sei. Diese schädliche Auffassung schwächte die Initiative und Verantwortung der staatlichen, wirtschaftlichen und gesellschaftlichen Institutionen, schädigte die Autorität der Partei und machte es ihr unmöglich, ihre ureigenste Funktion zu erfüllen. Ziel der Partei ist es nicht, ein universeller „Verwalter" der Gesellschaft zu werden, alle Organisationen und jeden Schritt im Leben durch ihre Direktiven zu binden.

Ihre Sendung liegt vor allem darin, sozialistische Initiative hervorzurufen, Wege und reale Möglichkeiten der kommunistischen Perspektive zu zeigen und durch systematische Überzeugungsarbeit und persönliches Beispiel der Kommunisten alle Arbeitenden für sie zu gewinnen. Dadurch ist der konzeptionelle Charakter der Parteitätigkeit bestimmt; die Parteiorgane behandeln nicht alle Fragen, aber sie sollen die Aktivität entfachen und die Lösung der wichtigsten Probleme veranlassen. Dabei kann die Partei nicht zu einer Organisation werden, die auf die Gesellschaft nur durch ihre Ideen und Programme einwirken würde. Durch Vermittlung ihrer Mitglieder und Organisationen sowie ihrer Organe muß sie die praktische organisatorische Funktion einer politischen Kraft in der Gesellschaft entwickeln. In der politisch-organisatorischen Tätigkeit der Partei werden die praktischen Bestrebungen der Menschen koordiniert, die die Linie und das Programm der Partei auf allen Gebieten verwirklichen – im sozialen, wirtschaftlichen und kulturellen Leben der Gesellschaft.

Die Partei als Repräsentantin der Interessen des fortschrittlichen Teiles aller Schichten – und damit auch der perspektiven Ziele unserer Gesellschaft – kann nicht die Vertreterin der ganzen Skala sozialer Interessen sein. Der politische Ausdruck der vielschichtigen Interessen in unserer Gesellschaft ist die ganze Nationale Front als Bündnis aller sozialen Schichten, Interessengruppen, Nationen und Nationalitäten unserer Gesellschaft. Die Partei will und wird die gesellschaftlichen Organisationen nicht ersetzen, sie muß im Gegenteil dafür sorgen, daß sich deren Initiative und politische Verantwortung für die Einheit unserer Gesellschaft erneuert und weiter entfaltet. Aufgabe der Partei ist es, einen solchen Weg der Befriedigung verschiedener Interessen zu suchen, der die gesamtstaatlichen perspektiven Interessen nicht gefährdet, sondern ihnen im Gegenteil nützt und neue progressive Interessen schafft. Die Politik der Partei darf nicht dazu führen, daß die nichtkommunistischen Bürger das Gefühl haben, in ihren Rechten und Freiheiten durch die Partei eingeschränkt zu werden, sondern daß sie vielmehr in der Tätigkeit der Partei die Garantie ihrer Rechte,

Freiheiten und Interessen sehen. Wir wollen und müssen erzielen, daß die Partei schon in ihren Grundorganisationen eine nichtformelle, natürliche und auf den Arbeits- und Leitungsfähigkeiten sowie den moralischen Qualitäten der kommunistischen Funktionäre begründete Autorität besitzt.

Die Kommunisten müssen immer aufs neue im Rahmen der demokratischen Regeln des sozialistischen Staates die freiwillige Unterstützung der Mehrheit für die Linie der Partei anstreben. Parteibeschlüsse und Richtlinien müssen dann korrigiert und verändert werden, wenn sie die Bedürfnisse und Möglichkeiten der ganzen Gesellschaft nicht richtig zum Ausdruck gebracht haben oder nicht mehr ausdrücken. Die Partei muß bemüht sein, daß ihre Mitglieder als aktivste Arbeiter auf ihren Gebieten auch entsprechend Gewicht und Einfluß in der ganzen Gesellschaft haben, damit sie Funktionen in staatlichen, wirtschaftlichen und gesellschaftlichen Organisationen einnehmen. Das darf jedoch nicht zur Praxis der Einsetzung von Parteimitgliedern in Funktionen im Widerspruch mit dem Grundsatz führen, daß die leitenden Repräsentanten der gesamtgesellschaftlichen Organe diese Gesellschaft selbst und ihre einzelnen Gliederungen auswählen, und daß die Funktionäre dieser Gliederungen für ihre Tätigkeit allen Bürgern oder allen Mitgliedern einer gesellschaftlichen Organisation verantwortlich sind. Es ist unbedingt notwendig, die Praxis der Diskriminierung und einer „Kaderdecke“ für jene, die nicht Mitglieder der Partei sind, abzuschaffen.

Grundlage der Aktionsfähigkeit der Partei unter den neuen Bedingungen ist die ideelle und organisatorische Einheit, die auf der Basis breiter innerparteilicher Demokratie entsteht. Die wirksamste Waffe gegen das Eindringen von Methoden des bürokratischen Zentralismus in die Partei ist die Stärkung des Einflusses der Parteimitglieder auf die politische Linie, die Stärkung der Rolle aller wirklich demokratischen Organe. Die gewählten Organe der Partei sind vor allem dafür verantwortlich, daß alle Rechte der Mitglieder gewährleistet, daß Entscheidungen kollektiv getroffen werden und die Macht nicht in einer Hand konzentriert wird.

Voraussetzung für verantwortungsvolle Entscheidungen kollektiver Organe kann einzig und allein eine sachliche Diskussion und der Meinungsaustausch sein. Der Widerstreit der Meinungen ist die notwendige Äußerung eines vielseitigen verantwortlichen Strebens um das Auffinden der besten Lösung, um die Durchsetzung des Neuen gegen das Alte. Jedes Parteimitglied und jedes Parteiorgan hat nicht nur das Recht, sondern auch die Pflicht, nach bestem Wissen und Gewissen mit seiner Initiative, seiner Kritik, seinen abweichenden Ansichten zu der behandelten Frage aufzutreten und jedem Funktionär zu opponieren. Diese Praxis muß feste Wurzeln fassen, wenn die Partei in ihrer Tätigkeit den Subjektivismus vermeiden soll. Es ist unzulässig, Kommunisten in diesen Rechten zu beschränken und um jene, die mit anderen Ansichten aufgetreten sind, eine Atmosphäre des Mißtrauens und der Verdächtigungen zu schaffen. Es ist unzulässig, gegen die Minderheit, unter welchem Vorwand auch immer, Repressalien anzuwenden, wie das in der Vergangenheit geschehen ist. Die Partei kann jedoch nicht von dem Grundsatz abweichen, daß sie nach Annahme eines Beschlusses von jedem Kommunisten dessen Durchführung und Erfüllung verlangen wird. Innerhalb der Partei sind sich alle Mitglieder gleich, ohne Rücksicht darauf, ob sie Funktionen in Partei- oder Staatsorganen oder in Wirtschaftsorganisationen versehen oder auch keine Funktionen haben. Wer eine höhere Funktion versieht, hat jedoch höhere Verantwortung. Die Partei ist sich dessen bewußt, daß es in unserer Gesellschaft keine tiefgreifendere Entwicklung der Demokratie geben kann, wenn nicht demokratische Grundsätze konsequent im inneren Leben und der Arbeit der Partei selbst unter Kommunisten zur Anwendung kommen. Die Entscheidungen über alle wichtigen Fragen und die Kaderbesetzung von Funktionen muß nach demokratischen Regeln der Behandlung und durch geheime Abstimmung erfolgen. Die Demokratisierung des Parteilebens bedeutet auch eine Festigung der regelmäßigen Arbeitsbeziehungen zwischen der Partei und der Wissenschaft. Wir werden in dieser Richtung die Methoden der Konsultation, des Austausches entgegengesetzter Ansichten und der Opposition zur Anwendung bringen, weil die Funktion der Wissenschaft nicht mit der Vorbereitung von Analysen und Unterlagen endet, sondern auf dem Boden der Partei bei der Verfolgung der durch die einzelnen Beschlüsse hervorgerufenen Prozesse fortgesetzt werden und so zur Realisierung und Kontrolle der Richtigkeit der Beschlüsse durch die Praxis beitragen soll.

Das ZK der KPČ hat auf seinem Dezember- und Januarplenum diesen Weg beschritten und garantiert, daß in den nächsten Monaten in der ganzen Partei die Frage des Inhalts und der demokratischen Methoden der Parteiarbeit, die Beziehungen zwischen den gewählten Organen und dem Parteiapparat gelöst und die Regeln der Umgrenzung der Vollmachten und Verantwortung der einzelnen Organe und Glieder des Parteimechanismus ausgearbeitet werden, die Grundlagen der Kaderpolitik der Partei, die unter anderem auch einen zweckmäßigen und regelmäßigen Austausch der führenden Funktionäre garantieren werden sowie die Informiertheit der Mitgliedschaft und der Beziehungen der Parteiorgane zu den Parteimitgliedern überhaupt. Bei den Vorbereitungen des XIV. Parteitages wird gewährleistet, daß die Parteistatuten der gegenwärtigen Stufe ihrer Entwicklung entsprechen.

Für die Entwicklung der sozialistischen Demokratie, für das neue System der politischen Leitung der Gesellschaft

In den vergangenen Jahrzehnten hat die Partei die Forderung nach der Entwicklung der sozialistischen Demokratie in den Vordergrund gestellt. Die Maßnahmen der Partei strebten die Vergrößerung der Rolle der gewählten staatlichen Organe an, betonten die Bedeutung der freiwilligen gesellschaftlichen Organisationen und aller Formen der Aktivität des Volkes. Die Politik der Partei gab den Anstoß zu einer Reihe von Gesetzen, die den Rechtsschutz eines jeden Bürgers erhöhten. Bereits in den Thesen des ZK der KPČ zum XIII. Parteitag wurde klar gesagt, daß der „Staat der Diktatur der Arbeiterklasse bei uns seine wichtigste geschichtliche Sendung erfüllt hat", und es wurde hier die grundlegende Richtung bestimmt, in der sich unsere Demokratie weiterentwickeln soll: „Das System der sozialistischen Demokratie – der Staat, die gesellschaftlichen Organisationen und die Partei als führende Kraft – streben zielbewußt danach, daß die verschiedensten Interessen und Anschauungen der Werktätigen über gesellschaftliche Probleme demokratisch und im Rahmen der Organisationen der sozialistischen Gesellschaft vom Standpunkt der gesamtgesellschaftlichen Ziele aus ihren Ausdruck finden können. Die Entwicklung der Demokratie muß dabei Hand in Hand mit der Verstärkung der wissenschaftlichen und fachlichen Grundlagen der Gesellschaft fortschreiten."
Dennoch aber haben sich *bis zur heutigen Zeit in unserem ganzen politischen System die schädlichen Einflüsse der zentralistischen Entscheidung und Leitung erhalten.* In den Beziehungen zwischen Partei, Staat und den gesellschaftlichen Organisationen, in den inneren Beziehungen und Methoden dieser Komponenten, in den Beziehungen staatlicher und anderer Institutionen zu den Bürgern, in der Auffassung der Bedeutung der öffentlichen Meinung und der Informiertheit aller, in der Praxis der Kaderpolitik – überall dort kommen viele Dinge zum Ausdruck, die den Menschen das Leben vergällen und gleichzeitig jegliche, auf Grund fachlicher und wissenschaftlicher Grundlagen getroffene Entscheidung unmöglich machen und die Willkür fördern. Der Grund dafür ist vor allem darin zu suchen, daß alle diese Be-

ziehungen in unserem politischen System Jahre hindurch als Werkzeug zur Erfüllung zentraler Direktiven dienten und nur selten eine Entscheidungsbildung auf der Grundlage demokratischer Verhandlungen ermöglichten.
Die verschiedenen, durch das System des direktiven Entscheidens nicht vorausgesehenen Interessen und Bedürfnisse der Menschen wurden als unerwünschte Hindernisse angesehen und nicht als neue Bedürfnisse des Lebens der Menschen, die die Politik respektieren muß. Deshalb konnten auch die oft gutgemeinten Losungen von der „erhöhten Teilnahme des Volkes an der Leitung“ nichts helfen, da diese „Teilnahme des Volkes“ durch Jahre hindurch hauptsächlich die Beteiligung an der Erfüllung der Direktiven bedeutete und nicht an der Ermittlung der Richtigkeit der Entscheidung selbst. Deshalb wurden immer wieder Anschauungen, Maßnahmen und Eingriffe durchgesetzt, die willkürlich waren und weder der wissenschaftlichen Erkenntnis noch den Interessen der einzelnen Volksschichten und einzelnen Bürger entsprachen. Diese Durchsetzung zentraler Entscheidungen konnte natürlich nicht wirksam sein und führte im Gegenteil dazu, daß eine Reihe von Beschlüssen nicht erfüllt werden konnte und die bewußte Leitung der gesellschaftlichen Entwicklung geschwächt wurde. Das war selbstverständlich oft der Grund, warum in den verschiedensten Funktionen Leute verbleiben konnten, die es nicht verstehen, anders zu „leiten“, die den alten Methoden und Angewohnheiten immer wieder zu neuem Leben verhelfen, sich mit Menschen umgeben, die ihnen entsprechen, statt mit Leuten, deren Charaktereigenschaften die Gewähr für die gute Erfüllung der ihnen anvertrauten Funktion bieten würde. Trotz ständiger nachdrücklicher Verurteilung „der Zeit des Personenkults“ sind wir bis zum heutigen Tag nicht imstande, aus dem Leben unserer Gesellschaft gewisse, für jene Zeit charakteristische Züge auszumerzen. Das schwächt das Vertrauen der Menschen in die Fähigkeit der Partei, eine konsequente Veränderung derartiger Verhältnisse herbeizuführen, alte Spannungen und politische Nervosität leben wieder auf oder werden hervorgerufen.
Das Zentralkomitee ist fest entschlossen, diesen Zustand zu überwinden. Es ist daher notwendig, für den XIV. Parteitag – wie bereits gesagt wurde – die Grundlagen der Entwicklung des politischen Systems in einer solchen Konzeption auszuarbeiten, die den Bedürfnissen des Lebens entspricht, ebenso wie wir die grundlegende Konzeption des neuen ökonomischen Systems ausgearbeitet haben.
Es gilt, das ganze politische System so umzubauen, daß es eine dynamische Entwicklung der sozialistischen gesellschaftlichen Beziehun-

gen ermöglicht, die breiteste Demokratie mit einer wissenschaftlich und fachlich qualifizierten Leitung vereint, die Gesellschaftsordnung festigt, die sozialistischen Beziehungen stabilisiert, die Ordnung und die gesellschaftliche Disziplin festigt. Die grundlegende Bindung des politischen Systems muß hierbei *eine feste Garantie gegen die Rückkehr der alten Methoden des Subjektivismus und machtbedingter Willkür bieten.* Auf die Lösung dieser Probleme hat die Partei bisher noch nicht zielbewußt hingearbeitet, im Gegenteil, einer solchen Zielsetzung wurden oft Hindernisse in den Weg gelegt. Alle diese Veränderungen erfordern es, daß es mit den *Vorbereitungsarbeiten für die neue Verfassung der Republik* so begonnen wird, daß der Vorschlag für die neue Verfassung in allen wichtigen Fragen eingehend, fachgemäß und öffentlich diskutiert werden und von der Nationalversammlung bald nach dem Parteitag behandelt werden kann.
Aber bereits jetzt, noch vor dem XIV. Parteitag, erachten wir es als unbedingt notwendig, den bisherigen Stand so zu ändern, daß die Entwicklung des Sozialismus und seine innere Dynamik nicht mehr von den alten Elementen im politischen System gebremst werden. Unsere Demokratie muß der Tatkraft eines jeden einzelnen, eines jeden Kollektivs, eines jeden Gliedes der Leitung, gleichgültig auf welcher Stufe, einen breiten Raum gewähren. Die Menschen müssen mehr Möglichkeit haben, selbst zu erwägen und ihre Meinung zum Ausdruck zu bringen, wir müssen radikal Schluß machen mit den Praktiken, die die Initiative des Volkes und die kritischen Anregungen von unten in das sprichwörtliche „Erbsen an die Wand werfen“ verwandeln. Wir müssen dafür sorgen, daß unfähige, aber dafür anpassungsfähige Menschen wirklich gegen solche ausgetauscht werden, denen der Sozialismus am Herzen liegt, sein Schicksal und Fortschritt, die Interessen und Bedürfnisse ihrer Mitbürger und nicht ihre eigene Macht und ihr eigener Vorteil. Das betrifft sowohl Leute „oben“ als auch „unten“; es wird ein komplizierter Prozeß sein, der eine gewisse Zeit in Anspruch nehmen wird. Es wird nötig sein, überall – auf allen Stufen der Leitung, in der Partei, in den staatlichen und wirtschaftlichen Organisationen – klarzustellen, wofür welches Organ und welcher Funktionär oder verantwortlicher Mitarbeiter auch wirklich verantwortlich ist, wer für Abhilfe garantiert, und wo die Institution geändert werden muß, wo die Arbeitsmethode und wo konkret die Menschen ausgewechselt werden müssen. Die Stellungnahme der einzelnen Funktionäre den neuen Aufgaben und Methoden gegenüber, ihre Fähigkeit, die neue Politik zu verwirklichen, müssen dabei den grundlegenden Maßstab bilden.

Ohne Rechte keine Verantwortung

Die grundlegende Voraussetzung für eine richtige Entwicklung sehen wir darin, daß im gesamten System unserer Leitung in Zukunft klar sein muß, *wer, welches Organ, welcher Mitarbeiter wofür verantwortlich ist, welche Vollmachten und was für Pflichten er hat.* Hierzu ist unerläßlich, daß alle Stufen der Leitung ihre selbständige Stellung haben. Die Parteiorgane dürfen in Zukunft nicht mehr die staatlichen Organe, die Organe der wirtschaftlichen Leitung und die gesellschaftlichen Organisationen ersetzen. Die Parteibeschlüsse sind zwar für die Kommunisten in diesen Organen verbindlich, die Politik aber, die Leitungsfähigkeit und die Verantwortung der staatlichen, wirtschaftlichen und gesellschaftlichen Organe und Organisationen ist selbständig. Die Kommunisten in allen diesen Organen und Organisationen müssen initiativ gewährleisten, daß die staatlichen und wirtschaftlichen Organe und ebenso die Massenorganisation (besonders solche wie die Gewerkschaften, der Jugendverband und andere) noch in diesem Jahr die Fragen ihrer selbständigen Tätigkeit und Verantwortlichkeit selbst und konkret lösen.

An der Gestaltung der Staatspolitik ist die gesamte *Nationale Front* beteiligt, also die politischen Parteien, die sie bilden, und die gesellschaftlichen Organisationen. Die politischen Parteien der Nationalen Front sind Partner, deren politische Tätigkeit von dem gemeinsamen politischen Programm der Nationalen Front ausgeht, die selbstverständlich an die Verfassung der ČSSR gebunden ist und aus dem sozialistischen Charakter der gesellschaftlichen Beziehungen in unserem Land hervorgeht. Die KPČ betrachtet die Nationale Front als eine politische Plattform, welche die politischen Parteien nicht in Regierungs- und Oppositionsparteien in dem Sinne trennt, daß eine Opposition gegen die Linie der Staatspolitik als eine Linie der gesamten Nationalen Front geschaffen würde, was einen politischen Kampf um die Macht im Staat zur Folge hätte. Eventuelle unterschiedliche und widersprechende Standpunkte der Gliederungen der Nationalen Front, eventuelle Auseinandersetzungen um die Politik des Staates – das alles wird auf der Basis der gemeinsamen sozialistischen Konzeption der Politik der Nationalen Front gelöst, und zwar durch politische Übereinkommen und die Vereinigung aller Gliederungen der Nationalen Front. Die Formierung politischer Kräfte, die bestrebt wären, eine solche Konzeption der Nationalen Front abzulehnen und die die Nationale Front von der politischen Macht trennen möchten, wurde nach den tragischen Erfahrungen unserer beiden Völker mit der Vorkriegsentwicklung der damaligen ČSR schon im Jahre 1945 ausgeschlossen und ist selbstverständlich auch für unsere Republik heute unannehmbar. Die KPČ betrachtet die politische Führung der marxistisch-leninistischen Konzeption der Entwicklung des Sozialismus als Bedingung für die richtige Entwicklung unserer sozialistischen Gesellschaft. Sie wird in der Nationalen Front und im gesamten politischen System die marxistisch-lenistische Konzeption als eine politisch führende Konzeption so anwenden, daß sie für sie in allen Gliederungen unseres Systems und auch *direkt in den Massen der Arbeiter und aller Werktätigen* Mittel der politischen Arbeit und eine solche Unterstützung finden wird, die ihre leitende Stellung mit demokratischen, politischen Mitteln gewährleistet.

Freiwillige Interessengemeinschaften der Arbeiter können nicht politische Parteien ersetzen, aber auch nicht umgekehrt – *die politischen Parteien können bei uns die Interessengemeinschaften der Arbeiter und anderen Werktätigen auch nicht von dem direkten Einfluß auf die Staatspolitik,* ihre Gestaltung und Ausführung *ausschließen.* Weder eine einzige Partei, noch eine Koalition politischer Parteien kann die sozialistische Staatsmacht monopolisieren, alle politischen Organisationen des Volkes müssen unmittelbaren Zutritt zu ihr erhalten. *Die KPČ wird mit allen Mitteln Formen des politischen Lebens entwickeln, die der Arbeiterklasse und allen anderen Werktätigen ermöglichen, mit ihrer Stimme und ihrem Willen Einfluß auf die politischen Entscheidungen in unserem Lande zu nehmen.*

Die gesamte gegenwärtige Organisation, die Arbeitsformen und auch die Eingliederung der verschiedenen Organisationen in die Nationale Front muß unter den neuen Bedingungen grundsätzlich revidiert und so aufgebaut werden, daß die Nationale Front die neuen Aufgaben qualitativ erfüllen kann. *Die Nationale Front als Ganzes, aber auch alle ihre Gliederungen, müssen sowohl eigene Rechte als auch eigene Verantwortung für die Leitung unseres Staates und der Gesellschaft erhalten.*

Die freiwilligen gesellschaftlichen Organisationen müssen tatsächlich auf freiwilliger Mitgliedschaft und Aktivität begründet sein. Die Bürger treten ihnen deshalb bei, um ihre Interessen zu äußern, und sie haben auch selber das Recht, Funktionäre und Repräsentanten auszuwählen, die ihnen nicht von außen aufgezwungen werden dürfen. Von diesen Grundsätzen müssen unsere einheitlichen Massenorganisationen, deren Tätigkeit auch weiterhin notwendig ist, konsequent ausgehen. In ihrer Struktur, ihren Arbeitsmethoden und ihrem Kontakt zur Mitgliedschaft aber müssen sie den neuen gesellschaftlichen Bedingungen entsprechen.

Zugleich muß noch in diesem Jahr *die verfassungsmäßige Versammlungs- und Koalitionsfreiheit gewährleistet werden,* um gesetzlich garantierte Möglichkeiten zu schaffen, freiwillige Organisationen, Interessengemeinschaften, Verbände usw. zu bilden, die den gegenwärtigen Interessen und Erfordernissen der verschiedenen Schichten und Gruppen unserer Bürger entsprechen und die keinen bürokratischen Einschränkungen durch monopolisierte Rechte irgendwelcher Organisationen unterliegen. Irgendwelche Einschränkungen in dieser Richtung können nur durch das Gesetz bestimmt werden, und nur ein Gesetz kann festlegen, was gegen die Gesellschaft gerichtet, verboten und strafbar ist. Die gesetzlich garantierten Freiheiten müssen in diesem Sinne in Übereinstimmung mit der Verfassung auch für Bürger verschiedenen religiösen Glaubens und Konfession gültig sein.
Man kann den wirksamen Einfluß der öffentlichen Meinung und der Ansichten der Werktätigen auf unsere gesamte Politik nicht gewährleisten und den Bestrebungen um Unterdrückung der Kritik und der Initiative des Volkes nicht die Stirn bieten, wenn wir nicht für alle Bürger mit juristischen Mitteln konsequent die verfassungsmäßig garantierte freie Meinungsäußerung und alle politischen und persönlichen Rechte der Bürger überhaupt gewährleisten. *Der Sozialismus kann nicht nur die Befreiung des arbeitenden Volkes von der Vorherrschaft der ausbeutenden Klassenbeziehungen bedeuten, sondern muß mehr als jede bürgerliche Demokratie ermöglichen, die Persönlichkeit des einzelnen voll zur Geltung zu bringen.* Einem werktätigen Volk, dem keine Ausbeuterklasse mehr diktiert, kann man nicht durch willkürliche Auslegung der Macht vorschreiben, worüber es informiert sein darf und worüber nicht, welche Ansichten es öffentlich aussprechen darf und welche nicht, wo es seine öffentliche Meinung geltend machen darf und wo nicht. Die öffentliche Meinung muß ständig erforscht werden, besonders bei der Vorbereitung schwerwiegender Entscheidungen, und die Ergebnisse sollen veröffentlicht werden. Nur auf der Grundlage von Gesetzen, die festlegen, was gegen die Gesellschaft gerichtet ist – bei uns hauptsächlich im Strafgesetzbuch –, können ähnliche Einschränkungen geltend gemacht werden. Das ZK der KPČ erachtet es für notwendig, in kürzester Zeit durch ein Pressegesetz genauer als bisher darzulegen, wann ein staatliches Organ die Verbreitung bestimmter Informationen verbieten kann (in Presse, Rundfunk, Fernsehen), um die Möglichkeit einer Vorzensur auszuschließen. Es ist erforderlich, die Verspätung, Verzerrung und Unvollständigkeit der Informationen sowie die unbegründete Geheimhaltung politischer und wirtschaftlicher Tatsachen zu beseitigen, die Jahresergebnisse un-

serer Unternehmungen sowie alternative Gegenvorschläge zu verschiedenen Maßnahmen und Lösungen zu veröffentlichen und die Einfuhr und den Verkauf ausländischer Zeitungen und Zeitschriften zu erweitern. Die führenden Vertreter staatlicher, gesellschaftlicher und kultureller Organisationen sind verpflichtet, regelmäßige Pressekonferenzen zu veranstalten und in Fernsehen, Rundfunk und Presse zu aktuellen Fragen Stellung zu nehmen. In der Presse muß es möglich sein, andere Ansichten als die offiziellen des Staates, der Parteiorgane und der Publizistik zu vertreten. Vor allem die Parteipresse soll das eigene Leben der Partei zum Ausdruck bringen sowie die Entwicklung und kritischen Auseinandersetzungen über verschiedene Ansichten von Kommunisten usw. Sie kann nicht immer mit der offiziellen Haltung des Staates identifiziert werden.
Die Partei ist sich dessen bewußt, daß Feinde des Sozialismus versuchen können, unseren Demokratisierungsprozeß für ihre Ideologie zu mißbrauchen. In der gegenwärtigen Entwicklungsetappe gilt unter den Bedingungen unseres Landes der Grundsatz, daß man der bürgerlichen Ideologie nur im Kampf der Ideen in aller Öffentlichkeit entgegentreten kann. Nur wenn wir uns auf die praktische Tätigkeit der Kommunisten zum Nutzen des Volkes, auf wahrhaftige und vollständige Information sowie auf wissenschaftliche Analysen stützen, können wir die Menschen für die Ideen und die Politik der Partei gewinnen. Wir sind überzeugt, daß sich alle Gliederungen unserer Gesellschaft an diesem Kampf für den Sieg der Wahrheit, die auf der Seite des Sozialismus steht, aktiv beteiligen.
Unsere Verlage, Chefredakteure, alle Parteimitglieder und fortschrittlich denkenden Mitarbeiter in Presse, Rundfunk und Fernsehen müssen in der gegenwärtigen Etappe aktiver und verantwortlicher die sozialistischen Ideen propagieren und sich die Verwirklichung der Politik der Partei, der Nationalen Front und des Staates zur Aufgabe machen.
Es ist erforderlich, durch juristische Normen die *freie Meinungsäußerung auch von Minderheitsinteressen und -ansichten zu garantieren* (und zwar wieder im Rahmen der sozialistischen Gesetze und in Übereinstimmung mit dem Grundsatz, daß der Wille der Mehrheit entscheidend ist). Die gesetzmäßige Freizügigkeit der Bürger muß garantiert werden, besonders Reisen ins Ausland, wobei vor allem gelten soll, daß der Bürger Rechtsanspruch auf langfristigen oder dauernden Aufenthalt im Ausland hat und daß niemand grundlos als Emigrant betrachtet wird. Zugleich muß das Interesse des Staates gesetzlich geschützt werden, zum Beispiel was die Abwanderung verschiedener Kategorien von Spezialisten betrifft.

Wir müssen schrittweise in unserer gesamten Rechtsordnung die Aufgabe lösen, *wie die persönlichen und Eigentumsrechte der Bürger besser und konsequenter geschützt werden können,* und besondere Bestimmungen ausmerzen, durch die der Bürger dem Staat und seinen Institutionen gegenüber benachteiligt wird. Es ist zu verhindern, daß verschiedene Institutionen die persönlichen Rechte und Interessen der Bürger hinsichtlich des Eigentums von Familienhäusern, Gärten usw. nicht wahrnehmen. Das schon seit längerer Zeit vorbereitete Gesetz über Ersatz von Schaden, der Bürgern und Organisationen durch ungesetzliche Entscheidung staatlicher Organe zugefügt wurde, ist beschleunigt zu verabschieden.

Es ist ein ernster Tatbestand, daß die Rehabilitierung von Personen – Kommunisten und Nichtkommunisten –, die Opfer der Ungesetzlichkeiten in den vergangenen Jahren geworden sind, bisher nicht bis in alle politischen und bürgerlichen Konsequenzen durchgeführt wurde. Auf Initiative von Organen des ZK der KPČ wird überprüft, warum die diesbezüglichen Parteibeschlüsse nicht konsequent erfüllt wurden. Es wird die Gewähr gegeben, daß dies überall dort geschehen wird, wo das Unrecht nocht nicht wiedergutgemacht wurde. Weder in den politischen Organen, welche die Ungesetzlichkeiten der Vergangenheit wiedergutmachen sollen, noch im gesamten Sicherheits- und Justizapparat darf jemand sitzen, der durch seine eigene Vergangenheit auch nur das geringste Interesse haben könnte, die Wiedergutmachung zu behindern.

Die Partei ist sich dessen bewußt, daß niemand den unschuldig Verurteilten und Verfolgten die verlorenen Lebensjahre zurückgeben kann. Sie wird aber durchsetzen, daß jedweder Schatten des Mißtrauens und der Erniedrigung, daß alle Folgen ausgetilgt werden, unter denen sehr oft die Familien und Verwandten der Betroffenen zu leiden hatten. Sie wird konsequent darauf achten, daß alle so Verfolgten die Möglichkeit haben, in der Arbeit, im öffentlichen Leben und in der politischen Betätigung ihre Fähigkeiten voll geltend zu machen. Es ist selbstverständlich, daß wir auch bei der völligen Rehabilitierung dieser Personen die Folgen revolutionärer Maßnahmen nicht ändern können, welche in den vergangenen Jahren in Übereinstimmung mit dem Geist der Klassengesetzgebung durchgeführt wurden, die gegen das Bürgertum, ihre ökonomischen, gesellschaftlichen und Eigentumsstützen gerichtet waren. Dieses gesamte Problem muß von den zuständigen staatlichen Organen in voller Verantwortung und auf der Grundlage juristischer Maßnahmen gelöst werden. Das ZK der KPČ unterstützt hier den Vorschlag einer Regelung durch Sondergesetz.

Die breite demokratische Auffassung der *politischen und persönlichen Rechte der Bürger,* die rechtlichen und politischen Garantien hierfür, erachtet die Partei als unerläßliche Voraussetzung für die notwendige Festigung der gesellschaftlichen Disziplin und für die Stabilisierung der sozialistischen Gesellschaftsbeziehungen. Egoistische Auffassung der Bürgerrechte, Beziehungen zum gesellschaftlichen Eigentum nach dem Grundsatz „Was geht mich der andere an", die Geringschätzung gesamtgesellschaftlicher Bedürfnisse – das sind Erscheinungen, gegen die die Kommunisten konsequent kämpfen werden.

Der eigentliche Sinn der Entwicklung der Demokratie ist in besseren Ergebnissen der praktischen Arbeit zu sehen, die sich auf breitere Möglichkeiten für schöpferische Aktivität stützt, um die Interessen und Bedürfnisse des Volkes zu befriedigen. Demokratie kann man nicht mit allgemeinen Reden verwechseln und darf sie nicht im Gegensatz zu Forderungen nach Disziplin, Fachkenntnis und effektiver Leistung stellen. Willkürliche und unklare Festlegung der Rechte und Pflichten aber würde eine solche Entwicklung unmöglich machen, weil das zur Unverantwortlichkeit führt, zum Gefühl der Unsicherheit und somit auch zur Gleichmütigkeit gegenüber öffentlichen Interessen und Bedürfnissen. Zugleich muß der Sozialismus durch tiefere Demokratie und im Maß an bürgerlichen Freiheiten beweisen, daß er die beschränkte Demokratie des Bürgertums überflügelt und so zu einem anziehenden Vorbild für die fortschrittlichen Bewegungen in den entwickelten Industrieländern mit demokratischen Traditionen werden kann.

Die Wähler geben den gewählten Organen die Macht!

Die bevorstehenden *Wahlen* sollen der Beginn der Verwirklichung der Grundsätze dieses Aktionsprogramms in der Arbeit der Vertretungsorgane des Staates sein.

Obwohl in letzter Zeit Bemühungen im Gange waren, die Wahlvorbereitungen zu verbessern, zeigte es sich, daß die Wahlen zum ursprünglichen Termin nicht so durchgeführt werden können, daß sie den Grundsätzen der erweiterten sozialistischen Demokratie entsprächen. Es ist deshalb notwendig, ein solches Wahlsystem auszuarbeiten, das die Veränderungen in unserem politischen Leben berücksichtigt. Durch das Wahlgesetz sollen die demokratischen Grundsätze der Wahlvorbereitungen, die Nominierung der Kandidaten und die Art ihrer Wahl genau und klar festgelegt werden. Die Umarbeitung des Wahlsystems muß insbesondere von der neuen politischen Stellung der Nationalen Front sowie der gewählten Staatsorgane selbst ausgehen.

Die Grundlage des ganzen Netzes der Vertretungskörperschaften als demokratische Organe der Staatsmacht bilden bei uns die *Nationalausschüsse.* Diese müssen in den Orten, insbesondere in den Bezirken und Kreisen, zu den Stellen werden, wo die Linie der Staatspolitik demokratisch gestaltet wird. In ihrer Arbeit muß der Grundsatz der sozialistischen Demokratie zu voller Geltung gelangen: verschiedene Interessen und Bedürfnisse der Bürger sollen darin zum Ausdruck kommen und zum allgemeinen Interesse der Gemeinden, Bezirke und Kreise werden.

Die Partei sieht in den Nationalausschüssen Organe, die in den *fortschrittlichen Traditionen der örtlichen Selbstverwaltung und der Volksverwaltung fortfahren.* Sie können nicht als örtliche bürokratische Ämter angesehen werden, die die Kommunalunternehmen leiten. Die Rechte und Bedürfnisse der Bürger zu schützen, die Erledigung aller Angelegenheiten zu vereinfachen, mit denen sich die Bürger an den Nationalausschuß wenden, die öffentlichen Interessen durchsetzen, sich den Bemühungen verschiedener Institutionen, die Bürger zu täuschen und ihre Bedürfnisse außer acht zu lassen, zu widersetzen – das ist die elementare politische Sendung der Nationalausschüsse.

Die Nationalversammlung wird von der Partei als sozialistisches Parlament betrachtet, mit allen Funktionen, die ihm in der demokratischen Republik zustehen. Die Kommunisten-Abgeordneten müssen noch bis zur neuen Wahlkampagne dafür sorgen, daß die Nationalversammlung eine Reihe konkreter Maßnahmen ausarbeitet, die ihrer durch die Verfassung gewährten Stellung als höchstes Organ der Staatsmacht in der ČSSR reellen Inhalt gibt. Formelle Handlungsweise, das Bestreben nach nicht überzeugender Einmütigkeit, die notwendige Unterschiede in den Ansichten und in der Einstellung der Abgeordneten ausschließt – das alles muß überwunden werden. Von diesem Gesichtspunkt aus müssen in allernächster Zeit vor allem die Beziehungen der Nationalversammlung und der Parteiorgane sowie eine Reihe von Problemen der inneren Tätigkeit der Nationalversammlung geregelt werden, einschließlich organisatorischer und technischer Fragen. Das Ergebnis muß eine Nationalversammlung sein, die wirklich über Gesetze und wichtige politische Fragen entscheidet und nicht nur vorgelegte Entwürfe genehmigt. Die Partei unterstützt die Verstärkung der Kontrollfunktion der Nationalversammlung im gesamten öffentlichen Leben und konkret in den Beziehungen zur Regierung; von diesem Gesichtspunkt aus ist es erforderlich, den Apparat ganz der Kontrolle der Nationalversammlung unterzuordnen, ihn zu ihrem Organ zu machen. Die Rolle und das Prestige der Nationalversammlung in unserer Gesellschaft kann durch Berücksichtigung der öffentlichen Meinung und engere Verbindung mit den Bürgern in kurzer Zeit vergrößert werden.

Teilung und Kontrolle der Macht – Garantie gegen Willkür

Auch die *Kommunisten in der Regierung* müssen sich in allernächster Zeit dafür einsetzen, daß das Prinzip der Verantwortung der Regierung gegenüber der Nationalversammlung in ihrer gesamten Tätigkeit konkret ausgearbeitet wird. Im Rahmen der bisherigen Praxis der politischen Leitung ist die Möglichkeit selbständiger Tätigkeit der Regierung und der einzelnen Minister nicht genügend ausgenützt worden, es hat sich sogar das Bestreben bemerkbar gemacht, die Verantwortung auf die Parteiorgane abzuwälzen und selbständigen Entscheidungen auszuweichen. Die Regierung ist nicht nur ein Organ der Wirtschaftspolitik. Als höchstes Organ der staatlichen Exekutive muß sie sich in ihrer Gesamtheit ständig mit einem ganzen Komplex politischer und Verwaltungsprobleme im Staat befassen. Der Regierung fällt auch die Aufgabe zu, für die rationelle Entwicklung des gesamten Staatsapparates zu sorgen. Der staatliche Verwaltungsapparat wurde in der Vergangenheit oft unterschätzt; es gilt nun, diesen Apparat zu einem hochqualifizierten Organ zu machen, das eine rationelle Tätigkeit entwickelt, das mit demokratischen Mitteln konsequent kontrolliert wird und effektiv sein muß. Die vereinfachte Vorstellung, man könne diese Ziele durch Unterschätzung und Nichtachtung des Administrativapparates überhaupt erreichen, hat in der Vergangenheit mehr Schaden als Nutzen gebracht.

Im ganzen staatlichen und politischen System müssen nun solche Beziehungen und Regeln geschaffen werden, die einerseits *den verantwortlichen Fachkadern die notwendige Sicherheit in ihrer Funktion* geben und andererseits ermöglichen, daß *politisch und fachlich geeignete Leute* an die Stelle derjenigen treten, die ihrer Arbeit nicht mehr gewachsen sind. Zu diesem Zweck müssen juristisch genaue Bedingungen für die Ablösung verantwortlicher Kader ausgearbeitet und ferner rechtliche Garantien geschaffen werden, daß der Abgang aus einer Funktion für die Betreffenden keinen Sturz in ihrer materiellen, moralischen und politischen Stellung bedeutet.

Die Politik der Partei geht von der Forderung aus, daß es im ganzen Staatsmechanismus zu keiner allzu großen Konzentration der Macht innerhalb eines Gliedes, eines Apparates oder bei einer Einzelperson kommen darf. Man muß eine derartige Aufteilung der Machtbefugnisse und ein System gegenseitiger Kontrolle zwischen den einzelnen Gliedern festsetzen, daß die Fehler und Übergriffe des einen Gliedes beizeiten durch die Tätigkeit eines anderen korrigiert werden können. Dem müssen nicht nur die Beziehungen zwischen den gewählten und ausführenden Organen entsprechen, sondern auch die Beziehungen innerhalb des Mechanismus der staatlichen Exekutivmacht und Verwaltung und ebenso die Stellung und Funktion der Gerichte.

Diesen Grundsätzen entspricht allerdings keineswegs die allzu große Konzentration von Funktionen im bisherigen Innenministerium. Die Partei hält es für notwendig, es als Ressort der inneren Staatsverwaltung aufzubauen, zu dem auch die Verwaltung der Sicherheit gehört. Die Agenden, die in unserem Staat traditionell anderen Organen gehörten und heute vom Innenministerium erledigt werden, müssen seiner Kompetenz entzogen werden. Es ist notwendig, in nächster Zeit Vorschläge auszuarbeiten, die die Grundkompetenz der Gerichte bei Untersuchungen, die Trennung der Gefängnisverwaltung vom Sicherheitsapparat, die Übergabe der mit dem Pressegesetz zusammenhängenden Agenda, des Archivs und anderem an andere staatliche Organe festsetzen.

Als politisch äußerst wichtige Frage betrachtet die Partei die richtige Eingliederung des Sicherheitsapparates im Staat. Für die Sicherheit unseres Lebens wird es von Vorteil sein, wenn alles beseitigt wird, was die Meinung der Öffentlichkeit über den Polizeiapparat aufrechterhält, die sich infolge früherer Gesetzwidrigkeiten und der privilegierten Stellung des Sicherheitsapparates im politischen System bildete. Diese Zeit hat die fortschrittlichen Traditionen unserer Sicherheit zerstört, denn sie galt als Kraft, die dem Volk diente. Diese Tradition muß fortgesetzt werden. Das Zentralkomitee der KPČ hält es für notwendig, die *Organisation des Sicherheitsapparates zu ändern* und ihn in zwei verschiedene, voneinander unabhängige Gliederungen zu teilen – die Staatssicherheit und die öffentliche Sicherheit. Die *Staatssicherheit* muß eine derartige Stellung, Organisation, Struktur, Personalstand, Ausstattung, Methoden und Qualifikation haben, die ihrer Bestimmung, den Staat gegen die Tätigkeit von feindlichen, ausländischen Zentren zu schützen, entsprechen. Jeder Bürger, der sich in dieser Beziehung nichts zuschulden kommen ließ, muß die Gewähr haben, daß seine politische Überzeugung, seine Ansichten, persönlichen Bekenntnisse und Beschäftigungen nicht Gegenstand der Aufmerksamkeit der Organe der Staatssicherheit sein können. Die Partei behauptet ganz klar, daß dieser *Apparat nicht zur Lösung innenpolitischer Fragen* und Gegensätze in der sozialistischen Gesellschaft verwendet werden darf. Aufgabe der *öffentlichen Sicherheit* ist der Kampf gegen die Straftätigkeit und die Wahrung der öffentlichen Ordnung; dieser Tätigkeit werden ihre Organisation, ihre Anzahl und ihre Arbeitsmethoden angepaßt. Im Gegensatz zum heutigen Stand muß der Sicherheitsapparat besser ausgestattet und verstärkt werden. Bestimmte Funktionen bei der Wahrung der öffentlichen Ordnung, in denen die Sicherheit den Nationalausschüssen untergeordnet sein wird, müssen juristisch genau begrenzt werden. Durch Rechtsnormen müssen klare Beziehungen bezüglich der Kontrolle der öffentlichen Sicherheit durch die Regierung als Gesamtheit und durch die Nationalversammlung geschaffen werden.

Große Aufmerksamkeit muß auch der *Wehrpolitik in unserem Staat* gewidmet werden. In diesem Zusammenhang ist es notwendig, unseren aktiven Anteil an der Konzeption der militärischen Doktrin der Staaten des Warschauer Vertrags anzustreben, die Festigung der Verteidigungsfähigkeit unseres Staates im Einklang mit seinen Bedürfnissen und Möglichkeiten, die komplexe einheitliche Auffassung der Fragen der Verteidigung mit allen Problemen des Aufbaus des Sozialismus in unserer gesamten Politik einschließlich der Wehrerziehung.

Die politische Rechtsauffassung der Partei geht von dem Grundsatz aus, daß bei einem Rechtsstreit (einschließlich Rechtsentscheidung staatlicher Organe) grundlegende Garantie für Gesetzlichkeit die Gerichtsverhandlung ist, die unabhängig von politischen Faktoren und nur durch das Gesetz gebunden ist. Die Anwendung dieses Grundsatzes erfordert, daß die gesamte gesellschaftliche und politische Rolle und das Gewicht der Gerichte in unserer Gesellschaft verstärkt werden. Das ZK der KPČ wird darauf achten, daß der Komplex der nötigen Entwürfe und Maßnahmen so durchgearbeitet wird, daß die einschlägigen Fragen bis zu den nächsten Richterwahlen gelöst sind. Im Einklang damit muß zugleich auch die Stellung und die Rolle der Prokuratur derart geregelt sein, daß sie den Gerichten nicht übergeordnet ist. Außerdem muß die völlige Unabhängigkeit der Advokaten von staatlichen Organen gewährleistet werden.

B. Der Wortlaut des „Moskauer Protokolls“

1. Im Laufe der Gespräche wurden Fragen erörtert, die mit der Verteidigung der sozialistischen Errungenschaften in der Situation zusammenhängen, die in der Tschechoslowakei entstanden ist, ebenso wurden die erstrangigen Maßnahmen besprochen, die durch diese Situation und durch die Anwesenheit der verbündeten Armeen in der Tschechoslowakei diktiert wurden. Beide Seiten gingen dabei von den allgemein anerkannten Normen der Beziehungen zwischen den brüderlichen Parteien und Ländern, von den Prinzipien, die in den Dokumenten nach den Beratungen in Čierná nad Tisou und Bratislava bestätigt wurden. Es wurde die Verpflichtung zur Vereinbarung der sozialistischen Länder hinsichtlich der Unterstützung, Festigung und Verteidigung des Sozialismus bestätigt, zum unversöhnlichen Kampf gegen die konterrevolutionären Kräfte, der eine gemeinsame internationale Pflicht aller sozialistischen Länder ist. Beide Seiten haben überdies ihre entschiedene Überzeugung bestätigt, daß die Hauptaufgabe in der gegenwärtigen Situation die Verwirklichung und konkrete Realisierung der Grundsätze und Aufgaben ist, wie sie aus den Beratungen in Bratislava und dem Übereinkommen der Verhandlungen in Čierná nad Tisou hervorgehen.
2. Das Präsidium des Zentralkomitees der KPČ erklärte den sogenannten 14. Parteitag der KPČ, der am 22. August 1968 ohne die Zustimmung des Zentralkomitees der KPČ, unter Verletzung der Parteistatuten, in Abwesenheit der Mitglieder des Präsidiums, des Sekretariats, der Sekretäre des Zentralkomitees der KPČ, der Mehrheit der Delegierten der Armee und zahlreicher anderer Organisationen eingeleitet wurde, für ungültig. Nach seiner Rückkehr in die ČSSR wird das Präsidium des Zentralkomitees der KPČ alle in dieser Frage notwendigen Maßnahmen ergreifen. Der außerordentliche Parteitag wird nach Normalisierung der Lage in der Partei und im Land einberufen werden.
3. Die Delegation der KPČ gab eine Information darüber, daß in den

nächsten sechs bis zehn Tagen das Plenum des Zentralkomitees der KPČ unter Teilnahme der Kontroll- und Revisionskommission der Partei zusammentreten wird. Es wird über die Frage der Normalisierung der Situation im Lande, über Maßnahmen zur Verbesserung der Arbeit der Partei- und Staatsorgane, über ökonomische und Fragen des Lebensstandards, über Maßnahmen zur Festigung aller Glieder der Partei- und Staatsführung beraten; das Plenum wird jene Personen ihrer Funktionen entheben, deren weitere Tätigkeit nicht den Erfordernissen der Festigung der führenden Rolle der Arbeiterklasse und der Kommunistischen Partei entspricht. Es wird die Beschlüsse des Januar- und Mai-Plenums des Zentralkomitees der KPČ von 1968 durchführen, zur Festigung der Positionen des Sozialismus im Land und für die weitere Entfaltung der Beziehungen zwischen der Tschechoslowakei und den sozialistischen Ländern der sozialistischen Gemeinschaft.

4. Die Vertreter der KPČ brachten die Notwendigkeit zum Ausdruck, eine Reihe von Maßnahmen durchzuführen, die auf die Festigung des Sozialismus und der Arbeitermacht ausgerichtet sind, vor allem auf die Dringlichkeit von Maßnahmen zur Kontrolle der Informationsmedien, damit diese voll und ganz der Sache des Sozialismus dienen, gegen antisozialistisches Auftreten in Rundfunk und Fernsehen, für die Unterbindung der Tätigkeit verschiedener Organisationen, die auf antisozialistischen Positionen stehen.

Die Tätigkeit der antimarxistischen sozialdemokratischen Partei wird nicht erlaubt. Im Interesse der Erfüllung dieser Aufgaben werden entsprechende effektive Maßnahmen getroffen. Die Partei- und Staatsorgane werden die Lage in Presse, Rundfunk und Fernsehen mit Hilfe neuer Gesetze und Verordnungen regeln. In einer außerordentlichen Situation wird es notwendig sein, zur Erfüllung dieser Aufgaben auch einige zeitweilige Maßnahmen zu treffen, damit die Regierung die Mittel gegen die antisozialistischen Kräfte im Land fest in der Hand hat, wenn notwendig, auch gegen feindlich eingestellte Einzelpersonen oder Kollektive. Es werden die notwendigen Kadervorkehrungen in den Leitungen der Presse, des Rundfunks und des Fernsehens durchgeführt. Wie schon während der Zusammenkunft in Čierna haben die Vertreter der KPdSU ihre volle Solidarität mit diesen Maßnahmen zum Ausdruck gebracht, die den Grundinteressen der sozialistischen Gemeinschaft, ihrer Sicherheit und Einheit entsprechen.

5. Beide Delegationen haben Fragen, die im Zusammenhang mit der Anwesenheit der Truppen der fünf sozialistischen Länder stehen, erörtert und sind übereingekommen, daß sich diese Truppen nicht in die

inneren Angelegenheiten der Tschechoslowakei einmischen werden. Sobald die Bedrohung des Sozialismus in der Tschechoslowakei und der sozialistischen Paktstaaten beseitigt ist, wird ein etappenweiser Abzug der Truppen der Verbündeten vom Territorium der Tschechoslowakei vorgenommen werden. Die Stabsführung der verbündeten Armeen wird mit der Stabsführung der ČSSR-Armee sofort die Fragen erörtern, die mit dem Abzug und Standortwechsel der Militäreinheiten aus jenen Städten und Dörfern, in denen die Lokalbehörden in der Lage sind, für Ruhe und Ordnung zu sorgen, zusammenhängen. Die Truppen werden in Kasernen, Übungsplätzen und anderen militärischen Räumen stationiert. Es wird die Frage der Sicherheit der Grenzen zur Bundesrepublik Deutschland sowie die Stärke der Truppen, ihre Organisation und Stationierung nach Absprache mit Vertretern der ČSSR-Armee geregelt werden. Die materiell-technische, die gesundheitliche und sonstige Sicherung der zeitweilig in der Tschechoslowakei stationierten Truppen wird durch ein Sonderabkommen auf der Ebene der Verteidigungsministerien geregelt werden. Strittige Fragen von prinzipieller Bedeutung werden von den Regierungen beider Länder gelöst werden. Über die Bedingungen des Verbleibs und des kompletten Abzugs der verbündeten Armeen wird zwischen der Regierung der Tschechoslowakei und den anderen Regierungen ein Abkommen abgeschlossen werden.

6. Das Präsidium des Zentralkomitees der KPČ und die Regierung werden für Presse, Rundfunk und Fernsehen Vorkehrungen treffen, die ein Entstehen von Konflikten zwischen Militär und den Bürgern auf dem Gebiet der Tschechoslowakei ausschließen.

7. Die Vertreter der KPČ erklärten, daß sie es nicht zulassen werden, daß jene Funktionäre und Mitarbeiter der Partei, die für eine Festigung der Positionen des Sozialismus, gegen die antisozialistischen Kräfte, für freundschaftliche Beziehungen zur Sowjetunion gekämpft haben, aus ihrer Funktion entfernt oder gar Repressalien gegen sie ergriffen werden.

8. Es wurde ein Übereinkommen darüber erzielt, daß in nächster Zeit Verhandlungen über eine Reihe wirtschaftlicher Fragen aufgenommen werden sollen, mit dem Ziel, die wirtschaftliche und technisch-wissenschaftliche Zusammenarbeit zwischen der Sowjetunion und der Tschechoslowakei zu vertiefen und auszubauen, vor allem vom Standpunkt der weiteren wirtschaftlichen Entwicklung der Tschechoslowakei, im Interesse der Erfüllung des Entwicklungsplanes der Volkswirtschaft im Sinne der Beschlüsse des Zentralkomitees der KPČ.

9. Es herrscht volle Übereinstimmung darüber, daß die internationale

Lage und die schädliche Aktivität der Imperialisten, die gegen den Frieden und die Sicherheit der Völker ausgerichtet ist, eine weitere Festigung und Erhöhung der Effektivität des Verteidigungssystems des Warschauer Paktes ebenso wie auch der übrigen vorhandenen Organe und Formen der Zusammenarbeit der sozialistischen Länder erfordern.

10. Die führenden Vertreter der KPdSU und der KPČ bestätigten ihre Entschlossenheit, das Prinzip der Koordinierung in den internationalen Beziehungen, die auf eine Festigung der Einheit des sozialistischen Lagers, die Festigung des Friedens und der internationalen Sicherheit ausgerichtet sind, zu wahren. Die Sowjetunion und die Tschechoslowakei werden wie bisher in europäischen Fragen konsequent eine Politik durchführen, die den gemeinsamen Interessen der sozialistischen Länder und ihrem beiderseitigen Interesse sowie dem Interesse der europäischen Sicherheit entspricht; sie werden militaristischen, antisozialistischen und neonazistischen Kräften, die eine Politik der Revision der Ergebnisse des Zweiten Weltkrieges in Europa und der existierenden Grenzen in Europa verfolgen, entscheidenden Widerstand entgegensetzen. Beide Seiten erklärten, daß sie konsequent allen Verpflichtungen nachkommen werden, die sich aus Verträgen mit sozialistischen Ländern ergeben. In enger Zusammenarbeit mit den anderen Ländern des sozialistischen Lagers werden sie auch weiterhin den Kampf gegen die heimtückische Tätigkeit der Imperialisten fortsetzen, sie werden die nationale Befreiungsbewegung unterstützen und sich um eine internationale Entspannung bemühen.

11. Im Zusammenhang mit der Behandlung der sogenannten tschechoslowakischen Frage im Sicherheitsrat erklärten die führenden Vertreter der KPČ und der Regierung, daß die Tschechoslowakei sich nicht an den Sicherheitsrat gewandt hatte, diese Frage auf die Tagesordnung zu setzen. Die Vertreter der KPČ berichteten, der tschechoslowakische Vertreter in New York habe von der ČSSR-Regierung die Weisung bekommen, sich kategorisch gegen eine Behandlung der tschechoslowakischen Frage im Sicherheitsrat oder einer anderen Organisation der UNO zu verwahren und kategorisch darauf zu bestehen, daß diese Frage aus dem Programm herausgenommen wird.

12. Das Präsidium des Zentralkomitees der KPČ und die Regierung erklärten, daß sie die Tätigkeit jener Regierungsmitglieder, die sich im Ausland befanden und im Namen der Regierung in Fragen der Tschechoslowakei auftraten, die die Innen- und Außenpolitik betrafen, vor allem vom Standpunkt der Einhaltung der Politik der KPČ und der Regierung der Republik werten werden. Aus dieser Einschätzung

werden die entsprechenden Konsequenzen gezogen werden. Im Zusammenhang damit halten es die Vertreter der KPČ für notwendig, einige weitere kadermäßige Veränderungen in Partei- und Staatsorganen und -organisationen im Interesse einer Sicherung der Konsolidierung in Partei und Land vorzunehmen. Diese Probleme werden allgemein nach Rückkehr in die Heimat erörtert werden. Auch die Tätigkeit des Innenministeriums wird überprüft werden, und auf Grund der Ergebnisse werden Maßnahmen zur Festigung seiner Führung durchgeführt.

13. Ein Übereinkommen wurde darüber erzielt, in Kürze Beratungen zwischen Partei- und Staatsdelegationen mit dem Zweck einer weiteren Vertiefung der Einschätzung und Lösung der Fragen, die sich aus den gegenseitigen Beziehungen ergeben, durchzuführen sowie aktuelle internationale Probleme zu erörtern.

14. Die Delegationen sind übereingekommen, im Interesse beider kommunistischer Parteien und der Freundschaft zwischen der Tschechoslowakei und der Sowjetunion die Kontakte zwischen Vertretern der KPČ und der KPdSU in der Periode nach dem 20. August als streng geheim zu betrachten und damit auch den Inhalt der soeben durchgeführten Gespräche.

15. Beide Seiten haben sich im Namen ihrer Parteien und Regierungen verpflichtet, daß die KPdSU und die KPČ sowie die Regierungen beider Länder alles unternehmen werden, um die traditionelle Freundschaft zwischen den Völkern beider Länder, ihre brüderliche Freundschaft für ewige Zeiten noch zu vertiefen.

C. Der Beitrag Zdeněk Mlynářs auf der Tagung des Zentralkomitees der KPČ vom 14.–16. November 1968, auf der Mlynář seine sämtlichen Parteifunktionen niederlegte

Genossinnen und Genossen,
Erlauben Sie mir, daß ich in meinen kurzen Beitrag nicht erneut auf Fragen der Entwicklung vor und nach dem Januar 1968 eingehe. Seit Sie mich im April ins Sekretariat und auf dem Maiplenum zum Sekretär des Zentralkomitees gewählt haben, sind meine Ansichten zu diesen Fragen bekannt, und ich habe keine Veranlassung, etwas an ihnen zu ändern. Ich bin überzeugt, daß ich bei meiner Arbeit in dem schwierigen Bereich der Staatsorgane, der Nationalen Front und der gesellschaftlichen Organisationen in meiner Politik keine Maßnahmen getroffen habe, welche Tendenzen eines liberalistischen Extremismus oder eines konservativen Sektierertums gefördert hätten. Ich wurde deshalb weder vor dem August von den Pseudoradikalen gefeiert, noch betrachten mich diejenigen, die ich für Sektierer halte, als einen der ihrigen.

Es ist leicht möglich, daß auch die wenigen kurzen Anmerkungen zur gegenwärtigen Situation und zu den Aufgaben dieser Plenarversammlung, die ich hier vortragen will, nicht positiv aufgenommen werden. Ich muß sie jedoch vorbringen, da sie meiner Sicht der heutigen Realität entsprechen.

Unser Novemberplenum befaßt sich mit einer äußerst konfliktreichen politischen Situation. Sie entstand durch die Verbindung sehr komplizierter und widersprüchlicher innerer und äußerer Faktoren. Beinahe alle Diskussionsteilnehmer sprachen hier – und auch im Resolutionsentwurf wird das einseitig betont – ausschließlich über innere Faktoren. Ich glaube aber, daß die Situation unserer Partei auch von einem anderen Gesichtspunkt aus betrachtet werden muß. Unsere Partei und unser Staat müssen heute eine Politik realisieren, die sowohl innere als auch äußere Faktoren respektiert. Kurz gesagt: wir müssen Maßnahmen treffen, zu denen sich unsere Repräsentanten entweder bei den Verhandlungen in Moskau bereits verpflichtet haben oder zu denen wir uns noch werden verpflichten müssen, auf der anderen Seite wol-

len wir die Partei, in der es unterschiedlich Ansichten gibt, insbesondere unter den Funktionären und im Zentralkomitee selbst, zu einer einheitlichen Meinung bringen, und darüber hinaus wollen wir uns das Vertrauen und die volle Unterstützung der Arbeiterklasse und unseres gesamten Volkes erhalten.
Unsere sowjetischen und anderen Partner gehen dabei von der These aus, daß die militärische Intervention für die Rettung des Sozialismus in unserem Lande und in der gesamten Gemeinschaft des Warschauer Vertrages unumgänglich war. Unsere Bürger jedoch – und ich bin überzeugt, auch die große Mehrheit der Arbeiterklasse – teilen diese Ansicht nicht.
Auf der Plenarsitzung des ZK am 31. August 1968 – und nach der Plenarsitzung im Rundfunk und im Fernsehen – habe ich die Auffassung vertreten, daß es auf der Basis des Moskauers Protokolls möglich wäre, diesen Widerspruch zu lösen, ohne daß es zu tieferen, kritischen Erschütterungen kommen müßte. Ich ging dabei von einer Auslegung des Moskauer Protokolls aus, wie sie auf der letzten Plenarsitzung akzeptiert wurde und die in den Referaten der Genossen Dubček, Černík und Svoboda enthalten war.
Aufgrund von Informationen, die das Präsidium über die Unterhandlungen unserer Delegation in Moskau am 3. und 4. Oktober, der die Genossen Dubček, Černík und Husák angehörten, erhalten hat, komme ich jedoch zu dem Schluß, daß die Widersprüche sich zuspitzen und wir nicht imstande sind, sie durch einen Kompromiß zu lösen, der sie nur zu umgehen versucht.
Aus den Ergebnissen der Verhandlungen in Moskau am 3. und 4. Oktober ziehe ich den Schluß, daß die Anzahl und die Art der Fragen, bei deren Behandlung wir zu gemeinsamen Konsultationen, Unterhandlungen und Übereinkünften verpflichtet sind, weitaus umfangreicher ist, als wir auf der Plenarsitzung am 31. 8. angenommen hatten. Die Auslegung und Auffassung des Moskauer Protokolls, wie sie von der Führung der KPdSU vertreten wird, schafft eine Situation, in der eine Reihe innenpolitischer und außenpolitischer Fragen Gegenstand gemeinsamer Verhandlungen und Übereinkünfte werden.
Ich glaube, es wäre die Pflicht des Präsidiums, diese Tatsachen vor dem Plenum und der Partei als ganzer nicht zu verschweigen und nicht zu verschönern. Nach dem zu schließen, wie das Präsidium über die Verhandlungen in Moskau informiert wurde, gehe ich davon aus, daß wir wahrscheinlich in drei politisch wichtigen Fragebereichen damit rechnen müssen, daß wir allein, ohne Übereinkunft mit Moskau, nicht handeln können, ohne Gefahr zu laufen, daß die konfliktbeladenen

und gespannten Beziehungen zu den Parteien der „Fünf" weiter belastet werden. Welche Fragen sind das?
In erster Linie werden es nicht nur die Realisierung der bisherigen Linie und eventuelle Fehler sein, die liberalistische Extreme ermöglicht haben sollen, sondern die politische Linie des Aktionsprogramms der KPČ als solche, die offensichtlich auch weiterhin Gegenstand von Gesprächen und eventuellen Auseinandersetzungen und Übereinkünften sein wird. Die Realität ist doch eine prinzipielle ideologische Offensive in den Zentralorganen der Parteien, sowohl in der Sowjetunion als auch in der DDR und in Polen, gegen alles, was nicht nur bei uns, sondern in der gesamten kommunistischen Bewegung von der sowjetischen ideologischen Konzeption und Vorstellung abweicht. Es hat keinen Sinn, den Kopf in den Sand zu stecken und nicht sehen zu wollen, daß vom Standpunkt dieser ideologisch-propagandistischen Offensive unser Aktionsprogramm am ehesten ein „revisionistisches Dokument" ist. Es ist möglich – und ich hoffe, daß es so kommt –, daß sich die Situation mit der Zeit normalisiert, aber heute ist es nun einmal so. Das betrifft insbesondere auch Formulierungen über die führende Rolle der Partei, die im Aktionsprogramm verankert sind.
Die zweite Frage ist eine Analyse der Klassenverhältnisse in der ČSSR, über die es offensichtlich keine einheitliche Meinung gibt, und es wird weitere Unterhaltungen, Streitigkeiten und Diskussionen darüber geben, ob in unserer Gesellschaft eine Basis für Klassenkampf existiert. Politisch wird es sich darum handeln, ob eine konterrevolutionäre Situation, die eine militärische Intervention notwendig machte, bestanden hat oder nicht.
Der dritte Fragekomplex sind innerparteiliche Probleme, insbesondere, ob es möglich sein wird, die Parteitage einzuberufen (den gesamtstaatlichen sowohl als auch den der böhmischen Länder), und gleichzeitig auch ganz konkrete Kaderfragen. Das Plenum des Zentralkomitees hat das Recht zu wissen, daß die Parteiführung (bzw. ihre Delegation) diese Fragen mit den sowjetischen Genossen konsultiert, weil sie als eine der grundlegenden Fragen der Normalisierung der Verhältnisse in der ČSSR im Sinne des Moskauer Protokolls vom 26. 8. 1968 aufgefaßt werden.
Ich bin der Ansicht, daß – ohne die Tausende Resolutionen aus den Organisationen überzubewerten und ihnen eine einseitige entscheidende Rolle zuzuschreiben – alle unsere Erkenntnisse von der „Basis" in den Parteiorganisationen und unsere Erkenntnisse über die Einstellung der übrigen Bürger, einschließlich der Arbeiter, davon zeugen, daß es unmöglich ist, in diesen Fragen zu Standpunkten zu kommen,

die sowohl bei den Unterhandlungen mit unseren sowjetischen Partnern akzeptabel wären, als auch die Zustimmung der Masse unserer Parteimitglieder und der übrigen Bürger finden könnten. Es ist möglich, daß das, was ich jetzt sage, etwas zugespitzt formuliert ist, aber ich bin persönlich davon überzeugt, daß es in dieser Situation richtiger wäre, eindeutig von der Notwendigkeit einer „Nach-August-Politik" zu sprechen, klarzumachen, daß es sich um eine andere Politik handelt als die des Aktionsprogramms vom April. Wir werden einfach nicht imstande sein, bedeutende Teile des Aktionsprogramms zu realisieren – was schließlich auch aus dem Resolutionsentwurf hervorgeht –, und wir sollten nicht die Illusion erwecken, als ob es noch Raum für eine Politik des Aktionsprogramms gäbe, wenn es so einen Raum gar nicht mehr gibt.

Dabei möchte ich betonen, daß wir diesen Raum durch ein Zusammenwirken von äußeren wie inneren Faktoren unserer Entwicklung nach dem Januar verloren haben, um klarzumachen, daß ich diese Frage nicht bloß als die eines „Diktats von außen" auffasse. Sie wurde vielmehr durch das gemeinsame Wirken von inneren und äußeren Faktoren hervorgerufen. Persönlich bin ich aber nicht davon überzeugt, daß der Einmarsch der Truppen der fünf Staaten des Warschauer Vertrages auf unser Territorium notwendig war, um den Sozialismus in der Tschechoslowakei zu retten, vielmehr bin ich der Ansicht, daß wir nach Čierná und Bratislava imstande gewesen wären, unvermeidlicherweise entstehende Schwierigkeiten, Probleme und antisozialistische Tendenzen mit eigenen Kräften zu bewältigen.

Diese „Nach-August-Politik" wird von drei Aspekten ausgehen müssen. Der erste Aspekt ist, die Beziehungen zu den Parteien der „Fünf" nicht so zu verschärfen, daß es zu einer neuen militärischen Intervention kommen könnte. Der zweite Aspekt wird sein, zu verhindern, daß der mögliche und wahrscheinlich manchmal unvermeidliche Widerstand der Kommunisten und der übrigen Werktätigen gegen die Handlungsweise der Führung, die mit der KPdSU vereinbart sein wird, nicht zu politisch gefährlichen Konfliktsituationen, Streiks, Demonstrationen, Zusammenstößen unserer Jugend und unserer Werktätigen mit den bewaffneten Kräften unseres Staates führen. Beides könnte nämlich zu einer katastrophalen Entwicklung führen, zu dem Blutvergießen, daß wir im August verhindern wollten und verhindert haben. Der dritte Aspekt wird schließlich sein, zu verhindern, daß die Politik die Charakterzüge der fünfziger Jahre annimmt, insbesondere wieder zu Gewaltmaßnahmen gegen unterschiedliche Ansichten innerhalb der Partei greift.

Ich glaube, daß wir hierbei mit einer Reihe negativer Faktoren rechnen müssen: mit dem Verlust des Vertrauens in die Parteiführung in einer Reihe von Organisationen, mit einer negativen Auswirkung auf das Verhältnis der Jugend zur Partei, mit einem Rückgang der Mitgliederzahl, mit einer Welle politischer Apathie, Resignation und Passivität in umfangreichen Schichten der Parteilosen, mit vereinzelten Versuchen von Widerstand gegen die Politik der Partei und des Staates (insbesondere unter der Jugend), mit der passiven Resistenz weiter Schichten der Intellektuellen usw.
Es würde mich freuen, wenn meine Ansicht, übertriebener Pessimismus wäre, daß diese Situation mindestens zwei bis drei Jahre anhalten wird, ehe die harten historischen Erfahrungen langsam verkraftet sein werden und innerhalb und außerhalb der Partei allmählich ein Weg gesucht werden kann, der das zum Ziel haben wird, was wir seit Januar und August zu lösen bemüht gewesen waren: den Sozialismus unter Respektierung aller spezifischen Bedingungen, die für die Tschechoslowakei typisch sind, zu entfalten. Der Versuch, den wir im Januar einleiteten und durch das Aktionsprogramm realisieren wollten, ist – ganz offen gesagt – gescheitert. Ich wiederhole, daß ich sehr froh wäre, wenn dies nur mein subjektiver Pessimismus wäre. Ich muß das jedoch offen aussprechen, weil ich sonst das Gefühl hätte, daß ich ehrliche Kommunisten und Bürger täusche.
In dieser Situation braucht die Partei eine Führung, die aus Genossen zusammengesetzt ist, die auf dieser Grundlage Politik machen wollen und darin einig sind. Man muß deshalb denjenigen, die unter diesen Umständen politisch nicht arbeiten können, den Abgang aus der Politik ermöglichen. Allerdings können nicht solche Menschen die Partei aus dieser Situation herausführen, die mit der Novotný-Ära verknüpft sind oder gar mit den Deformationen der fünfziger Jahre. Ich persönlich betrachte als realistisch für diese Situation der Partei die Einstellung, wie sie auf dieser Plenarsitzung insbesondere durch die Genossen Černík, Štrougal, Husák (abgesehen von der Eröffnungsrede des Genossen Dubček und der Resolution) ausgedrückt wurde. Das sage ich vom Standpunkt der heutigen Bedürfnisse aus.
Theoretisch ist auch eine andere Alternative denkbar: die Partei, unsere Arbeiter, unser Volk so zu führen, daß wir eine Verschärfung der Beziehungen zu den Parteien der „Fünf" riskieren, daß wir die Einschränkung der Selbständigkeit unserer Partei, die heute eine Tatsache ist, nicht akzeptieren. Das wäre aber meiner Ansicht nach der Weg unnötig und vergeblich vergossenen Blutes für das absurde Bemühen, Fragen, die zwar am Ende gelöst werden müssen, auf eine falsche und

irreale Weise zu lösen. Das politische Fazit müßte notwendigerweise eine neue und noch schlimmere politische Niederlage sein. Es wäre ein Abenteuer, für das wir bereits im August die Verantwortung ablehnten.

Ich glaube deshalb, daß sich die heutige Situation nicht dadurch lösen läßt, daß man auf komplexe Weise eine erforderliche grundlegende qualitative Reform unseres wirtschaftlichen und gesellschaftspolitischen Systems durchführt. Das Wesen des Aktionsprogramms besteht aber gerade in einer in sich abgeschlossenen, komplexen Methode, um den Erfordernissen der Entfaltung des Sozialismus bei uns zu entsprechen. Man kann daher die Substanz der sogenannten „Nach-Januar-Politik" grundsätzlich nicht durch einige Teilreformen ersetzen. Aber mehr kann man heute – realistisch gesehen – nicht tun. Das ist schmerzlich für Millionen ehrlicher Menschen; was diese Menschen aber schon gar nicht verdienen, ist, daß man sie belügt.

Aufgrund dieser Beurteilung der gegenwärtigen Situation und aus der Bemühung heraus, das Bedürfnis zu respektieren, daß es erforderlich ist, daß die führenden Persönlichkeiten der KPdSU ein größeres Vertrauen zur Führung unserer Partei gewinnen, faßte ich den Entschluß, das Gesuch um die Entlassung aus führenden Funktionen zu stellen, das ich am 18. Oktober einreichte, das vom Präsidium am 13. November behandelt wurde und um dessen Annahme ich heute die Plenarsitzung bitte.

(Der Text ist um den letzten Teil gekürzt, in dem das Gesuch um Entlassung aus den Parteifunktionen zitiert wird.)

Biographische Anmerkungen

AUERSPERG, Pavel (1926): langjähriger Funktionär des ZK der KPČ; 1964–1966 Leiter des Sekretariats Antonín Novotnýs, 1966 Leiter der ideologischen Abteilung des ZK der KPČ, 1967–1969 Vertreter des KPČ in der Redaktion der Zeitschrift »Fragen des Friedens und des Sozialismus«; im August 1968 stellte er sich in den Dienst der sowjetischen Interventen, 1969–1973 Leiter der Internationalen Abteilung des ZK der KPČ, seit 1974 wieder in der Redaktion der Zeitschrift »Fragen des Friedens und des Sozialismus«.

BARÁK, Rudolf (1915): seit 1945 Funktionär der KPČ im Bezirk Brünn, 1953–1961 Innenminister und Mitglied des Präsidiums des ZK der KPČ, 1962 verurteilt und bis 1968 im Gefängnis; kehrte danach nicht ins politische Leben zurück.

BARBÍREK, František (1927): slowakischer Parteifunktionär, 1963–1966 Sekretär des ZK der KPS, 1966–1968 stellvertretender Vorsitzender des Slowakischen Nationalrats, 1968 Mitglied des Präsidiums des ZK der KPČ, seit 1969 nur mehr in Funktionen in der Slowakei tätig.

BILAK, Vasil (1917): ursprünglicher Beruf Schneider; Teilnehmer des Slowakischen Nationalaufstands 1944, seit 1950 in verschiedenen Parteifunktionen in der Slowakei, 1954–1958 Parteisekretär in Prešov; während seiner Tätigkeit in der östlichen Slowakei wurde auf die Bevölkerung Druck ausgeübt, sich zur ukrainischen Volkszugehörigkeit zu bekennen, die griechisch-katholische Kirche wurde unterdrückt und die orthodoxe Kirche mit Nachdruck gefördert; durch diese Politik sollte die Ostslowakei möglichst eng an die Sowjetunion gekettet werden; seit 1954 ständig Mitglied des ZK der KPČ, nach der »Liquidierung der Slowakischen Nationalisten« (mit Gustáv Husák an der Spitze) in verschiedenen staatlichen und Parteifunktionen in Bratislava; 1968 Erster Sekretär des ZK der KPS und Präsidiumsmitglied des ZK der KPČ, führender Vertreter der prosowjetischen Gruppe in der KPČ, die die Intervention mitvorbereitete; auf dem Parteitag der KPS am 26. 8. 1968 wird er von seinen Funktionen entbunden, seine Stelle nimmt G. Husák ein, auf sowjetischen Druck bleibt er jedoch Mitglied des Präsidiums und Sekretär des ZK der KPČ; nach 1969 wächst seine Bedeutung in der Machthierarchie, und in den siebziger Jahren ist er der führende Repräsentant des neostalinistischen Kurses in der KPČ.

CÍSAŘ, Čestmír (1920): studierte in Frankreich, 1939–1945 Angestellter einer Versicherung, seit 1946 im Apparat der KPČ, vorwiegend im ideologischen

Bereich, 1957–1963 Redakteur bei der Parteipresse, 1963 Sekretär des ZK der KPČ, 1963–1965 Minister für das Schulwesen, 1965–1968 Botschafter in Rumänien, 1968 Sekretär des ZK der KPČ, später Vorsitzender des Tschechischen Nationalrates, 1969 aller Funktionen enthoben, 1970 aus der KPČ ausgeschlossen; seither bei der Staatlichen Denkmalschutzbehörde beschäftigt.

CLEMENTIS, Vladimír (1902–1952): slowakischer kommunistischer Intellektueller, während des Krieges in der Emigration in England, 1945–1948 stellvertretender Außenminister, 1948–1951 Außenminister; 1951 verhaftet, 1952 nach dem Prozeß gegen das »staatsfeindliche Zentrum, geführt von Rudolf Slánský« hingerichtet, 1963 rehabilitiert.

COLOTKA, Peter (1925): Jurist, seit 1946 an der juristischen Fakultät in Bratislava, 1964 Professor für Bürgerliches Recht, seit 1963 in höheren Funktionen in der KPČ, 1968 stellvertretender Ministerpräsident; nach der sowjetischen Intervention schloß er sich allmählich den Vertretern des »Normalisierungskurses« an, seit 1969 Mitglied des Präsidiums des ZK der KPČ, 1969 Vorsitzender der Föderalversammlung, seit 1971 Regierungsvorsitzender der Slowakischen Sozialistischen Republik.

Černík, Oldřich (1921): ursprünglich Maschinenschlosser, seit 1949 im Apparat der KPČ, 1954–1956 Vorsitzender des Bezirksnationalausschusses in Ostrau, 1956–1961 Sekretär des ZK der KPČ, später Minister, 1963–1968 Vorsitzender der Staatlichen Planungskommission und stellvertretender Ministerpräsident, seit 1958 Mitglied des Zentralkomitees und seit 1966 des Präsidiums der KPČ, 1968–1970 Premierminister, nachher kurze Zeit Minister für Technik und Aufbau; 1971 aus der KPČ ausgeschlossen und aller Funktionen enthoben; seither stellvertretender Direktor des Amtes für Normalisierung.

DUBČEK, Alexander (1921): bis 1938 lebte er in der UdSSR (in Frunze in Zentralasien, wohin sein Vater als Arbeitsloser ausgewandert war), dann kehrte die ganze Familie in die Tschechoslowakei zurück; 1938–1944 Arbeiter, seit 1939 Mitglied der KPČ, Teilnehmer des Slowakischen Nationalaufstandes 1944, seit 1949 in verschiedenen Funktionen im Apparat der KPČ in der Slowakei, 1960–1962 Sekretär des ZK der KPČ, 1963–1968 Erster Sekretär des ZK der KPS und Mitglied des Präsidiums des ZK der KPČ, 1968–1969 Erster Sekretär des ZK der KPČ, von April bis September 1969 Vorsitzender der Föderalversammlung, im September von allen höheren Funktionen entbunden und einige Monate Botschafter in der Türkei, 1970 aus der KPČ ausgeschlossen; seither arbeitet er bei der Bezirksforstverwaltung in Bratislava.

DZÚR, Martin (1919): ursprünglich technischer Angestellter, 1941 Dienst in der Armee des faschistischen Slowakischen Staates, lief 1943 zur Roten Armee über und kämpfte in der tschechoslowakischen Einheit in der UdSSR, seit 1945 Offizier der Tschechoslowakischen Armee, seit 1958 in höheren Funktionen, seit 1968 Verteidigungsminister.

ERBAN, Evžen (1912): Jurist, seit den dreißiger Jahren Gewerkschaftsfunktionär, Sozialdemokrat, 1945–1948 Mitglied der Führung der Sozialdemokratischen Partei, Befürworter des Zusammenschlusses seiner Partei mit den

Kommunisten, seit 1948 Mitglied des ZK der KPČ und im Staatsdienst im Bereich der Fürsorge, 1968 Mitglied des Sekretariats des ZK der KPČ, Sekretär und seit August Vorsitzender der Nationalen Front und bis 1969 Mitglied des Präsidiums des ZK der KPČ; schloß sich vorbehaltlos den Befürwortern des »Normalisierungskurses« an; seit 1969 Vorsitzender des Tschechischen Nationalrats.

FOJTÍK, Jan (1928): seit 1951 Redakteur des »Rudé právo«, 1966–1968 stellvertretender Chefredakteur; während des »Prager Frühlings« als wissenschaftlicher Mitarbeiter außerhalb des aktuellen Geschehens, seit 1969 aktiver Befürworter der »Normalisierungspolitik«, Sekretär des ZK der KPČ.

GOLDSTÜCKER, Eduard (1913): in der Jugend Funktionär der kommunistischen Studentenbewegung, während des Krieges in England, 1945–1951 Diplomat, 1951 zu lebenslänglichem Kerker verurteilt, 1955 rehabilitiert, seit 1956 Professor für Germanistik an der Karlsuniversität in Prag, 1968 Vorsitzender des Tschechoslowakischen Schriftstellerverbandes, seit 1969 im Exil in England.

GOTTWALD, Klement (1894–1953): Führer der KPČ seit ihrer »Bolschewisierung« im Jahr 1929, während des Krieges in Moskau, 1946–1948 Ministerpräsident, 1948–1953 Präsident der Republik; er symbolisiert die tschechoslowakische Abart des Stalinismus in der KPČ vor dem Krieg und in den fünfziger Jahren.

HÁCHA, Emil (1872–1945): Jurist, Präsident des Obersten Gerichtshofs der Tschechoslowakischen Republik bis 1938, nach dem Münchner Diktat Präsident der territorial eingeengten Republik, 1939–1945 Staatspräsident des Protektorats Böhmen und Mähren; im März 1939 hatte er in Berlin die Zustimmung zur Besetzung der Resttschechoslowakei durch Hitler unterzeichnet und so formell die nationalsozialistische Okkupation legalisiert; er symbolisiert die Kollaboration mit den Okkupanten.

HÁJEK, Jiří (1913): in den dreißiger Jahren Funktionär der Sozialdemokratie, 1939–1945 im Konzentrationslager, 1945–1948 Funktionär der Sozialdemokratischen Partei, nach dem Zusammenschluß mit der KPČ Professor für Geschichte und internationale Beziehungen. 1955–1965 bedeutender tschechoslowakischer Diplomat, 1965–1968 Minister für das Schulwesen, 1968 Außenminister, im August 1968 auf sowjetischen Druck seiner Funktion enthoben, 1970 aus der KPČ ausgeschlossen, arbeitete vorübergehend an der Tschechoslowakischen Akademie der Wissenschaften, später pensioniert; 1977–1978 Sprecher der »Charta 77«.

HAVEL, Václav (1936): tschechischer Schriftsteller und Dramatiker, war nie Mitglied der KPČ; in den fünfziger Jahren durfte er wegen »schlechter Klassenherkunft« nicht studieren, ernährte sich als Laborant und später als Bühnentechniker; in den sechziger Jahren schrieb er einige Theaterstücke, die die Absurdität der damaligen gesellschaftlichen Verhältnisse widerspiegelten; 1968 Vorsitzender des Klubs unabhängiger Schriftsteller, seit 1969 ist sein Werk auf dem Index verbotener Literatur; 1977 Sprecher der »Charta 77«.

HENDRYCH, Jiří (1913): Funktionär der KPČ seit den dreißiger Jahren, während des Krieges im Konzentrationslager, 1945–1954 in verschiedenen Parteifunktionen, vorwiegend auf ideologischem Gebiet, 1954–1968 Sekretär des ZK der KPČ, seit 1958 Mitglied des Präsidiums; wurde als bedeutendster Mann neben Novotný betrachtet; seit 1968 im Ruhestand.

HOFFMANN, Karel (1924): langjähriger Funktionär im Apparat der KPČ, 1949–1959 im Apparat des ZK, 1959–1967 Generaldirektor des Tschechoslowakischen Rundfunks, 1967–1968 von Novotný als Kultusminister eingesetzt, um ein »strengeres Regime« in der Kultur einzuführen, 1968–1971 Direktor des Fernmeldewesens; in dieser Funktion arbeitete er im August 1968 mit den sowjetischen Intervenienten zusammen; aktiver Befürworter der »Normalisierung«, seit 1971 Vorsitzender des Zentralrats der Gewerkschaften und Mitglied des Präsidiums der KPČ.

HÜBL, Milan (1927): Historiker und Parteifunktionär, 1968 Rektor der Parteihochschule des ZK der KPČ, 1970 aus der KPČ ausgeschlossen, 1971 verhaftet und zu sechseinhalb Jahren Gefängnis verurteilt, 1976 freigelassen, nachher als Portier beschäftigt.

HUSÁK, Gustáv (1913): Jurist und langjähriger slowakischer kommunistischer Funktionär; 1938–1942 Rechtsreferendar, 1943–1944 Angestellter des Verbandes der Spediteure in Bratislava, Mitglied des illegalen ZK der KPS; 1944 einer der maßgebenden Teilnehmer des Slowakischen Nationalaufstands, 1946–1950 Vorsitzender des Gremiums der Volksbeauftragten (eine Art Landesparlament); 1951 verhaftet und 1954 als »slowakischer Nationalist« zu lebenslänglichem Kerker verurteilt, 1960 aus der Haft entlassen und 1963 rehabilitiert; 1963–1968 wissenschaftlicher Mitarbeiter der Akademie der Wissenschaften in Bratislava, 1968 stellvertretender Ministerpräsident, nach dem August 1968 Erster Sekretär des ZK der KPS und Mitglied des Präsidiums des ZK der KPČ, nach dem Sturz Dubčeks im April 1969 Generalsekretär des ZK der KPČ und seit 1975 gleichzeitig Präsident der Republik; er verkörpert die prosowjetische »Normalisierungspolitik«.

INDRA, Alois (1921): ursprünglich – bis 1948 – Bahnbeamter, seit 1948 Funktionär im Apparat der KPČ, 1962–1963 Vorsitzender der Staatlichen Planungskommission, 1963–1968 Verkehrsminister, 1968 Sekretär des ZK der KPČ, einer der bedeutendsten Vertreter der prosowjetischen Fraktion in der KPČ, die die Intervention vorbereitete; aktiv an der »Normalisierungspolitik« beteiligt, 1970 Mitglied des Präsidiums der KPČ, 1971 Vorsitzender der Föderalversammlung.

JAGODA, Genrich (1891–1938): Chef des sowjetischen Staatssicherheitsdienstes (Tscheka, GPU) in den Jahren 1920–1936, leitete die Stalinschen Repressionen gegen die Opposition, 1937 abgesetzt und 1938 hingerichtet.

JAKEŠ, Miloš (1922): langjähriger Funktionär im Apparat der KPČ, 1955–1958 Parteihochschule in Moskau, 1958–1968 im Innenministerium, 1966–1968 stellvertretender Innenminister; 1968–1977 Vorsitzender der Zentralkontrollkommission der Partei, Mitglied der Parteifraktion, die die Intervention vorbereitete, und einer der hauptsächlichen Vertreter der »Normalisierungspolitik«, hat großen Anteil an der Säuberung der KPČ im Jahr 1970; seit 1977 Sekretär des ZK und Kandidat des Präsidiums der KPČ.

JESCHOW, Nikolaj (1895–1939): Chef der sowjetischen Sicherheitsorgane während der Stalinschen Repressionen 1936–1938, im Jahr 1939 schließlich selbst hingerichtet.

KAPEK, Antonín (1922): langjähriger Funktionär der KPČ, insbesondere im wirtschaftlichen Bereich; 1953–1968 leitender Angestellter und später Direktor der Prager ČKD-Werke, 1962–1968 Kandidat des Präsidiums der KPČ, zur Zeit des »Prager Frühlings« Repräsentant der prosowjetischen Fraktion in der Partei, nach der Intervention aktiv in der »Normalisierungspolitik«, insbesondere in Prag; seit 1969 Leitender Sekretär des Stadtkomitees der KPČ in Prag, seit 1970 Mitglied des Parteipräsidiums.

KAPLAN, Karel (1929): Historiker und Funktionär der KPČ, spielte eine bedeutende Rolle in den Bemühungen um Revision der politischen Prozesse der fünfziger Jahre und Rehabilitierung ihrer Opfer, 1968 Mitglied der Zentralen Kontroll- und Revisionskommission der KPČ, federführender Autor des Berichts über die politischen Prozesse, der von einer während des »Prager Frühlings« gebildeten Kommission erarbeitet wurde, nach der sowjetischen Besetzung in der KPČ nicht mehr behandelt werden durfte (aber im Ausland veröffentlicht wurde: Europa Verlag, Wien, 1970); 1970 aus der KPČ ausgeschlossen, später strafrechtlich verfolgt, seit 1976 im Exil in München.

KOLDER, Drahomír (1925–1972): ursprünglich Bergarbeiter, seit 1948 Funktionär im Apparat der KPČ, seit 1954 im Apparat des ZK der KPČ und Leitender Sekretär in Ostrau, 1961–1968 Präsidiumsmitglied und Sekretär des ZK der KPČ; in der Zeit des Prager Frühlings schloß er sich allmählich der prosowjetischen Fraktion in der KPČ an, die die sowjetische Intervention vorbereitete, wurde aber im August 1968 seiner Funktionen enthoben und war bis 1969 Botschafter der ČSSR in Bulgarien, vom Herbst 1969 bis zu seinem Tod Minister für staatliche Kontrolle.

KOUCKÝ, Vladimír (1920): seit 1938 Mitglied der KPČ, 1944 Mitglied des illegalen ZK der KPČ und Redakteur des illegalen »Rudé právo«, seit 1945 Mitglied des ZK der KPČ, Redakteur und später Chefredakteur von »Rudé právo«, gleichzeitig Repräsentant der KPČ im Redaktionskollegium der Kominform-Revue »Für dauerhaften Frieden, für Volksdemokratie« in Bukarest, 1958–1968 Sekretär des ZK der KPČ, 1968–1970 Botschafter in Moskau, 1970–1977 Botschafter in Belgien, seit 1978 Botschafter in Italien.

KRIEGEL, František (1908): emigrierte aus Rußland in die Tschechoslowakei, seit den dreißiger Jahren Funktionär der KPČ, 1936–1939 Arzt bei den Internationalen Brigaden während des Bürgerkriegs in Spanien, 1940–1945 als Arzt Teilnehmer am Bürgerkrieg in China, 1945–1949 Sekretär des Bezirkskomitees der KPČ in Prag, 1949–1952 stellvertretender Minister für das Gesundheitswesen, 1953 als Arzt und Forscher tätig, 1960–1963 Berater für Gesundheitswesen bei der Regierung in Kuba, 1966 Mitglied des ZK der KPČ,

1968 des Präsidiums und Vorsitzender der Nationalen Front; im August 1968 weigerte er sich im Kreml das sogenannte Moskauer Protokoll zu unterzeichnen und wurde auf sowjetischen Druck aller Funktionen enthoben; als Abgeordneter stimmte er im Parlament gegen den Truppenstationierungsvertrag und wurde als erster Angehöriger der Dubček-Führung 1969 aus der Partei ausgeschlossen; nach 1970 pensioniert.

LENÁRT, Jozef (1923): ursprünglich in den Baťa-Werken in der Slowakei beschäftigt, seit 1946 Funktionär des Parteiapparates in der Slowakei, 1953–1956 Parteihochschule in Moskau, 1958–1962 Sekretär des ZK der KPS, 1963–1968 Regierungsvorsitzender und Mitglied des Präsidiums des ZK der KPČ, 1968–1970 Sekretär des ZK der KPČ und Kandidat des Präsidiums, seit 1970 Erster Sekretär des ZK der KPS und Mitglied des Präsidiums der KPČ.

MAMULA, Miroslav (1921): langjähriger Funktionär im Apparat der KPČ, 1952–1960 beim ZK der KPČ Leiter der Abteilung für wirtschaftliche Fragen, 1960–1968 Leiter der Abteilung für Sicherheit und Verteidigung; eine der bedeutendsten Stützen Antonín Novotnýs in der Machthierarchie, im Januar 1968 seiner Funktion enthoben; nach der sowjetischen Intervention kehrte er nicht mehr in eine führende Funktion zurück; arbeitet als »Wissenschaftler« auf dem Gebiet »Kampf gegen den Antikommunismus«.

MASARYK, Tomáš Garrigue (1850–1937): tschechischer Philosoph und Politiker, 1882 Universitätsprofessor, 1915–1918 führende Figur des Widerstands gegen die Österreichisch-Ungarische Monarchie im Ausland, 1918–1935 erster Präsident der Tschechoslowakischen Republik; in seiner Philosophie verband er Humanismus mit den Ideen politischer Demokratie und sozialer Reformen, er vereinigte das Bestreben um nationale Wiedergeburt des 19. Jahrhunderts mit den Bemühungen, die Tschechoslowakei in die europäische Kultur zu integrieren, und strebte eine westeuropäische kulturelle und politische Orientierung der Tschechoslowakei an; seine Gestalt symbolisiert die nationale Selbständigkeit und die humanistischen und demokratischen Traditionen der tschechischen Politik.

NEJEDLÝ, Zdeněk (1878–1962): 1908 Professor der Musikwissenschaften an der Prager Universität, seit den zwanziger Jahren Mitglied der KPČ, 1939–1945 in Moskau, nach 1945 Minister und Repräsentant der offiziellen kommunistischen Ideologie in der Wissenschaft und im Erziehungswesen, ab 1952 Präsident der Tschechoslowakischen Akademie der Wissenschaften; er symbolisiert insbesondere die Unterordnung der Wissenschaft unter die kommunistische Ideologie.

NĚMCOVÁ, Božena (1820–1862): tschechische Schriftstellerin aus der Zeit der nationalen Wiedergeburt, als die kulturellen Beziehungen zwischen Tschechen und Slowaken im Geiste slawischer Gemeinsamkeit gegen die Entnationalisierungsbestrebungen deutscher und ungarischer Herkunft entfaltet wurden.

NOVOTNÝ, Antonín (1904–1975): ursprünglich Arbeiter, Mitglied der KPČ seit 1921, vor dem Krieg Parteifunktionär in Prag und Südmähren, 1941–1943 im Konzentrationslager, 1945–1951 Leitender Sekretär des Bezirkskomitees der KPČ in Prag, zur Zeit der politischen Prozesse steigt er in die höchsten Funktionen auf: 1951–1953 Sekretär des ZK der KPČ und Präsidiumsmitglied, 1953–1968 Erster Sekretär des ZK der KPČ und 1957–1968 gleichzeitig Präsident der Republik; 1968 wurde er von seinen Funktionen entbunden, seine Mitgliedschaft in der KPČ wurde suspendiert, nach der sowjetischen Intervention aber wieder erneuert; ins politische Leben kehrte er jedoch nicht mehr zurück.

PALACH, Jan (1948–1969): Student der philosophischen Fakultät der Prager Universität; am 16. Januar 1969 protestierte er auf dem Prager Wenzelsplatz durch Selbstverbrennung gegen die Kapitulation vor den sowjetischen Interventen; sein Begräbnis wurde zu einer Manifestation Hunderttausender, insbesondere junger Menschen; nach dem Jahre 1970 ordnete die Polizei die Überführung seiner sterblichen Überreste vom Prager Friedhof in sein Heimatdorf an, da sein Grab zu einem Wallfahrsort geworden und dauernd besucht und mit Blumen bedeckt war.

PAVEL, Josef (1908–1973): Mitglied der KPČ seit 1929, 1935–1937 an der Lenin-Schule der Komintern in Moskau, 1937–1938 Befehlshaber des Dimitroff-Regiments der Internationalen Brigaden in Spanien, 1939–1942 in Frankreich und Nordafrika interniert, 1942–1945 in der tschechoslowakischen Auslandsarmee in England, 1945–1947 in Parteifunktionen in Aussig und Pilsen, 1947–1948 Leiter der Abteilung des ZK der KPČ für Sicherheit und Verteidigung, 1948 Befehlshaber der Arbeitermilizen, 1949–1950 stellvertretender Innenminister, 1951 inhaftiert und zu 25 Jahren Gefängnis verurteilt, 1955 entlassen, 1956–1965 im Ausschuß für Körperertüchtigung und Sport, 1968 Innenminister, im August 1968 auf sowjetischen Druck abgesetzt und pensioniert, 1970 aus der KPČ ausgeschlossen.

PILLER, Jan (1922): langjähriger Funktionär im KPČ-Apparat, insbesondere im Bereich der Wirtschaftspolitik, 1962–1965 stellvertretender Ministerpräsident, 1968 Leitender Sekretär des Bezirkskomitees der KPČ im Bezirk Mittelböhmen, Mitglied des Präsidiums der KPČ und Vorsitzender einer ZK-Kommission für die Revision der politischen Prozesse der fünfziger Jahre; nach der sowjetischen Intervention war er bemüht, sich den Befürwortern der »Normalisierungspolitik« anzuschließen, 1969–1970 Sekretär des Büros des ZK der KPČ für die böhmischen Länder, 1970–1971 Vorsitzender des Zentralen Gewerkschaftsrats, 1971 aller Funktionen enthoben; arbeitet als Beamter im Staatsapparat.

PLOJHAR, Josef (1902): katholischer Priester, der mit der KPČ zusammenarbeitet, 1948 als Vorsitzender der katholischen Tschechoslowakischen Volkspartei eingesetzt, 1968 abgesetzt, nach der sowjetischen Intervention aktiver Befürworter der »Normalisierungspolitik«.

RICHTA, Radovan (1924): gegen Ende des Krieges in der illegalen kommunistischen Bewegung tätig, von der Gestapo verhaftet, seit 1945 kommunistischer Funktionär und Theoretiker, als Philosoph wissenschaftlich aktiv, 1968 Korrespondierendes Mitglied der Akademie der Wissenschaften, Direktor des

Philosophischen Instituts; 1965–1968 Leiter eines gemischten Forschungsteams der Akademie der Wissenschaften, das die theoretisch-ideologische Konzeption der Entwicklung der modernen sozialistischen Gesellschaft in der Epoche der sog. wissenschaftlich-technischen Revolution ausarbeitete, die die Ideologie des Reformkommunismus in der KPČ bedeutend beeinflußte; nach der sowjetischen Intervention ging er allmählich auf die Position der »Normalisierung« über, 1968–1971 Mitglied des ZK der KPČ, nach 1970 weiter Direktor des Instituts der Akademie und Mitglied ihres Präsidiums, damit beauftragt, die Säuberungen im Bereich der Gesellschaftswissenschaften zu leiten; 1977 zum Akademiker und Ordentlichen Mitglied der Akademie ernannt.

SÁDOVSKÝ, Štefan (1928): langjähriger Funktionär im Parteiapparat in der Slowakei, 1966 Kandidat des Präsidiums der KPČ, 1968 Sekretär des ZK und seit August Mitglied des Parteipräsidiums; bemühte sich, Anschluß zu den »Normalisierungspolitikern« zu finden, 1969 Vorsitzender der Regierung der Slowakischen Sozialistischen Republik und später Erster Sekretär des ZK der KPS, 1971 seiner Funktionen enthoben, arbeitet als Vizedirektor eines Betriebes.

SLÁNSKÝ, Rudolf (1901–1952): Funktionär der KPČ seit 1921, Mitglied der obersten Führungsgarnitur der KPČ seit ihrer »Bolschewisierung« im Jahr 1929, 1939–1945 in Moskau, 1944 in die Leitung des Slowakischen Nationalaufstands entsandt, 1945–1951 Generalsekretär der KPČ, 1951 verhaftet und 1952 als »Führer des staatsfeindlichen Verschwörerzentrums« hingerichtet, 1963 gerichtlich rehabilitiert, seine vollständige Rehabilitierung auf Parteiebene wurde jedoch nie durchgeführt (sie wurde 1968 vorbereitet, durch die sowjetische Intervention aber vereitelt).

SLAVÍK, Václav (1920): langjähriger Funktionär im Apparat der KPČ, 1946–1953 Redakteur des Parteiorgans »Rudé právo«, 1953–1961 im Apparat des ZK der KPČ, Leiter der ideologischen Abteilung, 1961–1963 Sekretär des ZK der KPČ, 1963–1966 Vertreter der KPČ in der Redaktion »Fragen des Friedens und des Sozialismus«, 1967 Direktor des Instituts für politische Wissenschaften beim ZK der KPČ, 1968 Mitglied des Sekretariats des ZK, von August 1968 bis April 1969 des Präsidiums der KPČ, im September 1969 aller Funktionen enthoben, 1970 aus der KPČ ausgeschlossen; seit der Zeit Arbeiter bei den Wasserwerken.

SMRKOVSKÝ, Josef (1911–1974): ursprünglich Bäckergeselle, 1931 führender Funktionär des Kommunistischen Jugendverbands, seit 1933 Mitglied der KPČ, 1939–1945 aktiv im Widerstand, einer der Führer des Prager Aufstands im Mai 1945, stellvertretender Vorsitzender des ersten Tschechischen Nationalrats 1945, 1946–1951 Mitglied des Präsidiums der KPČ, in verschiedenen staatlichen Funktionen, 1951 verhaftet und zu lebenslänglichem Gefängnis verurteilt, 1955 bedingt entlassen, bis 1963 Forstarbeiter, 1963 rehabilitiert, 1966–1969 Mitglied des ZK der KPČ, 1968 Präsidiumsmitglied und Parlamentsvorsitzender, auf insgeheimen sowjetischen Druck allmählich aller Funktionen enthoben, im September 1969 aus dem ZK und 1970 aus der KPČ ausgeschlossen und pensioniert; hat sich bis zu seinem Tod der »Normalisierungspolitik« aktiv entgegengestellt.

SVOBODA, Ludvík (1895): 1915–1920 Offizier der tschechoslowakischen Legionen in Rußland, nach der Rückkehr in die ČSR Berufsoffizier, 1939–1945 in der UdSSR, seit 1943 Befehlshaber der tschechoslowakischen militärischen Einheiten in der UdSSR, 1945–1950 Verteidigungsminister, 1953–1954 Buchhalter in einer landwirtschaftlichen Genossenschaft, auf Intervention Chruschtschows 1954 wieder als Abgeordneter in die Nationalversammlung gewählt, ab 1955 Befehlshaber der Militärakademie in Prag, 1959 pensioniert; 1968 zum Präsidenten der Republik gewählt, im August 1968 Mitglied des Präsidiums des ZK der KPČ; 1975 wegen schwerer Krankheit von seiner Funktion abberufen.

ŠIK, Ota (1919): Volkswirt und Funktionär der KPČ, während des Krieges im Konzentrationslager, seit 1945 im Parteiapparat, nach 1948 Lektor für Politische Ökonomie, bis 1962 Professor an der Parteihochschule des ZK der KPČ und dessen Institut für politische Wissenschaften, 1962–1969 Direktor des Ökonomischen Instituts der Akademie der Wissenschaften, 1962–1969 ZK-Mitglied und verschiedene staatliche und Parteifunktionen, die die Wirtschaftspolitik betrafen; im Verlauf der sechziger Jahre führende Persönlichkeit bei der theoretischen Ausarbeitung und praktischen Realisierung der Wirtschaftsreform, die das bürokratische Planungssystem abschaffen und ein dynamischeres System der Volkswirtschaft erwirken sollte; 1968 stellvertretender Regierungsvorsitzender, 1969 aller Funktionen enthoben und aus der KPČ ausgeschlossen, seit 1969 im Exil in der Schweiz.

ŠIMON, Bohumil (1920): langjähriger Funktionär im Apparat der KPČ, vor allem im wirtschaftlichen Bereich, 1963–1968 Leiter der Abteilung Wirtschaftspolitik beim ZK der KPČ, 1968 Leitender Sekretär des Stadtkomitees der KPČ in Prag und Kandidat des Parteipräsidiums, von August 1968 bis April 1969 Präsidiumsmitglied, 1969 seiner Funktionen enthoben, 1970 aus der KPČ ausgeschlossen; seither arbeitet er als Volkswirt im Institut für die Rekonstruktion denkwürdiger Städte und Stätten in Prag.

ŠOTOLA, Jiří (1926): tschechischer Schriftsteller, in den sechziger Jahren Sekretär des Tschechoslowakischen Schriftstellerverbands, gehörte zu den Kritikern des Novotný-Regimes, nach der sowjetischen Intervention wurde er auf den Index der verbotenen Autoren gesetzt, 1975 trat er mit einer öffentlichen Selbstkritik auf und schloß sich der »Normalisierungspolitik« an.

ŠPAČEK, Josef (1927): langjähriger Funktionär im KPČ-Apparat in Brünn, seit 1966 Leitender Sekretär des Bezirkskomitees der KPČ in Brünn und Mitglied des ZK der KPČ, gehörte zur Zeit Novotnýs zu den kritischen Mitarbeitern des Parteiapparats, im Januar 1968 ins Parteipräsidium gewählt, später Sekretär des ZK, 1969 aller Funktionen enthoben, 1970 aus der KPČ ausgeschlossen; seither Arbeiter beim Bau der Autobahn, nach einem schweren Betriebsunfall am gleichen Arbeitsplatz zu leichterer Arbeit eingeteilt.

ŠTROUGAL, Lubomír (1924): Jurist, 1955–1959 Bezirksfunktionär der KPČ in Böhmisch Budweis, 1959–1961 Landwirtschaftsminister, 1961–1965 Innenminister, 1965–1968 Sekretär des ZK der KPČ, 1968 stellvertretender Regierungsvorsitzender; nach der sowjetischen Intervention schloß er sich allmählich der »Normalisierungspolitik« an, im Herbst 1968 Vorsitzender des Büros des ZK der KPČ für die Böhmischen Länder, Sekretär des ZK und Mitglied des Präsidiums der KPČ, seit 1970 Regierungsvorsitzender.

ŠTÚR, Ludovít (1815–1856): slowakischer Dichter, hervorragende Persönlichkeit der slowakischen Wiedergeburt im 19. Jahrhundert, Begründer der slowakischen Schriftsprache, wirkte auch für die Entfaltung der Beziehungen zwischen Slowaken und Tschechen im Sinne der slawischen Gemeinsamkeit.

ŠVESTKA, Oldřich (1922): langjähriger Funktionär der KPČ und Journalist bei der Parteipresse, seit 1945 Redakteur von »Rudé právo«, seit 1958 dessen Chefredakteur, 1968 Mitglied des Präsidiums der KPČ, schloß sich allmählich der prosowjetischen Fraktion an, im August seiner Funktionen enthoben und zum Chefredakteur der Wochenzeitung »Tribuna« ernannt, die zu einem militanten Instrument der »Normalisierungspolitik« wurde; 1969 Sekretär des Büros des ZK der KPČ für die Böhmischen Länder, 1971 ZK-Sekretär, seit 1975 wieder Chefredakteur von »Rudé právo«.

TSCHERWONJENKO, Stjepan Wassiljewitsch (1916): sowjetischer Diplomat, Mitglied des ZK der KPdSU, Anfang der sechziger Jahre Botschafter der UdSSR in China, seit 1968 Botschafter in der Tschechoslowakei, wo er eine bedeutende Rolle spielte, indem er falsche Informationen nach Moskau weiterleitete, in enger Verbindung mit den Stalinisten in der KPČ stand und sich im August 1968 persönlich engagierte, um eine neue Regierung zusammenzustellen, die mit den sowjetischen Interventen zusammenarbeiten würde; seit 1973 Botschafter der UdSSR in Paris.

VACULÍK, Ludvík (1926): tschechischer Schriftsteller, ursprünglich Erzieher in einem Lehrlingsheim, später Redakteur beim Tschechoslowakischen Rundfunk und der Zeitschrift »Literární listy«, 1967 für seine Rede auf dem Schriftstellerkongreß aus der Partei ausgeschlossen, 1968 Mitgliedschaft erneuert, zur Zeit des »Prager Frühlings« populärer und einflußreicher Publizist, 1969 aus der KPČ ausgeschlossen und auf den Index der verbotenen Autoren gesetzt.

VACULÍK, Martin (1922): langjähriger Parteifunktionär aus Mähren, 1956–1958 Parteihochschule in Moskau, seit 1958 im Apparat des ZK der KPČ, 1962–1965 Leitender Sekretär des Bezirkskomitees der KPČ in Brünn, 1966–1968 Leitender Sekretär des Stadtkomitees der KPČ in Prag, 1963–1968 Kandidat des ZK-Präsidiums, zur Zeit des »Prager Frühlings« Mitarbeiter des ZK-Apparats, im August 1968 nahm er eindeutig gegen die Intervention der UdSSR Stellung, 1970 aus der KPČ ausgeschlossen; seit der Zeit als Arbeiter in einer Garage beschäftigt.

ZÁPOTOCKÝ, Antonín (1884–1957): Sohn eines der Begründer der tschechischen sozialistischen Bewegung, 1907–1911 Sekretär der Sozialdemokratie im Bergarbeiterkreis Kladno, 1921 schloß er sich der KPČ an, 1922–1925 Zentralsekretär der KPČ, 1929–1938 kommunistischer Gewerkschaftsführer, 1939–1945 im Konzentrationslager, seit 1945 Mitglied des Präsidiums der KPČ, 1945–1948 Vorsitzender des Zentralen Gewerkschaftsrats, 1948–1953 Regierungsvorsitzender, 1953–1957 Präsident der Republik.

Personenregister

Aleš, V. 44–46
Alexander VI., Papst (Rodrigo Borgia) 42
Aristoteles 55
Auersperg, P. 111, 259

Bacílek, K. 87
Barák, R. 49, 50, 73
Barbírek, F. 133, 192, 237, 238, 242, 243, 252, 262, 284, 309
Bartuška, J. 129
Bedřich, F. 189
Berija, L. 36, 37, 42, 73
Berlinguer, E. 301, 302
Bernstein, E. 55
Bilak, V. 92, 108, 116–119, 132, 140, 157, 162, 167, 171, 181, 186, 192, 206, 217, 225, 226, 237, 238–243, 246, 248, 252, 255, 266, 268, 272, 275, 281, 282, 284, 286, 292, 294, 303, 307, 39, 312–315
Breschnjew, L. 89, 90, 109, 111, 116–119, 129, 130, 142–144, 166, 190–195, 197, 199, 200, 204, 205–208, 213–215, 221, 228, 234, 238–240, 247–250, 255, 268, 297–301, 303–305, 307, 309, 310, 312, 313, 316
Brinzík, J. 234, 235
Bucharin, N. 55
Bulganin, N. 87

Campanella, T. 55
Ceauşescu, N. 197, 301
Chruschtschow, N. S. 31, 33, 36, 38–44, 47, 52, 86–88, 91, 109, 201–204, 206, 208, 209, 222
Chudík, M. 86, 116
Císař, Č. 97, 133–135, 137, 154, 171, 174, 179, 192, 193, 209, 210, 237, 252, 257, 259, 262, 268, 307, 318
Clementis, V. 83
Clementisová, L. 83
Colotka, P. 253, 257

Černík, O. 65, 82, 87, 92, 97, 116–118, 132, 133, 135, 136, 138–140, 142, 153, 157–160, 170, 178, 179, 181, 185, 192, 193, 206, 212, 218, 230, 237, 240, 247, 248, 250, 255, 256, 261, 265–268, 271, 273, 275, 280, 281, 284, 287–289, 292, 295, 297, 298, 303, 306, 307, 311–313, 316
Červinka, A. 111

David, J. 50
Dolanský, J. 116, 117
Dostojewski, F. M. 22
Dubček, A. 65, 80, 82, 87, 92, 94, 108, 115–121, 127–133, 135–138, 140, 142–145, 149, 152–160, 162, 164, 170, 172, 179, 180, 181, 186–200, 206, 208–210, 212–215, 218–220, 222–226, 228–233, 235–238, 240, 244, 246–250, 252–259, 261–266, 271, 273, 275, 280, 281, 284, 286, 288, 289, 291, 293–295, 297–299, 302, 303, 305–308, 310–317, 319, 320
Dzúr, M. 185, 188, 247, 264, 284, 288

Engels, F. 9, 21, 56
Erban, E. 138, 226, 237, 253, 262, 317

Fadjejew, A. 28
Fojtík, J. 111
Franco, F. 100

Galuška, M. 140
Gešo, L. 44, 45
Gogol, N. 22, 28
Goldstücker, E. 122
Gomulka, W. 51, 194, 195, 197, 198, 200, 205, 206, 223, 300
Gorki, M. 20
Gosiorovský, M. 120
Gottwald, K. 37, 41, 86, 277, 279
Gramsci, A. 55
Gretschko, A. 206, 208, 236, 240

Hácha, E. 288
Hájek, J. 140, 170, 171, 268, 307
Harus, J. 49
Havel, V. 92
Havlín, J. 137
Hejzlar, Z. 257
Hendrych, J. 82, 86, 90–92, 94, 95, 113, 116, 117, 121–123, 136
Heydrich, R. 227
Hoffmann, K. 140, 225, 253
Hobbes, T. 55
Hilferding, R. 55
Hrdinová, L. 257
Hübl, M. 282
Husák, G. 37, 44, 81, 97, 137, 140, 169, 200, 225, 247, 253, 254, 257, 264, 265, 269, 272–284, 289, 307, 309, 311–314, 316, 317

Indra, A. 65, 92, 116–119, 133, 137, 140, 162, 169–172, 181, 192, 217, 225, 226, 232, 237–240, 242, 243, 245, 246, 248, 252–254, 259, 263, 264, 266, 272, 275, 284, 286, 289, 294, 297, 307, 309, 310, 312, 314, 316, 317
Innemann, K. 51

Jagoda, G. 73
Jakeš, M. 92, 118, 119, 162, 181, 192, 193, 217, 225, 226, 233, 237, 238, 242, 243, 252, 262, 268, 272, 275, 284, 303, 306, 314, 321
Jakubowski, I. 89, 188
Jeschow, N. 73
Johnson, L. B. 301

Kabrna, V. 257
Kádár, J. 197, 199, 200, 291
Kadlec, V. 140
Kaganowitsch, L. 87
Kapek, A. 132, 140, 171, 192, 225, 226, 233, 238, 252, 259, 262
Kaplan, K. 111
Kardelj, E. 52, 53
Kašpar, J. 252
Kautsky, K. 55
Kempný, J. 253, 312
Knapp, V. 66, 67
Köhler, B. 87
Kolder, D. 86, 92, 110, 111, 113, 116, 117, 132, 133, 135, 136, 138, 139, 142, 153, 157, 160–162, 166–169, 181, 192, 217, 230, 237, 238, 240, 242, 243, 252–254, 258, 262, 280, 281
Kopecký, V. 86
Kopřiva, L. 86
Kossygin, A. 206, 208–210, 268, 275, 306, 307, 310
Kouba, K. 111
Koucký, V. 76, 82, 86, 90–95, 121, 136, 137, 141, 142, 145, 284, 288, 304
Kriegel, F. 82, 133, 136, 138, 140, 181, 186, 192, 194, 212, 226, 229, 230–232, 237, 255, 256, 263, 264, 268, 284, 288, 289, 295, 296, 297, 305–307, 309, 317, 319, 320
Krosnař, J. 82
Kučera, B. 246, 247, 264, 284, 288
Kudrna, J. 118, 129
Kusý, M. 280
Kusnjezow, W. W. 309–312
Kühnl, K. 53

Laštovička, B. 116
Lenárt, J. 65, 87, 92, 116, 132, 133, 139, 140, 180, 192, 237, 238, 242, 243, 252, 262, 266, 268, 284, 309, 312
Lenin, W. I. 9, 21, 27, 28, 35, 55, 56, 155, 250, 276
Litera, J. 257

Locke, J. 55
Luxemburg, R. 55

Machačová, B. 246
Machiavelli, N. 55, 74, 85
Malenkow, G. 87
Mamula, M. 89
Manďak, O. 321, 322
Marx, K. 21, 55–59, 220
Masaryk, T. G. 90, 139, 148, 155, 168, 270
Moc, Z. 257
Molotow, W. 87
Montesquieu, C. de 55
Moore T. 55
Mosca, G. 55

Nejedlý, Z. 139
Němcová, B. 120
Novotná, B. 83
Novotný, A. 37, 50, 52, 66, 68, 69, 73, 80–93, 95, 99, 115–124, 128–130, 133–135, 137, 139, 145, 146, 154, 158, 160, 161, 165, 173, 204, 205, 221, 230, 270, 279, 280, 282, 298, 317, 318
Nový, V. 316

Palach, J. 312, 316, 321
Pastyřík, M. 129
Pavel, J. 140, 141, 142, 143, 217, 268, 307
Pavlenda, V. 257
Pavlovský, O. 118, 140, 238, 241–243, 253
Pawlowski, I. G. 240
Piller, J. 133, 171, 180, 192, 226, 237, 238, 241, 242, 246–248, 252, 284, 309, 317, 318, 320
Plato 55, 229
Plojhar, J. 152
Podgorny, N. 305
Ponomarjow, B. 268, 303
Prchlík, V. 133, 189
Procházka, J. 111
Provazník, S. 111
Průša, O. 259

Rákosi, M. 222
Rašková, H. 316, 317
Rigo, E. 133, 157, 171, 192, 237, 238, 242–244, 252, 262, 284
Richta, R. 91, 97, 111, 169, 170
Robespierre, M. F. I. de 58
Rohan, R. 113
Rousseau, J.-J. 55, 58
Rytíř, O. 238, 241

Sádovský, Š. 133, 192, 226, 236–238, 241, 242, 244, 245, 247, 252, 262
Schelest, P. 89, 193, 194, 230
Scheljepin, A. 109, 214
Schiwkoff, T. 197–199
Schtschemenko, S. 214
Slánský, R. 15–17, 44, 45, 73, 82, 83, 134, 227
Slavík, V. 133, 135, 181, 192, 226, 234, 237, 252, 262, 320
Smrkovský, J. 114, 133, 135, 140, 158, 178, 180, 181, 192, 194, 206, 212, 218, 225, 226, 228, 230, 232–234, 237, 247, 248, 250, 255, 256, 261, 263, 265, 266, 268, 273, 275, 279, 284, 287, 288, 292, 296, 303, 306, 307, 311, 312, 314, 315, 317, 318–321
Solschenizyn, A. 25
Stalin, J. W. 8, 9, 19–21, 24, 27, 33, 35–43, 47, 202, 277
Sucharda, B. 140
Sulek, J. 225, 253
Suslow, M. 268, 303
Svoboda, J. 255
Svoboda, L. 139, 186, 187, 190, 192, 244–248, 250, 255, 261–266, 269–272, 275, 284, 285, 289, 291, 296, 297, 302, 303, 305–307, 309, 311, 312

Šalgovič, V. 140, 143, 212, 225, 241, 242, 253, 259
Šik, O. 81, 111, 119, 133, 140, 161, 257, 268
Šilhán, V. 249, 257
Šimon, B. 111, 132, 181, 192, 194, 206, 212, 225, 226, 229, 233, 237, 252, 256, 263, 265–268, 273, 275, 284, 287, 288, 292, 306, 308, 314, 315, 320
Šimůnek, O. 116

Široký, V. 16, 87. 279
Šling, O. 14
Šorm, F. 139
Šotola, J. 97
Špaček, J. 122, 132, 133, 192, 194, 212, 226, 232, 237, 256, 263, 265, 266, 273, 275, 284, 287, 288, 292, 306, 310, 312, 314–316, 320
Štrougal, L. 86, 92, 114, 140, 245–247, 253, 311, 312, 314
Štúr, L. 120
Švach, E. 44, 45
Švermová, M. 14, 44
Švestka, O. 133, 136, 137, 167–170, 181, 192, 217, 226, 237, 238, 242, 252, 262, 266, 268, 284

Tiso, J. 277
Tito, J. B. 36, 52, 197, 219, 301
Tolstoi, L. N. 22
Trotzki, L. D. 55
Tschechikwadse, W. 109
Tschechow, A. 22, 28, 210
Tscherwonjenko. S. 116, 205, 228, 238–241, 244–247

Ťažký, A. 257

Udalzow, I. 205
Ulbricht, W. 194, 195, 197, 198, 205, 206, 223
Urválek, J. 44, 45

Vaculík, L. 174, 175, 177, 181, 212
Vaculík, M. 87, 132, 257
Vlasák, F. 140
Vodsloň, F. 133
Voleník, O. 133, 141, 226, 237, 252, 262, 317

Weber, M. 55

Zápotocký, A. 16, 17, 37, 86, 317
Zrak, J. 257

ERRATA

Seite 139, Zeile 8-9 lies „Vorkriegsrepublik“ statt „Volksrepublik“.
Seite 210, Zeile 16 lies „nach dem August“ statt „im August“.
Seite 217, Zeile 18 lies „fünfzig Agenten“ statt „50 Prozent Agenten“.